Ulrich Schiller

Macht außer Kontrolle

Ulrich Schiller

# Macht außer Kontrolle

## Geheime Weltpolitik von Chruschtschow bis Bush

Aufbau-Verlag

ISBN 3-351-02561-0

1. Auflage 2003

Einbandgestaltung Andreas Heilmann, Hamburg
Druck und Binden Clausen & Bosse, Leck
Printed in Germany

www.aufbau-verlag.de

# Inhalt

## *II. Kalter Krieg und Klassenkampf*
## *Als in der Sowjetunion die Würfel fielen*

## *III. USA*
## *Kalter Krieg im Weißen Haus*

# Vorwort

Es war so falsch wie verhängnisvoll, daß sich die USA das Ende des Kalten Krieges als Sieg auf ihre Fahnen schrieben. Es war falsch, weil der Kommunismus in Europa in erster Linie an sich selbst zugrunde gegangen ist – die amerikanische Rüstungspolitik hatte nachgeholfen. Es war verhängnisvoll, weil sich Amerika einmal mehr als Hebel der Geschichte bestätigt sah, mehr noch, weil es daraus jetzt sogar das Recht ableitet, die Welt auch mit Feuer und Schwert zum Glück zu führen

Präsident Reagan, der Mentor der Neokonservativen Amerikas, hat Anfang 1989 in den letzten Tagen seiner Präsidentschaft triumphierend den Satz gesprochen: »Eine Nation wollten wir verändern, tatsächlich haben wir eine Welt verändert.« George W. Bush will dabei nicht stehenbleiben.

Fast die ganze Zeit meines Berufslebens war vom Kalten Krieg geprägt: von der ständigen Herausforderung, die Nebel des Geheimhaltungswahns zu durchdringen, im Osten wie im Westen, hinter den Feindbildern die Menschen zu sehen, verdeckte Vorgänge durch Analyse zu erfassen und sich nicht in Spekulationen zu verlieren. Es lag nahe, hinterher die Frage zu stellen: Wie hat der Kalte Krieg, auch Wettkampf der Systeme genannt oder vereinfacht Ost-West-Konflikt, die in ihn verwickelten Systeme beeinflußt oder verändert? Daraus ist dieses Buch entstanden. Die erste Überraschung, die ich erlebte, war die Erkenntnis, daß in der Sowjetunion nach dem Sturz Chruschtschows ein Wettkampf der Systeme nicht mehr geführt wurde. Leonid Breshnew hat verwaltet und gerüstet, gezüchtigt und gezähmt. Eine Mobilisierung der Gesellschaft durch Lockerung der ideologischen Zügel hat er nicht gewagt.

Noch seine unmittelbaren Nachfolger glaubten an die Kraft der Disziplinierung. Es war zu spät, als Gorbatschow den Mut zu Reformen an Haupt und Gliedern der Sowjetgesellschaft fand.

Noch deutlicher ist der selbstmörderische Zwang bolschewistischer Systeme am Beispiel Jugoslawiens geworden. Titos Land stand zwischen den Fronten des Kalten Krieges und schien zum Modell eines demokratischen Sozialismus werden zu können. Doch auch Tito, der Partisanenführer des Zweiten Weltkrieges und Antipode Stalins, scheute die Öffnung eines Weges zu Demokratie und Föderalismus, eines Weges nach Europa, weil er sich von Träumen seiner Jugend, von den Heilsversprechen der Oktoberrevolution nicht frei zu machen vermochte.

Bleibt die Führungsmacht des Westens: Sie hat der Kalte Krieg durch die Methoden, mit denen er geführt wurde, am tiefsten berührt. Schartige Spuren hat er in ihr Profil gezogen, ihren nationalen Mythos von Moral und Idealismus hat er schwer, vielleicht nachhaltig beschädigt. Die Einlassung in den Vietnamkrieg hat es offenbart. Lügengebäude wurden errichtet, Unkenntnis von Geschichte und Völkern dieses Teils der Erde rächte sich bitter. Wie Gift drang »Nationale Sicherheit« in das über zwei Jahrhunderte gewachsene Verfassungswerk zur Wahrung der Rechte des Bürgers ein. Watergate war die erste Warnung. Reagan begünstigte weitere, raffiniertere Skandale, aber auch die nationale Kraftmeierei. Er bestach Amerika mit dem verführerischen Bild von der »strahlenden Stadt auf dem Berg«, mit der Ausformung der Idee von der einmaligen Größe und Auserwähltheit Amerikas. Traumwandlerisch folgten ihm die Massen. Als sei es selbverständlich, wird der Lorbeer, den die Neokonservativen dem 39. Präsidenten geflochten haben, jetzt dem 43. Präsidenten aufgesetzt: George W. Bush – »Reagans Sohn«, befand einer der konservativen Publizisten jüngst.

Wortführer der Bush-Administration geben sich große Mühe, den 11. September 2001 als das entscheidende, alle weiteren Entwicklungen erklärende Ereignis erscheinen zu lassen.

Das war es nicht, so ungeheuerlich dieses Verbrechen auch gewesen ist. Der 11. September war ein Auslöser, für George W. Bush die Legitimierung seiner Präsidentschaft; für seine Berater der Imperativ zur Umsetzung alter Pläne: Aufstieg Amerikas zum Hegemon, dem keine andere Macht der Welt je ebenbürtig sein dürfe, unbehindert und ungezügelt von internationalem Recht, frei in seinen wechselnden Allianzen und bei Bedarf in der Wahl der Mittel. Welten liegen zwischen dem Amerika, dessen politische Eliten einst die transatlantische Gemeinschaft schufen, und dem Amerika des George W. Bush. All jene, die sich bei uns die Atlantiker nennen, sollten den Mut haben, ihren aus Ehrfurcht und Pietät getrübten Blick für die veränderten Tatsachen zu schärfen.

Um das klarzustellen: Es mangelt mir wahrlich nicht an Dankbarkeit für das, was das fortschrittliche und vernünftige Amerika für Deutschland – und also auch für mich, der die Stunde Null des Jahres 1945 nicht vergessen hat – getan hat. Aber in den 23 Jahren meines Aufenthalts in den USA mußte ich zur Kenntnis nehmen, daß es auch ein brutales, reaktionäres Amerika gab und gibt, daß die »Neue Welt« ein Januskopf ist, daß die Wertegemeinschaft, die so gern beschworen wird, brüchig geworden ist.

Vielleicht zieht das kluge, intelligente Amerika aus dem Irak-Krieg, in den es ignorant hineingeführt wurde wie in den Vietnamkrieg, Konsequenzen. Vielleicht besinnt es sich auf seine anderen Traditionen als die der Rechten, der Neokonservativen und der christlichen Fundamentalisten. Hoffen ist erlaubt, auch nicht unbegründet. »Das Problem dieses Landes ist die Wahl seiner politischen Führung«, hat mir George Kennan, der Historiker, Diplomat und Schriftsteller, 1970 bei einem Besuch in Princeton gesagt. Sein Wort ist aktuell wie selten zuvor.

# I. Jugoslawien

## Eine Geschichte von Fehlern – oder Fehler der Geschichte?

# Horchposten Belgrad

## *Korrespondent, kein Spion*

Jemand rief bei meiner Mutter an, mehrfach. Jemand wollte wissen, wann der Sohn das nächste Mal in die Bundesrepublik komme. Jemand legte auf, sowie die Mutter nach dem Namen und dem Grund des Interesses fragte. Es wurde ihr unheimlich. Ich konnte nur vermuten. Wegen eines Rundfunkkommentars hatte ich Ärger mit kroatischen Emigranten in der Bundesrepublik bekommen. Ich fand ihre faschistisch getränkte Ustascha-Traditionspflege so abstoßend wie die terroristischen Methoden einiger ihrer Rädelsführer, und das hatte ich, ARD-Mann in Belgrad, auch so gesagt. Nicht Ustascha-Gefolgsleute waren indes die Anrufer.

Als ich im April 1963 den NDR besuchte, hatten sie mich ausfindig gemacht. Ich stimmte einem Treffen mit Unbekannt zu. Neugier trieb mich. Einen Kollegen setzte ich ins Bild. Der Platz in Hamburg: Johanniskirche, zwischen Rothenbaumchaussee und Mittelweg. Am Kirchenportal sah ich zwei nicht mehr ganz junge Männer in grauen Mänteln. Ich musterte die Umgebung. Niemand sonst, die Straße ziemlich weit entfernt. Sie kamen auf mich zu. Bevor ich sie nach ihrer Identität fragen konnte, gaben sie sich zu erkennen: Bundesnachrichtendienst, BND. Ich war baff.

Dann hörte ich, was, wie ich später erfuhr, davor und danach etlichen Kollegen suggeriert wurde: Der BND brauche dringend Informationen aus dem Berichtsgebiet des Korrespondenten; man kenne die vorzügliche Qualität seiner Berichte; man wisse, über wieviel mehr Einblicke und Informationen er verfüge, als er in seinen Reportagen sage oder schreibe. Mehr Honig dieser Art. Kurzum, man bitte, ja appelliere an ihn, genau dieses Mehrwissen dem BND zur Verfügung zu stellen.

Zu überlegen gab es da nicht viel. Es mag etwas komisch gewirkt haben – aber ich kam mir ganz gut dabei vor, wie ich die Werber aus Pullach des ABCs der journalistischen Berufsethik belehrte: Integer müsse ein Journalist sein, der die Öffentlichkeit informiert, zu größtmöglicher Annäherung an die Wahrheit sei er verpflichtet, nur Glaubwürdigkeit könne seinen journalistischen Ruf begründen im eigenen Lande wie auch, notabene, im Gastland, das die Akkreditierung erteilt hat. Journalismus sei das eine, Geheimdiensttätigkeit das andere, befand ich, und ich würde mich auf keine Vermengung einlassen. Ich hatte, ohne das auszusprechen, freilich auch nicht die Absicht, meine Korrespondentenkarriere, kaum begonnen, in einem jugoslawischen Gefängnis zu beenden. Eine Weile wurde noch hin und her geredet; die Herren wollten nur langsam einsehen, daß ich meine journalistische Aufgabe durch nichts kompromittieren lassen würde. Dann ging ich, etwas benommen, staunend, nachdenklich.

Von gewissenhafter Information der Öffentlichkeit hatte ich gesprochen, vom Mühen um die Wahrheit und um die Fakten, die hinter dem Augenschein liegen. Wunderbar. Doch wie schwer, bisweilen unmöglich auch nur eine Annäherung an die Wahrheit sein würde, das ging dem Auslandskorrespondenten Schiller erst Schritt für Schritt auf – in Belgrad, in Moskau, in Washington: Brennpunkte im Kalten Krieg, mit den unterschiedlichsten Herausforderungen.

Nach dem Ende des Kalten Krieges, als wichtige Archive, zumal im Osten, geöffnet wurden, ist mir mit Bedrückung klargeworden, daß ich nicht nur einmal in dem Vierteljahrhundert meiner Tätigkeit, die Wahrheit kaum ahnend, im Abseits der Unwissenheit gestanden hatte. Nicht nur ich. Die Zunft.

Geheimhaltung hat es immer gegeben. Aber kaum je ist sie mehr zu einem Wahn, zu einem selbstmörderischen Zwang geworden als in den Zeiten des Kalten Krieges. Die Lüge war ihre Schwester. Schweigen und Verschweigen gehörten dazu.

In gewiß etwas überhöhtem Selbstvertrauen und im Vertrauen auf meine Sprachkenntnisse hatte ich in Belgrad die

Arbeit als Auslandskorrespondent aufgenommen, ein Beruf, der zu einer lebenslangen Faszination werden sollte. Ich mußte viel lernen; lernen vor allem, Lügen wahrzunehmen, zu unterscheiden, zu bewerten. »Lügen haben kurze Beine«, sagt der Volksmund. Wichtiger scheint mir: Sie haben so viele Beine, sie sind Tausendfüßler, zahllos in ihren Varianten. Mit Lügen wurden Wahlen gewonnen und Statistiken frisiert, wurde Geschichte zurechtgebogen. Meiner Generation hat Joseph Goebbels die Macht der Lüge vorgeführt. Mit Lügen hatten Lenin gearbeitet und Stalin sein Terrorregime errichtet. Seine Jagd auf Parteifeinde und Spione und das Geständnis durch Folter beruhten auf Lügen.

Geheimhaltungswahn und Lüge waren dem kommunistischen System schon deshalb inhärent, weil nur die Partei, ihre jeweilige Führung, im Besitze der Wahrheit sein durfte und weil sie zur Behauptung dieser Wahrheit alle Mittel aus ihrem Machtmonopol aufzubieten entschlossen war. Dieser Anspruch begründete die Rolle der Tscheka zur Zeit Lenins, der GPU zur Zeit Stalins und ihrer Nachfolger bis hin zum KGB. Die Erfahrungen einer Partei in der Illegalität sowie das Bewußtsein konstanter Bedrohung nach Bürgerkrieg und Intervention hatten sicherlich dazu beigetragen. Die Aufgaben des sowjetischen Geheimdienstes haben sich erweitert, in Übereinstimmung mit der Erweiterung des sowjetischen Machtbereichs und Machtanspruchs. Immer war er zugleich nach außen wie nach innen gerichtet, »Schwert und Schild« in einem. Die Legitimität dieses Instruments der sowjetischen Politik oder gar seine Moralität aber waren für die Führung des Landes – sieht man von Chruschtschows Verurteilung der Verbrechen Stalins gegen die Partei ab – nie ein Problem. Die Lüge sowenig wie der Mord.

Und Amerika? Wie stand die älteste Demokratie, die Siegermacht, der als Besatzungsmacht im Gegensatz zur Sowjetunion die Sympathien der Deutschen zugeflogen waren, wie standen die USA im Kalten Krieg zur politischen Lüge und zu »verdeckten« Operationen aller Art?

Oliver North, der Drahtzieher und Organisator in Präsident Reagans Iran/Contra-Skandal, hat bei seiner Einvernahme im Kongreß eine entlarvende Erklärung abgegeben. Er sagte: »Verdeckte Operationen sind ihrem Wesen nach eine Lüge … Geheimaktionen, die das amerikanische Volk schützen und seinen Gegnern schaden sollen, kann man unmöglich offenbaren.« Das nahm er auch für sich gegenüber dem Kongreß in Anspruch, gegenüber den gewählten Volksvertretern. Zweierlei beweist die Aussage. Die Lüge war Bestandteil auch des amerikanischen Machtapparates; der Mann an privilegierter Stelle des Regimes hielt sich für befugt und berechtigt, unter ausdrücklichem Ausschluß der Öffentlichkeit im Besitz von Geheimnissen zu sein. Das Regelwerk dafür hatte 1975 nach Vietnam und Watergate ein Senatsauschuß unter Frank Church der Öffentlichkeit zugänglich gemacht. Es geht zurück auf die Gründungsakte des Nationalen Sicherheitsrates und der CIA von 1947. Von der »notwendigen Lüge« über eine »plausible Verneinbarkeit« bei Bedarf bis zur Durchführung verdeckter Operationen war darin alles enthalten. Nur die Vorkehrungen für Aufsicht und Kontrolle der Geheimdienste blieben ungenügend. Mit verdeckten Operationen wurden unliebsame Regime genauso beseitigt wie unliebsame Politiker. Vielseitig waren Begründung und Motive der Gesetzgebung. Im Mittelpunkt stand die Angst vor sowjetischem Expansionsdrang und vor den außerordentlichen sowjetischen Spionageaktivitäten in den USA im Zweiten Weltkrieg. George Kennan konnte Außen-und Verteidigungsministerium in Washington überzeugen, daß »Eindämmung« der Sowjetunion unvermeidlich sei, solange Stalin und das von ihm geschaffene System die Sowjetunion beherrschten.

Als verhängnisvoll für die Einschätzung des Ausmaßes der »roten Bedrohung« erwies sich der Geheimhaltungswahn, der die amerikanische Regierung seit Truman ergriffen hatte, da er zu einer konstanten Überschätzung des Gegners führte. Das galt für die Beurteilung der Rüstung der Sowjetunion wie auch ihrer inneren Stabilität. Nur was »top-secret« war, konnte wahr und richtig sein. Was wäre denn zum Beispiel geschehen, wenn die USA ein kulturelles Aktionsprogramm für die westliche Welt offen und einsichtig wie den Marshall-Plan auf den Weg gebracht hätten? Wenn nicht der Geheimdienst damit beauftragt worden wäre, einen »Kongreß für Kulturelle Freiheit« und alles, was damit zu tun hatte, ins Leben zu rufen? Eine Nation mit dem Symbol der Freiheitsstatue hätte Geist, Herz und Sinne der westeuropäischen Intelligenz für Amerikas Interesse an einem demokratischen Europa auch mit offenen Karten gewinnen können. Die Widerlegung des sowjetischen Modells bedurfte nicht des Armes der CIA.

Die Männer vom BND in Hamburg hatten am Ende des Treffens um absolute Vertraulichkeit gebeten ... Das Treffen sollte geheim bleiben, natürlich. Ich habe das zugesagt. Einen Journalisten anzuhauen, fand ich zwar rücksichtslos und mies, doch ein halbes Jahr nach der Kuba-Krise und anderthalb Jahre nach dem Bau der Mauer hatte ich Verständnis für die Interessen des Geheimdienstes, selbst wenn ich ihm nicht dienen wollte. Schließlich lag die erste Voraussetzung für einen Vorsprung im Kalten Krieg in einem Vorsprung an Informationen. Und das – wie hätte es anders sein können – wußte auch die andere Seite.

## *Im Visier der Stasi*

»Schiller darf nicht den Eindruck erhalten, daß das Interesse unsererseits nachrichtendienstlichen Zielen dient. Höchstens gegenseitiger Informationsbeschaffung.« Oberleutnant Bröckmann von der Hauptverwaltung Aufklärung (HVA), der Auslandsspionagezentrale der DDR, wies mit dieser Order einem Inoffiziellen Mitarbeiter (IM) in Belgrad die Marschrichtung. »IM Schreiber« sollte erkunden, was Schiller über Aktionspläne der WD (westdeutschen) Interessenvertretung in Belgrad wisse, was trotz Hallsteindoktrin zwischen Bonn und Belgrad hinter den Kulissen laufe, was in Bonn gegen die weitere Annäherung zwischen Jugoslawien und der DDR geplant sei. Ein

Kundschafter-Thema. Wie die Sowjets nannte Markus Wolf seine Spione Kundschafter.

Februar 1963. Die »operative Bearbeitung« eines erhofften Informanten hatte begonnen, primitiv, bösartig, zuletzt gefährlich. Das Unternehmen enthüllte sich mir erst bei Einsicht meiner Stasi-Akte.

Ich selbst war freilich naiv gewesen. Irgendwann hatten meine Frau und ich die Idee, einen DDR-Kollegen einzuladen, ganz informell: etwas essen, trinken, reden und mal sehen, ob nicht bei aller Härte der politischen Gegensätze ein Rest normaler menschlicher Kontaktfähigkeit geblieben ist. Also luden wir die Hertels ein. Er war der Korrespondent der Nachrichtenagentur ADN, ein Mann mit leicht sächsischem Akzent, fast kahl schon, obwohl jünger als ich. Der Abend hinterließ keinen Eindruck, aber Hertel, IM »Schreiber«, berichtete. »Schiller ist in Diskussionen einer der gefährlichsten der hier akkreditierten Korrespondenten«, machte er sich wichtig. Sein HVA-Offizier ergänzte: »Schiller gilt allgemein als Zyniker und Hasser der sozialistischen Staaten.« Der ADN-Kollege sollte nunmehr den Kontakt ausbauen.

Es störte das SED-Regime, daß in der DDR über die ARD-Sender aus Belgrad Kritisches über die »kommunistische Weltbewegung« und also auch über die ideologische Engstirnigkeit in der DDR zu hören war. Schlichte Vergleiche waren ungemein wirksam. In Jugoslawien deutliche Konsumfortschritte, Reisefreiheit, eine beachtlich freie Presse, freie Begegnung mit westlichen Touristen. Im sozialistischen Lager nebenan die traurigen Bilder von Warenknappheit und Verfall, von ideologischem Zwang und kultureller Einschnürung. Auch in dieser Hinsicht gab es feine Unterschiede. Besonders wirkungsvoll waren Sendereihen wie »Wettkampf der Systeme« oder, wie es damals hieß, »Für die Zone« (= Sowjetische Besatzungszone); Sendereihen, für die ich aus Jugoslawien und seinen Nachbarländern eine Menge beisteuern konnte.

»In seinen Kommentaren versucht Sch. in geschickter Form, die einzelnen Balkanländer gegeneinander auszuspielen«, hieß es in einem Schreiben der HVA an IM »Schreiber«. Was tun? Mich kompromittieren zu wollen schien den Versuch nicht wert. IM »Schreiber« berichtete: »Das Familienleben scheint in Ordnung zu sein. Es gab keinen Hinweis auf Unregelmässigkeiten ...«

Bei einem Treff in Ostberlin wollten IM »Schreiber« und der (HVA-)Resident Schubert endlich Nägel mit Köpfen machen. Ich hatte Hertel gegenüber Interesse an einem Visum bekundet. Den Akten entnahm ich, daß man mir ein solches zunächst amtlich verweigern, dann aber auf Intervention von Schreiber gewähren sollte. Ein Beweis tätiger kollegialer Hilfe. ADN-Hertels Zusammenarbeit mit ARD-Schiller könnte dann beginnen. Unerfindlich, worauf sich die Annahme gründete. Ich war aber bereits zur Kontaktperson (KP) »Poet« avanciert. 28 MDN (Mark der Deutschen Notenbank) wurden dem IM Schreiber ausgehändigt, damit er für »Poet« ein Buch kaufe.

Als ich aus Belgrad nach Moskau übersiedelte, wurde der ganze Papierkram auf der »Sperrablage« deponiert; Zugriff nur für die HVA. Und siehe da: Elf Jahre später, im August 1977, ich war längst Korrespondent in Washington, erließ die Stasi, Hauptabteilung VI, einen Fahndungsbefehl gegen mich; bei Einreise »an der gesamten Staatsgrenze DDR/BRD und DDR/WB« (Westberlin), hieß es. Begründung: »Bearbeitung der Person erfolgt gemäß § 97 StGB.« Spionage.

Der Hintergrund dieser Aktion ist mir ein Rätsel geblieben. Als ich nach Leipzig einreiste, verspätet, um aus Anlaß der Messe einen alten Freund zu besuchen, war die Frist des Fahndungsbefehls gerade abgelaufen. Nichts geschah. Verlängerung müsse 14 Tage vor Ablauf der Frist beantragt werden, hieß es in dem HVA-Telegramm an die Behörden. Hatte hier eine bürokratische Verordnung der Willkür des Geheimdienstes ein Bein gestellt?

Die CIA war in vergleichsweise angenehmer Form bemüht gewesen, damals in Belgrad von mir Informationen zu bekommen. Ein Botschaftsrat der US-Botschaft, den ich recht gut kannte, lud mich zur Teilnahme an einem formlosen Gesprächskreis ein. Drei oder vier Botschafter neutraler Länder waren da, zudem Engländer, Amerikaner, ein Jugoslawe. Man redete offen, unbedingt vertraulich. Wer ahnte denn, daß einer aus diesem Kreis postwendend Berichte für die CIA schrieb. Ein neutraler Botschafter hat es mir später erzählt. Der Gesprächskreis war als anregender Quell für die Company überhaupt erfunden worden.

Ich habe von diesem Gesprächskreis auch profitiert. Es war die Zeit, als sich große Dramen hinter den Kulissen des Kalten Krieges abspielten, als auch die kleinste Information Gewicht hatte, als es – zumal für einen Anfänger im Geschäft – außerordentlich schwierig war, die Bedeutung einzelner Vorgänge in ihre Zusammenhänge einzuordnen.

# Kominform in neuer Sicht

## *Stalins Strategiewechsel*

Ein Bericht für den ARD-Hörfunk: »Gespenstisch, surrealistisch steht eine nackte Brücke über einer einspurigen Bahnlinie in der flachen Landschaft, ohne Zufahrt, ohne Abfahrt. Beziehungslos ragt sie auf, die Geländer enden im Nichts. Kraut schießt aus den schwarzen Fugen im Beton. Sinnbild der Sinnlosigkeit. Etwas abseits läuft eine Straße vorbei. Ihre dick eingestaubten Ränder lassen sie breiter erscheinen, als sie ist. Aber selbst der knöcheltiefe Staub kann die Millionen Löcher nicht zudecken. Die Straße besteht aus Löchern: muldenförmigen, gerippten, quergelegten oder einfach kreisrunden und tiefen; ab und zu sind die Ränder von ein paar übriggebliebenen Schottersteinen verziert. Was zwischen den Löchern steht, sind schmale Grate, auf denen keine Reifen Platz hat ... Die hier beschriebene Straße ist die schlechteste der Welt und führt von der serbischen Stadt Nisch über Pirot und Dimitroffgrad an den wichtigsten Grenzübergang zwischen Jugoslawien und Bulgarien.

Die Brücke, das Symbol der Sinnlosigkeit, ist nach dem Kriege [dem Zweiten Weltkrieg – U. S.] von jugoslawischen Jugendbrigaden gebaut worden, zu einer Zeit, als die beiden kommunistischen Regierungen (in Belgrad und Sofia) noch dick befreundet waren und sich so schnell wie möglich die Wege zueinander ebnen wollten. Dann kam 1948, der Streit zwischen Tito und Stalin, und die Jugoslawen, die an ihrer Grenze schon das Motorengeräusch von Truppenbewegungen hörten, packten die Werkzeuge ein. Sie haben an der internationalen Durchgangsstraße Jugoslawien–Bulgarien–Türkei (eben die Löcher-Straße) seither nur einsame Straßenwärter den Staub gleichmäßig verteilen lassen.« (15. Oktober 1962.)

Ich hatte mir, als ich auf die Brücke stieß, bei Dimitroffgrad ein Grenztreffen angesehen. Da es noch immer keinen kleinen Grenzverkehr wegen der von Stalin befohlenen Verfeindung der Nachbarn gab, aber die aus alten Zeiten verschwippte und verschwägerte Bevölkerung beiderseits der jugoslawisch-bulgarischen Grenze auf irgendeine Lösung drängte, wurde alljährlich eine von den Grenzposten übersehbare Fläche abgesteckt. Zur festgesetzten Morgenstunde strömte das Volk von beiden Seiten der Mitte zu, lief sich in die Arme. Suchen und Wiedererkennen, Weinen, Essen und Trinken, Kolotanzen [Rundtanz – U.S.]. Trinken und wieder Weinen, wenn über dem stiller werdenden balkanischen Bergland die Sonne sank und die Posten sich anschickten, die Grenze zu schließen. Für ein weiteres Jahr. Bilder aus dem Kalten Krieg, auch dies.

In der russischen Ausgabe der Chruschtschow-Memoiren findet sich ein Hinweis darauf, daß das Motorengeräusch von Truppenbewegungen 1948 an der jugoslawisch-bulgarischen Grenze keine Halluzination der Grenzbewohner gewesen war. Chruschtschow amtierte zur fraglichen Zeit als Partei- und Regierungschef in der Ukraine. Er schrieb:

»Eines Tages wurde mir berichtet, daß in aller Heimlichkeit der Abtransport einer großen Anzahl von Menschen aus Odessa auf den Balkan stattfindet. Per Schiff, wahrscheinlich nach Bulgarien. Die Leute, die an der Organisation des Abtransports beteiligt waren, meldeten mir, es seien militärische Einheiten gebildet worden, und obwohl die Abreisenden Zivilkleider anhatten, hätten sie in ihren Koffern Uniformen und Waffen. Ein Schlag gegen Jugoslawien solle geführt werden, wurde mir berichtet. Warum er nicht geführt wurde, kann ich nicht sagen. Von Stalin selbst habe ich darüber nichts erfahren, nur die Ausführenden seines Willens, die den Schiffstransport organisierten, haben mir berichtet. Ihre Stimmung war agressiv: Unsere werden's denen schon geben. Jetzt reisen sie ab, und bald werden sie handeln.«

Stalin hat in der Tat nicht zugeschlagen. Warum nicht? Was hielt ihn davon ab, Jugoslawien mit militärischer Gewalt in den

Block zu zwingen? Mit einer ausgebluteten und wirtschaftlich ruinierten Sowjetunion in einen Krieg gegen Titos Partisanenarmee zu ziehen wäre allein schon riskant gewesen. Die Gefahr einer Ausweitung des Krieges kam hinzu. Hätten die Westmächte tatenlos zusehen können, nachdem erst im Februar 1948 die Tschechoslowakei Opfer einer kommunistischen Machtübernahme geworden war? Überdies war Stalin ja gerade im Begriff, seine Militärs und Diplomaten in der Sowjetischen Besatzungszone in die Berlin-Blockade zu schicken, also glaubte er doch wohl immer noch, sich ganz Berlin, wenn schon nicht Deutschland, sichern zu können.

Stalin wollte sowenig wie möglich aktenkundig oder gar publik machen, was das Kommunistische Informationsbüro (Kominform) und den Konflikt mit Tito betraf. Moskau hielt die einschlägigen Dokumente bis zum Ende der Sowjetunion unter Verschluß; den ehemaligen Satellitenstaaten war es gar nicht erlaubt, eigene Recherchen zum Kominform-Komplex anzustellen.

Was über die Gründung des Kominformbüros 1947 sowie über Austragung und Begründung des Konflikts mit Tito 1948 bekannt geworden war, das fußte für lange Zeit im wesentlichen auf jugoslawischen Quellen. Belgrad hatte großes Interesse, den Bruch mit Stalin vor die Weltöffentlichkeit zu bringen. Überdies tat Belgrad alles, aus Selektion und Aufbereitung des Materials den größtmöglichen Vorteil zu ziehen. Auch verständlich. Die amtliche Tito-Biographie von Vladimir Dedijer, die Stalins geheime Bannbullen in vollem Umfang ans Licht brachte, hatte als einzige Quelle auch im Westen überaus große Wirkung.

Die Folgen blieben nicht aus. Bilder und Vorstellungen vom Konflikt zwischen Stalin und Tito gerieten einseitig, vor allem unvollkommen. Es entstand der Eindruck, als habe sich der Kominformkonflikt in der jugoslawisch-sowjetischen Kontroverse erschöpft. Jugoslawienbeobachter wurden ja auch ständig an den Konflikt erinnert. Jeder Grenzübertritt aus Jugoslawien nach Bulgarien, Rumänien oder Ungarn ließ die ideologische Mauer empfinden; ob ich als einziger Passagier in einer Tarom-Maschine nach Bukarest flog oder von bulgarischen Grenzern als Wanderer zwischen beiden Welten beargwöhnt wurde, Titos nach wie vor umstrittene Rolle im Ostblock schlug durch. Wie das Gespenst im Dachstuhl hing der Geist Stalins über den balkanischen Landschaften, selbst nachdem Chruschtschow und Bulganin 1955 mit einem Besuch in Belgrad Burgfrieden angeboten hatten. Aber was hatte sich wirklich zugetragen bei der Gründung des »Kommunistischen Informationsbüros«?

In den neunziger Jahren bekamen Historiker aus Ost und West Zugang zu russischen Archiven. Die Ergebnisse waren aufregend. Gewiß war Jugoslawien in der kurzen Geschichte des Kominform – es gab nur drei Konferenzen: 1947, 1948, 1949 – das große Drama. Doch die zentralen politischen Punkte seiner Gründung waren ein großangelegter Strategiewechsel Stalins für sein künftiges Verhältnis zum Westen und die Rolle dieser Gründung in der Geschichte des Kalten Krieges. Die Welt wurde in zwei Lager geteilt. Auf Ost- und Südosteuropa legte sich die harte Hand Stalins.

## *Schreiberhau streng geheim*

Es war der 21. September 1947. Eine Reisegruppe von circa dreißig Personen strebt aus der Abflughalle des Moskauer Flughafens dem Ausgang zu. Die Aufsichtsorgane hatten dafür gesorgt, daß keine Passanten herumstanden, daß die Reisenden nicht nach Pässen und Papieren gefragt wurden. Die Gruppe bestieg eine Militärmaschine. Die Maschine hob alsbald vom Rollfeld ab, nahm Kurs nach Westen. An die vier Stunden später landete sie auf dem Militärflugplatz der Gruppe Nord der sowjetischen Streitkräfte in Legnica. In Liegnitz also, im alten Schlesien. Ein höherer Parteifunktionär aus Warschau, zur Begrüßung erschienen, begleitete die Gruppe zu ihren Autos. Die Fahrt ging nach Szklarska Poręba, in den Kurort am Fuße des

Riesengebirges, der einmal Schreiberhau hieß. Dort bezog die Delegation der Kommunistischen Partei der Sowjetunion ihr Konferenzhotel.

Stalins große Kabale konnte beginnen: zur Entmannung der Bruderparteien, zur Disziplinierung der Völker des Lagers, zur Teilung Europas. Das Eigentor, die Folgen der Selbstisolierung der Sowjetunion, hatte der weise Führer des Sowjetvolkes, der wahre Freund der ganzen Menschheit, Stalin, offenbar nicht vorausgesehen. Die Kabale konnte beginnen ... Der Satz stimmt nicht. Sie hatte längst begonnen. Die Konferenz in Schreiberhau war ihr erster Höhepunkt!

Zwei hochrangige Mitglieder des Moskauer Politbüros führten die sowjetische Delegation an, Andrej Shdanow, Leiter der Agitations- und Propagandaabteilung des ZK, und Georgi Malenkow, stellvertretender Ministerpräsident. Nur sie und der enge Kreis um Stalin wußten, worum es ging: nach monatelangem Tüfteln, nach absolut geheimen wie auch heimtückischen Vorbereitungen im Kreml sollte in Schreiberhau das Kommunistische Informationsbüro gegründet werden, angeblich nur ein Koordinationsorgan. Dazu eingeladen waren die Kommunistischen Parteien Jugoslawiens, Ungarns, der Tschechoslowakei, Rumäniens, Bulgariens, Frankreichs und Italiens; eingeladen hatte nach Absprache mit Stalin die KP Polens. Shdanow und Malenkow waren voll auf Konspiration eingestellt. Allnächtlich würden sie unter den Pseudonymen Sergej und Borissow chiffrierte Konferenzberichte an »Filippow, Moskau« schicken – an Stalin.

Nur eine Woche zuvor hatte Tito an Stalin ein Telegramm gerichtet. Ob es denn für Schreiberhau keine Tagesordnung gebe. Stalin antwortete, am Anfang stehe der Arbeitsbericht der KPdSU, den werde der Genosse Shdanow vortragen; dann würden die anderen Parteien mit ihren Berichten folgen, und danach müsse die Konferenz selbst entscheiden, worüber man reden wolle. Die Teilnehmer hätten ja ohnehin informelle Konsultationen gewünscht. Zu diesem Zeitpunkt wußte nicht einmal Tito, daß das Kommunistische Informationsbüro gegründet werden sollte – und zu welchem Zweck; obwohl er trotz der Differenz über den jugoslawisch-bulgarischen Freundschaftspakt noch in der Gunst Stalins stand.

### *Exkurs in die frühe Nachkriegsgeschichte*

Am Ende des Zweiten Weltkrieges war die Sowjetunion in die Reihe der Großmächte aufgerückt. Die siegreichen Feldzüge von Stalingrad bis Berlin begründeten ihr Prestige. Vom wirtschaftlichen und technischen Rückstand des Landes blieb die mögliche Rolle eines globalen Spielers zunächst unberührt. Wie dringend die wirschaftliche Erneuerung der UdSSR war, das hatte auch Stalin erkannt. Es war einer der Gründe, weshalb er zunächst eine Fortsetzung der Zusammenarbeit mit den Westmächten anstrebte. An anhaltende Koexistenz mit den kapitalistischen Mächten glaubte Stalin nicht. Einer seiner Spitzendiplomaten, Maiski, äußerte 1944 in strategischen Papieren die Erwartung, daß ganz Europa bis Mitte der siebziger, spätestens bis Mitte der neunziger Jahre des vorigen Jahrhunderts sozialistisch sein werde. Jeder zwinge einem eroberten Gebiet sein soziales System auf, habe Stalin im April 1945 klargestellt, erinnerte sich Milovan Djilas.

Pawel Litwinow, ein Enkel des sowjetischen Außenministers Maxim Litwinow (1930–1939), hat mich auf frühe Warnungen seines Großvaters vor den unersättlichen Gebietsansprüchen Stalins hingewiesen. Dem amerikanischen Journalisten Edgar Snow sagte Maxim Litwinow vorwurfsvoll im Juni 1945: »Warum habt ihr Amerikaner bis jetzt gewartet, uns auf dem Balkan und in Osteuropa entgegenzutreten?« Und in einem Interview mit dem CBS-Korrespondenten Richard C. Hottelet warnte er im Juni 1946: »Wenn der Westen den gegenwärtigen sowjetischen Forderungen nachgibt, wird er über kurz oder lang vor der nächsten Serie sowjetischer Forderungen stehen.« Erstaunlicherweise ist Maxim Litwinow eines friedlichen Todes in der Sowjetunion gestorben. Die berühmten Litwinow-»Memoiren«, die in den sechziger Jahren Furore machten, habe sein Großvater nicht geschrieben, sagt Pawel. Sie seien wahrscheinlich eine Fälschung des in den Westen geflohenen Ex-Diplomaten Besedowski.

Stalin war nach Kriegsende offenbar der Meinung, daß Deutschland nach dem gemeinsamen Willen der Siegermächte für Jahrzehnte keine große Rolle spielen werde. Für die Sicherheit der Sowjetunion würde es mithin genügen, wenn zwischen ihr und Deutschland ein Gürtel befreundeter und von Koalitionen der nationalen Einheit regierter Länder läge. Der Begriff der Volksdemokratie hielt Einzug. Der Bulgare Georgi Dimitroff, 1935 bis 1943 Generalsekretär der Kommunistischen Internationale, soll ihn im September 1944 zum ersten Mal benützt haben. Schon während des Krieges hatte der Gedanke an Boden gewonnen, daß der Weg zum Sozialismus national definiert sein könne, daß es mithin verschiedene Wege zum Sozialismus gebe – nicht nur den sowjetischen. Stalin selbst hat wiederholt einen neuen Weg zum Sozialismus für möglich erklärt. So am 23. Mai 1946 im Gespräch mit polnischen KP-Führern. Man muß sich vor Augen halten, was er sagte:

»Die Demokratie, wie sie bei Ihnen in Polen, in Jugoslawien und zum Teil in der Tschechoslowakei entstanden ist, das ist eine Demokratie, die Sie dem Sozialismus näherbringt ohne Notwendigkeit der Errichtung der Diktatur des Proletariats und der sowjetischen Ordnung.« Ähnlich hat sich Stalin wenig später gegenüber dem Prager KP-Chef Gottwald geäußert. Den Grund dafür, daß der »blutige« Weg der russischen Revolution nicht wiederholt zu werden brauche, sah er im Sieg [der Roten Armee – U.S.] über den Faschismus, der das Großkapital und den Großgrundbesitz beseitigt habe. Aber war soviel ideologische Gelassenheit echt? Um diese Zeit kaum. Eher Taktik.

Am 9. Februar 1946, Monate vorher also, hatte Stalin vor einer Wahlversammlung in Moskau eine Rede gehalten, die im Westen als Eröffnungsschuß des Kalten Krieges gewertet wurde. Er beschuldigte England und die USA, sich gemeinsam gegen die sowjetischen Sicherheitsinteressen zu stemmen. Zugleich bereitete er die Sowjetbürger auf harte Zeiten vor, indem er praktisch ein Ende der Zusammenarbeit mit den kapitalistischen Ländern ankündigte. Nachdem sein Ersuchen um einen amerikanischen Kredit im US-State Department zweimal »verloren«gegangen war, hatte Stalin – wohl zu Recht – gefolgert, Truman wolle der Sowjetunion keine Hilfe mehr gewähren. Aus allen Diskussionen über die künftige Entwicklung in Japan, im Nahen Osten wie im Mittelmeerraum wurde er ausgeschlossen. Stalin mußte den Eindruck gewinnen, daß ihm die Westmächte ein globales Mitspracherecht verweigerten. Regionalmacht sollte die Sowjetunion wieder werden.

Die Stalin-Rede vom 9. Februar war für den Geschäftsträger der US-Botschaft in Moskau, George Kennan, der Anlaß, seiner Behörde in Washington das berühmte »lange Telegramm« zu schicken. Die Politik der »Eindämmung« der Sowjetunion hatte darin ihren Ursprung. Kennan sah in der Kombination von russischer Paranoia und kommunistischem Messianismus den unvermeidlichen Konflikt aufziehen, und Winston Churchill sah schon am 5. März 1946 in einer Rede vor dem Westminster College in Fulton/Missouri »von Stettin bis Triest« einen Eisernen Vorhang niedergehen.

Ob das ein voreiliger Schluß war, sei dahingestellt. Unbestritten ist, daß Stalin 1946/47 die Wende zu einer neuen außenpolitischen Strategie vollzog, von der Anti-Hitler-Koalition der Kriegsjahre zur Konfrontation mit den ehemaligen Verbündeten, daß Ost- und Südosteuropa zum Schwerpunkt dieser Konfrontation wurden und daß die Weichen in den Kalten Krieg damit gestellt waren. John Lewis Gaddis, Experte für die Geschichte des Kalten Krieges, sieht Stalin als den Hauptverantwortlichen für den Kalten Krieg, fügt aber gleich hinzu, diese Feststellung könne die westlichen Staatsmänner von der Verantwortung dafür nicht freistellen, wie der Kalte Krieg geführt wurde.

Für die Deutschen waren die Jahre der Strategiewende Stalins ein tektonisches Beben. Von einem nach Tempo und Ausmaß unvorstellbaren Paradigmenwechsel wurden sie erfaßt.

Die Deutschen im Westen wurden plötzlich zu Verbündeten der drei westlichen Siegermächte gegen deren ehemaligen Verbündeten Sowjetunion, den nunmehr gemeinsamen Feind; die Deutschen im Osten wurden von ebendieser Sowjetunion nicht nur strategisch, wirtschaftlich und politisch, sondern, gestützt auf ein Satellitenregime, auch ideologisch vereinnahmt.

### *Wie der Kreml den Kalten Krieg »erklärte«*

Wer gab den Anstoß und wann, das Konzept der »nationalen Wege zum Sozialismus« fallenzulassen und für falsch, schädlich und gefährlich zu erklären? Stalin selbst? Offenbar hat die Abteilung Außenpolitik im sowjetischen Zentralkomitee unter Suslow Anfang 1947 damit begonnen, Material zu sammeln, das die Kommunistischen Parteien Osteuropas wegen ihrer »Sonderwege« zum Sozialismus diskreditieren sollte. Alle. Es gab keine Ausnahme. Nach einem Gespräch mit Molotow im Mai 1947 machte der ungarische KP-Chef Rákosi einem führenden Apparatschik in der Suslow-Abteilung die vielsagende Mitteilung: »Man hat uns geraten, die Linie des verschärften Klassenkampfes ins Auge zu fassen.«

Verschärfter Klassenkampf? Also weg von Koalitionen mit bürgerlichen Parteien und nationalem Konsens hin zur Konfrontation? Genau das. Kommunistische Parteien hätten aggressiv den Staatsapparat zu durchdringen und nicht ihre Kraft der Parlamentsarbeit zu widmen, tadelte ein Beauftragter Suslows die Prager KP-Führung.

Am 12. März 1947 verkündete der amerikanische Präsident die nach ihm benannte Truman-Doktrin: Schutz für Griechenland und die Türkei gegen totalitäre Übergriffe aus Jugoslawien wie aus der Sowjetunion. Am 5. Juni 1947 stellte der neue US-Außenminister seinen Marshall-Plan vor. Stalin stand vor einer schwierigen Entscheidung. Einerseits wollte er die Zusammenarbeit mit den Westmächten nicht ganz stoppen, hoffte noch vage auf einen Anteil aus den amerikanischen Kreditfonds, auf

Zugeständnisse in der Deutschlandfrage. Andererseits wollte er sein neues Einflußgebiet in Ost- und Südosteuropa nicht an amerikanisches Wohlstandswerben verlieren. Noch bis zum 6. Juli schien der Kreml die Staaten seiner Einfluß-Sphäre zu ermutigen, sich an der Europäischen Wirtschaftskonferenz am 12. Juli in Paris zu beteiligen. Dann, in der Nacht vom 6. auf den 7. Juli, gingen Molotows Telegramme raus: Nicht nach Paris fahren! Das war ein besonders schmerzlicher Schlag gegen die Koalitionsregierungen in Prag und Warschau, die mit Marshallplan-Hilfe gerechnet hatten, das war »Feuer – frei« für die kommunistische Agitation gegen die »ökonomische Versklavung Europas durch das amerikanische Monopolkapital«.

Schon an diesem Punkt erwies sich die Schwäche des stalinistischen Systems: Isolation von der internationalen Entwicklung war die Bedingung seiner Selbsterhaltung. Dieser Zusammenhang war einer der Gründe für den Bankrott des Sowjetsystems.

Kontrolle über Ost- und Südosteuropa hieß also 1947 die außenpolitische Priorität der Sowjetunion. Dazu mußten vor allem die dortigen kommunistischen Parteien und ihre Führungen unter totale Kontrolle gebracht werden. Wenn auch der Marshall-Plan nicht der Anlaß für die Einrichtung eines Koordinations- und Kontrollorgans gewesen ist, so hat er seine Gründung doch beschleunigt. Stalin gelang es, Gomułka zur Einberufung einer Konferenz zum Zweck eines unverbindlichen Meinungsaustauschs zu gewinnen. Szklarska Poręba, das Treffen in Schreiberhau vom 22. bis 29. September 1947, kam auf den Kalender. Der Mittelpunkt der Konferenz, ihr politisches Scharnier, sollte der Bericht Andrej Shdanows zur internationalen Lage sein. Mit der Zahl der Berichtsentwürfe nahm die polemische Schärfe der Analysen Shdanows zu. Abgestimmt mit Stalin und mit Molotow. Der amerikanische Historiker Tucker hat die Endfassung der Shdanow-Rede die amtliche sowjetische Kriegserklärung des Kalten Krieges an den Westen genannt.

*Embryonale Breshnew-Doktrin*

Und alle Parteien machten mit. Als sei nichts Außergewöhliches geschehen. Allein Gomułka sträubte sich. Obwohl zur ersten Überraschung, nämlich Gründung des Informbüros mit Sitz in Belgrad, nach Konferenzeröffnung eine zweite kam: Shdanows Bericht zur internationalen Lage.

Zum Auftakt führte Shdanow einen scharfen Angriff gegen die französischen Kommunisten. Anstatt den Truman-Marshall-Plan gebührend zu entlarven, seien sie aus der Regierung ausgetreten, zurückgewichen. Sie hätten nicht begriffen, daß zur Festigung ihrer Stärke im eigenen Land die Macht der Sowjetunion als Hort der Demokratie gestärkt werden müsse. Die italienische KP traf ähnliche Vorwürfe.

Mit welchen Tricks Shdanow und Molotow allein für diesen an der KP Frankreich festgemachten »Analyse«-Ansatz zu Werke gegangen sind, zeigt folgende Episode. In einem Brief an die KP Frankreichs im Frühsommer 1947 bat der Kreml um Auskunft über die Gründe des Austritts aus der Regierung. Die »sowjetischen Arbeiter« verstünden die Haltung der französischen Genossen nicht. Kopien des Briefes wurden von ZK-Beamten den sowjetischen Botschaftern in einigen Bruderländern überbracht, mit strengen Auflagen. In Belgrad zum Beispiel mußte der Botschafter zu Tito gehen, Tito durfte das Schreiben lesen, sich Notizen machen, mußte das Schreiben aber sofort zurückgeben Der Botschafter hatte Weisung, es danach zu vernichten. Eine Groteske.

Zurück zu Shdanows Lagebericht. Er stellte in der Welt zwei Pole fest. Den Pol der imperialistischen Kriegstreiber und den des Friedens, der Demokratie und des Sozialismus. Dort die USA und ihre Lakaien – hier die Sowjetunion und die Bruderländer. Die Welt war in zwei Lager geteilt. Nichts dazwischen. Es gab keine dritte Position, keine Äquidistanz, keine Neutralität. Es durfte sie nicht geben. Die internen Beziehungen der zum antiimperialistischen Lager gehörenden Länder sollten auf der Gleichheit der sozialökonomischen Systeme, des Staatsaufbaus und der Ideologie beruhen. Das hieß, eine eigenständige Politik, vor allem auch Außenpolitik, konnte es nicht mehr geben. Alle Kominform-Parteien hatten dem staatlichen Interesse der Sowjetunion und ihrer Sicherheit zu dienen. Der Ursprung der Breshnew-Doktrin. Ihre Vorwegnahme.

Noch einmal: alles, was in Schreiberhau gesagt und geschrieben wurde, war, von den jugoslawischen Veröffentlichungen abgesehen, bis zum Ende der Sowjetunion absolut geheim! Auch die Reden der Delegierten der Bruderparteien.

Am 24. September erhielt Edvard Kardelj das Wort. Die Stimme der Kommunistischen Partei Jugoslawiens. Man muß hier daran erinnern, daß die jugoslawischen Quellen, voran die amtliche Tito-Biographie Vladimir Dedijers, den Konflikt mit Moskau stets in einem kontinuierlichen Anstieg gezeigt haben: vom Beginn des Partisanenkrieges bis zum Bruch 1948. Auch ich und viele andere haben gleichsam verschlungen, was in Belgrad damals aus den geheimen Papieren über Erfahrungen mit Moskau ans Licht kam. »Der siegreiche Ketzer«, der Titel eines 1957 veröffentlichten Buchs des ehemaligen Korrespondenten in Belgrad, Ernst Halperin, spiegelte korrekt wider, daß der Bruch zwischen Tito und Stalin damals in den Dimensionen eines historischen Wandels von Dauer gesehen wurde. Nun ist in den Veröffentlichungen der Protokolle der drei Kominform-Konferenzen (1998 in Moskau) nachzulesen, daß sich die »Ketzerei« noch 1947 sehr in Grenzen hielt. Überdies: Als wirklicher Ketzer erwies sich Milovan Djilas, nicht Tito. Später.

Kardelj also in Schreiberhau: Die üblichen Verbeugungen vor der Mutterpartei, der sowjetischen KP, mit denen Kardelj die Rede begann, mag man zum Ritual zählen. Daß er die engen Beziehungen Belgrad–Moskau als das Fundament der jugoslawischen Unabhängigkeit pries, hätte kalkuliert sein können. Aber wie sich Kardelj bei Beschreibung der jugoslawischen Innenpolitik als Musterschüler leninistisch-stalinistischer Revolutionslehre aufspielte, das zu lesen ist denn doch eine Eröffnung. Eine Kostprobe:

»Der [Klassen-]Feind (bei uns) verbündet sich mit den Agenturen der englischen und amerikanischen Imperialisten für Spione und Diversanten. Deswegen schlagen wir unseren Reaktionären aufs Haupt nicht als nationale Opposition, sondern als Agentur des englischen und amerikanischen Imperialismus … , deshalb schlagen wir die Reaktionäre schonungslos, vertreiben sie physisch, verhängen Todesurteile und entlarven öffentlich ihre Kontakte zu den westlichen Imperialisten.« Mit gutem Grund schätzte Andrej Shdanow die KP Jugoslawiens als den zuverlässigsten Partner unter den Kommunistischen Parteien ein.

Kardelj und Milovan Djilas spielten sich auch als scharfe Kritiker der KP Frankreichs auf, nach sowjetischem Fahrplan und von Shdanow gedrängt. Unterwürfig bedankte sich Jacques Duclos, Delegationsführer der KPF, am Schluß für die hilfreiche Kritik und dafür, daß Shdanow die unsicher gewordene Kompaßnadel seiner Partei auf den richtigen Kurs gebracht habe. Zu Hause dann ein anderes Lied. Im Bericht für das eigene Politbüro erklärte derselbe Duclos, Shdanows Konferenzführung sei das reine Diktat gewesen, alles sei nach dem Willen der sowjetischen Delegation gelaufen. Das Informationsbüro, das in Belgrad eingerichtet werde, solle nach Shdanows Worten helfen, Fehler der Vergangenheit zu vermeiden und die Tätigkeit der kommunistischen Parteien zu koordinieren, von der Kaderschulung bis zur Einrichtung von Waffenlagern. Die KPF könne Vorschläge einbringen, müsse sich aber den Beschlüssen des Büros beugen. Unterwerfung oder Lossagung, vor dieser Alternative habe er, Duclos, gestanden.

Eine serbische Übersetzung dieses Berichts ist Shdanow zur Weitergabe an Molotow und Stalin zugespielt worden – nach den russischen Quellen überbracht von Milovan Djilas.

## *Tito auf der Abschußliste*

Die auftrumpfenden Auftritte Kardeljs und Djilas' als die Klassenbesten in Schreiberhau und der Beifall Shdanows waren kaum verrauscht, da machten sich die ideologischen Hofschranzen Stalins an die Demontage Titos. Kleinkariert, hinterhältig, dozierend, sowjet-chauvinistisch. Das hatte Duclos richtig diagnostiziert: Mit der Bildung des Kominform hatte sich Moskau das Instrument zur Disziplinierung der Kommunistischen Parteien geschaffen. Vorbei das Konzept der Volksdemokratie, vorbei die Toleranz für nationale Wege zum Sozialismus. Klassenstaat, Diktatur des Proletariats hieß jetzt die Parole. Deshalb mußten einige Parteiführungen, auf alle Fälle einzelne führende Figuren ausgewechselt werden. Wer weiterhin einen eigenen Weg betonte, der mußte ja automatisch den sowjetischen Führungs- und Unfehlbarkeitsanspruch in Frage stellen.

Stalins ideologische Kleinkrämer hatten ganz genau gezählt. In 53 Reden zwischen 1945 und 1948 habe sich der Generalsekretär der KPJ, Tito, nur ein einziges Mal auf die Klassiker des Marxismus-Leninismus zum Beleg der Richtigkeit des jugoslawischen Weges berufen, und – horribile dictu – »in all seinen Reden gibt es nicht ein einziges Wort über den Genossen Stalin als den großen Theoretiker unserer Zeit, den genialen Vollstrecker der Sache Marx', Engels' und Lenins«. Solches und mehr stand in dem geheimen Dienstbericht über die »antimarxistischen Ziele der Führer der KP Jugoslawiens« von Anfang 1948: Tito leugne die Rolle der Roten Armee bei der Befreiung Jugoslawiens, er überschätze die eigene Leistung, betreibe außenpolitische Hochstapelei. Hier lag für Stalin des Pudels Kern. Er nahm sein erstes Opfer ins Visier.

Wenn es einen Punkt gibt, an dem der Ursprung des sowjetisch-jugoslawischen Zerwürfnisses festzumachen ist, dann war es das Beharren Titos auf dem historischen Verdienst seiner Partisanen-, später Volksbefreiungsarmee, die deutschen und die italienischen Besatzungsheere im wesentlichen allein geschlagen zu haben: Die Engländer hatten ihn mit Beratern, Waffen und vor allem mit Anerkennung unterstützt, Stalin hatte das verweigert. Die Rote Armee trat erst im Herbst 1944 auf jugoslawischem Boden in Erscheinung. Stalin sträubte sich von Anfang an gegen die Anerkennung dieses Aktes der Selbständigkeit.

Hinzu kam: Tito hatte im Wettlauf mit britischen Truppen Triest erobert; er wollte es behalten. Tito beanspruchte das halbe Kärnten. Albanien sowieso. Er unterstützte den griechischen Partisanenkrieg mit Geld und mit Waffen, Stalin verurteilte die Hilfestellung. Dann vor allem die Balkanföderation, die Jugoslawen und Bulgaren mit ihren Ländern als Kernzelle möglichst rasch aus der Taufe heben wollten. Stalin war außer sich: Sie hatten ihn nicht gefragt. Er drohte, verstärkte den Druck.

Am 10. Februar 1948 Geheimkonferenz in Moskau. Stalins Zorn konzentrierte sich auf Dimitroff. Tito fürchtete er: eine charismatische Figur, hohes, im Kriege erworbenes Ansehen, von starkem Unabhängigkeitswillen beseelt und motiviert vom Ehrgeiz zur Begründung einer eigenen, jugoslawischen Einflußzone auf dem Balkan. Auch eines zweiten Moskaus? Die Balkanföderation blieb auf der Strecke. Nicht jedoch Tito. Das war für Stalin eine neue Erfahrung. Einer bietet ihm die Stirn. Lehnt es ab, zu Kreuze zu kriechen. Als der sowjetische Botschafter in Belgrad, Lawrentjew, ein bespielloser Intrigant, Daten zur jugoslawischen Wirtschaft verlangt und ein Nein zu hören bekommt, eskaliert der Konflikt. In der publizierten Korrespondenz Stalin/Molotow – Tito/Kardelj weisen die Jugoslawen alle sowjetischen Drohungen zurück. Tito lehnt es ab, vor einer Kominformkonfernz in Bukarest Rede und Antwort zu stehen. Ihn trifft der Bannstrahl des »großen Führers aller Werktätigen«. Am 28. Juni 1948 wird Jugoslawien aus dem Kominform ausgeschlossen. Die einstigen Kominformgenossen überbieten sich in Denunziation. Der rumänische KP-Chef, Gheorghiu-Dej, zum Beispiel behauptet, die Kommunistische Partei Jugoslawiens befinde sich nunmehr »in den Händen von

Mördern und Spionen«. In Belgrad aber war am 28. Juni Feiertag – wie immer am 28. Juni: Vidov Dan, Tag des Gedenkens an die serbische Tragödie auf dem Amselfeld (Kosovo), an den Sieg der Türken über die Serben 1389.

Stalin behauptete in einem Brief an Klement Gottwald, sein Ziel erreicht, Tito isoliert zu haben. In einer zweiten Phase würde sich die KPJ gegen Tito erheben. Doch nur einer in Titos Parteiführung hielt in der kritischen Zeit zu Moskau: Finanzminister Sreten Žujović, ein Serbe. Die Behauptung des MGB, auch Andrija Hebrang, ein Kroate, Industrieminister und Verteidiger kroatischer Interessen, sei ein »Maulwurf« Moskaus gewesen, widerspricht allen anderen bekannt gewordenen Tatsachen. Hebrang wurde in Jugoslawien ein Geheimprozeß gemacht mit der Unterstellung, während des Krieges mit den Ustascha kooperiert zu haben. In Kroatien hieß es immer, Hebrangs Popularität und seine ökonomische Kompetenz seien Tito gefährlich geworden. Sein »Selbstmord« galt nie als glaubwürdig.

Die Jagd der UDBA (Staatssicherheitsdienst, Uprava Državne Bezbjednosti) auf tatsächliche oder vermeintliche Anhänger Stalins nach dem Bruch im Kominform brachte Tausende Jugoslawen in die Kerker. Ihre Tragödie lag darin, daß sie als Kommunisten erzogen worden waren. Die »Liebe zur großen Sowjetunion«, sie und Stalin als die leuchtenden Vorbilder anzusehen, das waren höchste Tugenden gewesen. Über Nacht all dies des Teufels, Makulatur der Parteischulung. Alle Erziehung ins Gegenteil verkehrt. Warum die unbarmherzige Härte der Straflager auf Goli Otok und anderswo gegen die einstigen Zöglinge? So viel und so lange Angst vor dem Arm Stalins?

Parallel dazu die Jagd auf die »Titoisten«, in Ungarn, in Albanien, Bulgarien, Rumänien, der Tschechoslowakei. Schließlich die Jagd auf Tito selbst. Für Stalin war Tito zwar nicht ganz so gefährlich wie Trotzki, doch gefährlich genug, um ein Mordkomplott zu rechtfertigen. Wie es eingefädelt wurde und wer als Attentäter ausersehen war, das ist eine abenteuerliche Geschichte. In den »Mitrochin-Archiven« des KGB ist sie belegt und dort nachzulesen.

Das MGB setzte Josif Grigulevich, Code-Name MAKS, auf Tito an. Grigulevich, nach Herkunft ein litauischer Jude, hatte sich als »illegaler« Agent in Argentinien niedergelassen. Mit Sabotageakten an strategisch wichtiger Fracht für Hitlers Kriegsführung empfahl er sich der Zentrale, obwohl sein Anschlag auf Trotzki in Mexiko fehlgeschlagen war. Nach dem Kriege ließ er sich als Teodoro Castro, angeblich außerehelicher Sohn eines costaricanischen Nobelmannes, in Rom nieder. Er lernte den späteren Präsidenten von Costa Rica, Ferrer, kennen und wurde alsbald Geschäftsträger der Botschaft Costa Ricas in Rom – mit gleichzeitiger Akkreditierung in Belgrad. Ihm wurde Audienz bei Tito versprochen. Bei einem geheimen Treffen mit Offizieren des MGB in Wien im Februar 1953 unterbreitete Grigulevich seine Vorschläge:

– Tito während der Audienz mit einer tödlichen Dosis eines Pneumonie-Seuchenerregers zu infizieren,

– Tito auf einem Diplomatenempfang während eines Staatsbesuchs in London oder auch in Belgrad zu erschießen, mit Schalldämpfer, durch Tränengas Verwirrung zu stiften, um selbst zu entkommen,

– Tito ein Juwelenkästchen zu überreichen, das beim Öffnen tödliches Gas ausströmen würde. Grigulevich hatte bereits einen Abschiedsbrief an seine Frau geschrieben.

Am 1. März 1953 mußte das MGB dem Kremlchef melden, der Versuch, Tito zu beseitigen, habe noch immer nicht stattgefunden. Es soll die letzte Notiz gewesen sein, die er vor Augen hatte. In den Morgenstunden des 2. März erlitt Stalin einen Schlaganfall. Josif Grigulevich alias Teodoro Castro verschwand augenblicklich aus Rom, schien sich für Costa Rica und das diplomatische Corps in Nichts aufgelöst zu haben. In Moskau publizierte er später unter vollem Namen als Fachmann für Lateinamerika. Tito und sein Werk waren von nun an von innen – und von ihm selbst bedroht.

# Symptome der Spaltung im Weltkommunismus

## *Schauprozeß in Tirana*

Für die ARD war der Korrespondentenplatz Belgrad aus mehreren Gründen wichtig. Seit Titos Bruch mit Stalin hatte Jugoslawien eine weit über seine Größe hinausgehende strategische Bedeutung erlangt – ein Puffer an der Adria, zwischen Nato und Warschauer Pakt, mit einer anerkannt starken Armee. Tito gehörte zu den Begründern einer »blockfreien« Staatengruppe, vornehmlich aus der Dritten Welt, aber mit wichtigen Ländern wie Indien oder Ägypten. Es galt zu beobachten, ob er sein Gewicht mehr für den Osten oder für den Westen einbringe. 1957 hatte er die DDR anerkannt. Diese Mißachtung der Hallstein-Doktrin veranlaßte Bonn zum Abbruch der diplomatischen Beziehungen. Erst 1969 besaß die Bundesrepublik wieder eine eigene Vertretung in Belgrad.

Als mögliches Modell eines antistalinistischen, von Moskau unabhängigen Sozialismus war Jugoslawien seit 1948 ein wichtiger Faktor im Kalten Krieg. Überdies ein Barometer für die Beziehungen zwischen Moskau und Peking: Die Chinesen warfen den Sowjets stets Affinität zum »jugoslawischen Revisionismus« vor. Wenn aber auch die Sowjets mit ideologischen Argumenten auf Jugoslawien eindroschen, konnte man sicher sein, sie taten es, um in Peking gut Wetter zu machen. Es ging ihnen immer noch um »Einheit und Geschlossenheit« im Weltkommunismus, obwohl die Risse zwischen den kommunistischen Großmächten deutlich sichtbar geworden waren – im Lackmus Albanien. Ein Visum haben mir die Albaner stets verweigert, meine Informationen bezog ich aus Berichten der jugoslawischen Nachrichtenagentur Tanjug, die für einen ausgesuchten Kreis den »roten Tanjugdienst« herausgab. Ein Belgrader Kollege ließ mich gelegentlich mitlesen.

Am 29. Mai 1961 berichtete ich für die ARD über einen Schauprozeß in Tirana. Angeblich war eine Revolte gegen den Diktator Enver Hodscha »aufgedeckt« worden:

»Nachdem der Hauptangeklagte erklärt hatte, man habe nach dem Umsturz in Albanien Verhältnisse wie in Jugoslawien schaffen wollen, dem Namen nach Sozialismus, in Wahrheit aber den Kapitalismus einführen, fragte ihn der Staatsanwalt, wie das Volk die Verschwörer zu bezeichnen habe. Der Angeklagte, Konteradmiral Teme Sejko, ehedem Chef der albanischen Kriegsflotte, zögerte keine Sekunde: Feinde des Volkes. Am Abend des 27. Mai fielen die Urteile: Tod durch Erschießen für die vier Hauptbeschuldigten ... Wieder einmal, nicht zum ersten und, wie zu befürchten, nicht zum letzten Mal in der Geschichte kommunistischer Justiz, ist das erschütternde Schauspiel abgerollt, daß die Beschuldigten mit dem Gericht und mit dem Staatsanwalt förmlich wetteiferten, sich als Schurken, Verräter und Verbrecher darzustellen.«

Was waren die Hintergründe, die tieferen Ursachen des Prozesses? Es gab Indizien: Der verurteilte Konteradmiral Teme Sejko hatte die zwei berühmten sowjetischen Militärakademien, »Frunse« und »Woroschilow«, absolviert, galt also als ein Mann Moskaus, plötzlich war das zu seinem Nachteil. Sodann: Der albanische Parteichef Enver Hodscha hatte drei Monate zuvor, im Februar 1961, vor dem Parteikongreß in Tirana angebliche Invasionspläne »enthüllt«. Jugoslawien, Griechenland und die 6. Amerikanische Flotte, so behauptete er, würden, gestützt auf Kräfte im Inland (gemeint waren wohl Teme Sejko und die anderen), den Umsturz planen. Verschwörer am Werk! – ein bekanntes Vorspiel. Jetzt erinnerte man sich, daß im Jahr zuvor aus Bukarest über sowjetisch-albanische Zusammenstöße auf dem Parteitag der rumänischen KP berichtet worden war. Eine neue Nachricht ließ aufhorchen: Einige oder alle sowjetischen U-Boote hätten ihre Basen an der albanischen Adriaküste verlassen. Für immer? Wir vermuteten, sie würden zurückkehren, da sie angeblich mit gemischten sowjetisch-albanischen Besatzungen fuhren. Außerdem würde doch Chruschtschow über Ärger mit dem kleinen Albanien nicht die maritime Bastion gegen die Nato im Mittelmeer preisgeben. So spekulierte man.

Weit gefehlt. Wie wir später aus Chruschtschows Memoiren erfuhren, hatte die Sowjetführung Befehl gegeben, acht der zwölf sowjetischen U-Boote aus Albanien abzuziehen. Unter dem Schutz sowjetischer Kriegsschiffe, zur Abschreckung, wie Chruschtschow betonte; also unter Androhung militärischer Gewalt, falls Albanien Schwierigkeiten machen würde. Vier U-Boote mit gemischten Besatzungen blieben zurück.

Fazit: Der ideologische und politische Stellungswechsel der albanischen Führung vom Moskauer Lager in das sich formierende Pekinger Lager muß für Chruschtschow so gravierend gewesen sein, daß ihm die Nato im Mittelmeer weniger gefährlich erschien als sowjetische U-Boote in chinesischen Händen. Die hohe Einschätzung der »chinesischen Gefahr« – mit rassistischem Unterton – wird bei Chruschtschow in den folgenden Jahren immer deutlicher. Er zieh Mao des Dranges nach der Weltherrschaft und maßloser Ansprüche auf sowjetische Gebiete. Seinen Memoiren zufolge hat Chruschtschow nie geglaubt, China an die Sowjetunion binden zu können, auch nicht mit den besten Angeboten des Technologietransfers in der Rüstung.

Informationen von der chinesisch-albanischen Allianz gegen das Führungsmonopol Moskaus im Weltkommunismus erreichten den Kreml alsbald aus erster Hand. Als die albanische Delegation, die in Peking Konsultationen geführt hatte, auf dem Rückweg in Moskau Station machte, erstattete eine albanische Genossin heimlich dem sowjetischen Politbüro Bericht. Das »dankbare« Politbüro hatte nichts Eiligeres zu tun, als Mehmed Shehu, den albanischen Delegationschef, zur Rede zu stellen. Mit Angabe der Quelle. Chruschtschow wußte genau, das Politbüro hatte die Frau über die Klinge springen lassen. Sie war erledigt.

Im Oktober 1961, auf dem XXII. Parteitag der KPdSU, attackierte Chruschtschow Albanien frontal und ohne jede Verschleierungsfloskel. Der chinesische Außenminister und Delegationschef, Tschu En-lai, verteidigte Albanien ebenso direkt und öffentlich. Die Eröffnung des Konflikts um die Führung in der »kommunistischen Weltbewegung« war nun aller Welt angezeigt.

### *Exkurs über Gehirnwäsche*

Gehirnwäsche – nach dem Schauprozeß in Tirana mußte das Wort wieder benutzt werden – ein unsägliches Wort. Der Verstand weigert sich, aus dem Wort ein Bild zu formen. Stalins Schauprozesse zur Liquidierung seiner Gegner 1936–1938 lieferten die Muster für die Zerstörung und Pervertierung der Persönlichkeit in Verhören von sadistischer Grausamkeit. Was 1961 mit dem albanischen Flottenchef in Tirana geschah, entsprach diesen Mustern: Die Vorwürfe der Anklage waren fabriziert, das Geständnis erpreßt, die Zeugen manipuliert. Dies in Tirana zu einer Zeit, als selbst in der Sowjetunion Geständnisse des Angeklagten allein zur Verurteilung nicht mehr ausreichten.

Die Schauprozeßmethoden Stalins hatten 1949 und 1952 einen zweiten Höhepunkt erreicht, als höchste kommunistische Parteifunktionäre in Albanien, Bulgarien, Ungarn und der Tschechoslowakei als »Titoisten« reif fürs Schafott gefoltert wurden. Der größte der Schauprozesse nach Stalins Verdammung der Partei Titos war der gegen den ungarischen Außenminister László Rajk und sieben weitere Angeklagte im September 1949. Rajk wurde beschuldigt und hat »gestanden«, von Belgrad zum Sturz der ungarischen Regierung angestiftet worden zu sein. Rajks »Geständnis« gipfelte in der Enthüllung, Tito sei ein Agent westlicher Geheimdienste gewesen.

Im März 1963 stieß ich auf eine ins Serbokroatische übersetzte Erzählung aus dem Februarheft der Budapester Zeitschrift für Literatur und Kritik »Korstars« (Der Zeitgenosse), damals eine sehr bedeutende Zeitschrift. Die Erzählung trug den Titel »Siebzehn Wochen«. Sie hatte zum Gegenstand, wie die Folterknechte des stalinistischen Rákosi-Regimes Belastungszeugen gegen Rajk »vorbereiteten«. Der Verfasser Gyula Oszko schreibt in der dritten Person, beschreibt aber nach allgemeiner Auffassung die an ihm selbst vollzogene Gehirnwäsche. Gyula Oszko war ein alter Gefährte Rajks im Spanischen Bürgerkrieg und in der ungarischen KP. Ich fand die Erzählung in der Budapester Zeitschrift so ergreifend und wichtig – man schrieb das Jahr 1963, im Ostblock standen die Zeichen auf Ende der Entstalinisierung –, daß ich sie inhaltlich im Rundfunk wiedergab:

»Im Juni 1949 wird der Rajk-Gefährte verhaftet, endlosen Verhören unterworfen. Was man ihm vorwirft, weist er zurück. Aber er beginnt, in seinem Innern zu wühlen. Er sucht nach Schuld, martert sein Gedächtnis, um zu begreifen, wo er und seine Freunde gegen das Interesse der Partei verstoßen haben könnten. Auch unter Schlägen und Foltern bleibt er standhaft. So geht das 16 Wochen. In der 17. ein Wandel. Seine Peiniger schicken sich an, seinen letzten physischen und intellektuellen Widerstand zu brechen, ihn jeder logischen Urteilskraft zu berauben und ihn zu einem erbärmlichen Nichts zu entwürdigen. Vor Erschöpfung wünscht er sich nur noch den Tod.

Und da unterschreibt er ein vom Untersuchungsbeamten diktiertes Protokoll, in dem er sich selbst belastet. Man zeigt ihm schließlich einen Ausschnitt aus einer Budapester Zeitung, und da liest er, daß er, der ehemalige Spanienkämpfer und bekannte kommunistische Funktionär, an der jugoslawischen Grenze erschossen worden sei. Bei seiner Leiche sei höchst geheimes Material gefunden worden. Der Grenzsoldat, der den Verräter erledigte, sei zur Anerkennung befördert worden. ›Begreifen Sie jetzt‹, so fragt ihn der Mann der Untersuchungsbehörde, ›daß wir mit Ihnen machen können, was wir wollen?‹

Eine zweite Figur in der Erzählung wird von den Rákosi-Leuten schneller erledigt: Sie haben den Schlüssel gefunden. Der Schlüssel, das waren seine Frau und seine Kinder. Und dann verfuhren sie mit ihm, als sei er aus Glas. Er bezeugte alles. Er lernte das Geständnis auswendig. Er führte die Generalprobe vor und wiederholte alles genauso beim Prozeß gegen Rajk. Rajk habe sich alles angehört, habe keine Fragen gestellt und dann selbst ausgesagt. Und gestanden, was man von ihm verlangte.

Am Schluß der Erzählung sagt der Verfasser: ›Es mußten viele Jahre vergehen, ehe sich das Gefühl zu der Überzeugung verdichtete: *reden!* Die Möglichkeit, daß der Mensch sagt, was er denkt, ist schon allein für sich eine Genesung.‹«

So weit der Bericht.

Die Möglichkeit, zu sagen, was man denkt, ist schon Genesung. Ungeheuerlich dieser Satz. Wer versteht heute noch diese Sprache?

Und dann das quälende Bild: der Mensch aus Glas. Das ist etwas anderes als ein gläserner Mensch. Ein Mensch aus Glas ist nur noch Gefäß; alles kann nach Belieben hineingefüllt und wieder entfernt werden, zum Zusehen.

Später, viel später, haben wir Einzelheiten über den Prozeß und seine Hintergründe erfahren. Der ungarische Parteichef, Mátyás Rákosi, war 1948 nach Moskau beordert worden, um sich Weisungen für den Rajk-Prozeß zu holen. Doch nicht er führte die Regie des Prozesses. Das besorgte uneingeschränkt das MGB, Vorgänger des KGB. Rajk, ein hundertprozentiger Stalinist und der Sowjetunion treu ergeben, bot seinen Häschern zwei ideale Angriffsflächen: Verbindungen zu Noel Field, einem ehemaligen Beamten im US-Außenministerium und konfusen Sowjetagenten mit Verbindungen zum US-Geheimdienst, und Kontakte zu Alexandar Ranković, dem damaligen Innenminister Titos.

Die Moskauer MGB-Zentrale war angeblich einer formidablen Verschwörung westlicher Geheimdienste zusammen mit dem »Kettenhund der Imperialisten«, Josip Broz Tito, auf der Spur. Rajk hatte im Spanischen Bürgerkrieg gekämpft und war in Frankreich interniert worden. Field half ihm, sich nach Ungarn durchzuschlagen, zur illegalen KP-Arbeit. Pfeilkreuzler, die ungarischen Faschisten, faßten ihn, schickte ihn in ein deutsches KZ. 1945 konnte Rajk nach Ungarn zurückkehren, wurde

Innenminister. Daher der Kontakt zu Ranković im benachbarten und bis zum Bruch Stalins mit Tito befreundeten Jugoslawien.

Zwei MGB-Generäle wurden aus Moskau nach Budapest entsandt. Sie beschäftigten für die Prozeßvorbereitung bis zu vierzig Mitarbeiter. Die Experten aus Moskau dirigierten, die Folter besorgten Schergen des ungarischen Geheimdienstes AVO. In seinem abschließenden Plädoyer erklärte der Staatsanwalt:

»... zusammen mit Rajk und seinen Kumpanen sitzen hier ihre ausländischen Herren auf der Anklagebank, die imperialistischen Anstifter aus Belgrad und Washington. Aus den hier vorgelegten Beweisen geht klar hervor, daß sich die amerikanischen Geheimdienste schon während des Krieges gegen Hitler auf den Kampf gegen die Kräfte des Sozialismus ... vorbereitet haben. Hinter Ranković stehen die Schatten von Field und (Allen) Dulles ... Die Verschwörung in Ungarn, die von Tito und seiner Clique geplant wurde und von Rajks Spionagering in die Tat umgesetzt werden sollte, ist nur im Kontext der internationalen Pläne der amerikanischen Imperialisten zu verstehen.«

Am 15. Oktober 1949 wurde Rajk mit zwei anderen Angeklagten erhängt. Rajks letzte Worte, ehe er in die Schlinge stürzte: »Lang lebe der Kommunismus!«

### *Das Schisma wird öffentlich*

Ein Bestseller in Form dialektischer Etüden in den scholastischen Gebäuden des Marxismus-Leninismus? Absurd. Gewiß, und doch auch wieder nicht. So jedenfalls in den Sommer- und Herbstmonaten des Jahres 1960 in Jugoslawien zu erleben. Das Thema war es, das zog. Nicht der Autor. Der war ein durch Krieg und Revolution verhinderter Oberlehrer, den die Umstände zum Stellvertreter Titos emporgetragen hatten: der Slowene Edvard Kardelj, Ideologe und Erfinder des »Arbeiterselbstverwaltungssozialismus«. Nach dem Bruch Titos mit Stalin brauchte ja auch der jugoslawische Sozialismus seine

Theorie, und Kardelj war der Mann, der das mit immer neuen Verfassungs- und Gesetzesentwürfen bewerkstelligte. Das Entscheidungsmonopol beließ er allerdings der Partei. Die demokratischen Elemente des Modells einer Selbstverwaltung verkümmerten mithin. Schrieb Kardelj auch strohtrocken, so hatte er doch Autorität.

»Sozialismus und Krieg« hieß das Taschenbuch. Nicht »Sozialismus und Frieden« – dieser Gedankenverbund war abgedroschen. Nein, es ging um Sozialismus und Krieg. Es ging um die Kernfrage im marxistischen Lager jener Jahre: Ist der Krieg vermeidbar? Die Jugoslawen bejahten entschieden, so auch die sowjetischen Kommunisten mit Chruschtschow. Die Chinesen verneinten. Sie beriefen sich auf Lenins Lehrsatz von der Unvermeidbarkeit des imperialistischen Krieges. Die chinesische Logik: Da es noch Imperialismus gebe, müsse es auch noch Krieg geben. Dagegen Kardelj: Die neue Kriegstechnik (d. h. Atomwaffen) in ihrer ungeheuer zerstörenden Wirkung hat ein spezifisches Gleichgewicht zwischen den materiellen Kräften beider Pole hergestellt.

In ihrer Parteizeitung »Rote Fahne« hatten die Chinesen genau dieses Argument von sich gewiesen: »Nicht ein einziger neuer Zweig der Technik wie Atomenergie, Raketen etc. hat die grundsätzliche von Lenin stammende Charakteristik der Epoche des Imperialismus und der proletarischen Revolution geändert, wie das die modernen Revisionisten behaupten.«

Der Streit schien grotesk. War er es? Nichts als theoretische Wortklauberei? Die chinesischen Propagandisten hieben am lautesten und am häufigsten auf die Jugoslawen, auf den »jugoslawischen Revisionismus« ein, aber ihre Prügel galten Chruschtschow. Denn er war ja – mächtigste Figur im Weltkommunismus – bereit zu Abrüstungsverhandlungen mit den Imperialisten. Er zielte, die Bedrohung durch Nuklearwaffen vor Augen, auf Koexistenz mit dem »amerikanischen Imperialismus« – wie tolpatschig er auch das berühmte Kräfteverhältnis in der Welt immer wieder zugunsten des Sozialismus zu verändern trachtete.

Ich fragte Anton Kolendić, was er von dem Disput mit den Chinesen hielte. Kolendić hatte Zugang zum engen Kreis um Tito. Er war »alter Kämpfer«, im Krieg Partisan gewesen, UDBA-Offizier, promovierter Historiker, Diplomat. Ein Draufgänger. Das hat ihm später beim Anschlag eines kroatischen Emigranten in Westberlin das Leben gerettet.

Was er mir erzählte, schien unglaublich. Chruschtschow, so Kolendić, habe Tito ins Vertrauen gezogen. Er halte Mao Tse-tung für einen Wahnsinnigen. Der habe ihm nämlich bei einem Besuch in Peking den Gedanken nahegelegt, den Atomkrieg gegen die Amerikaner zu eröffnen. Wenn größere Teile Chinas und der Sowjetunion samt ihrer Bevölkerung im Zweitschlag vernichtet würden, habe China genug Menschen, um mit ihnen eine neue sozialistische Gesellschaft zu errichten.

Konnte man das glauben? Allerdings hatte schon Kardelj in seinem Buch ein sinnverwandtes Zitat aus der »Roten Fahne« vom 19. April 1960 angeführt: »Auf den Ruinen des toten Imperialismus würden die siegreichen Völker ungewöhnlich schnell eine Zivilisation errichten, tausendmal besser als die des kapitalistischen Systems und wahrhaft mit einer glücklichen Zukunft ... Wir sind überzeugt, daß sich die Opfer schnell auszahlen würden.«

Nun war dies ein Zitat aus der Feder von »Artikelschreibern«, wie Kardelj ironisierte. Die von Kolendić zitierte Variante sollte von Mao höchst persönlich stammen. Sie schien mir hirnrissig. Weltrevolution durch Atomkrieg. Darauf lief es hinaus. Selbst wenn mich Kolendić nicht um Vertraulichkeit gebeten hätte – ich hatte zu große Zweifel, diese Story zu schreiben. Später, mit mehr Erfahrung, wäre es sicher eine geworden.

Und doch hatte Mao dergleichen von sich gegeben. Niemand anderes hat es bezeugt als Chruschtschow selbst. In seinen Memoiren schildert er die Kontroverse mit Mao:

»Ich erinnere mich, daß wir, Mao und ich, einmal in Peking in unseren Badehosen am Schwimmbecken lagen und Probleme von Krieg und Frieden erörterten. Mao Tse-tung sagte zu mir: Genosse Chruschtschow, was meinen Sie? Wenn wir die militärische Macht der kapitalistischen mit jener der sozialistischen Welt vergleichen, dann werden Sie doch zugeben, daß wir offensichtlich im Vorteil gegenüber unseren Feinden sind. Bedenken Sie, wie viele Divisionen China, die UdSSR und die anderen sozialistischen Länder aufstellen könnten. Ich sagte: Genosse Mao Tse-tung, diese Art zu denken ist heutzutage überholt ... heute mit der Atombombe sagt die Anzahl der Truppen auf jeder Seite praktisch nichts mehr aus über wahre Macht und über den Ausgang eines Krieges. Je mehr Truppen, desto mehr Kanonenfutter.

Mao wollte mir in seiner Entgegnung klarmachen, daß die Atombome selbst ein Papiertiger sei [wie die imperialistische Großmacht USA – U.S.] Hören Sie, Genosse Chruschtschow, sagte er. Sie brauchen die Amerikaner nur zu einer militärischen Aktion zu provozieren, und ich gebe Ihnen so viele Divisionen, wie Sie nur brauchen, um sie zu zerschmettern – hundert, zweihundert, tausend Divisionen ...«

Dieses Gespräch fand, wie russische Historiker Anfang der neunziger Jahre rekonstruierten, am 1. August 1958 statt. Am 23. August eröffneten chinesische Küstengeschütze den Beschuß der zu Taiwan gehörenden Inseln Quemoy und Matsu. Was war das? Das Signal für die »Befreiung« Taiwans, für die Vereinigung Chinas? Dringende Fragen, die scheinbar keine Antwort hatten. In dem unregelmäßigen Beschuß der Inseln die große »Provokation« zu erkennen, die die russischen Historiker später ausgemacht haben, wäre damals unglaubhaft gewesen.

Tatsächlich aber ließ der chinesische Außenminister Tschu En-lai seinen sowjetischen Kollegen Gromyko im September jenes Herbstes wissen, bei dem Beschuß der Inseln habe man einen lokalen Krieg mit den USA einkalkuliert. China sei bereit, auch Atomschläge einzustecken. Sollten die USA größere Nuklearwaffen einsetzen, müßte die Sowjetunion mit einem nuklearen Gegenschlag antworten.

China war also bereit, die Sowjetunion in einen Atomkrieg zu verwickeln. Zu dieser Zeit arbeiteten in China noch mehrere hundert sowjetische Spezialisten, die der Volksrepublik den Bau von Atomwaffen ermöglichen sollten. Im August 1959 entschloß sich Chruschtschow, die Verschiffung eines Prototyps sowjetischer taktischer Atomwaffen nach China zu stoppen. Dann holte er auch die Spezialisten nach Hause.

Aber was hatte der sowjetisch-chinesische Konflikt mit Jugoslawien zu tun?

Ziemlich viel. Jedenfalls so lange, wie die Kontrahenten den Streit als Propagandakrieg um die »reine Lehre« auf dem Rücken des jugoslawischen Prügelknaben austrugen, die spannungsgeladenen Tatbestände aber geheimhielten.

Daß der sowjetisch-chinesische Konflikt ein neues Schisma im Weltkommunismus darstellte, stand längst außer Frage. Mao Tse-tung sah sich selbst als neues Zentrum im Weltkommunismus; er war nicht mehr bereit, sich Moskau im Kalten Krieg unterzuordnen. Die Disziplin im Lager war dahin.

Die Konsequenzen waren gewaltig. Die bipolare Welt, die den Beginn des Kalten Krieges gekennzeichnet hatte, war vorbei. Die USA waren gezwungen, oder sie bekamen die Möglichkeit, eine Strategie für die Politik im Dreieck zu entwickeln, im Dreieck Moskau–Peking–Washington.

Es ist nicht ohne Ironie, daß Chruschtschow, der die Chinesen über das Wesen der Atomwaffen und ihrer Rolle für ein neues strategisches Denken aufklären wollte – daß dieser Mann es unternahm, sein Kalkül mit Atomwaffen in der Kuba-Krise bis an den Rand der Katastrophe zu treiben. So wie er Berlin-Krise und Mauer riskierte, um die DDR für den Sozialismus nicht zu verlieren, so wollte er auch ein sozialistisches Kuba fast um jeden Preis erhalten. Seine Spekulation, Amerika werde auf keinen Fall mit nuklearen Waffen eingreifen, war russisches Roulette im Weltmaßstab.

## *Mit Chruschtschow unterwegs*

Wenn Chruschtschow Anfang der sechziger Jahre die Länder des Ostblocks bereiste, um ihr Verhältnis zum »großen Bruder« zu entkrampfen, harmonischer zu gestalten, war ich fast immer in seinem Pressetroß. Die meisten Kollegen kamen mit ihm aus Moskau, Amerikaner hauptsächlich, einige aus Wien, aus Belgrad unserer zwei oder drei. Insgesamt niemals mehr als vielleicht zwanzig Journalisten. Ideale Beobachtungsmöglichkeiten bei allerdings verheerender Kommunikation mit der Heimatstation. In der Tat, wir saßen mit an der langen Dinnertafel im Bukarester Schloß, konnten mit Ostblockdiplomaten Small Talk machen oder manchmal mehr, sahen, wie stolz und selbstsicher sich der rumänische Parteichef Gheorghiu-Dej neben Chruschtschow die Scharen livrierter Kellner mit immer neuen Köstlichkeiten aus der Küche herausklatschte. Eine Demonstration des neuen Kurses rumänischer Unabhängigkeit von Moskau, voll ausgespielt. Wir waren als Zeugen geladen.

Aber wo war ein Telefon, wenn der Sonderzug wieder durch die Lande rollte? Manchmal hielt er auf einer kleinen Station. Ferngespräche waren vorbestellt worden. Aber würde die Leitung auch stehen? Von hinreichender Qualität sein? Wenn ich »dran« war, kroch ich mit Hörer und Manuskript in eine Ecke oder unter den Tisch, um mich gegen den Lärm der anderen abzuschotten. Ob zu Hause alles angekommen war ? Ob es sendbar war oder abgeschrieben und verlesen werden mußte?

Der Zug hielt in Miskolc. Eine der grauesten Industrie- und Provinzstädte im nördlichen Ungarn der sechziger Jahre. Trostlos die blätternden Häuserfassaden, deprimierend der schmutzige Filz in den Straßen. Es war April 1964. Aus Budapest waren wir gekommen. Dort hatte die Partei zeitgleich mit dem sowjetischen Zentralkomitee eine Erklärung gegen die Politik Mao Tse-tungs veröffentlicht. Unverschlüsselt, hart. Eine neue Tonart – eine offensive Kritik. Der Kreml hatte den Fehdehandschuh aufgenommen.

Chruschtschow stand auf dem Bahnsteig von Miskolc, umringt von lokalen Parteigrößen, Bahnarbeitern, Passanten. Junge Pioniere froren in dünnen Hemden. Kalte Regentropfen fielen auf Chruschtschows Glatze. Er schien es nicht zu merken. Er wirkte wie befreit, als sei er ein Joch losgeworden, die Bürde politisch-diplomatischer Rücksichtnahme: »Nur Dummköpfe können mit der Idee spielen, für die Weltrevolution die Hälfte der Menschheit in einem Atomkrieg zu opfern«, wetterte er. Der Volkstribun Nikita Sergejewitsch hatte sein Thema. Wir im Pressetroß rissen Maul und Ohren auf. An dieser Stelle dieser Angriff? Es kam noch mehr, eine Sensation: Chruschtschow lobte den ermordeten John F. Kennedy, sprach anerkennend von Präsident Johnson und Außenminister Rusk und stellte mit herausforderndem Freimut fest, verglichen mit China sei der Westen ein zwar gegnerisches Lager, aber eines, das mit normalem Menschenverstand regiert werde. Und das nach der Kuba-Krise. Vielleicht gerade deshalb.

Ein halbes Jahr später war Chruschtschow gestürzt. Ohne Mord und Totschlag, aber klammheimlich, nach der Methode eines Staatsstreichs. Ungarns Parteichef János Kádár, Schlimmstes befürchtend, kehrte, in höchstem Grade alarmiert, von einem Besuch in Warschau nach Budapest zurück. In seiner kurzen Ansprache unverhohlenes Entsetzen, wie die kommunistische Großmacht einen Regierungswechsel inszeniert. In der Auflistung der politischen Fehler, mit der Breshnew und seine Verschwörer ihren Coup gegen den Parteichef und Ministerpräsidenten begründeten, fand sich der Vorwurf, dieser habe Mao Tse-tung »eine alte Galosche« genannt. Genauso stand es im Informationsschreiben der neuen Moskauer Führung an die Bruderparteien. Mao – eine alte Galosche! Das ungarische ZK, dem die Moskauer Epistel verlesen wurde, brach in »wieherndes Gelächter« aus. Ein bewährter ungarischer Kollege hat mir das damals brühwarm erzählt.

Fünf Jahre später sollte sich das Eis des Ussuri mit dem Blut sowjetischer und chinesischer Soldaten färben.

# Höllenkreise der serbisch-kroatischen Fehde

## *Unter Heimgesuchten*

Zu Beginn der fünfziger Jahre gab es für westliche Studenten der Slawistik nur in Jugoslawien die Möglichkeit eines Sprachstudiums vor Ort. Ich hatte an die Universität Sarajewo geschrieben. Weil mein Budget nichts anderes hergab, wollte ich an der Autostraße Zagreb–Belgrad mitbauen. Der »autoput« sollte den Namen »Brüderlichkeit – Einigkeit« tragen, die Formel für die Zukunft Jugoslawiens. So hoffte man.

Novica Vojinović, ein Mitglied des Studentenausschusses der Universität Sarajevo, antwortete mir, es gebe keine internationalen Jugend- und Arbeitsbrigaden mehr, bot aber einen privaten Besuchsaustausch an. Der Brief endete wie alle amtlichen Schreiben mit der Formel »Smrt fašismu, sloboda narodu« (Tod dem Faschismus, Freiheit dem Volke). Exklusiv und privat die Sprache lernen und dies in der westlichen Herzegowina, wo Novica Vojinović zu Hause war und nach der offiziellen Lehrmeinung der Slawisten das reinste Serbokroatisch gesprochen wurde. Wer hätte das ausschlagen können? Die These vom »reinsten Serbokroatisch« gilt heute nicht mehr. Null und nichtig. Die kroatischen Linguisten haben ihre eigene Sprache entdeckt und die gesamte alte Sprachwissenschaft als serbischen Büttel zum Teufel gejagt, die serbischen zogen nach.

Mich trieb brennende Neugier. Was war das für ein Land, das sich freigeschaufelt hatte von der Last des Hegemons Sowjetunion? Was waren das für Leute, Tito und seine »Clique«, die Stalin als Abschaum der Menschheit klassifiziert hatte? Ich wußte nicht, welche Antworten ich bekommen würde, ob überhaupt eine. Aber soviel stand für mich fest: Wer die Kraft aufbringt, Stalins Vorherrschaft über Denken und Handeln abzuschütteln, der muß von besonderem Format sein.

Spätsommer 1953. Ab Split schaufelte sich der kleine Dampfer mit dem großen Rad im Heck den Weg nach Süden, durch die von Thymian und Lavendel duftenden Inseln, vor der gewaltigen Kulisse des Biokovo-Gebirges. »Schauen' S, das war alles a mol österreichisch«, dachte ein Nachbar laut an der Reling. Dunkel fauchte die Schiffssirene beim Einbiegen in eine Bucht. Oft antwortete nur eine schrille Frauenstimme: Nema ništa! – Nichts heute, keine Post, kein Passagier. Die »Lastavica« – Schwalbe, ausgerechnet – paddelte langsam rückwärts. Endstation Ploče. Ein ärmliches Nest. Kein Wunder, daß Edvard Kardelj, Titos Chefideologe, dankend ablehnte, als dieser Hafenplatz Kardeljevo genannt wurde. In sengender Hitze schleppte sich die Schmalspurbahn nach Čapljina. Treffpunkt mit Novica.

Sein Dorf zählte sieben Häuser, eingebettet im trockenen Gestein des Karstes. Zwei Stunden Fußmarsch von Čapljina. Hatte ich mir das so vorgestellt? Eine Horde von Kindern signalisierte laut unsere Ankunft. Novica erteilte Anweisungen: Wasser, Handtuch und Seife. Ich wusch mich unter neugierigen Blicken, bis Novica Bonbons aus der Tasche zog und sie verteilte. Die Geste des Patriarchen. Ein Esel schleppte das Wasser heran, aus einem glasklaren, hinter einem Felsrücken versteckten Bergsee. Blau, smaragd bis grün, ein Leuchten im Karst. Risto, einer der älteren Brüder Novicas, kommandierte das fast tägliche Forellenfischen: mit einem Trichter aufs Wasser schlagen, beobachten, Kahn schnell anhalten und Netz einholen – sowie sich ein Schwarm aus dem Dunkel des Grundes gelöst hat. Zum Abendessen Forelle, selbstgebackenes Brot und Tomaten, gespült mit frischem Bergwasser.

Wenn es dunkel wurde, griff Risto nach der Petroleumfunzel, für ihn die Partisanenlampe. Er hatte am Durmitor, dem gewaltigen Bergmassiv in Montenegro, gekämpft. Dann an der Sjuteska. Genau zwischen Gebirge und Fluß war es zu einer der entscheidenden Schlachten auf dem Balkan gekommen. In einem Tagesbefehl der Wehrmacht vom 29. Mai 1943 las ich später: »Nach nunmehr erfolgter völliger Schließung des Kessels werden Kommunisten zum Teil versuchen, die Front zu durchbrechen. Befehl: Kein wehrfähiger Mann verläßt den Kessel lebend. Frauen sind zu untersuchen, ob nicht verkleidete Männer.« Italiener und Bulgaren, hauptsächlich aber deutsche Gebirgsjägerdivisionen und eine SS-Division hatten einen Ring um Titos zentrale Streitmacht gezogen. Tito mittendrin. Der Ausbruch aus dem Kessel war zwingend. Tatsächlich schafften die Partisanen den Übergang über die in tiefer Schlucht schäumende Sutjeska, zogen weiter in die Herzegowina. Einer meiner älteren Schulfreunde war am Durmitor schwer verwundet worden; im Rahmen der, wie es damals hieß, »Bandenbekämpfung«.

Der blanke Irrsinn. Einer dieser »Banditen«, Risto, saß mir nun gegenüber. Er schilderte, wie sie oft Tag und Nacht marschiert waren auf schmalen Pfaden, in nassen Wäldern; einerseits froh, wenn es regnete, dann konnten die Stukas nicht fliegen, andererseits durch die Nässe zusätzlich beschwert und ermüdet. Sie hungerten, waren erfreut über ein Stück Eselfleisch. Eiserne Disziplin war Pflicht – Plünderer aus den eigenen Reihen wurden erschossen. Um Verwundete nicht dem Tod in der Hand der Deutschen auszuliefern, schleppte man sie mit. Gefangene wurden nicht gemacht, weder hier noch da.

1943 war für die Partisanen ein Jahr der Wende. Die Kapitulation Italiens bescherte ihnen Waffen und Logistik, auch Zulauf an Mitkämpfern. Tito konnte in größeren Räumen operieren, Verwaltungen aufziehen und im Antifaschistischen Rat die Basis seines sozialistischen Staates legen. Die Alliierten hatten sich nunmehr klar für ihn als Partner entschieden, ihm schickte Churchill im Mai 1943 eine Militärmission, nicht den serbisch-royalistischen Četniks des Draža Mihajlović.

Obwohl ich zu seinen Feinden gehört hatte und die Deutschen seine härtesten Gegner gewesen waren, hörte ich aus Ristos Bericht nicht die Spur eines Vorwurfs. Er glorifizierte auch den schließlichen Sieg nicht. Risto wollte, daß ich verstehe, zu welchem Preis sie gesiegt hatten. Der Haß, der an ihm zehrte, unablässig, war nicht gegen die Deutschen gerichtet. Sein Haß galt den kroatischen Ustascha, uneingeschränkt.

Risto erzählte, wie ein italienisches Kommando in einem Ort der Umgebung die serbische Bevölkerung in die orthodoxe Kirche zusammengerufen hatte und dann die Ustascha kamen und das weitere besorgten. »Niemand hat überlebt«, sagte Risto mit heiserer Stimme. Novica und ich wanderten zur Stätte des Infernos, der Ruine einer Kirche, verkohlt und rauchgeschwärzt der Innenraum, wo sich einmal Menschen in Todesqual aneinandergepreßt hatten.

### *Die Ustascha kommen*

Der Bericht von der Verbrennung in der Kirche war der Anlaß für eine Eröffnung von Risto und Novica: Auch ihre Eltern wurden von den Ustascha ermordet.

Im Juni 1941, Novica war 13, flog eine Nachricht durch die Dörfer im Karst: Die Ustascha kommen. Die Treibjagd der kroatischen Faschisten auf die Serben der Herzegowina hatte begonnen. Die drei älteren Brüder Vojinović packten den Jüngsten, nahmen ihn mit in die Berge, in den »Wald«. Sie suchten Kontakt zu den Tito-Partisanen.

In den Dörfern wütete der Terror. Die Vojinović-Eltern wurden wie die anderen Serben aus dem Haus gezerrt, dann in ein Lager gebracht. Sie endeten in Jasenovac, dem Auschwitz des Balkans an der Save, 100 Kilometer südlich von Zagreb. Wann und wie sie umgebracht wurden zusammen mit anderen Serben, Juden und Zigeunern – Novica wußte es nicht, wird es nie erfahren haben. Gewiß war nur das eine: Sie wurden getötet, weil sie Serben und griechisch-orthodoxen Glaubens waren. Methoden des Tötens gab es viele in Jasenovac, nicht so perfektioniert wie in Auschwitz, aber balkanisch brutal, hat Slavko Goldstein – auch er ein ehemaliger Partisan, jetzt angesehenes Mitglied der jüdischen Gemeinde in Zagreb – gesagt. Das Messer war das bevorzugte Instrument der Ustascha: Mordwerkzeug und Kultgegenstand zugleich. Es vermittle mehr als andere Instrumente das hautnahe Erlebnis des Tötens.

Die Mitteilung vom Tod ihrer Eltern im Ustascha-KZ belastete mich. Novica und seine Brüder hatten mich eingeladen, obwohl sie den geschichtlichen Hintergrund des Mordes an ihren Eltern kannten. Sie wußten, daß der deutsche Faschismus mehr als der italienische den Terror des kroatischen Faschismus ermöglicht hatte. Die Vorbilder kamen aus dem Dritten Reich. Ich war zu Gast bei Davongekommenen, die zugleich Heimgesuchte waren.

### *Die deutsche Komponente*

Die Kopplung der Verbrechen des Ustascha-Staates an die Entscheidungen Hitlers ist eine Grundtatsache der Kriegsgeschichte. Unter deutschem Druck war die jugoslawische Regierung des Prinzregenten Paul am 25. März 1941 dem Dreimächtepakt beigetreten. Am 27. März wurde sie gestürzt, als serbische Offiziere mit dem Ruf »bolje rat nego pakt« – lieber Krieg als den Pakt mit Hitler – putschten. Eine selbstmörderische Herausforderung, keine Frage, aber auch eine, die Ehre und Freiheit über Anpassung und Kapitulation stellte. Der häufig zu lesende Vorwurf, die Offiziere hätten in typisch serbischer Großmannssucht gehandelt, ist nicht gerechtfertigt. Hitlers Versprechen, Jugoslawiens Souveränität respektieren zu wollen, war nie auch nur einen Pfifferling wert.

Hitler tobte. Der Putsch brachte nicht nur seine Aufmarschpläne gegen Griechenland in Gefahr. Durch den Befehl zur Vernichtung Jugoslawiens verzögerte sich die Operation »Barbarossa« um mehr als einen Monat, eine Frist, die die deutsche Offensive und die nicht auf den russischen Winter vorbereiteten deutschen Soldaten einfrieren ließ.

Nach der schonunslosen Bombardierung Belgrads am 6. April 1941 war die Zerschlagung des Königreichs Jugoslawien und seiner Armee eine Sache weniger Tage. Am 12. April verfügte Hitler die Bildung des »Unabhängigen Staates Kroatien« (in der kroatischen Abkürzung NDH); Mussolini übernahm es, die Herren des neuen Regimes aus italienischem Exil herbeizuschaffen. Es waren die Führer der extrem nationalistischen Ustascha-Bewegung (Ustascha – Aufständische), an ihrer Spitze Ante Pavelić, ein ehemaliger Rechtsanwalt aus Zagreb. 1929 war er in Belgrad wegen staatsfeindlicher Tätigkeit in Abwesenheit zum Tode verurteilt worden. Von seinem Exil in Italien aus hatte er maßgeblich am tödlichen Attentat auf den jugoslawischen König Alexandar 1934 in Marseille mitgewirkt.

Dieses neue Regime war offen klerikalfaschistisch. Schon am 17. April 1941 erließ es Gesetze zum Schutze des Staates mit Androhung der Todesstrafe für die Opposition. Gesetze zum »Schutze von arischem Blut und Ehre« ordneten erbarmungslose Judenverfolgung an. Uniformen und der »deutsche Gruß« mit erhobenem Arm signalisierten die Verwandtschaft mit dem deutschen Faschismus. Den kroatischen Führer unterschied von Hitler, daß er katholisch und antiserbisch war, antikommunistisch, antisemitisch, antihuman, gewalttätig waren beide. Bereits im April 1941 besuchte Pavelić Hitler auf dem Obersalzberg; er kam mit der Empfehlung zurück, sich der ethnischen Minderheiten baldmöglichst zu entledigen. Pavelićs Ideologen und Propagandisten machten sowieso keinen Hehl aus ihrer Absicht, einen rein kroatischen Lebensraum für die Existenz einer rein kroatischen Nation zu schaffen. Das bedeutete nach den Vorstellungen des »poglavnik«, des kroatischen »Führers«, nichts anderes, als ein Drittel der Serben in Kroatien zu ermorden und ein weiteres Drittel zu vertreiben, das letzte Drittel sollte zum Katholizismus zwangsbekehrt werden. Die Juden würde man mehrheitlich den Deutschen überstellen oder eben selbst umbringen.

Dann ging alles sehr schnell. Im Rückblick erscheint es geradezu unfaßbar, in welchem Tempo der Terrorapparat aus dem Boden gestampft wurde, um die Ausrottung der in Kroatien lebenden Serben, Juden und Zigeuner ins Werk zu setzen.

Nicht weniger unfaßbar ist, mit welcher Lust am Quälen und Töten die Ustascha-Kommandos ihr Handwerk betrieben, ob im ersten Blutrausch auf der Jagd durch serbische Häuser oder später in den Konzentrationslagern.

Die Mehrheit der Bevölkerung feierte die neuen Machthaber begeistert. Endlich ein eigener Staat. Ein kroatischer Staat, wie seit dem Mittelalter nicht gehabt: unabhängig von Österreich und Ungarn und der serbischen Hegemonialmacht im 1918 gegründeten Königreich der Serben, Kroaten und Slowenen, das 1929 in Königreich Jugoslawien umbenannt worden war. Nichts anderes zählte. Ein vom Mythos und von romantischen Sehnsüchten forcierter nationaler Rausch.

Bestärkt im Taumel seiner Illusionen wurde das Volk von den offenkundigen Sympathien ihrer kirchlichen Hirten und Oberhirten für den neuen Staat und den Führer Pavelić. In seinem Hirtenbrief vom 28. April 1941 beschwor der Erzbischof von Zagreb, Alojzije Stepinac, den Augenblick, da nicht mehr die Zunge spreche, »sondern das Blut in seiner geheimnisvollen Verbundenheit mit der Erde«. Er erklärte: »... und wer kann es uns verübeln, wenn auch wir unseren Teil als geistliche Hirten zur Freude und Begeisterung des Volkes beitragen ... Denn so verworren auch die heutigen schicksalhaften Ereignisse sein mögen, so verschiedenartig auch die Faktoren sein mögen, die auf den Verlauf der Geschehnisse Einfluß nehmen, so kann man dennoch das Wirken der göttlichen Hand erkennen.« So sprach der junge Erzbischof. Ein Eiferer.

Schon Mitte der dreißiger Jahre war er, damals Anwärter auf das Bischofsamt, beim Nachbarn Österreich wegen seines fanatischen Nationalismus aufgefallen. Bereits damals deklarierte Stepinac Kroatien als den katholischen Brückenkopf auf dem Balkan. Er kam später oft darauf zurück. Allein in jenem Sommer 1941 sind an die 20000 Menschen getötet worden, in Massengräber gestürzt, in Kirchen verbrannt. Oft waren Opfer und Täter Nachbarn. Ein Mann, der, für tot gehalten, dem Massengrab entkommen konnte, hat sich der fatalen Worte eines Ustascha-Anführers erinnert, bevor die serbischen Opfer, zu dritt aneinandergebunden, zu einer Schlucht in der Herzegowina marschieren mußten, wo sie erschossen wurden: »Ich weiß, wer ihr seid«, sagte er im plötzlichen Haß der einstigen Nähe, denn er kannte sie alle, »aber ich kann euch nicht helfen. Ich kann nichts dafür, daß ihr Serben seid, daß ihr zu den Menschen gehört, unter denen die neuen Gesetze keine Unterschiede machen. Ihr seid alle schuldig für das, was zur Zeit Altjugoslawiens geschehen ist, und ihr werdet dafür zahlen, alle, bis zum Letzten … Vorwärts!«

Ein halbes Jahrhundert später verschwanden in der Umgebung von Srebrenica Tausende von Moslems in Massengräbern – von Serben gemordet. Was unterschied die Ustascha-Kopfjäger von jenem Željko Ražnatović, genannt Arkan, und seinen »Weißen Adlern«, die Anfang der neunziger Jahre Kroaten und dann bosnische Moslems wie Freiwild jagten und abschossen?

Die Bilder ungeheuerlicher Grausamkeiten glichen sich. Doch gibt es einen Unterschied, einen wesentlichen. Die Bilder vom Terror des Pavelić-Regimes sind im Bewußtsein der Europäer verblaßt, wenn sie überhaupt je einer größeren Öffentlichkeit bekannt waren. Ein der »unverständlichen Balkan-Fehden« überdrüssiges Publikum hatte sie längst in die Schublade »jahrhundertealte Stammeskämpfe« gesteckt; abgehakt, vergessen, erledigt. Geschichte.

Es gab 1941 kein Fernsehen, keine Reporter vor Ort, keine internationalen Gerichtsmediziner, keinen Haager Gerichtshof. Die nach dem Ende des Zweiten Weltkriegs von jugoslawischen Anklagebehörden in den Ustascha-Prozessen oder Autoren wie dem Tito-Biographen Vladimir Dedijer zusammengetragenen und veröffentlichten Zeugenaussagen, Fotos und Gerichtsprotokolle galten im Zeichen des Antikommunismus als unglaubwürdig. Propaganda. Kroatische Emigranten haben ein übriges getan, die spätere blutige Rache der, wie immer formuliert wurde, »serbo-kommunistischen Tito-Partisanen« in den Blick zu rücken, Jasenovac vergessen zu machen, den Eindruck zu erwecken, als seien Kroaten nur Opfer gewesen, niemals Täter.

Ein großer Teil der ursprünglich etwa 31 000 kroatischen Juden wurde getötet: in Auschwitz und anderen Todeslagern sowie in den kroatischen KZ-Lagern Jasenovac und Stara Gradiška. Auf dem gesamten Territorium Jugoslawiens sollen am Ende des Krieges noch 12 000 Juden gezählt worden sein. Daß in Kroatien eine nicht unerhebliche Zahl überlebte, ist Tito zu danken. Viele Juden flohen zu seinen Partisanen. Slavko Goldstein aus der jüdischen Gemeinde Zagrebs gehörte zu ihnen, obwohl er noch ein Kind war. Die Mutter, Ärztin, nahm ihn mit, nachdem der Vater auf Nimmerwiedersehen abgeholt worden war. Er hatte zu jenen Zagreber Juden gehört, die sich bemühten, Gold aufzutreiben, um sich und andere zu retten. Hatte doch der Zagreber Polizeichef der jüdischen Gemeinde am 13. Mai 1941 versprochen, sie könnten mit einer Tonne (1 000 kg) Gold ihre Sicherheit erkaufen. Tatsächlich sollen sie Gold, Schmuck, Tafelsilber, sogar antike Möbel im Wert von mehr als 200 Millionen Schweizer Franken abgeliefert haben. Gerettet haben sie weder sich noch andere. Vom Verbleib des Goldes keine Spur.

### *Genozid an den Serben*

Wie viele Menschen – Serben, Juden, Zigeuner (Roma), Kommunisten, Antifaschisten und andere Regimegegner – von den Ustascha umgebracht worden sind, konnte nie genau ermittelt werden. Die Schätzungen sind in hohem Maße Gegenstand politischer Kontroversen geworden. In Tito-Jugoslawien wurde die Zahl mit 600 000 bis 700 000 angegeben. Wohl zu hoch. Der im Dezember 1999 gestorbene kroatische Präsident Tudjman reduzierte die Zahl auf 60 000. Zu niedrig. Ein Parlamentsbericht aus der Zeit, als die Tudjman-Partei die Mehrheit hatte, trieb 1999 die Zahlenmanipulation auf die Spitze: Nur 797 Serben und Zigeuner seien in den Ustascha-KZs ermordet, nur 331 Juden getötet worden. Die Untaten des Regimes sollten verharmlost und aus der kollektiven

Erinnerung verdrängt werden, der Ustascha-Staat sollte in einem freundlicheren Licht erscheinen. Kroatische Historiker nennen jetzt eine Zahl von 215 000, der serbische Historiker Aleksa Djilas schätzt 300 000–400 000.

Jeder Mord ist ein Verbrechen, jeder Massenmord ist ein Trauma und schwer vorstellbar. Der Genozid an den Serben in Kroatien hat den ethnischen, religiösen und politischen Konflikt auf eine neue Stufe gehoben. Er wurde geleugnet, verschwiegen, verdrängt, vom kroatischen Leidensmythos ersetzt, bis an das Lebensende des Präsidenten Tudjman, von den Emigranten wie vom katholischen Klerus. Die Manipulation mit Zahlen verdeckte die Lüge, die den Weg zur »Aufrechnung« frei machen sollte. Aus den Köpfen der Serben ließ sich der Genozid als kollektive Erinnerung in fünfzig Jahren nicht vertreiben. Ihre Erinnerungen mußten lediglich wie eine Glut neu entfacht werden. Das haben die Chauvinisten auf beiden Seiten besorgt und somit den Nährboden für den serbisch-kroatischen Krieg geschaffen, nachdem Kroatien 1991 seine Unabhängigkeit und Souveränität erklärt hatte.

In Ustascha-Dokumenten wird die mörderische Abrechnung mit den Serben wiederholt als Rache für die serbische Hegemonie und Unterdrückung im 1918 gegründeten Königreich der Serben, Kroaten und Slowenen deklariert. Damals hatten Auseinandersetzungen für oder gegen Föderalismus bzw. einen Zentralstaat zu zahlreichen Regierungskrisen geführt. Nachdem im Juni 1928 ein serbischer Montenegriner im Belgrader Parlament drei kroatische Abgeordnete, darunter den Führer der kroatischen Bauernpartei, Stjepan Radić, ermordet hatte, zerschlug sich die Hoffnung auf ein geeintes Jugoslawien als demokratische Alternative zur Habsburger Monarchie. Der König löste das Parlament auf und setzte 1929 die Verfassung außer Kraft. Die Errichtung einer monarchischen Dikatur, Pressezensur, Verbot von Parteien, Einschränkung von Grundrechten traf auch die Demokraten unter den Serben. Als 1939 im sogenannten »Sporazum« (Übereinkunft) endlich Grundlagen für einen Föderalismus geschaffen schienen, war es zu spät. Wenige Tage danach eröffnete Hitler mit dem Überfall auf Polen den Zweiten Weltkrieg.

Vernichtung einer ganzen Bevölkerungsgruppe als Strafe für Missetaten des vergangenen Regimes? Dies wäre eine schreiende Unverhältnismäßigkeit der Mittel, wenn eine solch formale Definition überhaupt statthaft ist. Das Racheargument als Vorwand würde schon eher in den Kontext passen; als Begründung für die Schlächter und Henker allemal. In Wirklichkeit waren die Dinge komplizierter und komplexer.

Zeit und Umstände des Genozids in Kroatien sind nicht zu begreifen, wenn man nicht auch das Verhältnis zwischen dem »poglavnik« Ante Pavelić und Papst Pius XII., zwischen dem faschistischen Regime und dem Vatikan beleuchtet. Erst in jüngster Zeit haben Historiker diese Beziehungen untersuchen können, da der Vatikan seine Archive nach langem Zögern zu öffnen begonnen hat – längst nicht vollständig.

Ich bin kein Historiker. Ich bin Journalist gewesen, einer, der ohne Geschichte nicht auskommen konnte, der allerdings mit den von politischen Interessen gezogenen Grenzen der geschichtlichen Einblicke leben und arbeiten mußte. Schon auf den Wanderungen mit Novica durch die Herzegowina, 1953, als wir Zusammenhänge zwischen dem Tod seiner Eltern und der politischen Geschichte und Zukunft Kroatiens zu ergründen trachteten, blieben essentielle Fragen offen – Fragen, die wir als dringend empfanden, ohne sie so präzise wie jetzt formulieren zu können: Wie ließen sich Kroaten und Ustascha voneinander unterscheiden? Ähnlich wie Deutsche und Nazis? Nicht alle Kroaten waren Täter; viele gingen in den Widerstand. Zu Titos Partisanen. Warum lagen später die Schatten des Zweifels über dem sozialistischen Kroatien? Wo hatte sich der Hauptschuldige, Ante Pavelić, verborgen gehalten, und wie konnte ihm die Flucht gelingen? Wie hat sich der Papst verhalten? Wußte er vom Treiben der Ustascha? War nach all dem Blutvergießen überhaupt ein Zusammenleben zwischen Serben und Kroaten in einem sozialistischen Jugoslawien möglich? Novica und mir selbst war ich es schuldig, irgendwann Antworten auf diese Fragen zu finden.

Novica setzte stark auf den Generationswechsel. An der Universität Sarajewo erlebte er täglich, und auch ich wurde im Studentenheim Zeuge, daß sich die Mehrzahl der Kommilitonen, ob Serben, Kroaten oder Moslems, neu definieren wollte: als »Jugoslawen«. Ihre ethnische Herkunft sollte unwichtig sein. Serbisch-kroatische Mischehen waren an der Tagesordnung. Für die studentische Jugend mit Kriegserfahrung hatte Titos Losung »Brüderlichkeit – Einigkeit« Sinn und Gehalt. Nie wieder Bruderkrieg, schworen sie. Ich habe das noch im Ohr.

Später, als Korrespondent in Jugoslawien, war ich sofort der Kontroverse um den Zagreber Erzbischof Stepinac ausgesetzt. Nur einen Monat vor meiner Ankunft war er gestorben, im Februar 1960. Für das serbische Publikum in Belgrad, zumal für die Presse, war er nach wie vor der Kollaborateur mit den Ustascha – obwohl Tito schließlich doch noch die Beisetzung in der Zagreber Kathedrale gewährt hatte. Für viele Kroaten dagegen war Stepinac der große kroatische Kirchenfürst geblieben, der antikommunistische Märtyrer. Titos Justiz hatte ihn 1946 zu 16 Jahren Zuchthaus verurteilt, 1951 dann in den Hausarrest entlassen. Nach Rom zu gehen, diesen Gefallen wollte er dem Regime nicht erweisen. Er blieb. Er starb in Kroatien. Aber wer war er wirklich? Warum hatte er nicht protestiert? Laut und deutlich? Wo war die Wahrheit im Streit der Meinungen? Tief vergraben in den Archiven war seine Geschichte, weder die jugoslawischen Kommunisten noch der Vatikan gewährten Einblicke. Dem Korrespondenten war allerdings klar: Es ging nicht allein um die Person des Alojzije Stepinac.

## *Der Vatikan und seine Kroaten*

Am 22. Juni 1941 überfiel Hitler die Sowjetunion. Damit begann auch die Vernichtung des osteuropäischen Judentums. Nach der Wannsee-Konferenz am 20. Januar 1942 wurde der

Holocaust, die »Endlösung« der Judenfrage, ins Werk gesetzt. Bereits im Sommer 1941 war aber die Vernichtung einer Bevölkerungsgruppe zum Programm geworden, die Vernichtung des Serbentums in Kroatien. Papst Pius XII. hätte dagegen auftreten können, mit der ganzen moralischen Autorität des Vatikans. In dieser Zeit wäre es wohl möglich gewesen, ohne zugleich Hitler wegen der Judenverfolgung angreifen zu müssen; falls da die Bedenken des Papstes gelegen haben sollten. Doch nichts geschah. Obwohl er informiert gewesen sein mußte.

Erzbischof Stepinac verfolgte nach seinem emotionalen Hirtenwort zur Gründung des Unabhängigen Staates Kroatien das Ziel, den Papst zur vollen diplomatischen Anerkennung des neuen Regimes zu bewegen. Im Mai 1941 arrangierte er für den kroatischen »Führer«, Ante Pavelić, eine päpstliche Audienz. Pius XII. äußerte zwar sein Wohlwollen für Pavelić, doch blieb er unterhalb der Schwelle der vollen Anerkennung. Er entsandte einen Apostolischen Administrator, den Benediktiner-Abt Guiseppe Ramiro Marcone.

Schon in jenen Sommermonaten, als die Serbenhatz der Ustascha-Kommandos zum Genozid wurde, standen Marcone und Stepinac in ständigem Kontakt mit dem Vatikan, und es ist undenkbar, daß ihnen die Vorgänge im Lande verborgen geblieben sein sollten, daß sie darüber nichts nach Rom berichteten. Das scheint um so unwahrscheinlicher, als eine beträchtliche, wenngleich unbekannte Zahl von Priestern und Mönchen an den Mordfeldzügen teilnahm, ganz direkt, mit Messer und Pistole. Ein Franziskaner war sogar zeitweise KZ-Kommandant in Jasenovac. Selbst Bischöfe bekannten sich ungeniert zu Gewalt gegen Serben und Juden und lobten und priesen in den Postillen ihrer Diözese den »poglavnik«.

Der Erzbischof von Sarajevo, Ivan Šaric, hat sich dabei besonders hervorgetan. Er war auch einer der ersten, der bei Kriegsende sein Heil in der Flucht suchte. Im Gegensatz zu Stepinac. Dieser hat die kriminelle bedingungslose Loyalität etlicher seiner Amtsbrüder zum Regime sogar kritisiert und mißbilligt. Wiederholt mahnte er das Regime – in der Tat sehr milde –, im Rahmen der Gesetze gegen Serben und Juden die menschliche Würde nicht auf der Strecke zu lassen. Als er im November 1941 eine Synode einberief, wurde ihm klar, daß seine Autorität nicht ausreichte, die Apostel der Gewalt in den eigenen Reihen zur Räson zu bringen. Kardinal Tisserant hat nach Kriegsende einen jugoslawischen Diplomaten wissen lassen, daß es im Vatikan eine Liste derjenigen Mitglieder des Klerus gebe, die sich direkt an Gewaltaten der Ustascha beteiligt haben. Sie hätten nach Kriegsende zur Rechenschaft gezogen werden sollen. Doch angesichts der Errichtung eines neuen, kommunistischen Jugoslawien und der neuen Front des Antikommunismus im Kalten Krieg gab es für Pius XII. andere Prioritäten. Zugänglich war die Liste bisher nicht.

Die Zeichen, die der Zagreber Erzbischof direkt oder indirekt gegeben hat, belegen, daß er mit den Untaten des Ustascha-Regimes nicht einverstanden war. Sie belegen aber auch, daß er nicht bereit war, mit diesem Regime deutlich und vor aller Öffentlichkeit zu brechen. Er wollte einen selbständigen Staat Kroatien, und zwar aus einem einfachen Grund: Für den Katholizismus war ein selbständiges Kroatien günstiger und sicherer als ein multiethnisches, multinationales Jugoslawien. Für den katholischen Staat war Stepinac bereit, ein faschistisches Regime zu tolerieren, einen Modus vivendi zu finden.

Nicht allein Stepinac folgte diesem Kalkül, auch der Vatikan selbst. Mit diplomatischen Mitteln, mit sanfter Kritik wollten Pius XII. und seine Diplomaten die Ustascha zu gewissen Korrekturen veranlassen. Aber nur nicht dem »poglavnik« in die Parade fahren! Der Papst und der Erzbischof waren kompromißlose Antikommunisten. Für sie war der Kommunismus eine größere Bedrohung als der Faschismus. Doch welche Ironie: Sie bewirkten, was sie verhindern wollten. Sie halfen dem Kommunisten Josip Broz Tito auf dem Weg zur Macht und in ein zweites Jugoslawien. Aus dem katholischen Kroatien flohen Männer und Frauen in Scharen zu Titos Partisanen.

Einen Höhepunkt historischer Verdrängung erlaubte sich über vier Jahrzehnte später Papst Johannes Paul II. Im Oktober 1998 sprach er den 1932 zum Kardinal ernannten Alojzije Stepinac postum selig als Märtyrer im Kampf der Kirche gegen den Kommunismus. Kroatiens Katholiken fühlten sich verstanden und geehrt. Von den Irrtümern und Verbrechen in der Zeit des »poglavnik« Pavelić war indessen bei Johannes Paul II. nicht die Rede. Kein Wort der Trauer über die Mörder in der Soutane, kein Eingeständnis eines historischen Versagens der katholischen Kirche im faschistischen Kroatien. Wenn denn dem Papst die Seligsprechung des kroatischen Kardinals so notwendig erschien, warum hat ihn die Kurie nicht auf die historischen Hintergründe hingewiesen?

### *Graue Eminenz Draganović*

Mitte Februar 1944 betrat ein hochgewachsener Mann die britische Botschaft beim Vatikan. Er wurde von Botschaftsrat Hugh E. L. Montgomery empfangen. Der Besucher war in der Botschaft kein Unbekannter: Professor Krunislav Draganović, kroatischer Theologe und Beauftragter seines Landes für die Betreuung kroatischer Kriegsgefangener, die sich in britischem Gewahrsam befanden. Draganović, 1921 in Bosnien geboren, war 1943 für karitative Aufgaben nach Rom entsandt worden; vorher hatte er als Sekretär des Erzbischofs von Sarajevo, Ivan Šaric, gewirkt, jenes Klerikers, der das Regime und die Untaten der Ustascha mit Leib und Seele unterstützte. Später, nach dem Kriege, wird der Name Draganović geheimnisumwittert und dennoch in vieler Munde sein – mit der Fluchthilfe für Kriegsverbrecher nach Südamerika verbunden.

Bei dem Besuch der Botschaft ging es Draganović nicht um Kriegsgefangene. Er hatte ein Memorandum verfaßt, das über seinen britischen Kontakt in Rom an alliierte politische Instanzen lanciert werden sollte. Draganovićs Credo für eine Nachkriegsregelung: Nur kein zweites Jugoslawien unter Einschluß Kroatiens, schon gar nicht ein kommunistisches! Das wäre der Keim eines neuen Krieges, glaubte Draganović die

Alliierten warnen zu müssen. Kroatien habe immer zum Westen gehört, zu Rom; Serbien immer zum Osten, zu Byzanz. Serben und Kroaten hätten nie gemeinsame Interessen gehabt. Nur Gräber lägen zwischen ihnen.

Und dann beging der kroatische Theologie-Professor eine gezielte Indiskretion. Er ließ den britischen Vatikan-Diplomaten einen Brief einsehen, den der Zagreber Erzbischof Stepinac an den Papst gerichtet hatte. Hugh E. L. Montgomery machte sich Notizen. In seinem Begleitschreiben bei Weitergabe des Draganović-Memorandums gab er die ihm wesentlich erscheinenden Inhalte des erzbischöflichen Briefes wieder.

Man muß sich das vergegenwärtigen: Es war Februar 1944, der Ausgang des Krieges unterlag keinem Zweifel mehr; Titos Partisanen waren im Vormarsch, ebenso die Rote Armee, die Amerikaner, die Engländer. Aber viele Faktoren, die die Nachkriegsregelung bestimmen sollten, waren noch offen. Das ließ die führenden kroatischen Katholiken hoffen und fürchten zugleich. Es ist wohl mehr Instinkt als Analyse gewesen, daß sie die Konstellation des Kalten Krieges vorwegnahmen und zu nutzen entschlossen waren, wenn sie denn könnten.

Die Zukunft des Katholizismus auf dem Balkan, schrieb also Erzbischof Stepinac an den Papst, sei eng mit dem Fortbestand des kroatischen Staates verbunden. Da Kroatien der einzige katholische Staat auf dem Balkan sei, müsse der Vatikan im höchsten Maße um dessen Schicksal besorgt sein. Ungeheuerlich seien die Verbrechen, die sowohl kommunistische Partisanen als auch serbische Četniks gegen Kroaten verübten. Der panserbische Haß auf den Katholizismus kenne keine Grenzen, wie an der Ermordung Tausender katholischer Priester und Laien zu sehen sei. Der Papst möge bedenken – so der Appell des Erzbischofs Stepinac nach den Notizen des britischen Diplomaten –, daß die Kroaten im Kampf um den Fortbestand ihrer Staatlichkeit der katholischen Tradition treu bleiben und eine bessere Zukunft des Katholizismus in Südosteuropa anstreben. Zu dieser Tradition gehöre Kroatien als »Schutzwall der Christenheit« (Antemurale Christianitatis).

Der Papst freilich konnte dem Pavelić-Regime nicht mehr helfen. Die Alliierten wollten mit Hitler auch seine Vasallen besiegen. Wie ein schlechter Scherz nimmt sich aus, daß am 4. Mai 1945 die Ustascha-Regierung ein Memorandum an den Oberkommandierenden der alliierten Truppen im Mittelmeerraum, Feldmarschall Alexander, schickte. Er möge doch schnellstens bewaffnete Einheiten nach Kroatien entsenden, bat Pavelić. Kroatien stelle sich unter seinen »mächtigen Schirm«. Eine solche Idee hatten schon Jahre früher zwei seiner Kabinettsmitglieder, Lorković und Vokić, gehabt. Sie waren dafür ins Gefängnis geworfen und dort kurz vor Kriegsschluß ermordet worden. Die Friedenstauben des Ante Pavelić kamen freilich nicht einmal in die Nähe des Oberkommandierenden der Alliierten, sie landeten in einem Kriegsgefangenenlager. Ihr Glück.

In jenen ersten Maitagen 1945 herrschte in Zagreb Chaos. Der Rückzug der deutschen Heeresgruppe unter General Löhr, Kollaborateure aller Schattierungen aus Albanien, Mazedonien, Ungarn, Slowenien; Ustascha-Truppen, kroatische und slowenische Heimwehren, serbische Četniks, Kosaken und Einheiten der Wlassow-Armee; ein Heer kroatischer Zivilisten – alle hasteten der österreichischen Grenze zu, durch das Nadelöhr Zagreb, mit dem einen Ziel: sich den Engländern und Amerikanern zu ergeben, nur nicht Russen oder Tito-Partisanen in die Hände zu fallen. Die deutsche Kapitulation machte das Chaos total.

### *Bleiburg – Kriegsverbrechen, Staatsgeheimnis*

Nach aller Geschichtsschreibung war der Zweite Weltkrieg am 8. Mai 1945 in Europa zu Ende. Nicht so an der Grenze zwischen Slowenien und dem österreichischen Kärnten. Bis zum 15. oder gar 16. Mai standen sich dort bewaffnete Streitkräfte gegenüber. Nördlich der Drau die Engländer, südlich der Drau in der Hauptsache kroatische Ustascha-Einheiten, die immer wieder in Gefechte mit Einheiten der Tito-Armee verwickelt wurden. Im Schloß Bleiburg in der kleinen Grenzstadt aber schleppten sich irreal anmutende Verhandlungen hin. Zwei der noch nicht getürmten Ustascha-Häuptlinge, der Kommandeur der Leibstandarte Pavelićs, General Herenčić, der Ustascha-Chefideologe, Oberst Professor Crljen, dazu ein Montenegriner, debattierten verzweifelt mit den Engländern. Noch einmal die bekannten Argumente: Die Kroaten unterstellen sich dem Schutz der Alliierten; bitten um Asyl auf der Flucht vor den Verbrechen der Partisanen, warnen die Alliierten, daß der Zusammenstoß zwischen der kultivierten Welt und dem Bolschewismus unvermeidlich sei, sie seien die künftigen Verbündeten, eine menschliche Katastrophe drohe, wenn sie den Partisanen überstellt würden. Der Engländer, Col. Patrick Scott, blieb bei seiner Forderung: Die Kroaten müssen sich jugoslawischen Truppen ergeben. »Unsere Verbündeten sind die Truppen Titos. Ein politischer Beschluß.«

Hatten die Ustascha-Generäle wirklich geglaubt, von den Engländern oder Amerikanern mit offenen Armen empfangen zu werden? Nachdem sie an der Seite Hitlers in den Krieg gezogen waren? Juden und Serben verfolgt und vernichtet hatten? Es scheint, sie waren so naiv oder verblendet. Denn als die Ustascha-Regierung und der »poglavnik« flohen, verbreiteten sie die Mär, sie würden bald zurück sein – zusammen mit Engländern und Amerikanern, nunmehr zum gemeinsamen Kampf gegen den Bolschewismus.

Draufgezahlt haben die Gefolgschaften. All die Delegationen mit Asylgesuchen und Bittschriften ließ Alexander abweisen. Auch der Papst, der den alliierten Oberkommandierenden dringend ersuchte, die katholischen Kroaten, Ukrainer und Slowenen auf alliiertes Besatzungsgebiet übertreten zu lassen, konnte nichts ausrichten. Weder Amerikaner noch Engländer wollten die unübersehbaren Flüchtlingsmassen aufnehmen. Vor allem die Engländer fürchteten wegen »Überfüllung« des südösterreichischen Raumes um ihre Bewegungs- und Operationsfreiheit. Sie war ihnen um so wichtiger, je aktueller die

Möglichkeit eines militärischen Konfliktes mit Tito und seiner Jugoslawischen Volksarmee wurde.

Partisaneneinheiten waren gleichzeitig mit den Engländern oder noch kurz vor ihnen in Klagenfurt eingedrungen. Sie begannen sofort mit der Einsetzung einer neuen, antifaschistischen Zivilverwaltung und verbreiteten die Kunde, das neue Jugoslawien werde Kärnten mit seinen slowenischen Bevölkerungsteilen annektieren; es werde den Anspruch auf Kärnten genauso hartnäckig verteidigen wie den auf Triest und Julisch-Venetien. Eine neue Großmacht des Balkans wollte sich etablieren. Dagegen sperrten sich Engländer und Amerikaner gleichermaßen, drohten mit Gewalt, brachten aber vor allem Stalin ins Spiel. Der wollte es jetzt mit den Verbündeten nicht verderben. Gemeinsam hatten die Alliierten beschlossen, Österreich in seinen Grenzen von 1937 wiederherzustellen. Tito stimmte schließlich der Räumung von Kärnten und Julisch-Venetien zu. Engländer und Amerikaner hatten zugesagt, ihm 200 000 jugoslawische Staatsbürger aus ihrem Gewahrsam zu übergeben. Insbesondere die Kroaten fühlten sich verraten und verkauft. Tausende aus dem Strandgut der Flüchtigen wurden in Eisenbahnzüge gesteckt, die angeblich nach Norden fuhren. Eine Täuschung; nach Süden ging die Fahrt, durch den Rosenbacher Tunnel, nach Jesenice und in die Hände der jugoslawischen Armee. Die Partisanen, die sie empfingen, nahmen Rache. Erschossen und erschlugen. Ohne Verfahren, ohne Prozeß.

Viel Blut floß auf den Feldern südlich von Bleiburg, wohin die Kapitulanten während der großen Auslieferung an die jugoslawischen Einheiten gedrängt wurden. In Emigrantenkreisen wird von 150000 Soldaten und 300000 Zivilisten gesprochen. Das Ende des Unabhängigen Staates Kroatien war für die letzten Krieger und Anhänger des »poglavnik« die Apokalypse. Waren es 30000, 50000 oder mehr als hunderttausend Tote? Wiederum ein gräßlicher Disput um Zahlen. Wie immer die wahre Ziffer lautet: auch dies ein Kriegsverbrechen, nach dem Ende des Krieges, infolge des Krieges. Unter Überlebenden schlug der Tod auf Hungermärschen in die Gefangenschaft zu. »Kreuzweg« nannte die katholische Nation die Leiden der »Verführten und Verratenen«. Wie groß die Verantwortung der Engländer für das Gemetzel bei Bleiburg und anderswo südlich der Drau war, ob sie überhaupt zu bemessen sei, darüber ist lange gestritten und gerechtet worden. Es scheint, als seien bis zum heutigen Tage nicht alle politischen und strategischen Hintergründe der Bleiburg-Tragödie aufgehellt, von einer annähernden Genauigkeit der Zahl der Opfer ganz zu schweigen. Nicht nur die kroatische Emigration dürfte sie in erkennbarer Absicht weit überhöht haben, auch Engländer und Amerikaner hatten ein Interesse, den »Überfüllungsdruck« durch die Massen an Gefangenen und Flüchtlingen so dramatisch wie möglich zu beschreiben.

Warum ist die Bleiburg-Tragödie in Titos Jugoslawien verschwiegen, verdrängt, unterdrückt, geleugnet worden? Warum das eiserne Tabu? Schlechtes Gewissen, gewiß. Auch Angst vor Befleckung des neuen nationalen Epos von Kampf und Sieg der Partisanen, des Kultes um die »alten Kämpfer«. Aber glaubte man wirklich, die Wahrheit für alle Zeit unterdrücken zu können?

Ich habe mit Boris Hržić, einem kroatischen Freund und Kollegen, lange darüber gesprochen. Im Mai 1945 war er aus seiner Partisaneneinheit nach Zagreb beordert worden, um dort in der Presse zu arbeiten. »Von Bleiburg habe ich da nichts gehört«, sagte er. »Viel später erst.« Dagegen habe er immer gewußt, was die Ustascha gemacht haben, was das KZ Jasenovac bedeutete. In seiner Einheit seien Informationsmaterial und Broschüren mit Fotos von Mißhandelten und Toten verteilt worden. Das Thema Bleiburg jedoch habe nach Kriegsende niemand anpacken wollen. »Niemand hat versucht, öffentlich zu sagen: Laßt uns den Ereignissen in Bleiburg nachgehen; wessen Schuld war es, wie sind diese Leute gestorben?« Bitter resümierte Boris: »Wer das angesprochen hätte, den hätte die UDBA sofort abgeführt. Zu schweigen, das war für den einzelnen das beste, zugleich das tragische.

Alle wurden schuldig: die, die wußten und schwiegen, und wir, die wir schwiegen, weil wir Angst hatten.«

Auch der deutsche Korrespondent in Jugoslawien kannte die Tatsachen nur in groben Zügen. Geschichtliche Abhandlungen gab es nicht, und in Belgrad Fragen nach Bleiburg zu stellen wäre sinnlos gewesen und als Provokation gewertet worden.

Für die Opfer von Bleiburg und des »Kreuzweges« ist auf dem Zagreber Friedhof vor einiger Zeit ein Denkmal errichtet worden, Relief einer Menschenkolonne ohne Anfang, ohne Ende. Nicht für »die« Opfer, nein, das nicht; ausdrücklich für die kroatischen Opfer, obwohl doch auch Slowenen und Serben darunter waren. Der Grund ist so einfach wie schlimm: Das nationalistische Regime Franjo Tudjmans wollte seinem neuen Kroatien einen neuen Mythos geben – Opfer zu sein, ohne Täter gewesen zu sein.

Als ich das große Relief mit der Unterschrift betrachtete, mußte ich an die Diskussionen in Washington denken, die der Errichtung des Holocaust-Museums vorangingen. Es sollte nur den Juden gelten, den jüdischen Opfern des Faschismus. Dagegen begehrten Nachfahren anderer Nazi-Opfer auf. Ratlosigkeit. Bis der Schriftsteller Eli Wiesel, Überlebender von Auschwitz, eine für alle akzeptable Formel fand: Nicht alle Opfer waren Juden, aber alle Juden waren Opfer. Auch in Zagreb wären Diskussionen am Platze gewesen.

## *Kriegsverbrecher und ihre Fluchthelfer*

Als ob der »poglavnik« Pavelić mit alldem nichts zu tun gehabt hätte. Für seine politischen Nachfahren schien er nicht existiert zu haben. Sein Abgang aus dem Staat war nicht einmal eine Tragödie; eher eine Farce. Er floh vor allen anderen. Mit wenigen Getreuen. Hinter Maribor auf österreichischem Boden besorgte er sich Zivilklamotten, glaubte nicht, daß die Engländer schon den größten Teil seines Kabinetts der Gerichtsbarkeit

Titos ausgeliefert hatten – Todesurteil für die meisten –, und brachte sich vorübergehend in der alten Villa Langreith südlich des Hintersees im Salzburgerland in Sicherheit. In der amerikanischen Besatzungszone Österreichs. Mehrfach, so wird berichtet, sei Pavelić dort von einem amerikanischen Major besucht worden. Über den Zweck der Besuche schweigen die Quellen des kroatischen Historikers Krizman sich aus. Doch plötzlich war Pavelić verschwunden. Er tauchte in österreichischen Klöstern und Pfarreien unter, als Mönch verkleidet, mit Bart und Brille. Inzwischen wurde er vom neuen Regime in Jugoslawien als Kriegsverbrecher Nummer eins gesucht.

Seit Dezember 1945 gab es beim Alliierten Kontrollrat in Wien eine jugoslawische Militärmission. Sie erwies sich im Schnittpunkt vieler Interessen, geheimer Kanäle und Geheimdienste für den jugoslawischen Staatssicherheitsdienst bald als idealer Platz für die Beobachtung und Erkundung der versprengten Ustascha-Flüchtlinge und ihrer Kuriere zwischen der britischen und der amerikanischen Besatzungszone. Im Frühjahr 1946 glaubten die jugoslawischen Agenten zuverlässig zu wissen, wo sich Pavelić verborgen hielt. Sie trafen alle Vorbereitungen für den Überraschungsschlag – doch das Nest war leer. Noch warm indessen. Das Kommando fand Gepäck und Dokumente in einem Umfang, der darauf schließen ließ, daß Pavelić Hals über Kopf aufgebrochen war. Wohin? Wer hatte ihn gewarnt? Pavelić tauchte nunmehr in italienischen Klöstern unter. Wer ihn gewarnt hatte, blieb Geheimnis.

Andere kroatische Emigranten entfalteten um diese Zeit aus Österreich heraus eine rege Aktivität. In Flüchtlingslagern wurden Guerillakämpfer gegen Tito angeworben, dann nach Kroatien geschleust. Zu Hunderten. Wieder Priester dabei. Sie sammelten sich vornehmlich im Gebiet des Velebit-Gebirges. Die meisten flogen irgendwann auf. Die OZNA, die von Tito 1944 gegründete »Abteilung zum Schutz des Volkes«, die 1946 in den Staatssicherheitsdienst UDBA inkorporiert wurde, hatte zielstrebig und geduldig die Nachschubkanäle beobachtet, dann infiltriert. Er war längst zur

Gegenoffensive übergegangen. Auf offener Straße in Rom wurde ein prominenter Emigrant angeschossen und heimlich im Fischerboot nach Jugoslawien gebracht; er wurde als Kronzeuge in einem politischen Prozeß gebraucht, im Prozeß gegen den kroatischen KP-Führer Hebrang.

Eine der führenden Figuren des Guerillatransfers aus Österreich und Italien nach Jugoslawien, Božidar Kavran, erhielt eine Warnung des britischen Geheimdienstes, daß keiner der in letzter Zeit abgesetzten Kämpfer mehr auf freiem Fuß sei. Doch Kavran hielt das für ein Gerücht. Die Nachricht hatte kein anderer als der Theologie-Professor Krunislav Draganović unter höchster Geheimhaltung überbracht. Kavran glaubte ihm nicht, ging nach Kroatien. Er wurde gefaßt. Todesurteil. Kavran hatte den Fehler begangen, einem Ustascha-Kämpfer den Code für die Verschlüsselung des Funkverkehr mit auf den Weg zu geben. Der Mann, Ljubo Miloš, war als »Schlächter von Jasenovac« berüchtigt und gesucht. Ihm hatte Draganović angeblich wegen dessen Vergangenheit abgeraten, das Heil in der Emigration zu suchen; in die Heimat solle er gehen, als Guerillakämpfer. Miloš ging der UDBA sofort ins Netz – und packte aus, um seine Haut zu retten. Umsonst. Zusammen mit Božidar Kavran und anderen wurde er am 27. August 1948 zum Tod durch den Strang verurteilt.

Etliche Ustascha-Emigranten in Österreich bemühten sich um Kontakte zum amerikanischen Geheimdienst. Die Amerikaner, berichtete einer der Beteiligten, hätten sich plötzlich für antikommunistische Bewegungen im Herrschaftsbereich Stalins interessiert, den kroatischen Guerillas sogar kleinere Geldbeträge und Nachrichtengerät überlassen. Die Amerikaner hätten wissen wollen, ob die kroatischen Freiheitskämpfer in der Lage wären, in Jugoslawien eine Revolution anzuzetteln und sie für eine Woche in Gang zu halten. Wenn das vielleicht auch keine ganz seriöse Erkundigung war, so war sie doch symptomatisch für die sich ändernde Großwetterlage.

## *Artuković in Los Angeles*

Das Wetterleuchten des Kalten Krieges zuckte hell am Horizont. An vielen Stellen gleichzeitig. Die Fronten, die im Zweiten Weltkriegs bestanden hatten, fielen auseinander und verkehrten sich. Die Anti-Hitler-Koalition zerbarst. Im Westen verblaßte das Feindbild Deutschland, der Kommunismus und die Sowjetunion traten an seine Stelle. Im Osten blieb das Feindbild Deutschland zwar weiterhin markant, doch wurde es Zug um Zug eingebaut in die mächtige Bedrohungskulisse des amerikanischen Imperialismus. Die Kroaten auf der Flucht hatten für diese Vorgänge eine feine Nase. Wieviel Wohlwollen einem aktenkundigen Kriegsverbrecher in der veränderten Lage zuteil werden würde, ausgerechnet in den USA, das war dann doch überraschend. Erst Jahrzehnte später wurden Einzelheiten und Hintergründe publik.

Am 16. Juli 1948 trafen in New York, aus Irland kommend, ein Mann namens Alois Anich und seine Familie ein, mit einem Visum für 90 Tage. Verwandtschaft in Kalifornien wollten sie besuchen. Aus 90 Tagen wurden neun Monate. Dann schickte die Einwanderungsbehörde (INS) in Los Angeles Anich eine Vorladung zum Gespräch. Und Anich erzählte tatsächlich seine Geschichte: Er heiße Andrija Artuković, sei Innenminister im Unabhängigen Staat Kroatien unter Ante Pavelić gewesen. Eine Bombe – eigentlich. Aber wie mit dieser Enthüllung umgehen? Die INS in Los Angeles informierte zunächst die Zentrale in Washington, die Zentrale suchte Rat im State Department; und siehe da, das Außenministerium fand in seinen Akten, daß die jugoslawische Regierung bereits im Juli 1946 international nach Artuković gefahndet hatte. Damals hatte sich Artuković noch in Österreich versteckt gehalten. In der Fahndung hatte es klipp und klar geheißen, Artuković habe als Innenminister im Unabhängigen Staat Kroatien die Verhaftung und Ermordung von Serben und Juden und die Einrichtung von KZ-Lagern befohlen.

Zweierlei realisierten die amerikanischen Behörden seinerzeit. Artuković hatte sich unter falschem Namen in die USA eingeschlichen, und er war ein hochrangiger Nazikollaborateur gewesen. Seine Deportation hätte folgen müssen. Die Regierung in Belgrad beantragte nunmehr die Auslieferung. Sie hatte Artukovićs genaue Anschrift erfahren und der Presse in Los Angeles einen Tip gegeben. Am 4. Mai 1951 verbreiteten dort die »Daily News« auf ihrer Titelseite: »Beschuldigter Schlächter des Zweiten Weltkriegs lebt in L. A.«

Nun mußte die Regierung Stellung nehmen. Ein Sprecher des Stellvertretenden Justizministers Ford besorgte das in einem Schreiben an die INS. Darin hieß es, obwohl ein Deportationsverfahren angezeigt sei, solle Artuković nicht dem sicheren Tod in den Händen der jugoslawischen Kommunisten ausgeliefert werden. Wenn er nicht den Tod eines Amerikaners zu verantworten habe, solle er einem nichtkommunistischen Land überstellt werden, das ihm Asyl gewähre. Und dann der ungeheuerliche Satz: »Wenn freilich sein (Artukovićs) einziges Verbrechen gegen Kommunisten gerichtet war, dann, denke ich, sollte ihm Asyl in den Vereinigten Staaten gewährt werden.«

Welch ein Sinneswandel! Ein Verfassungsorgan der USA, das Amt des Stellvertretenden Justizministers, interessiert sich 1951 nicht mehr für die Kriegsverbrechen im Unabhängigen Staat Kroatien, nicht mehr für die Opfer dieser Verbrechen, es interessierte sich nur noch dafür, daß die jugoslawischen Kommunisten nicht des Andrija Artuković habhaft werden. Der ideologische Salto mortale des Kalten Krieges par excellence.

Später gab es Prozesse, Berufungsverhandlungen, neue Urteile. Im Wesen der Sache änderte sich nichts. Noch viele Jahre nicht. Ein Richter in San Francisco befand, die Vergehen des Andrija Artuković seien »politischer« Natur gewesen, nicht justitiabel; ein anderer bestätigte, daß nicht der ehemalige Innenminister Artuković, sondern sein Untergebener die Mordbefehle gegen Serben und Juden zu verantworten habe. Ein Himmler, ein Eichmann hätte damit in Kalifornien bestehen können. Artuković war erfolgreich in das Gewand des

Kämpfers gegen den Kommunismus geschlüpft. Erst eine neue Juristengeneration, vor allem die Einrichtung einer Behörde für Sonderermittlungen gegen Naziverbrecher in den USA während der Präsidentschaft Jimmy Carters schafften Wandel. 1984 lief ein neues Deportationsverfahren gegen Artuković an, diesmal mit aller Konsequenz. Er wurde nach Zagreb gebracht, alt und krank inzwischen; im Gefängnis starb er bald darauf.

### *Wer half Pavelić?*

Mit offenem Visier wie sein Innenminister an den Gestaden des Pazifiks zu spazieren, das konnte sich Ante Pavelić zu keiner Zeit in der Emigration leisten. Aber es gelang ihm, seinen Anklägern und Richtern zu entkommen – er war ein erprobter Verschwörer unter den Bedingungen äußerster Geheimhaltung. Er hatte Helfer, aber inzwischen auch Kritiker in den einst geschlossenen eigenen Reihen. Anfang Oktober 1948 suchte der Theologie-Professor Draganović seinen ehemaligen Staatschef auf, in einem Kloster bei Neapel, mit dessen ausdrücklicher Genehmigung. Das Gespräch dürfte dramatisch, für Pavelić ungewohnt schonungslos kritisch gewesen sein. Draganović nämlich beschwor Pavelić, wenn er jetzt nach Argentinien gehe, solle er seinem Herrgott für die Rettung danken, dann aber ein für allemal die Hände von der Politik lassen. Er stehe auf der Kriegsverbrecherliste der Alliierten. Wenn Kroatien überhaupt eine Chance für seine Selbständigkeit habe, dann nur an der Seite ebendieser Alliierten.

Als Antwort verbreiteten Pavelić und seine engste Gefolgschaft in Emigrantenkreisen die Verdächtigung, Draganović habe den »poglavnik« an die Engländer verraten wollen und sich zudem des kroatischen Staatsschatzes bemächtigt und diesen in Rom vergraben lassen. Sodann schiffte sich Pavelić unter falschem Namen nach Argentinien ein. Papiere und Passage aber hatte niemand anderer besorgt als – Draganović, mit der helfenden Hand des Vatikans.

Ein geradezu surrealer, mit humanistisch-christlichen Grundsätzen in keinster Weise mehr vereinbarer Vorgang. Ein Priester ermöglichte einem der übelsten Kriegsverbrecher die Flucht nach Südamerika. Er habe es nur getan, weil Pavelić in Jugoslawien keinen fairen Prozeß bekommen hätte, wurde in Emigrantenkreisen argumentiert. Das glaube, wer will. Draganović war ein Mann der Extreme. Ein Mann von hoher, zugleich ruchloser Intelligenz. Der Theologie-Professor mit der Priesterweihe mußte, es ging gar nicht anders, als Sekretär des für Bosnien-Herzegowina zuständigen Erzbischofs Ivan Šaric genau gewußt haben, welche Greuel die Ustascha in diesem Teil des damaligen Kroatiens begangen haben. Nirgends ist vermerkt, daß Draganović ein einziges Mal Widerspruch oder Empörung geäußert hätte, Bedauern, Mitleid, irgend etwas Menschliches, irgend etwas Christliches im Angesicht der Massenmorde an Serben, Juden und Zigeunern. Sein extremer Nationalismus, kombiniert mit Antikommunismus, hat alles überdeckt. Alles gerechtfertigt, selbst die perverse Sinnesgemeinschaft von Priester und Schreibtischtäter.

Haben auch Briten Fluchthilfe für Pavelić geleistet? Das wird oft vermutet, weil Draganović in Rom viel mit britischen Behörden zu tun hatte. Amerikanische Studien lassen solchen Verdacht anklingen; nicht ganz uneigennützig, wie es scheint. Denn auch Amerikaner hätten Gelegenheit gehabt, Ante Pavelić zu ergreifen – wenn sie denn gewollt hätten. Pavelić hatte sich, man erinnere sich, längere Zeit bei Salzburg in der amerikanischen Zone aufgehalten, und Draganović stand in direktem Kontakt zur Spionage-Abwehr der US-Army (CIC = Counterintelligence Corps). Deren Filiale für Österreich hatte bisweilen großen Bedarf an heimlichen Transporten für Informanten und Agenten aus Ländern in Stalins neuem Ostblock, die über Österreich und Italien nach Übersee in Sicherheit gebracht werden sollten. »Rat-line« hieß das System. Ratten-Linie – ein Untergrundsystem, das ähnlich wie die im 19. Jahrundert im eigenen Land aufgebaute »underground railroad« funktionierte: Aus den Südstaaten entflohene Sklaven wurden damals in die Industriegebiete des Nordens geschmuggelt. Am Ende der CIC-»rat-line« in Rom saß Krunislav Draganović, beschaffte Visa und Passagen und kassierte bei der CIC zugunsten von Kriegsverbrechern auf der Flucht.

1950 hatte die Deutschland-Sektion der CIC ein Problem. Über mehrere Jahre hatte sie als Informanten und Agentenführer einen Mann namens Klaus Barbie beschäftigt. Daß dieser Barbie Gestapo-Chef in Lyon gewesen war, Juden nach Auschwitz und französische Widerstandskämpfer ans Messer geliefert hatte, davor verschloß die CIC lange die Augen. Der Mann war gut in seinem Job. Doch die Franzosen bekamen Wind vom Verbleib des international gesuchten Gestapo-Mannes, und die CIC in Bayern bekam kalte Füße. Barbie mußte verschwinden. Zufällig erfuhr die CIC von der »rat-line« der Kollegen in Österreich. Aus Klaus Barbie wurde rasch Klaus Altmann, und dieser traf alsbald mit Familie in Genua ein. Passage und Papiere einschließlich einer persönlichen Empfehlung für die Einreise nach Bolivien besorgte Draganović. Es ist freilich davon auszugehen, daß Draganović den Wünschen seiner amerikanischen Kontakte entsprach, ohne wissen zu können, wer Altmann in Wirklichkeit war.

Jüngste Forschungen des amerikanischen Historikers Michael Phayer lassen keinen Zweifel daran, daß Draganović mit vollem Wissen des Vatikans agierte und auch über Gelder aus vatikanischen Schatullen verfügte. Nicht sicher ist indessen, wieweit der Papst selbst Bescheid wußte oder ins Bild gesetzt werden wollte. Die Lage änderte sich 1956 nach dem Tode Pius XII. Draganović mußte seine Basis im Priesterseminar St. Jerome beim Vatikan räumen. Der neue Papst Johannes XXIII. wollte mit alldem nichts zu tun haben. Draganović siedelte um nach Preßbaum bei Wien. Als Historiker wollte er nunmehr eine umfassende Geschichte der Bleiburg-Tragödie schreiben. Eine Arbeit über Jasenovac war ihm offenbar nicht in den Sinn gekommen.

Eine weitere Berufung erkannte Draganović in der Aufgabe, die kroatischen, über viele Länder verstreuten Emigraten in einem politischen Dachverband zu einigen. Mehrfach war er in München, dem Zentrum der Exilkroaten in der Bundesrepublik. Einer seiner Partner war der in Berlin-Wilmersdorf ansässige Arzt Branimir Jelić. Jelić hatte als Mitglied der CDU eine etwas ungewöhnliche Passion: Er betrieb die Gründung eines Freundeskreises der CSU, weil er Franz Josef Strauß zur Kanzlerschaft verhelfen wollte.

Die Einigung der Emigranten mißlang natürlich. Doch hatte Draganović großen Anklang bei ihnen mit der Verurteilung eines Protokolls gefunden, das der Wiederaufnahme diplomatischer Beziehungen zwischen dem Vatikan und Tito-Jugoslawien vorangegangen war. Belgrad hatte die Beziehungen abgebrochen, als Papst Pius XII. den unter Hausarrest stehenden Zagreber Erzbischof Stepinac 1952 zum Kardinal erhob. Im oben erwähnten Verhandlungsprotokoll zur Wiederherstellung der Beziehungen wurde die Belgrader Forderung festgehalten und unterschrieben, alle Priester sollten sich von kroatischen Terroranschlägen im Ausland distanzieren. Wütend soll Draganović argumentiert haben, wer das unterschreibe, bestätige, daß es solche Anschläge gegeben habe. Sie sind geschehen.

Das Ende seiner Karriere war und ist so geheimnis- und skandalumwittert wie seine Karriere selbst: 1967 war Draganović wieder in Jugoslawien. Wie das? Warum? Eine Sensation. Keine Anklage, kein Prozeß. Die Presse erwartete einen Kriegsverbrecher-Prozeß. Das Regime schwieg. Bis auf den heutigen Tag gibt es zwei Varianten einer denkbaren Erklärung. Die eine besagt, Draganović habe die Fronten aus freien Stücken gewechselt. Er habe nicht nur für Stepinac und für Pavelić und für die Engländer und für das CIC gearbeitet, sondern in gewissen Fällen auch für die UDBA. Alle Berichte von einem Kidnapping an der italienisch-jugoslawischen Grenze sind dieser Denkschule zufolge Alibi-Erfindungen.

Genau das aber ist die andere Variante. In Zeitungen der kroatischen Emigration wurde die ersterwähnte leidenschaftlich verworfen. Darin wurde ausgeschlossen, daß ein Mann dieses Zuschnitts – Geistlicher, Politiker, Diplomat, Historiker mit mehreren Pässen und mehreren Sprachen – auch mehrere Gesichter gehabt haben könnte. Der zweiten Lesart zufolge hatte Draganović bei Freunden in Triest Station gemacht. Auf einem Ausflug in ein Dorf an der Grenze sei die Gruppe vom Weg abgekommen. Ein einsames Haus. Da sprang ein jugoslawischer Grenzposten heraus. Der Fahrer des Autos wollte Gas geben, umdrehen, aber der Motor versagte. Draganović hätte wegrennen können. Gab sich als Österreicher aus. Doch der Posten kassierte den Paß. Draganović war darin eingetragen. Abtransport nach Belgrad. Draganović rechnete mit Prozeß und Todesurteil, wie seine später angefertigten Aufzeichnungen enthüllen. Nichts dergleichen. Nach einiger Zeit wurde Draganović in die Obhut des Erzbischofs von Sarajevo, Smiljan Čekada, überstellt. Der Erzbischof übernahm alle Garantien.

Was war der Deal? Ein kroatischer Journalist, der Draganović persönlich begegnet war, Gojko Borić, ist der Ansicht, die UDBA habe die Entführung ins Werk gesetzt, um das gefürchtete Buch über Bleiburg zu verhindern. Die Regierung habe auf einen Prozeß verzichtet, nachdem der apostolische Nuntius in Belgrad mit Abbruch der eben erst eingerenkten diplomatischen Beziehungen gedroht habe. Das habe Tito zum Einlenken bewogen. Draganović hat bis zu seinem Tode 1983 in Sarajevo gelebt und gearbeitet. Den erwähnten Aufzeichnungen zufolge hatte er sich zwar noch oft Vorwürfe gemacht, wie naiv er sich vor seiner Verhaftung an der Grenze verhalten habe, dann aber sein Schicksal akzeptiert: Gott habe ihn endlich zu einem »wahren Priester« gemacht. Schuldgefühle scheinen ihn nicht gequält zu haben.

### *Terror – das Erbe des »poglavnik«*

Aber wir sind der Zeit vorausgeeilt. Als sich Pavelić den irdischen Richtern entzog und mit der Hilfe des Krunislav Draganović nach Argentinien entfloh, schrieb man das Jahr 1948, das Jahr, in dem Stalin mit Tito brach. An die 13000 kroatische Ustascha-Emigranten und 2000 serbische Četniks hatten sich dort bereits häuslich niedergelassen. Argentiniens Präsident Juan Perón bot dem »poglavnik« nicht nur Unterschlupf, sondern auch die Möglichkeit begrenzter politischer Aktivität. Den Appell Draganovićs, die politische Bühne zu räumen, schlug Pavelić in den Wind. 1949 gründete er die Kroatische Staatspartei, dazu eine Zeitung. Der genaue Ort seines Aufenthaltes konnte noch eine Weile geheimgehalten werden. Doch 1955 wurde Perón gestürzt, und für Pavelić änderte sich die Lage.

Am 10. April 1957 wurde er bei einem Attentat schwer verletzt. Von den Verwundungen hat er sich nie ganz erholt, vor allem: Der Schleier der Geheimhaltung um Pavelićs Aufenthalt bekam Löcher. Zeitungen berichteten, wo sich der international Gesuchte verborgen hatte. Alsbald wurde dem erfahrenen Verschwörer das Pflaster zu heiß. Er beschloß, nach Europa zurückzukehren und in Spanien zu leben. Dort führte General Franco noch das Regime. Der Empfang in Madrid war herzlich. Er wurde Pavelić von einem der Gottesmänner bereitet, die im Glauben an den Führer des Unabhängigen Staates Kroatien nie wankelmütig geworden waren: Ivan Šaric, Erzbischof von Sarajevo, jenem Erzbischof, dessen Sekretär einst Krunislav Draganović gewesen war. Noch 1955 tat sich Šaric mit einer Dankesadresse an den »poglavnik« hervor. Darin erklärte er: »Ich erkläre vor der ganzen Welt, daß die katholische Kirche nie zuvor so verteidigt und beschützt worden ist und in ihrem Bemühen um Verbreitung der Wahrheit so gefördert wurde wie zur Zeit Ihrer Regierung.«

Die Tochter Pavelićs hat dieses unfaßbare Credo eines Erzbischofs in die Denkschrift aufgenommen, die sie 1995 aus Anlaß des 100. Geburtstags ihres Vaters in Zagreb im Kroatien des Präsidenten Franjo Tudjman veröffentlichen durfte.

Ende Dezember 1959 starb Pavelić. Die Beerdigung versammelte Familie und alte Freunde; unter ihnen der ehemalige Führer der faschistischen Eisernen Garde in Rumänien, Horia Sima; der Führer des »Antibolschewistischen Blocks« der

Ukraine, Pastuscuk; der Priester Rafael Medić, der in der Residenzkapelle in Zagreb der Beichtvater Pavelićs gewesen war. Auch Medić war wie Draganović in Sarajevo unter Erzbischof Šaric zum Priester geweiht worden.

### *Die Saat der Gewalt in deutschen Landen*

Schon ein Jahr vor Pavelićs Tode war Rafael Medić in die Bundesrepublik gekommen. Eine Zentrale für die seelsorgerische Betreuung von Exilkroaten in München hatte ihn an die erzbischöfliche Verwaltung in Paderborn empfohlen. Die schickte ihn, nichts Böses ahnend, zur Seelsorge jugoslawischer Emigranten und Gastarbeiter nach Dortmund. Jetzt war die Gelegenheit da: Medić unterwies junge Kroaten im Bombenwerfen und bereitete sie seelsorgerisch auf einen Ausflug nach Mehlem bei Bonn vor. Er selbst war nicht dabei. 26 Exilkroaten entstiegen am 29. November 1962, am Tage des jugoslawischen Nationalfeiertages, einem Bus, wie gewöhnliche Touristen – und überfielen die jugoslawische Handelsmission. Das Gebäude wurde in Brand gesteckt. Den Hausmeister Popović verletzte der Bandenführer Perčić mit mehreren Revolverschüssen lebensgefährlich. Zwei Wochen später war Momčilo Popović tot. Sein Leichnam wurde nach Belgrad überführt.

Wir standen auf dem Platz vor dem Bahnhof. Der Platz war schwarz von Menschen. Abertausende. »Die Deutschen hatten dem Partisan Popović mehr als ein Dutzend Verwundungen zugefügt. Jetzt, 17 Jahre nach dem Krieg, verliert er sein Leben, in Deutschland, aus der Hand von Ustascha-Faschisten« – die Summe aller Klagen, der Tenor der Trauer, die die Bürger landauf, landab mit Partei und Regierung teilen. »Wie könnt ihr diesen Terror bei euch dulden?« fragten jugoslawische Freunde und Kollegen. Fragten wir uns selbst. Ich schämte mich, auf dem Platz vor dem Bahnhof. Vor 21 Jahren wurden Novicas Eltern ins KZ Jasenovac verschleppt.

Das jugoslawische Außenministerium erinnerte uns daran, daß Bonn der jugoslawischen Regierung 1955 in einer Verbalnote versichert habe, die Behörden in der Bundesrepublik würden keine Bestrebungen dulden, die sich gegen die Integrität des jugoslawischen Staates richten. Ob die Note vergessen oder seit dem Abbruch der diplomatischen Beziehungen (durch die Hallsteindoktrin 1957) nichts mehr wert sei?

Immerhin, das Land Nordrhein-Westfalen verbot die kroatische Kreuzer-Bruderschaft, einen angeblich katholischen Fürsorgeklub, in dem die Mehrzahl der Attentäter ihr politisches Zuhause hatte. Die jugoslawische Regierung war bemüht, sich gegenüber Bonn nicht von Emotionen leiten zu lassen. Die Zahl der jugoslawischen Gastarbeiter in der Bundesrepublik stieg ständig, darunter waren besonders viele Kroaten; für die Wirtschaft Jugoslawiens eine unschätzbare Geldquelle. Die Emigrantenorganisationen in der BRD sahen das nicht anders. Von mafiosem Druck auf Landsleute, die keine Beiträge zahlen wollten, wurde immer wieder berichtet.

Im Prozeß gegen die Attentäter von Mehlem wurden 17 Kroaten freigesprochen, ihr Anführer wurde zu 15, Pfarrer Rafael Medić zu vier Jahren Zuchthaus verurteilt. Ob Medić die Strafe angetreten oder gar voll abgesessen hat, ist nicht mehr zu ermitteln. Das Altersheim in einer katholischen Gemeinde in Württemberg, in das Medić (Jahrgang 1914) offenbar nicht lange nach seiner Verurteilung eingewiesen wurde, kann sich an Einzelheiten sowenig erinnern wie die zuständig gewesene Staatsanwaltschaft Bonn. Die Witwe des damals einzigen deutschen Diplomaten in Belgrad, Anne Bock, wußte schon bald nach der Urteilsverkündung, daß Medić in Württemberg zu finden sei.

Mehlem 1962 war für die gewalttätigen Exilkroaten in der Bundesrepublik erst der Anfang. Die Zahl terroristischer Anschläge stieg bis in die siebziger Jahre hinein; die Anschläge wurden brutaler, raffinierter und für die deutsche Kripo immer schwieriger aufzuklären. Die Verschärfung des Kalten Krieges mit Berlin-Krise, Bau der Mauer, Kuba-Krise gab den kroatischen Extremisten neue Anschübe. Der Übergang von der klerikalfaschistischen Tradition in einen gewaltbereiten Antikommunismus ist keinem schwergefallen. Die Saat der Gewalt, die Ante Pavelić noch aus dem Exil verstreute, ging auf.

Unter den Extremisten, die gegen jede Art von Kommunismus und für jede Art eines unabhängigen kroatischen Staates kämpfen wollten, tat sich einer der ehemaligen Kommandanten des KZ Jasenovac hervor, Vjekoslav-Maks Luburić. Maks war einer der liebsten Zöglinge des »poglavnik«, kompromißlos, brutal. In seiner Zeitschrift »Drina«, die auch in der Bundesrepublik vertrieben wurde, schrieb er 1961: »Memoranden, Ausschüsse, Parteien – das ist alles notwendig, jedoch nicht das entscheidende. Man muß das Terrain für den Endschlag aufbereiten, für den Kampf, für den Krieg.«

Luburić warb vor allem unter jungen Kroaten, suchte Leute, die bereit waren, ihre Haut zu Markte zu tragen. In Australien veranstaltete er Kurse zur militärischen Ausbildung, dann schickte er die Teilnehmer nach Europa. In der Bundesrepublik ließ er seine Organisationen Kontakte zu nazistischen Veteranenverbänden des Zweiten Weltkriegs pflegen, besonders zu Überlebenden der Blauen Division aus der Zeit des Spanienkrieges. Er vermied es, selbst in Erscheinung zu treten. In Spanien war er schließlich durch Heirat zu Vermögen gekommen – was ihn nicht davor bewahrte, 1969 dort den Tod zu finden. Nach Ustascha-Art: durch zwei Messerstiche in den Hals.

Wer wen ermordet hat, das war in jenen Jahren nicht immer auszumachen. Rivalisierende kroatische Exilgruppen kamen als Hintermänner genauso in Betracht wie Geheimagenten der UDBA. Im Juli 1969 war Anton Kolendić, Chef der jugoslawischen Militärmission in Berlin-Grunewald, das Ziel eines Anschlags. In geschickter Gegenwehr kam der alte Partisan knapp mit dem Leben davon. Zwei Jahre später wurde der jugoslawische Botschafter in Stockholm, Rolović, ermordet; die Täter wurden zwar gefaßt und verurteilt, aber von Komplizen aus dem Gefängnis freigepreßt. Sie hatten eine vollbesetzte Verkehrsmaschine in ihre Gewalt gebracht und mit Sprengung gedroht. Die Terroristen durften nach Spanien ausfliegen, wurden dort alsbald in peruanische Obhut entlassen – in die Freiheit.

Und dann Edvin Zdovc. Ich kannte ihn aus Ljubljana. Er war dort Protokollchef der slowenischen Regierung gewesen. Ein Mann, der keine Angst hatte, Journalisten zu informieren. Ein Gourmet überdies. Für jede Saison kannte er das beste Restaurant in Stadt und Umgebung. Ein Mann von rundlicher Gestalt, ein fröhlicher Plauderer, ein besorgter Jugoslawe. Auch er ehemaliger Partisan. Die interne Offenbarung, daß die Territorialverteidigung der Jugoslawischen Volksarmee nicht auf der Höhe ihrer Aufgabe gewesen wäre, wenn die Sowjetunion 1968 über Prag hinaus nach Jugoslawien weitermarschiert wäre, hatte ihn und etliche Freunde im höchsten Maße beunruhigt. Bei den nächsten Manövern in den slowenischen Bergen beschlossen sie einen Test, einen durchaus gefährlichen Test. Sie probten die Aushebung des Hauptquartiers – und schafften es.

Zdovc wurde Mitte der siebziger Jahre Konsul in Frankfurt am Main. Am 7. Februar 1976, morgens um 7.30 Uhr, brach er vor seinem Haus unter den Kugeln von Terroristen tot zusammen. Niemand hatte Zweifel, daß es Ustascha-Geschosse waren. Der Fall wurde nie aufgeklärt. Die Unterlagen sind nach Auskunft des Bundeskriminalamtes längst vernichtet.

Warum war es die Bundesrepublik Deutschland, in der sich die kroatischen Emigrantenorganisationen, vor allem die terroristisch aktiven, wohl und offenbar auch sicher fühlten? Bayern zumal? Der damalige Bundesinnenminister Höcherl hat einem Interviewer auf ebendiese Frage eine Antwort von rührender Unverschämtheit gegeben: Die hätten offenbar ein besonders ausgeprägtes Empfinden für schöne Landschaften.

# Tito – Totengräber seiner Schöpfung

## *Rätseln um Novica*

Novica! Ich traue meinen Augen nicht. Auf der breiten Freitreppe des Belgrader Innenministerium kommt er mir entgegen. Hochgewachsen, der blonde Schopf eine stolze Mähne, leicht gebogen die Nase: ein Dinarierkopf, hätte unser Biologielehrer gesagt. Kaum verändert hat sich Novica in den acht Jahren, die wir uns nicht gesehen haben. Novica, Freund der Studentenzeit, doch mehr als das: mein Wegbereiter nach Jugoslawien. Irgendwann war der Kontakt abgerissen. Als Korrespondent in Belgrad nahm ich die Suche auf. In Čapljina, im Westen der Herzegowina, fand ich noch einen seiner Brüder, Gojko, wie eh und je Chef der Bahnstation. Gojko wollte nicht so recht raus mit der Sprache, druckste herum, sagte schließlich, Novica arbeite in einem Institut, das sich mit Albanien befaßt. »Du weißt ja, mit denen ist dauernd Ärger. Was Novica macht, ist, glaube ich, geheim.« Hm.

Gojko sah meine Betroffenheit. »Er ist der alte, brauchst dich nicht zu beunruhigen. Er wird sich schon wieder melden.« Hm. Dann die Begegnung auf den Stufen zum Innenministerium, 1962. Er lachte, laut wie früher. Aber es klang nicht echt. Vielleicht war es ihm ja auch peinlich, weil er seit Jahren nichts hatte von sich hören lassen. »Los«, sagte ich, »wir fahren erst mal zu mir. Ich bin so neugierig, was du machst.« Wir stiegen in meinen VW ein, aber noch ehe wir in der Nähe meiner Wohnung waren, bat mich Novica, anzuhalten: »So leid es mir tut – ich kann nicht zu dir kommen.« Mir verschlug es die Sprache. Nur dummes Zeug fiel mir ein. »Ich bitte dich«, sagte er, nunmehr sehr ernst, »ich kann nicht …«

Er hob zu einer Erklärung an, die mich in tiefe Zweifel und Fragen ohne Antwort stürzte. Ich sei ja nun, wie er sehe, ein gemachter Mann und in der Lage, wie früher ihm jede nur mögliche Gastfreundschaft zu erweisen. Er aber sei noch nicht soweit. Er könne die Gastfreundschaft nicht erwidern. Daher könnten wir uns zunächst nicht erneut treffen. »Novica, was redest du da«, sagte ich, »haben wir denn je, damals, als wir Studenten waren, danach gefragt, wie viel jeder von uns geben kann? Haben wir je das Maß unserer Gastfreundschaft gegeneinander aufgewogen?« – »Nein, gewiß nicht. Aber wir sind keine Studenten mehr.« Pause. Und dann: »In Serbien ist Gastfreundschaft eine Sache, die viel mit Ansehen und Ehre zu tun hat.« So ging es noch eine Weile hin und her, er redete über Tradition und Brauch, dann stieg er aus. Ging.

Ich suchte nach Gründen. Sollten sie mit meinem Status zu tun haben? Es sei manchmal nicht einfach, mit einem westdeutschen Korrespondenten befreundet zu sein, hatte Sergije Lukač, damals Journalist mit glänzender Feder, mein ältester Freund in Belgrad, eines Tages offenbart. Oft wurden wir einfach kollektiv in die Verantwortung genommen: die Bonner Diskussion um Atomwaffen für die Bundeswehr; Adenauers Weigerung, jugoslawischen KZ-Opfern Entschädigung zu zahlen; die Ustascha-Traditionspflege und Anschläge kroatischer Emigranten in der BRD; die Kriegsverbrechen der Wehrmacht in Serbien, zumal in Kragujevac, die man in der BRD verschweige und verdränge.

Novica wußte, daß ich mit Adenauers Jugoslawien-Politik nicht konform ging, daß ich vor Kragujevac und anderen deutschen Kriegsverbrechen nicht die Augen verschloß. Oder waren wir jetzt doch, weil ich im Auftrag des öffentlich-rechtlichen Rundfunks der Bundesrepublik aus seinem Land berichtete, in unterschiedliche Kategorien einzusortieren – Natoblock gegen Blockfreie? Hatte uns und unsere Freundschaft der Kalte Krieg eingeholt? Einen weiteren, beunruhigenden Verdacht, tief unten im Bewußtsein, schob ich immer wieder weg. Nein, das war abwegig; obwohl nicht ganz auszuschließen ... Was wird aus Freundschaften, wenn ideologische und politische Fronten aufgezogen werden?

## *Abhöraffäre Ranković*

Was kommt nach Tito? Das war ein Thema, dessen unsere Redaktionen genauso wie Botschaften und Geheimdienste vor Ort nicht überdrüssig werden konnten. Antworten auf die populäre Frage konnte indessen niemand guten Gewissens geben. Da wurde plötzlich im Sommer 1966 Alexandar Ranković gestürzt, Titos Stellvertreter und vermuteter Nachfolger, eine Symbolfigur, der mächtigste Mann nach Tito, der alle Fäden der Staatssicherheit (UDBA) in der Hand hielt; Serbe, dies vor allem. Für einen Augenblick schien sich der Vorhang vor der Bühne, auf der sich erbitterte Diadochenkämpfe abspielten, zu heben und Raum für Spekulationen freizugeben. Wie wir jetzt wissen, war es ein winziger Spalt. Oder auch die kurz sichtbar gewordene Spitze eines Eisbergs, der das Staatsschiff Titos ein Vierteljahrhundert später zum Sinken brachte. Für die Geschichte des Balkans ein Untergang der Titanic. Wie sich der Eisberg Anfang der sechziger Jahre aufgebaut hatte, davon hatten wir keine Ahnung.

»Streng geheim«, diese Formel treibt in allen Sprachen ihr Unwesen. Im Kalten Krieg hat sie im Osten wie im Westen die Herrschaft einer Bürokratie angezeigt, die sich in allem, was sie tat, in der einen oder anderen Form auf die nationale Sicherheit, auf den Klassenkampf, den Ausschließlichkeits- und Unfehlbarkeitsanspruch der Partei, und was es sonst an Höherem gab, berief. Wer zum Empfängerkreis streng geheimer Papiere gehörte, dem wurde die Mitgliedschaft in der Machtelite kontinuierlich bescheinigt. Wer aus dem Empfängerkreis verstoßen wurde, der verlor Einfluß und Privilegien. Wer aber über den Verteilerschlüssel streng geheimer Informationen entschied, der besaß Macht.

In Jugoslawien entstand auf diese Weise ein Verbund von Privilegierten, die gar nicht alle der Staatssicherheit, dem Geheimdienst oder dem Militärischen Abschirmdienst KOS angehören mußten. Auch Minister und Parteifunktionäre auf allen Ebenen waren darunter, und in allen Republiken der Föderation saßen sie als die unbedingt ergebenen Stützen dessen, der dieses Netz beherrschte und kontrollierte. Es war nicht Tito. Es war sein Intimus, der langjährige Chef der Staatssicherheit, seit 1963 Vizepräsident der Föderativen Sozialistischen Republik Jugoslawien, Alexandar Ranković.

Marko hieß er unter Genossen seit den Jahren des Partisanenkrieges. Ihm zur Seite der Innenminister Svetislav Stefanović alias Ćeća. Sie zogen die Fäden, konzentrierten die Informationsstränge auf sich, organisierten ihren Apparat streng vertikal. Ab 1954 wurde systematisch ein Abhördienst aufgebaut. Chruschtschow und Bulganin, die 1955 nach Belgrad kamen, um Tito eine klimaanfällige Friedenspalme zu bringen, waren die ersten prominenten Objekte einer neuen Qualität von Informationsbeschaffung. Bewährung größeren Stils stand freilich aus. Die große Chance für die neue Abteilung »operativer Abhördienst« kam 1961, mit der ersten Konferenz der Blockfreien. 26 Staats- und Regierungschefs flogen mit ihrem Troß in Belgrad ein, an die tausend Journalisten aus aller Herren Länder kamen, um das außerordentliche diplomatische Spektakel zu »covern«. Da wollten die Gastgeber wissen, was sich Freunde und Verbündete in der Abgeschlossenheit ihrer Quartiere zu sagen hätten. Also wurden Villen, Hotels und Unterkünfte »verwanzt«, und auch in den Wohnungen jugoslawischer Funktionäre entdeckten Techniker plötzlichen Reparaturbedarf am Telefonnetz. Die Konferenz ging vorbei, die Mikrofone blieben.

Schon im März 1962 stellte Innenminister Stefanović seiner Truppe eine neue Aufgabe, viel komplizierter jetzt, viel wichtiger für den Auftraggeber, der nicht Tito hieß, und folgenschwer für die weitere Entwicklung Jugoslawiens: eine Abhöraktion innerhalb der Partei. Eine Sitzung des Exekutivkomitees des Zentralkomitees war mitzuschneiden, streng geheim und von einer Qualität, die Aufbewahrung für alle Zeit plus Sensibilität für emotionale Varianten in der Sprache der Diskutanten – so der Auftrag – verbürgte. Im damaligen Jugoslawien technisch keine Kleinigkeit.

Das Exekutivkomitee war im SKJ (Bund der Kommunisten Jugoslawiens) das höchste Führungsgremium. Mit Tito an der Spitze versammelte es 16 Funktionäre aus allen Teilrepubliken. Die Sitzung, um die es ging, würde eine außerordentlich delikate Problematik zum Gegenstand haben, hatte Innenminister Stefanović den »operativen Dienst« gewarnt; Marko (Ranković) habe den Abhörauftrag erteilt. Nach der Sitzung gingen Tonbänder und Abschriften in die UDBA-Zentrale, nicht ins Zentralkomitee.

Was diskutiert wurde, tangierte zum ersten Mal die Existenzfrage der jugoslawischen Föderation: Wieviel Eigenständigkeit in der Entscheidung von Wirtschaftsfragen sollten die Republiken haben, wieviel Entscheidungskraft solle die Zentralregierung behalten. Zum ersten Mal trotzten die Republiken dem Bund Kompetenzen ab, ohne sicherzustellen, daß sich zwischen ihnen eine Kooperation, ein offener jugoslawischer Binnenmarkt entwickeln würde. Eine Schleuse wurde geöffnet, damals im März 1962, in doppeltem Sinne: Fortan waren die Republiken bemüht, immer mehr Kompetenzen an sich zu ziehen; fortan ließ Ranković die elektronische Schnüffelei an den Schaltstellen der Macht intensivieren. In den neuen Tendenzen zur Stärkung der Republiken witterte Ranković Gefahr. Nicht zu unrecht – der größten freilich galt seine Besorgnis nicht: dem neuen »dezentralisierten« Zentralismus in den Republiken.

Hohe Parteifunktionäre, Institutsleiter mit internationalen Kontakten und natürlich ausländische Vertretungen in Belgrad wurden in verstärktem Maße abgehört. Und das Unerhörte, ja Unvorstellbare: Selbst Tito wurde belauscht, in seinen Büros, in seinen Residenzen – und im Schlafzimmer. Er will es bereits 1964 bemerkt haben, erst im Frühjahr1966 schlug er in der Parteiführung Alarm, dann aber in für ihn starken Worten: »Wenn wir das nicht aufklären, ist die Sicherheit des Landes bedroht. So etwas hat die Sowjetunion seinerzeit 15 Millionen Menschen gekostet.« Selbstkritisch schlug er sich an die Brust: Zwanzig Jahre lang hätten weder Partei noch Staat die UDBA und ihre Führung kontrolliert. Schließlich war Marko, der Serbe, einst sein bester Gefährte, sein Zögling gewesen. Wenn er, Tito, nun Partei und Öffentlichkeit informiere, würde ihm das nicht als Schlag gegen Serbien ausgelegt werden? Darin hatte er sich nicht getäuscht.

Eine Kommission wurde eingesetzt, um dem Machtmißbrauch der UDBA und der Rolle ihres Chefs auf den Grund zu gehen. Verhöre und Anhörungen hinter verschlossenen Türen folgten. Ranković wollte von nichts gewußt haben, Stefanović log, daß sich die Balken bogen. Wieweit hatte sich der Staatssicherheitsdienst zu einem Staat im Staate gemausert? Für wen? Warum? Es gab in Titos Jugoslawien drei Institutionen zentraler Bundesgewalt: Armee, Außenministerium und Staatssicherheitsdienst samt Polizei. Wer Tito beerben wollte, auf welchem Wege auch immer, der mußte diese drei Institutionen in der Hand haben. Ranković verfügte bereits voll über die UDBA, Kontrolle des Außenministeriums mußte sein nächstes Ziel sein; die Armee würde dahin folgen, wo die Macht war.

Daß die UDBA im Außenministerium in der Belgrader Kneza Miloša Sitz und Stimme haben sollte, war seit 1952 Gesetz. Daß sie das Außenministerium Schritt für Schritt in ein starkes Instrument Rankovićs und Stefanovićs im Fraktionskampf um die Macht verwandeln würde, wie in den Protokollen zu lesen ist, war nicht vorgesehen. Ab 1964, so bezeugte Außenminister Nikezić, übte der Geheimdienst weithin die Kontrolle über den Nachrichtenfluß im Außenministerium aus; desgleichen in den jugoslawischen Botschaften im Ausland. Nur »löffelweise« seien den Botschaftern wichtige Informationen weitergereicht worden. Er selbst als Botschafter in Washington sei ständig von zwei Geheimdiensten belauscht worden, von der CIA und vom eigenen. Das UDBA-Komitee im Außenministerium zog die Personalpolitik an sich, nahm mehr und mehr Einfluß auf die Ernennungen der Botschafter und auf andere Personalentscheidungen. Heimlich wurden Dossiers angelegt, Diplomaten und Angestellte in Zuverlässige, unsichere Kantonisten und Feinde eingeteilt. Wer Kontakte zu ausländischen Diplomaten hatte, zu deren Partys und Dinners ging, ohne das zu melden, machte sich geheimdienstlicher Tätigkeit verdächtig.

Warum hat Außenminister Koča Popović nicht Krach geschlagen, wenigstens intern? Wußte er zuwenig? In seine lange Amtszeit fielen die schwersten Einlassungen der UDBA. Popović, ein Mann von anerkanntem Format, Generalstabschef im Partisanenkrieg, hatte offenbar längst resigniert. Illusionslos befand er einmal, rein privat: Eine bolschewistische Partei sei eben nicht reformierbar. Marko Nikezić, ab 1965 sein Nachfolger, hat sich maßgebend an der Aufklärung des Machtmißbrauchs der UDBA beteiligt. Freilich war auch er der Meinung, »off the record«, die Partei Titos sei wie eine Kutsche: Man könne ihr diesen oder jenen Anstrich geben – ein Auto werde daraus nie.

Sie wäre eher komisch zu nennen, die Episode, die der Botschafter in Moskau, Mijatović, beisteuerte, wenn sie nicht ein grelles Licht auf den Esprit de corps geworfen hätte, der sich im Dunstkreis von Ranković breitgemacht hatte. Ein Empfang in der Residenz des Botschafters in Moskau für eine jugoslawische UDBA-Delegation und ihre sowjetischen KGB-Gastgeber. Botschafter Mijatović: »Einer der Jugoslawen, stockbetrunken, zerrte plötzlich an mir herum, redete dann mit lauter Stimme, damit alle es hörten: Ich möchte hier etwas sagen. Der Genosse Tito ist längst in die Jahre gekommen; es ist an der Zeit, die Frage seines Nachfolgers zu stellen. Bei uns weiß man, wer das sein wird. Nicht irgendein Professor wie zum Beispiel Kardelj. Ranković muß es sein, der Titos Nachfolge antritt. Ein Serbe muß das sein, und man weiß ja, wer der Serbe Nummer eins ist.« Erheiterung bei den Russen.

Eine Plenarsitzung des Zentralkomitees auf Titos Insel Brioni Anfang Juli 1966, als IV. oder auch Brioni-Plenum in der jugoslawischen Parteigeschichte berühmt und in Serbien berüchtigt geworden, vollzog das Unerläßliche – den Sturz Alexandar Rankovićs und des Innenministers Stefanović. Mit ihnen wurde eine große Zahl von UDBA-Leuten, überwiegend Serben, in Pension geschickt. Danach war Ranković gelegentlich in Belgrader Cafés zu sehen. Weder er noch Tito sind jemals öffentlich auf den Sturz zurückgekommen. Warum aber ist Ranković, wenn er denn das Haupt einer Verschwörung zur Machtübernahme gewesen ist, der Kerker erspart geblieben, dem Rebell Milovan Djilas jedoch nicht? Fürchtete Tito die Serben und die Sowjets gleichermaßen?

Als Ranković im August 1983 starb, wurde sein Begräbnis in Belgrad zur nationalistischen Demonstration. Das historische Mißverständnis hätte nicht schlimmer sein können: Als sei Serbien durch Rankovićs Sturz im Tito-Jugoslawien entmachtet worden. Noch heute ist diese Behauptung zu hören. Eine verräterische Behauptung. Sie beklagt den Verlust einer Machtposition, die Serbien in einer Föderation gar nicht zustand. Groß-Serbisches Denken in Reinkultur.

## *Geschichte – Macht und Manipulation*

Resigniert sagte ein britischer Diplomat am Ende des 19. Jahrhunderts: »Auf dem Balkan ist jede Entscheidung falsch.« Der Diplomat muß das Gefühl gehabt haben, mit einer Stange im Nebel zu stochern. Wahrscheinlich hatte er von der Geschichte des Balkans und seiner Völker wenig oder keine Ahnung. Das war und ist nicht ungewöhnlich. Auch im Ausgang des 20. Jahrhunderts haben Diplomaten Schiffbruch erlitten – hochgestellte Emissäre aus den USA, aus europäischen Hauptstädten, aus der UN-Bürokratie. Sie hatten den Auftrag, den Jugoslawienkrieg zu verhindern. Besser vorbereitet, wäre es ihnen vielleicht gelungen.

Ein polnischer Kollege, Zygmunt Broniarek, Korrespondent der ehemaligen Parteizeitung »Trybuna Ludu« in Washington, ein aufmerksamer und gescheiter Beobachter mit flinker Zunge, hat mir einmal gesagt: »Wenn die Amerikaner sagen: that's history, dann ist die Sache erledigt; vorbei. Wenn wir das sagen, die Slawen in Ost- und Südosteuropa, fängt alles erst an.«

Natürlich, dann beginnt das Hauen und Stechen: Wessen Geschichte ist es, auf wessen Erinnerungen fußt sie, wer hat sie geschrieben, für wen, warum, welche Zeugnisse wurden ausgewählt, welche Zeugen. Dabei fließen nationalistische, ideologische und religiöse Motive ineinander. Und daraus werden Ansprüche abgeleitet.

Viele Akteure waren es, die die Geschichte Jugoslawiens gefälscht und verbogen haben, mit Schweigen belegt, wo es das Interesse gebot: groß-serbische Zentralisten, kroatische Ustascha, die Partei Titos, die katholische Kirche, die orthodoxe Kirche, die Sowjets und ihre Handlanger im Kominform, Nationalisten aller Schattierungen. Die Liste ist nicht vollständig. Keine leichte Aufgabe für Journalisten, gleich, welcher Herkunft, zu begründeten Urteilen und Einschätzungen zu kommen, wenn sie wieder und wieder von Geschichtsklitterungen in die Irre geführt oder auf falsche Fährten gesetzt wurden.

Mein alter Kollege Boris Hržić aus Zagreb hat deshalb nie geglaubt, daß westliche Korrespondenten in Belgrad, europäische wie amerikanische, von dem Land, das einmal Jugoslawien hieß, irgend etwas hätten verstehen können. »Ihr seid alle von den Serben hinters Licht geführt worden. Für euch war Jugoslawien Serbien und Belgrad. Ihr wußtet nichts von Kroatien und Slowenien, das waren für euch Provinzen, mit denen ihr euch nicht viel abgegeben habt.«

Boris war in Rage gekommen, was bei seinem Temperament keine Seltenheit war. Er war nach Herkunft wie nach seiner Überzeugung Dalmatiner. Seinen Durst nach Freiheit, mit dem er den Kommunismus in seinem Kopf überwunden hatte, seinen Zwang zu Gespräch und Dialog führt er auf die Tradition der italienischen Renaissance zurück, die Dalmatien geprägt hat. Aber Italien als Besatzungsmacht, das fand er unerträglich; er ging zu Titos Partisanen. Ausgerechnet ihm aber widerfuhr, daß er eines Tages wegen seiner leichten kroatischen Sprachfärbung für serbische Ohren und Radio Belgrad nicht länger zumutbar war.

Natürlich sind wir Korrespondenten in Kroatien gewesen, in Slowenien, Bosnien oder Mazedonien, immer wieder. Und wer des Serbokroatischen mächtig war, für den gab es aus Zagreb Aufregendes zu berichten, vom kritischen Theater, von der Pflege zeitgenössischer Musik, von Miroslaw Krleža, der – nun wirklich ganz Kroate – die literarische Szene beherrschte. Natürlich war Kultur in Zagreb in eine andere Atmosphäre eingebettet als in Belgrad, die Wirtschaft lief anders, und die Messe war größer. Kroaten gingen nur ungern nach Belgrad, und es waren ihrer wenige, ganz im Gegensatz zu den Slowenen. Der Sprachenstreit flammte immer wieder auf, es gab immer wieder nationale Manifestationen. Aber daß dieses Nebeneinander damals möglich war, ja sich im Sinne europäisch toleranter Vielfalt weiterzuentwickeln schien, allen ideologischen Einwänden und Hindernissen zum Trotz – das war etwas Besonderes; das machte den Reiz eines Landes aus, das eine Chance hatte, die düsteren Schatten blutiger Balkanfehden hinter sich zu lassen. Diese Eindrücke in der ersten Hälfte der sechziger Jahre gaben Hoffnung. So schien mir.

### *Das Elend der bolschewistischen Erziehung Titos*

Djilas. Milovan Djilas. Das Menetekel des jugoslawischen Sozialismus. Ich sehe ihn vor mir sitzen, in seiner Wohnung in der Belgrader Palmotićeva. Irgend etwas hat sein spitzbübisches Lächeln hervorgebracht. Es spielt um die Lippen, es kommt aus den Augen. Ich hatte ihm den »Doktor Shiwago« im russischen Originaltext gebracht, eine amerikanische Ausgabe. Er wollte sich sofort in die Lektüre stürzen. Das war 1961. Er war auf Bewährung aus dem Gefängnis Sremska Mitrovica entlassen worden, wohin ihn Titos Justiz wegen des Buches »Die neue Klasse« verbannt hatte. Er stand vor dem nächsten Prozeß, weil sich das Regime auch von Djilas' nächstem

Buch herausgefordert fühlte: »Gespräche mit Stalin«. Am 14. Mai 1962 gab ich der ARD folgenden Rundfunkbericht:

»Djilas ist sehr blaß, als er von zwei Milizionären hereingeführt wird. Leicht drückt er seiner Frau die Hand, ein Lächeln für seinen Bruder, dann setzt er sich. ... Das Wort erhält der Ankläger, Staatsanwalt Atanacković, der heute zum dritten Mal gegen Djilas die Anklage vertritt. Atanacković beantragt den Ausschluß der Öffentlichkeit bis zum Ende der Verhandlung. Begründung: staatliches Interesse, da Djilas der Weitergabe dienstlicher Geheimnisse beschuldigt sei. Dem Antrag widerspricht der Offizialverteidiger. Er macht einen unsicheren Eindruck, so, als sei ihm sein Amt peinlich. Danach meldet sich Djilas zu Wort. Er springt förmlich auf, hält in der Hand ein Blatt mit Notizen und sagt: ›Es gibt keinen rechtlichen und keinen menschlichen Grund, die Öffentlichkeit auszuschließen.‹ Der Vorsitzende unterbricht ihn, kurzer Wortwechsel, Djilas braust auf: ›Darf ich nicht sprechen? Vielleicht werde ich später keine Gelegenheit mehr dazu bekommen.‹ Der Vorsitzende versucht, Djilas zu beruhigen. Aber Djilas weiß, nur jetzt wird ihn die Öffentlichkeit, genauer gesagt: das westliche Ausland noch hören, über die westlichen Korrespondenten. Der Ausschluß der Öffentlichkeit darf als sicher gelten. Heftig, hastig und laut stößt der schon etwas grau gewordene Feuerkopf aus Montenegro hervor: ›Ich bin öffentlich diffamiert worden, deshalb muß auch der Prozeß öffentlich sein.‹«

Er war es nicht. Es wurde ein Geheimprozeß. Weniger als zwölf Stunden später war Milovan Djilas – studentischer Revolutionär, Partisanenführer, Parteifunktionär, Tito-Mitstreiter der ersten Stunde – zu fast 13 Jahren Zuchthaus verurteilt; in einer Aufrechnung bisher nicht abgesessener Strafen. Eine »lebenstilgende Kette« nannte ich das. In New York waren die »Gespräche mit Stalin« erschienen, Gespräche, die Djilas zusammen mit Kardelj als hoher Funktionär in Moskau vor 1948 geführt hatte, mit Beschreibungen der satanischen Kasuistik Stalins und des Beifalls seiner Höflinge. Juristisch war Djilas zu belangen. Er hätte amtliche Erlaubnis einholen müssen. Allerdings hätte er eine solche nie bekommen. Er hätte das Buch also nicht schreiben dürfen. Aber dieses Strafmaß? Schlimmer als für einen Totschlag.

Ich war und bin mir bis heute nicht völlig darüber im klaren, ob Djilas den nie verrauchenden Zorn Titos auf sich geladen hatte, weil er die korrupte Logik des kommunistischen Systems so früh auch in Jugoslawien aufgedeckt hatte (»Die neue Klasse«) – was den Luxus liebenden Marschall Tito besonders hart treffen mußte –, oder ob Djilas für Tito das Bauernopfer war: um dem Kreml die ideologische Wachsamkeit und Entschiedenheit der KPJ zu beweisen, um damit den Sowjets jeden Invasionsvorwand zu nehmen und so die Unabhängigkeit Jugoslawiens zu stärken. Kompliziert, gewiß. Die Lage Jugoslawiens im Kalten Krieg *war* kompliziert. Die Jugoslawen konnten auf ihrem Weg zwischen den »Blöcken« nicht unbedingt mit amerikanischer Hilfe rechnen, wenn denn Moskau versuchen sollte, die Abtrünnigen mit Gewalt ins sozialistische Lager zurückzuholen. Im Gegenteil.

Zur Zeit des ersten Djilas-Prozesses war George F. Kennan Botschafter der USA in Belgrad. Der Historiker, Schriftsteller, Diplomat und Osteuropakenner gab gelegentlich »briefings« in kleinerem Kreise. Wie gebannt hörte ich ihm zu. Auch über schwierige Themen sprach er druckreif. Seine Analysen ließen erkennen, daß Diplomatie für ihn mehr als Geschicklichkeit war. Für ihn war sie eine Kunst, die er einer jüngeren Generation von Diplomaten vermitteln wollte. Er war sich so sicher, daß die Kennedy-Administration dem jugoslawischen Ersuchen um Verkauf von Waffen älterer Jahrgänge zustimmen würde; andernfalls müßte Belgrad in Moskau anklopfen.

Tito hatte sich 1961 an die Spitze der Bewegung der Blockfreien gestellt und mit der großen Belgrader Konferenz unter anderem Moskau zeigen wollen, daß er eben nicht isoliert sei und ignoriert werden könne – wie Chruschtschow um diese Zeit behauptete. Tito hatte freilich auch immer wieder seine kommunistische Überzeugung erhärtet – und das war in Amerika registriert worden, nicht seine Distanz zu Moskau. Der Kongreß, nicht Präsident Kennedy, entschied, daß Jugoslawien keine Waffen bekomme und überdies mit wirtschaftlichen Sanktionen belegt werde. Kongreßpolitiker, die ihre Nasen nie über den Horizont Washingtons oder ihrer Provinz gehoben hatten, machten Außenpolitik. Unter dem Einfluß kroatischer Emigranten und einiger katholischer Kleriker rechneten sie Jugoslawien pauschal zum kommunistischen Lager, obwohl es weder Mitglied des Warschauer Pakts noch des Comecon (Rat für Gegenseitige Wirtschaftshilfe) war, obwohl es mit der Stärke seiner Armee zwischen Nato-Südflanke und Nato-Mitte einen stabilisierenden Puffer darstellte.

In Amerika konnte zu dieser Zeit der ehemalige Ustascha-Innenminister Artuković am Strande des Pazifik spazierengehen. Der Kongreß zählte auch Jugoslawien zu den »versklavten Völkern«, die zu befreien und deren Regierungen zu stürzen er 1957 allen Administrationen zur Pflicht gemacht hatte. Zur Erinnerung: Jugoslawien ließ seine Bürger ungehindert ausreisen, Touristen zu Millionen einreisen.

George Kennan hat den Botschafterposten in Belgrad und den diplomatischen Dienst bald danach quittiert. Empört und enttäuscht schrieb er in seinen Memoiren: »Die Jugoslawen werden ihre Schlachten alleine schlagen müssen, als ob es uns nicht gäbe.«

Warum aber mußte Milovan Djilas wie ein Schwerverbrecher bestraft werden? Warum wurde Alexandar Ranković, dem immerhin Verschwörung gegen den Staat vorgeworfen werden konnte, kein Haar gekrümmt? Weil der eine das Pech hatte, daß Tito die Sowjets fürchtete, und der andere das Glück, daß Tito auch die Serben fürchtete? 1965 gab Tito Auskunft, doch muß dahingestellt bleiben, ob dabei Taktik im Spiel war. In Moskau hatte Breshnew Chruschtschow gestürzt, neue Töne angeschlagen.

In Zadar stand Mihajlo Mihajlov, ein junger Slawist, vor Gericht. In jugoslawischen Zeitschriften hatte er Berichte aus dem »Moskauer Sommer 1964« nach Gesprächen mit systemkritischen russischen Schriftstellern veröffentlicht. Die sowjetische Botschaft protestierte, woraufhin Tito die Staatsanwälte auf ein strenges Strafmaß vergatterte, weil Mihajlov »ein Reaktionär ist, der eine große Sache, die Oktoberrevolution, verleumdet. Das geht auch uns als sozialistisches Land an.«

Das war eine eindeutig Botschaft: Tito sah Jugoslawien gemeinsam mit den anderen Erben der Oktoberrevolution in der sozialistischen Großfamilie, mochten die anderen auch andere Wege gehen. Vielleicht würden die anderen eines Tages begreifen, daß Tito das bessere Modell hatte. So hoffte er. Dem Westen fühlte er sich nie wirklich zugehörig. Von den Leitbildern seiner prägenden Jahre konnte er sich nicht lösen. Als Soldat der k.u.k. Armee war der junge Josip Broz im Ersten Weltkrieg nach Rußland geschickt worden, als Parteigänger der bolschewistischen Oktoberrevolution war er zurückgekehrt. Er war Soldat der Partei, der Komintern geworden, hat Stalin gedient – um welchen Preis? – und 1941 den Aufstand gegen die deutsche Besatzungsmacht organisiert.

Natürlich war der Marschall, der so gern die weiße Uniform trug, empört, als die Sowjetunion 1968 in die Tschechoslowakei einfiel. Tito bot dem sowjetischen Botschafter, der ihm die Moskauer Begründung überbrachte, nicht einmal einen Stuhl an. Doch kaum ein Jahr später versicherte Tito dem sowjetischen Außenminister Gromyko, der Einmarsch in Prag sei Vergangenheit, jetzt müsse man nach vorne sehen. Was immer das hieß.

Kummervoll beobachtete der damalige jugoslawische Außenminister Tepavac, der die obige Episode und die folgende nach dem Ende Jugoslawiens aus dem Bereich der Amtsgeheimnisse in den Blick der Fachwelt gerückt hat, wie die Sowjetunion immer dreister wurde. Sie versuchte, Jugoslawien in die Disziplin des sozialistischen Lagers zu zwingen. Breshnew war am Ruder. Tepavac berichtet, mit wichtigen diplomatischen oder Konsulargeschäften sei die sowjetische Botschaft in Belgrad nur noch zum Zentralkomitee der Partei gegangen statt zum

Außenministerium. So, wenn die Sowjetunion Werften brauchte für ihre Kriegsschiffe im Mittelmeer oder Überflugrechte und dergleichen mehr.

Schweigend habe Tito sogar Ausfälle Breshnews hingenommen, zum Beispiel bei Kommuniqué-Verhandlungen im September 1971. Lange sei um den Begriff der Souveränität gerungen worden, den der jugoslawische Außenminister unbedingt im Kommuniqué haben wollte, gegen russischen Widerstand. Tepavac wörtlich:

»Immer häufiger wandte er [Breshnew] sich dann an Tito selbst, redete ihn mit ›du, Broz‹ an, ohne Titel, und warf ihm vor, er, Tito, denke nur daran, daß die Beziehungen zum Westen keinen Schaden nähmen, ›während du die Beziehungen zu uns auf warme Glückwünsche zum Jubiläum der Oktoberrevolution reduzierst‹. In theatralischem Zorn schlug er mit einer Zigarettenschachtel auf den Tisch, daß die Zigaretten herausrollten ... Dann stand er auf, was bedeutete, die Sitzung war beendet. So hat noch niemand mit Tito gesprochen. Tito blieb finster und wie erstarrt zurück; wir anderen waren wie begossen.«

Man darf die Schlußsätze von Tepavac nicht unterschlagen. Die Sowjets hatten ihr Kommuniqué, mit einigen Abstrichen, doch noch bekommen, spät in der Nacht auf den 25. September 1971. Beide Delegationen zogen sich zurück. Tepavac weiter: »Tito ruft mir nach: Tepavac, bleib noch hier! Ich beschloß, zu schweigen und abzuwarten, bis er sagt, warum er mich zurückgehalten hat; ich ahne es. Die Stille dauert lange ... Dann Tito, ruhig aber derb: So hättest du Breshnew nicht zu antworten brauchen ... Ich gab zurück: Jemand mußte es ... ich dachte, Sie werden das tun. Darauf Tito, müde und resigniert, nach erneuter Pause, doch wieder mit verhaltenem Ärger: Du kennst sie nicht.«

Du kennst sie nicht ... müde und resigniert. War das derselbe Tito, der gegen Stalin aufgestanden war, nachdem er gegen Hitler ein eigenes Heer auf die Beine gestellt hatte? Derselbe Tito, der, um Jugoslawien dem Sog der feindlichen

Blöcke im Kalten Krieg zu entziehen, die Bewegung der »blockfreien« Länder organisiert hatte? Das Gebot der Stunde wollte der alt gewordene Marschall auch nach einem Vierteljahrhundert des Auf und Ab in den Beziehungen zu Moskau nicht verstehen. Um Jugoslawien zu bewahren, hätte er mutig die Brücke vom sowjetischen Partei- und Staatsmodell in die pluralistische Gesellschaft und zum demokratischen Föderalismus schlagen müssen. Die Grundlagen waren da, Chancen gegeben, noch zu Anfang der siebziger Jahre, ehe er den »Serbischen Liberalen« das Kreuz brach. Seine Erziehung zum Kommunisten bolschewistischer Prägung stand wie eine Mauer gegen seinen Wandel, gegen demokratische Reformen, ja gegen alle Erfahrungen.

### *Titos letzter Streich – Zapfenstreich für seine Schöpfung*

Im Herbst 1971 flog ich nach Belgrad. Ich machte für die ARD eine Fernsehdokumentation: »Brüderlichkeit – Einigkeit?« Das Fragezeichen hinter dem Credo Titos war der Anlaß für die Dokumentation. Auf das Fragezeichen kam es an. Jugoslawien war in Tumult, in Kroatien ganz offen. Die kroatische Parteiführung hatte sich die nationalen Parolen und Forderungen großer Teile der Bevölkerung zu eigen gemacht, ja sich an die Spitze der Bewegung gestellt; die firmierte sofort unter dem Namen »maspokret«, Massenbewegung. Zum ersten Mal wurde sichtbar, welche Energien und Leidenschaften entfesselt werden können, wenn Kommunismus in Nationalismus umgepolt wird. Milošević hat das kriminell auf die Spitze getrieben.

Den Anstoß zum »Zagreber Frühling« gab Empörung darüber, daß Kroatien eine Menge Devisen erwirtschaftete, den Löwenanteil aber an die Bundesregierung, an Belgrad, abliefern mußte. Der damalige Studentenführer, spätere Führer einer Oppositionspartei, Dražen Budiša, erklärte mir unverblümt, Kroatien befinde sich in einem »kolonialen Status«.

Tito hatte zunächst Verständnis für die kroatischen Forderungen, wurde aber in Zweifel gestürzt, als ihn bei Ankunft auf dem Zagreber Flughafen zuerst die kroatische und danach die jugoslawische Hymne begrüßte. Die Kroaten forderten eigenes Geld, eigenes Heer, eigene UN-Vertretung, auf Kroatien verpflichtete Diplomaten. Das alte Fieber hatte Kroatien gepackt, der Traum der Eigenstaatlichkeit, obwohl die Führer der »maspokret« versicherten, nichts als die überfällige Reform der Föderation sei beabsichtigt.

Aber – die Spannungen zwischen Zagreb und Belgrad wuchsen. Erst später war zu erfahren, welche Rolle dabei der Vorwurf einer Verschwörung spielte: Die kroatische KP-Führung stehe mit der Ustascha-Emigration in der Bundesreublik in Kontakt. Dort habe der Berliner CDU-Abgeordnete Branko Jelić seine Vermittlungsdienste angeboten, um sowjetische Rückendeckung für die Bildung einer unabhängigen sozialistischen Republik Kroatien zu bekommen. Den Sowjets sollten dafür Militärbasen in Mostar und an der Adria zugesprochen werden.

Parteigremien und Kommissionen haben sich hinter verschlossenen Türen mit diesem Phantom herumgeschlagen, doch außer wilden Beschuldigungen blieb an Substanz wenig übrig. Vermutet wurde, die »Verschwörung« sei aus zweckdienlichen Gründen in Belgrad ausgeheckt worden.

Da intervenierte Tito als »Retter Jugoslawiens«. Sein Eingriff wurde in weiten Teilen des Landes begrüßt – in Erinnerung an den Nationalismus der Ustascha. Schritt für Schritt hatte Tito die Abrechnung mit den »maspokret«-Führern vorbereitet, hatte Allianzen geschmiedet und Kritiker manipuliert. Still und heimlich. Am 1. Dezember 1971 versammelte er die Spitzen der Partei in Karadjordjevo, im ehemaligen Jagdschloß der serbischen Königsfamilie. Er setzte die kroatischen Parteiführer einfach ab. »Wie alte Lappen warf er sie weg«, berichtete später einer der Teilnehmer. »Zu viel Freiheit«, hatte Tito 1968 bei der Niederschlagung der Belgrader Studentenunruhen befunden. Nach Karadjordjevo war das erst recht seine Maxime.

Von Stund an wußten die »Serbischen Liberalen«, daß sie die nächsten sein würden. Sie waren keine Liberalen in westeuropäischem Sinne, aber sie waren wahrhaft Reformer. An ihrer Spitze Marko Nikezić. Er war 1968 vom Stuhl des Außenministers an die Spitze der serbischen KP gehievt worden. Ein Kosmopolit, gebildet, die Mutter Französin. Kein echter Serbe, wie Kritiker bemängelten. Nikezić konterte: Nicht wie ein Serbe sei er bemüht zu denken, sondern wie ein Mensch. Serbien wollte er modernisieren, wirtschaftlich und politisch; den Nationalismus der Republiken durch einen offenen jugoslawischen Binnenmarkt aushebeln, Leistung vor Parteibuch stellen; Serbien und mit ihm Jugoslawien an Europa heranführen; weg vom bolschewistischen Partei- und Gesellschaftsmodell. Dahinter stehe die strategische Idee, Titos Schiedsrichterrolle, die alle und alles belastete, allmählich zu neutralisieren.

Fatal war nur, daß die Liberalen kein Programm formulierten, daß sie weder Manifeste noch Resolutionen veröffentlichten, daß sie nicht gekämpft haben. Nikezić hat nicht einmal Aufzeichnungen oder Memoiren hinterlassen. Er starb 1991. Hätte nicht ein ehemaliger Reporter und Redakteur der damals international angesehenen »Politika«, Slavoljub Djukić, nach Nikezićs Sturz Gespräche mit ihm aufgezeichnet und bis dato geheime Protokolle verarbeitet, die »Serbischen Liberalen« wären als Randepisode in Vergessenheit geraten. Ich jedenfalls, das gebe ich zu, hatte während meiner Dreharbeiten für die erwähnte Dokumentation im Spätherbst 1971 vom kritischen Wirken der Liberalen keine Ahnung.

Die wichtigsten Ereignisse jener Wochen und Monate spielten sich auf geschlossenen Sitzungen ab, in Karadjordjevo, auf der Insel Brioni, im Weißen Schloß in Belgrad oder im Regierungsgebäude in Neu-Belgrad. Mitteilungen für die Öffentlichkeit dienten dem Zweck, die Autorität der Führung zu bekräftigen. Tito versicherte zwar, sich von Nikezić und seinen Getreuen nicht trennen zu wollen, bereitete aber zielstrebig ihren Sturz vor. Unter den Konservativen sammelte er zum

Blasen. Resultat: Das Zentralkomitee der serbischen Partei war bis zum Sommer 1972 total zersplittert. Drei Monate später, im Oktober, konnte Tito, Meister der Intrige und trotz seines Alters voll in Aktion, die Liberalen zur Strecke bringen. Nikezić, der amtierende Außenminister Tepavac, der ehemalige Außenminister und stellvertretende Bundespräsident Koča Popović, dazu die engagierte Latinka Perović aus der serbischen Parteispitze legten alle Ämter nieder. Nach einer schwarzen Liste wurden dann die reformorientierten Journalisten ausgebootet.

Einer der serbischen Parteiführer, Mijalko Todorović, sprach damals die wahrhaft prophetischen Worte: »In Serbien wird Wind gesät, von dem wir alle, ganz Jugoslawien, Sturm ernten werden; und dieser Sturm wird vernichtend für die jugoslawische Gesellschaft sein, er wird konservativ, groß-serbisch, antisozialistisch sein.«

### *Novica und das Ende seines jugoslawischen Traumes*

Zurück zu meiner Ankunft in Belgrad, um »Brüderlichkeit – Einigkeit?«, um das »Fragezeichen« zu dokumentieren. Ich wollte das Flughafengebäude gerade verlassen, da stellte sich mir ein Mann in dunklem Anzug in den Weg. Nicht möglich! Novica. Mit der linken Hand zog er eine Frau aus dem Schatten des Portals. »Meine Frau«, sagte er. Dann beinahe feierlich: »Ich habe immer gewußt, wo du bist und was du machst. Ich bin hierhergekommen, um dir das zu sagen. Ich möchte dir sagen, daß ich dein Freund bin und immer bleiben werde, und bei diesem Anlaß sollte auch meine Frau dabeisein.«

Sprach's und ging, mit seiner Frau, die wie er eine Kleidung von gewisser Festlichkeit angelegt hatte. Ich war unfähig, auch nur ein Wort zu sagen.

Nun war klar, daß Novica bei der UDBA arbeitete. Vermutlich in der Auslandsaufklärung, bei den Analytikern. Vielleicht Schwerpunkt BRD. Er hatte während seines Besuchs bei mir in Freiburg recht gut Deutsch gelernt. Wie auch sollte er meinen Spuren gefolgt sein, wenn nicht durch Kenntnisnahme meiner Rundfunk- und Fernsehberichte aus Moskau, deren Texte in der BRD und DDR von Ausschnittdiensten festgehalten wurden?

Das wichtigste für mich aber war in diesem Augenblick etwas anderes. Warum er zur UDBA beziehungsweise zum Geheimdienst gegangen ist, wußte und weiß ich nicht; über seine Motive konnte ich nur spekulieren. Von einer geheimen Tätigkeit im Albanien-Institut zur UDBA war es kein weiter Weg, und 1962, nach den geheimen Tonbandaufzeichnungen von der Sitzung des Exekutiv-Komitees der Partei, hatte Ranković seinen Apparat gestrafft und vergrößert. Einmal dabei, mußte Novica alle gehabten und laufenden Kontakte mit Ausländern seiner Behörde melden. Er hätte nun entweder über die Kontaktperson berichten müssen – was bei meiner Position in Belgrad als sicher gelten darf –, oder er hätte den Kontakt ohne jede Erklärung abbrechen müssen. Da er unsere Freundschaft nicht verraten wollte, entschloß er sich für Abbruch. Es war die einzige saubere Lösung. Ich bin ihm dafür dankbar. So betrachtet, war unsere Begegnung auf den Stufen zum Innenministerium 1962 vielleicht doch kein Zufall?

Ich habe ihn nie wieder gesehen, nichts von ihm gehört.

Auf die jugoslawische Tragödie in ihrem blutigen Ausmaß war keiner von uns vorbereitet. Wir haben uns mit Ideologie- und Machtfragen im Weltkommunismus, mit dem »nationalen Weg« Titos zum Sozialismus herumgeschlagen. Wir haben zwar die vielgerühmte Arbeiterselbstverwaltung am Machtmonopol der Partei scheitern sehen und die nationalistischen Strömungen in Serbien und Kroatien beobachtet, aber dann waren die entscheidenden Schlüsse eben doch falsch: Der Nationalismus der Serben und Kroaten sei auf dem Rückzug; die wirtschaftliche Entwicklung, der Drang nach kultureller und zivilisatorischer Angleichung an Westeuropa und fortschreitende Demokratisierung würden ihn zunehmend abschleifen.

Eine neue Generation würde stark genug sein, ihr Credo »nie wieder Bruderkrieg« zu behaupten.

Auch ich gehörte zu jenen, die Jugoslawien für einen Modellfall hielten: Für das erste Land, das evolutionär vom Kommunismus in eine Demokratie hineinwachsen würde. Es hätte eine sinnvolle Schöpfung für Stabilität auf dem Balkan sein können, mit der Tito sich ein Denkmal gesetzt hätte. Sein Jugoslawien war nicht ein Fehler der Geschichte, sondern eine Geschichte von Fehlern, resümierte darum der ehemalige Außenminister Mirko Tepavac; und er fügte hinzu: Nur als Demokratie hätte Jugoslawien bestehen – oder mit Anstand auseinandergehen können.

Aber Erinnerungen sind wie eine Glut, die nur ganz langsam erlischt. Die Erinnerungen der Kroaten an ihre Enttäuschungen nach 1918 und an Bleiburg; die Erinnerungen der Serben an den Genozid im Ustascha-Staat – sie waren die Glut, die nur angeblasen zu werden brauchte, und schon loderte das Feuer, brachen die alten Wunden, Mißtrauen und Haß wieder auf, wurden neue Feindbilder gegen die Muslime errichtet. Ich habe gleich vielen anderen das Potential dieser Gewalt unterschätzt. Freilich war damals auch mir, nicht anders als meinen jugoslawischen Kollegen, der Einblick verwehrt, wie Präsident Tito in seiner ideologischen Unbeweglichkeit mitgeholfen hat, das von ihm auf den Weg gebrachte Jugoslawien zugrunde zu richten. Im Korsett des Marxismus-Leninismus hat er es reformunfähig gemacht – und sich selbst damit den Weg vom Heerführer des Zweiten Weltkriegs zum Staatsmann hohen Ranges verlegt. Es ist mehr zerstört worden als ein Staatengebilde und das Leben von Millionen Menschen.

# II. Kalter Krieg und Klassenkampf

## Als in der Sowjetunion die Würfel fielen

# Programm für den Untergang

## *Neues Medium – neuer Zensor*

Im Mai 1966 kam ich mit meiner Familie nach Moskau, nach Gerd Ruge und Erwin Behrens der dritte ARD-Korrespondent. Ausgerechnet mir, der ich lieber redete und schrieb für Radio und Zeitung, fiel es zu, eine aktuelle Fernsehberichterstattung der ARD aus Moskau zu starten. Die Herausforderung war verlockend, obwohl mir die zeitraubenden logistischen Probleme ebenso zuwider waren wie der in einem kommunistischen Land unvermeidliche Zwang, Bilder mit Sprache zu belegen, wenn der Text Analytisches verlangt hätte. Lästig vor allem: Das Kamerateam plus »Koordinator« waren von der sowjetischen Presseagentur Nowosti anzuheuern. An ein »eigenes« Team aus Köln war nicht zu denken, an Liveberichte schon gar nicht.

Das ging anfangs trotzdem ganz gut, weil an der Spitze von Nowosti noch Leute aus der Chruschtschow-Ära schalteten und walteten. Zum Beispiel Georgi Bolschakow, der Mann, der als Oberst der militärischen Aufklärung GRU im Gewande des TASS-Bürochefs in Washington die Freundschaft Robert Kennedys gepflegt und den »geheimen Kanal« (back channel) zwischen Chruschtschow und John F. Kennedy bedient hatte. Bolschakow hatte in Amerika Verständnis für die Rolle und die Erfordernisse des neuen Mediums Fernsehen entwickelt.

Es gab Zwischenfälle. Da verschwand ein Filmstück, auf dem ein Mann mit kräftigen Worten die Sowjetmacht verdammt hatte. Da warfen uns KGB-Leute in Zivil mit brachialer Gewalt aus dem Kloster Sagorsk, obwohl die Russisch-Orthodoxe Kirche für eine Kongregation die Drehgenehmigung in ihren Hallen gegeben hatte. Insgesamt aber lief es zunächst mit Nowosti gut, so daß der WDR Lothar Löwe zur Verstärkung des Büros entsandte, zumal die Hörfunkaufgaben ständig zunahmen. Löwe, Berliner, war ein erfahrener Beobachter des Ost-West-Konflikts. Westliche Rundfunk- und Zeitungskorrespondenten unterlagen seit 1960 einer indirekten Zensur: Mitschnitte und Berichte der sowjetischen Botschaften besorgten dies Geschäft. Vorher mußten die Korrespondenten ihr Manuskript in eine Klappe schieben und dann warten, ob es mit geschwärzten Stellen zurückkam.

Ab 1968 gab es jedoch zunehmend Konflikte. Bolschakow war über Nacht zur Pensionsreife erkrankt, Nowosti, jetzt mit Leuten Breshnews an der Spitze, entdeckte plötzlich, daß es kein »Dienstleistungsunternehmen« sei. Die sowjetische Presseagentur durfte sich nicht für Dienste bezahlen lassen, die einem vielleicht »antisowjetischen Produkt« zugute kamen. Die neue Linie des »verschärften ideologischen Kampfes« schlug durch. Unter dem Slogan »Kooperation« verlangte Nowosti nun Mitspracherechte – in der Themenwahl, am Schneidetisch bis hin zur Abfassung der Texte. Wir sollten Verträge unterschreiben, in die Zensur eingebaut war. Also standen wir im Sommer 1969 vor dem Aus der Fernsehberichterstattung des Moskauer Büros.

Mit ähnlichen Forderungen hatte vorher schon das Staatliche Fernsehen versucht, mit uns ins Geschäft zu kommen; schließlich waren westliche Valuta dabei zu verdienen. Bei einem der Gespräche, das in meinem Auto stattfand, wollte mich der Mann aus der Chefetage des Staatlichen Fernsehens für eine »enge Zusammenarbeit« mit Angeboten gewinnen, die nur aus der KGB-Küche stammen konnten: Extrainformationen, lockere Partys.

Die Reaktionen innerhalb der ARD waren gemischt und kompliziert. Die Dinge waren kompliziert. Erst dreißig Jahre später habe ich zwei aufschlußreiche Details dazu erfahren. Im Januar 1969 hatte die Sowjetregierung eine ausgefeimte Verschärfung der Zensurgesetze verabschiedet: Zensur sollte stärker als bisher von den Schreibtischen der Zensurbehörde

Glavlit (Hauptverwaltung für Literatur) in die Köpfe der Kulturschaffenden verlagert werden. Selbstzensur übten Autoren, Redakteure, Regisseure schon immer, nun wurde ihnen strafrechtliche Verantwortung angedroht. Auch Nowosti stand unter verschärftem Druck.

Nach monatelangen zähen, aber erfolglosen Verhandlungen mit Nowosti und erläuternden, analysierenden Briefen, die ich warnend den Spitzen von WDR und ARD geschrieben hatte, resümierten Rechtsanwälte der ARD den Fernsehstreit zwischen dem Moskauer Büro und Nowosti in diesem einen Satz: »Die Gründe für das Verhalten der Sowjets liegen im Irrationalen.« Datiert August 1969. Im Irrationalen.

Im Irrationalen? Nach westlicher Logik vielleicht, aber wenn unser Konflikt mit Nowosti in einem der Vernunft, dem logischen Denken nicht zugänglichen Bereich gelegen haben sollte, dann hätten die nicht mit Namen genannten Juristen auch den Einmarsch in Prag nur ein Jahr zuvor ins Irrationale, Unerklärliche verweisen müssen. Dann wäre die ganze neostalinistische Restauration unter Breshnew irrational gewesen. Dann hätte man den ganzen Terror Stalins mit dem Begriff des Irrationalen abtun können. Für wen, für wessen Ohren hatten wir berichtet?

Die schleichende, doch systematische Rehabilitierung Stalins war das überragende Merkmal der zweiten Hälfte der sechziger Jahre. Kein Moskauer Korrespondent, auch wenn er des Russischen nicht mächtig und auf einen Dolmetscher angewiesen war, hätte diesen gespenstischen Prozeß ignorieren können, es sei denn, er selbst hätte ideologische Scheuklappen getragen. Gespenstisch war diese Entwicklung, weil sie nicht immer von grellen Blitzlichtern erhellt, von Dissidentenprozessen begleitet war, sich manchmal nur wie ein Irrlichtern am Horizont zu erkennen gab und niemand wußte, wie weit sie gehen würde. Der Prozeß war gekennzeichnet von einem verräterischen Phänomen: Der XX. Parteitag wurde zwar nicht offen in Frage gestellt oder verleugnet, doch in der

Sprache der Ideologen, in ihrer Propaganda und in ihrem Denkansatz immer stärker verdrängt. Als habe Chruschtschow in seiner berühmten Rede im Februar 1956 die Verbrechen Stalins nicht aufgedeckt, als hätten die Verbrechen Stalins nicht stattgefunden.

Eine Gruppe besonders konservativer Politbüro- und ZK-Mitglieder hatte, wie später zu erfahren war, Breshnew nach dem Sturz Chruschtschows sogar ein Programm vorgelegt, das die volle Rehabilitierung Stalins vorsah – was immer das bedeutete. Massenterror im Stile Stalins schied aus vielerlei Gründen aus. Breshnew scheute vor einer Festlegung im Sinne der Gruppe zurück und suchte nach einem Kompromiß: Die Verbrechen Stalins sollten öffentlich nicht mehr erörtert werden, seine »Verdienste« aber auch nicht. Es gehörte zu Breshnews Arbeitsstil, wichtigen Entscheidungen nach Möglichkeit auszuweichen, es allen Kräften in der Führung recht machen zu wollen oder mit den stärksten Bataillonen zu gehen.

In der politischen Praxis war das alles andere als ein Mittelweg. Ein ganzes Stück Vergangenheit sollte, ja durfte nicht stattgefunden haben, sollte aus dem kollektiven Gedächtnis der Sowjetvölker amputiert werden. Das mußte verhängnisvolle Auswirkungen haben, hatten die Bürger doch eben erst wie durch ein Schlüsselloch einen kurzen Blick in die eigene Vergangenheit und die des Landes während Stalins Herrschaft werfen dürfen und eine Ahnung von der Wahrheit bekommen. Man stelle sich vor, in der alten Bundesrepublik hätten die Leugner der Nazigreuel das Heft in die Hand bekommen. Was wäre dann wohl aus Deutschland und Europa geworden?

Ich habe es immer für einen Fehler gehalten, die Ära Breshnew allein mit dem Begriff der Stagnation zu charakterisieren und dabei deren gravierende Folgen für die Sowjetgesellschaft auszuklammern: Blockade der politischen Elite durch eine erstarrte Ideologie, Zynismus und Apathie im Volk, Verlust jeder gesellschaftlichen Dynamik und wirtschaftlichen Flexibilität, politische und moralische Fäulnis des Partei- und Staatsapparats, Korruption. Der Untergang dieses Systems war vorprogrammiert, unabhängig vom Kalten Krieg. Breshnew war der Vorbote des Untergangs sowjetischer Macht. Die Weichen dafür hatte er in der zweiten Hälfte der sechziger Jahre gestellt. Nur um einen Preis hätte die Sowjetunion überleben können: durch substantielle Veränderungen im Rahmen einer klaren Reformpolitik. Dafür hatten die Erben Chruschtschows weder den Mut noch das Format. Was aber machte das Erbe Chruschtschows aus?

### *Chruschtschow in Frust und Zorn*

Es war nicht gerade Frieden auf Erden am 6. Mai 1956, doch lag auch kein dritter Weltkrieg in der Luft. Warum also startete in den frühen Morgenstunden dieses Tages eine Armada von sechs Stratojets vom US-Luftstützpunkt Thule auf Grönland Richtung Nordpol? Tankflugzeuge folgten. Nach Auftanken am Pol nahm die Armada Kurs auf die Sowjetunion. Über Ambartschik, wo die Kolyma in die Ostsibirische See mündet, drangen sechs RB-47 in den sowjetischen Luftraum ein. Dieser Flugzeugtyp war eine zum Aufklärer umgerüstete B-47, als sechsstrahliger Fernbomber für den Transport von Atomwaffen damals das wichtigste Militärflugzeug des Westens. Kein Radargerät, kein Radartechniker hätte erkennen können, ob die Stratojets in ihrem Rumpf Bomben oder Kameras geladen hatten. Die Sowjets mußten das Schlimmste unterstellen.

Die RB-47 flogen über die Tschuktschen-Halbinsel, weiter über Anadyr und das Beringmeer. Als sie in Fairbanks/Alaska landeten, hatten sie Ostsibirien in den Kameras. Es war eines der politisch wie militärisch riskantesten Unternehmen in der großen Folge amerikanischer Spionageflüge, »home-run« genannt. Erst Ende der neunziger Jahre haben die Amerikaner das Geheimnis gelüftet.

Die Sowjets hatten den Überflug bemerkt, konnten ihn aber nicht verhindern. Das war der Punkt. Sie haben bei der US-Botschaft protestiert, wollten jedoch kein großes Aufsehen. Sie wurden mit der Ausrede abgespeist, Navigationsfehler seien in der Arktik nicht ungewöhnlich; das könne zu versehentlicher Verletzung des Luftraums führen. Man bedauere, wenn das der Fall war.

Mithin müßte es in jenen Frühjahrswochen 1956 nicht weniger als 156mal Navigationsirrtümer gegeben haben. So viele Spionageflüge hatte das Oberkommando der Strategischen Luftwaffe der USA (SAC) zwischen März und Mai 1956 veranlaßt. Objekte: Ostsibirien, Kola-Halbinsel, Murmansk, Wladiwostok und andere Zentren. »Home-run« war der Höhepunkt amerikanischer Spionageflüge über sowjetischem Luftraum. Sie hatten erwiesen, daß die Sowjetunion in weiten Teilen ihres Territoriums durch Langstreckenjets mit Atombomben verwundbar war. Daher das Schweigen in Moskau. Chruschtschow muß vor Wut gekocht haben.

Die Amerikaner hatten im Frühjahr 1956 ein großes politisches Risiko auf sich genommen: Chruschtschow hatte am 25. Februar 1956 in seiner Geheimrede vor dem XX. Parteitag die Verbrechen Stalins gegen Partei und Staat angeprangert.

Für die kommunistische Welt war die Rede so explosiv, daß zunächst nur ausgewählte Funktionäre und die Spitzen der Bruderparteien eine Kopie bekommen sollten. Gerade wegen ihrer politischen Sprengkraft waren aber die westlichen Geheimdienste erpicht darauf, an den Text zu kommen. Eine Jagd begann. Schon am 17. April 1956 hatte CIA-Chef Allen Dulles eine Kopie in der Hand. Doch nicht die CIA konnte den Erfolg für sich buchen, auch nicht der Mossad, der israelische Geheimdienst. Es war der Shin Bet, die Behörde für die innere Sicherheit Israels. Ihr Chef, Amos Manor, nach Herkunft ein ungarischer Jude, versiert in Spionage und Abwehr, setzte eigene Agenten im Ostblock ein. Nach einer Information des israelischen Journalisten Yossi Melman hatte der polnische KP-Chef Eduard Ochab seinerzeit in Warschau dem polnischen

Journalisten Victor Grajewski eine Kopie der Chruschtschow-Rede überlassen. Grajewski – ein Agent des Shin Bet – flog damit nach Wien und beförderte das Dokument zu Amos Manor. Nachdem der israelische Premier Ben Gurion den Text studiert hatte, soll Manor selbst der Kurier nach Washington gewesen sein. Es dauerte nicht lange, dann hatte die »New York Times« eine Kopie, strahlten Radio Liberty und Radio Free Europe den Text aus, schwebten Tausende von Kopien an Ballons über den Eisernen Vorhang.

Der Grund für »home-run« und ähnliche Spiongeflüge war nicht nur der begreifliche Drang der Amerikaner nach Erkenntnissen über die wirkliche militärische Stärke der Sowjetunion. Einige führende Männer im Pentagon, bei SAC und auch in der CIA waren in ihren Überlegungen einen entscheidenden Schritt weiter gegangen: Man müsse die nach Weltherrschaft strebende kommunistische Macht mit einem Präventivschlag vernichten, solange sie zum Gegenschlag nicht in der Lage sei. Präsident Eisenhower war für Präventivkrieg nicht zu gewinnen. Doch wird ein halbes Jahrhundert später ein amerikanischer Präsident einen Präventivkrieg im Namen seiner Sicherheitsdoktrin exekutieren – gegen einen »Schurkenstaat«, gegen alles internationale Recht.

Das amerikanische Militär wahrte sogar gegenüber den Angehörigen von Besatzungen Geheimhaltung, die in den fünfziger Jahren bei Spionageflügen abgeschossen wurden. Mehr als 150 Piloten, Navigatoren und Elektroniker hatten ihr Leben verloren oder waren als Spione in einem Straflager verschwunden. Die ersten waren am 8. April 1950 in Wiesbaden gestartet und im lettischen Küstengebiet abgeschossen worden. Schweden hat den sowjetischen Funkverkehr abgehört und die Amerikaner informiert. Dieser Zwischenfall war einer der wenigen, von dem die Öffentlichkeit erfuhr. Vierzig Jahre später haben Enkelkinder die Wahrheit über das Schicksal vieler anderer Spionageflugzeugbesatzungen eingeklagt.

Im zweiten Halbjahr 1956 verfügten die Amerikaner über ein neues Aufklärungsflugzeug, die U-2. Sie war leicht, gleitfähig fast wie ein Segelflugzeug und konnte aus großen Höhen nahezu ungestört sowjetische Bomber-Basen, Raketen-Teststationen und Radaranlagen, Industriekomplexe und Forschungszentren fotografieren. Der erste U-2-Spionageflug wurde aus Giebelstadt in Bayern gestartet. Chruschtschow war außer sich, wollte unmögliche Sofortmaßnahmen seiner Konstrukteure sehen. Wieder hatten die Amerikaner die Nase vorn. Indessen nicht mehr lange. Ab 1959 stellte die Sowjetunion einen neuen Abfangjäger und eine neue Boden-Luft-Rakete in Dienst. Die U-2 war jetzt bedroht. Trotzdem gab Eisenhower noch einmal grünes Licht für Überflüge im April und Mai 1960, nur wenige Wochen vor dem geplanten Gipfeltreffen in Paris – fatalerweise. Das Drama des Kalten Krieges mit Chruschtschow in einer neuen Rolle nahm seinen Lauf.

Am 1. Mai 1960, vor Tagesanbruch, hob Francis Gary Powers mit einer U-2 in Peschawar ab. Schon bald wurde das Flugzeug von sowjetischem Radar erfaßt. Chruschtschow wurde aus dem Schlaf geholt. Er war bedrückt, beobachtete sein Sohn Sergej. Drei Wochen zuvor war der sowjetischen Flugabwehr abermals eine U-2 durch die Lappen gegangen, trotz des neuen Abwehrgeräts, und eine eigene Maschine war abgestürzt. Nun der neue amerikanische Vorstoß auf die Raketen- und Rüstungszentren östlich des Urals. Am 1. Mai, am größten Feiertag der Werktätigen.

Bei Swerdlowsk wurden Francis Gary Powers und seine U-2 vom Himmel geholt. Ein sowjetischer Abfangjäger wurde durch einen eigenen Raketenvolltreffer zerstört, der Pilot getötet, weil in der Feiertagsvorfreude vergessen worden war, den Freund-Feind-Erkennungscode umzustellen. Auf dem Lenin-Mausoleum am Roten Platz, die Mai-Parade abnehmend, erhielt Chruschtschow die ersehnte Nachricht vom Abschuß der U-2. Der Pilot Powers hatte überlebt. Chruschtschow beschloß, dies so lange wie möglich geheimzuhalten. Die Amerikaner sollten in die Falle tappen. Prompt meldeten NASA und das US-Außenministerium nach einiger Zeit, eine U-2 sei in der

Türkei in einen See gestürzt; der Pilot habe Schwierigkeiten mit dem Sauerstoffsystem gemeldet.

Für Chruschtschow war der Augenblick des Triumphes gekommen. In flagranti hatte er die Imperialisten beim Lügen ertappt. Doch dann eine herbe Enttäuschung, eine ganz persönliche. In Washington teilte das State Department mit, Präsident Eisenhower selbst habe die U-2-Flüge genehmigt, auch den letzten. Die USA würden sich das Recht auf weitere Erkundungsflüge über sowjetischem Territorium vorbehalten; und zwar so lange, wie die Sowjetunion die von Eisenhower gemachten Vorschläge für gegenseitige Inspektionen (»Offener Himmel«) ablehne.

Hierzu Sergej Chruschtschow: »Vater tobte, bekam einen Wutanfall ...« Große Stücke hatte er auf Eisenhower gehalten; seine Enkelkinder hätte er ihm anvertraut, so schmückte er einst sein Vertrauen aus. Nun dies. Bohrendes Verlangen nach Heimzahlung, Anerkennung und Respekt bestimmte seine Politik der nächsten Jahre. Seine Wut speiste sich aus jahrelangem Frust über die amerikanischen Spionageflüge. Hätten die Sowjets sie über den USA geflogen oder fliegen können, Eisenhower hätte darin nach eigenen Worten den »casus belli« gesehen.

Chruschtschow verlangte zum Auftakt des Gipfels in Paris im Juni 1960, daß Eisenhower sich entschuldige. Der lehnte ab. Chruschtschow konterte mit Rücknahme der an den US-Präsidenten ergangenen Einladung nach Moskau und sprengte die Gipfelkonferenz. Dann trommelte er eine UNO-Sitzung über Entkolonialisierung zusammen und gefiel sich darin, jede »Machination der Imperialisten« mit einem Kommentar zu bedenken. Einen davon hämmerte er mit seinem Schuh aufs Pult. Mit Verblüffung sah es die Welt – und behielt es fest im Gedächtnis.

Im April 1961 unterlief Chruschtschow ein schwerer Fehler. Er hielt den neuen amerikanischen Präsidenten John F. Kennedy für einen Schwächling, weil dieser die von der CIA versuchte Invasion Kubas in der Schweinebucht nicht verhindert hatte. Das Treffen der beiden nach Herkunft, Alter, Bildung, Lebenserfahrung, Weltsicht grundverschiedenen Männer in Wien verstärkte die Dissonanzen. Chruschtschow sanktionierte Ulbrichts Vorschlag, in Berlin eine Mauer zu bauen. Noch ehe die Grenze dicht war, zog er einen anderen Pfeil aus dem Köcher.

Er gab seinen Atomwissenschaftlern den Auftrag, neue atmosphärische Atomtests vorzubereiten. Dies, obwohl sich die Atommächte auf einen freiwilligen Teststopp, ein Moratorium, verständigt hatten. Andrej Sacharow, der »Vater« der sowjetischen Wasserstoffbombe und spätere Regimekritiker, war anderer Meinung. Versuche seien jetzt weder nötig noch politisch sinnvoll, widersprach er Chruschtschow vor den versammelten Kollegen. Die Reaktion beschreibt Sacharow in seinen Memoiren: »... zuerst beherrscht, doch dann erregte er sich immer mehr; sein Gesicht lief rot an, und zeitweilig schrie er beinahe.« Sacharow zitiert Chruschtschow: »Wir müssen unsere Politik von einer Position der Stärke aus führen. Wir sagen das nicht laut – aber es ist so! Eine andere Politik kann es nicht geben, eine andere Sprache verstehen unsere Gegner nicht.«

Am 30. Oktober 1961 warf ein sowjetisches Flugzeug über Nowaja Semlja eine Superbombe ab, über 1000 Kilometer weit war ihr Licht zu sehen, 80 Kilometer hoch stieg ihre Wolke. Weder um den Appell der Blockfreien, die im September in Belgrad mit 26 Staats- und Regierungschefs ihre erste Konferenz veranstaltet und Absage des Tests gefordert hatten, noch um den UNO-Appell scherte sich Chruschtschow auch nur eine Sekunde. Er schlug allen ins Gesicht. Tito, der Mitbegründer der Blockfreienbewegung, äußerte nach dem ungeheueren Experiment kein Wort des Protestes. Mich provozierte dies – damals noch in Belgrad – zu einem wütenden Kommentar über »Titos beklommenes Schweigen«. Die Jugoslawen erwogen meinen Rauswurf. Tito persönlich anzugreifen war Majestätsbeleidigung.

Die Testserie hatte angeblich einen akuten Grund. Ein Bericht des sowjetischen militärischen Abschirmdienstes (GRU) hatte die Warnung aus Washington kolportiert, daß die USA für den Herbst den nuklearen Erstschlag vorbereiteten. Chruschtschow habe die Warnung ernst genommen und Stärke demonstriert. In den KGB-Archiven so verzeichnet.

Und dann das Unternehmen »Anadyr«: Unter diesem Code baute Chruschtschow die Kuba-Krise auf. Mehr, um den Sozialismus in der Karibik zu retten, weniger, um sich eine militärische Bastion in der Karibik zu schaffen. Für die Existenz der DDR hatte er die Berlin-Krise riskiert. Warum sollte es nicht mit Kuba gelingen? Die Sowjetunion war stärker geworden, ihr Bedrohungspotential glaubhaft. 1957 war der erste Sputnik um die Erde gekreist, 1961 der erste Mensch, Gagarin. Kräftig war die Produktion von Raketen angelaufen, auch von Interkontinentalraketen für den Transport von Nuklearsprengköpfen. Trotzdem stießen Chruschtschows Kuba-Pläne in den militärischen und politischen Führungsgremien der Sowjetunion auf Zweifel und Skepsis. Chruschtschow fegte sie alle vom Tisch.

Er setzte auf Überraschung, wollte mit Raketenstellungen auf Kuba die Amerikaner vor vollendete Tatsachen stellen. U-2 Aufklärer lieferten Luftaufnahmen seltsamer Bautätigkeiten, die zu deuten den Auswertern der CIA Probleme bereitete. Sie konnten aber Konstruktionspläne für sowjetische Raketensilos zum Vergleich heranziehen und erkannten plötzlich, was auf Kuba im Gange war.

Die Blaupausen hatte einer der wichtigsten Spione des Westens im Kalten Krieg herbeigeschafft, der GRU-Oberst Oleg Penkowski. Sein Beitrag zur Lösung der Kuba-Krise war seine letzte Tat: Im November 1962 flog er auf, im Mai 1963 wurde er zum Tode verurteilt. Auch sein Kontaktmann zum britischen Geheimdienst M I 6, Greville Wynne, ein britischer Geschäftsmann, war am 2. November 1962 verhaftet worden, in Budapest. Das hatte sich, ich war zufällig dort, unter Journalisten wie ein Lauffeuer herumgesprochen, und alle spekulierten nun, welche Rechtsgrundlage die Sowjets hätten, einen britischen Staatsbürger ohne viel Federlesens aus Ungarn nach Moskau zu schaffen. Wynne wurde 1964 gegen den sowjetischen Spion Lonsdale in Berlin am Checkpoint Heerstraße ausgetauscht.

Sowjetische Spitzendiplomaten, die nichts von Kennedys Erkenntnissen wußten, logen dem US-Präsidenten auch dann noch ins Gesicht, als sowjetische Frachter mit Raketen und Atomsprengköpfen bereits auf See waren. Plötzlich, nachdem sowjetische Flugabwehr über Kuba eine U-2 abgeschossen hatte und in Amerika laut nach Vergeltung gerufen wurde, sah auch Chruschtschow in den Abgrund: Er erwartete die amerikanische Kuba-Invasion. Das hätte Krieg bedeutet. Unheimlich und unvergeßlich in der eigenen Erinnerung, wie die beiden Großmächte auf den Atomkrieg zusteuerten, daß die übrige Welt Ende Oktober 1962 wie gelähmt in einer seltsamen Windstille verharrte. Chruschtschow lenkte ein, kapitulierte. Die Raketen wurden abgebaut, Fidel Castro blieb, die Amerikaner bauten Raketenstellungen in der Türkei ab.

Chruschtschow hatte begriffen, daß Kennedy aus hartem Holz geschnitzt und keine Marionette einiger Generäle war. Er hatte erfahren müssen, daß er im Poker mit Atomwaffen um Einfluß, Weltgeltung und Verschiebung des Kräfteverhältnisses zugunsten des Sozialismus überreizt hatte. Gefährliche Höhepunkte im Kalten Krieg gab es auch später. Aber die ungezügelte, wilde Phase war mit der Kuba-Krise zu Ende. Sie hat zu Chruschtschows Sturz beigetragen.

Nikita Chruschtschow besaß beträchtliche Energien, Nerven wie Stahl und absolut feudalistische Ansichten von seiner und der Macht der Partei. Während der Berlin-Krise wurde in der Sowjetunion eine Kampagne gegen Schwarzhandel mit Devisen und Edelsteinen geführt. Chruschtschows Schwiegersohn Adshubej, Chefredakteur der »Iswestija«, trug mit deftigen Reportagen vom Treiben der Spekulanten Zorn ins Volk. Hohe Gefängnisstrafen waren den Lesern zuwenig. Sie schrien nach der Todesstrafe. Die aber war per Gesetz abgeschafft worden. Chruschtschow, Parteichef und Ministerpräsident in einer Person, nahm sich den Generalstaatsanwalt, Roman Rudenko, vor und schleuderte ihm den entwaffnenden Satz ins Gesicht: »Wer hat hier das Sagen: Wir oder das Gesetz?« Ein Gesetz über die Todesstrafe für Devisenschmuggel wurde eilends verabschiedet, eine Gruppe von Schwarzhändlern zum zweiten Mal verurteilt und hingerichtet.

Zur gleichen Zeit bereitete Chruschtschow den XXII. Parteitag vor, um den Übergang zum Kommunismus zu verkünden. In zwanzig Jahren sollten alle Sowjetbürger im Kommunismus leben. Also 1981! Noch einmal wollte der Visionär die Utopie der Bolschewiki auferstehen lassen, ihr die Aura des endlich Erreichbaren geben, den Sowjetbürgern suggerieren, das Ziel sei fast erreicht. Aber die materielle Basis fehlte. Die Versorgung der Bevölkerung im ersten Halbjahr 1962 war schlechter denn je, und die Menschen waren es leid, ihre Gegenwart mit Träumen von der Zukunft auszustaffieren.

Als die Partei die Notbremse zog und die Preise für Grundnahrungsmittel nahezu verdoppelte, brach ein Sturm los. Protestversammlungen und Streiks in vielen Städten. Schwere Konfrontation in Nowotscherkassk: Panzer und Armee-Einheiten griffen ein, 24 Tote. In aller Heimlichkeit wurden sie beigesetzt. Danach Prozesse gegen Wortführer der Demonstranten, sieben Menschen zum Tode verurteilt.

Alles sollte geheim bleiben, doch die Katastrophe von Nowotscherkassk sprach sich herum. Nowotscherkassk und Kuba – im Rückblick sind die Parallelen zu erkennen: Bereitschaft zu Gewalt und Risiko. Nur – auf Arbeiter schoß es sich leichter als auf Amerika.

### *Nikita Sergejewitsch zum letzten Mal*

Am 13. Juni 1966, einem Sonntag, wurde der Oberste Sowjet neu gewählt, das »Parlament« der Sowjetunion. Die Pappeln warfen ihren Schnee ab, der Wind trieb ihn in die Straßen und geöffneten Fenster. Jubelnde Chöre aus plärrenden Lautsprechern suggerierten Aufbruch und Optimismus. Jugendbrigaden auf Lastwagen ließen rote Fahnen im Fahrtwind knattern, Dynamik und Energie suggerierend.

Alles war Theater, jeder wußte das, und jeder kannte auch längst das Ergebnis. Wie immer würden 99 Prozent der Wähler für die Liste der Kandidaten der Partei und der – ausgesuchten – Parteilosen stimmen. Ein Ritual.

Ich wartete an diesem Morgen im plötzlich aufgebrochenen Moskauer Sommer vor einer Moskauer Schule auf Nikita Sergejewitsch Chruschtschow. Er würde hier seine Stimme abgeben. Ich wollte ihn sehen. Hatte er sich verändert, würde er etwas sagen? Im Umkreis seiner Datscha war er abgeschirmt. Kein Unberufener durfte ihn aufsuchen. In den Zeitungen kein Wort über ihn, sein Bild schon gar nicht. Eine Unperson auch er jetzt. Im Provinzmuseum von Poltawa sah ich später ein Gemälde, auf dem er übermalt worden war. Die Umrisse seiner rundlichen Figur hoben sich durch nachträgliche Pinselstriche vom Rest der Leinwand ab. Der Blick der Chruschtschow einst ergebenen Aktivisten ging ins Leere.

Im April 1964, ein halbes Jahr vor seinem Sturz, hatte ich Chruschtschow zuletzt gesehen, als ich in seinem Pressetroß durch Ungarn mitreiste. Damals war ich in Miskolc Zeuge geworden, wie er zum ersten Male öffentlich Mao Tse-tung förmlich in der Luft zerriß, weil dieser die amerikanischen Atomwaffen als »Papiertiger« verhöhnt hatte. In Budapest, die blutige Niederschlagung des Aufstands gegen den Stalinisten Rákosi 1956 im Hinterkopf, zog Chruschtschow die Karte des Antistalinismus aus dem Füllhorn seiner Einfälle. »Nach einem alten russischen Brauch tragen wir die Toten mit den Füßen zuerst aus dem Hause, damit sie nicht zurückkehren«, sagte er. »So haben wir Stalin hinausgetragen [aus dem Mausoleum, wo er zunächst neben Lenin gelegen hatte, U. S.], und niemand wird ihn uns je zurückbringen. Wer Stalin liebt, der soll ihn haben, falls er den Leichengeruch gern hat.« Die Ungarn hörten es mit Wohlgefallen.

Lebensstandard, Übergang zum Kommunismus gehörten damals zu seinen Lieblingsthemen. Das Wort vom Gulaschkommunismus war aufgekommen. Seit es die Bombe gab, war für ihn der »Wettkampf der Systeme« ein wichtiges Feld der Auseinandersetzung zwischen Sozialismus und Kapitalismus. Daß der Sozialismus siegen würde, war ausgemachte Sache. Und was gehörte zum hohen Lebensstandard? Gute Schulen natürlich, aber auch mehrere Anzüge, »denn«, so Chruschtschow, »nur in den Tropen kann man sich mit einer Unterhose begnügen«.

Für seine Reisen durch die »sozialistischen Bruderländer« nahm sich Chruschtschow viel Zeit. Das Verhältnis zwischen ihnen und der sowjetischen Vormacht wollte er entkrampfen, das Bewußtsein einer Bündnisgemeinschaft wie in der NATO schaffen. Gerade daran mangelte es, und Chruschtschow wußte auch, warum. Jene, die Stalins Leichnam wiederzuerwecken trachteten, wollten nicht anerkennen, daß Einheit im sozialistischen Lager auf Vertrauen und Überzeugung beruhen müsse, wollten sich statt auf Völkerfreundschaft auf Gewalt stützen. »Auf Axt und Messer«, steht in meinen Notizen. Hatte ich mich verhört? Auf die Gefahr der »Wiedererweckung« Stalins wies er in seinen Reden immer wieder hin, ein halbes Jahr vor seiner Entmachtung. Vier Jahre vor Prag.

Manchmal spiegelten seine Worten den Ernst des erfahrenen Staatsmannes, manchmal die Weisheit eines Clowns oder schlichte Bauernschläue, immer wußte er aus dem großen Reservoir russischer Sprichwörter und Fabeln zu schöpfen. In der Regel lieferte er uns Journalisten auf diesen Reisen griffige Zitate, Farbe für die Story und den Stoff für Reportagen. Die Macht redete, sie hatte eine Sprache. Das schätzten wir.

Welches Erbe hinterließ er: Lehren aus der Kuba-Krise? Seine geradezu hellsichtige Obsession für weitreichende Nuklearraketen, die dem Wettstreit zwischen Ost und West eine neue Dimension globalen Ausmaßes gaben? Versorgungsengpässe, weil sich die Großmacht übernommen hatte – in Rüstung und Raumfahrt, im Kuba-Abenteuer, in der Hilfe für die DDR, für Ägypten samt dem Bau des Assuan-Staudammes? Weil Chruschtschow mit Reformversuchen, Wirtschaft und Verwaltung zu dezentralisieren, mehr Chaos als Nutzen gestiftet hatte? Alles richtig, all dies war sein Erbe, aber nicht sein gesamtes.

Er hatte Stalin vom Sockel geholt, die Straflager geöffnet und Hoffnung auf Freiheit verbreitet. Ich war überzeugt, dies würde die Sowjetunion nachhaltig verändern, auch wenn er nichts mit Konsequenz zu Ende gebracht hatte. Er hatte nur einen Teil der Verbrechen Stalins aufgedeckt, die seiner Schergen nicht, und den Schleier der Geheimhaltung nur ein wenig gelüftet. Die von ihm verkündete Rückkehr zu den »Leninschen Normen« in der Partei setzte der Diktatur kein Ende, ja, sie schuf die Basis für neue Willkür und neuen Terror.

Intellektuelle, die unter Breshnew verfolgt und geächtet wurden, fällten ein eindeutiges Urteil über Chruschtschow. Der Leningrader Sprach- und Literaturwissenschaftler, Efim Etkind, von Breshnews Unterdrückungsapparat des Landes verwiesen, sprach vom »goldenen Zeitalter Nikita Sergejewitsch Chruschtschows«, ja vom »Chruschtschow-Liberalismus«.

Er sei im Politbüro die einzig menschliche Erscheinung gewesen, befand der ehemalige Gulag-Häftling Lew Kopelew und erinnerte sich, Chruschtschow sei einst im Schriftstellerverband aufgetreten, habe einen kurzen Blick ins vorbereitete Manuskript geworfen und es dann barsch vom Pult gewischt. Mit Schriftstellern wollte er frei reden.

Swetlana Allilujewa, die Tochter Stalins, schrieb 1969: »Die zwar schüchternen, gewundenen Versuche dieses lebensfrohen und heiteren Originals hatten das langjährige Eis des Schweigens gebrochen. Der Strom kam in Bewegung. Jetzt kann ihn niemand mehr aufhalten.« Ein Romantitel, »Tauwetter« von Ilja Ehrenburg, hat der Entstalinisierungsphase den Namen gegeben.

Eisbrecher, Alleswisser, chaotischer Reformer, Flegel, Kalter Krieger, Spieler – was war er nun? An diesem Wahlsonntag 1966 gab es auf solche Fragen keine Antwort. Chruschtschow wurde in einem schwarzen Wolga vorgefahren; er stieg links, seine Frau Nina auf der anderen Seite aus. Ein amerikanischer Kollege rief »Nikita Sergejewitsch!«, als sei er des öfteren bei ihm zum Tee. Nikita Sergejewitsch wandte sich der Journalistengruppe nur flüchtig zu, hob matt eine Hand, setzte den Strohhut auf und verschwand im Wahllokal. Er war abgemagert. Kränklich wirkte er nicht.

Er hatte, wie später zu erfahren war, einen wichtigen Entschluß gefaßt: Memoiren würde er schreiben. Das ließ er zwei Monate nach jenem Ausflug seine Familie wissen. Für seine ehemaligen Kollegen im Politbüro wurde er zum Dissidenten. Sie bedrohten und verhörten ihn, trieben ihn in den Herzinfarkt. Chruschtschow starb 1971, kaum hatte er das letzte Kapitel abgeschlossen. Die Memoiren erschienen 1970 im »tamizdat«, in einem Verlag »dort« (russ. tam), in den USA. Über ihre Bedeutung, vor allem über die dramatischen Umstände ihres Transfers in den Westen, wird weiter unten ausführlich berichtet. In der 1997 in Moskau erschienenen Ausgabe ausgewählter Kapitel finden sich auch manches, was in der englischen Ausgabe nicht enthalten ist. Zum Beispiel, wie er Aussöhnung suchte mit Intellektuellen und Künstlern, mit jenen, die er geschuriegelt hatte – Boris Pasternak und Dmitri Schostakowitsch, Alexander Twardowski und Ernst Neizwestni. Und ebendieser Bildhauer und Graphiker, mit dem er über abstrakte Kunst gestritten hatte, meißelte für Nikita Chruschtschow das Grabmal auf dem Nowodjewitschi-Friedhof: seine Büste auf einem weißen Marmorblock, in den spitz und kantig schwarzer Marmor eindringt. Der Tote hätte sich verstanden gefühlt.

# Zurück zu Stalin – wie weit?

## *Breshnews erstes Gebot: die Kader beruhigen*

Vor meiner Ankunft in Moskau im Mai 1966 hatten sich einige für die Beurteilung des neuen Regimes wichtige Dinge ereignet. Der Sturz Chruschtschows im Oktober 1964 war durch eine Verschwörung bewerkstelligt worden, Blut war nicht geflossen. Der KGB hatte eine zentrale Rolle gespielt. Der neue Generalsekretär der KPdSU, Leonid Breshnew, legte größten Wert darauf, daß die Parteikader zur Ruhe kämen, nachdem Chruschtschow zwischen 1956 und 1961 zwei Drittel aller Parteisekretäre in der Provinz und die Hälfte des Zentralkomitees in die Wüste geschickt hatte. Breshnew bewilligte den Funktionären höhere Gehälter und mehr Dienstautos. Nur keine Aufregung, möglichst nichts vom Innenleben der Partei in die Öffentlichkeit dringen lassen! Alexej Kossygin als Ministerpräsident hatte die undankbare, ja unmögliche Aufgabe, die Wirtschaft, vor allem die Landwirtschaft, zu reformieren. »Rechnungslegung« und Dezentralisierung würden, so hoffte man, die Dispositionsfreiheit der Betriebe erhöhen; damit auch die Arbeitsproduktivität. Weit gefehlt. Viele der »po reforme« (nach Reform) arbeitenden Betriebe begnügten sich damit, den unzufriedenen Arbeitern und Angestellten höhere Löhne zu zahlen; Produktivitätszuwachs zählte für sie nicht.

Nach den Turbulenzen der Ära Chruschtschow, vor allem nach den lauen Lüften des »Tauwetters«, die einen gefährlichen Drang nach Freiheit geweckt hatten, wollten sich die neuen Herren zunächst auf Stabilität im Innern konzentrieren – auf Ordnung, Disziplinierung, ideologische Kontrolle.

### *Demonstration im Satirischen Theater*

Hans Björkegreen, ein schwedischer Kollege, stürzte aufgeregt in mein Zimmer: »Schnell, kommen Sie mit. Ich habe eben noch zwei Karten für das Satire-Theater bekommen. ›Tjorkin im Jenseits‹ wird zum letzten Mal in der Saison gespielt. – Vielleicht ist es überhaupt das letzte Mal.«

»Tjorkin im Jenseits« – der zweite Teil einer Versdichtung von Alexander Twardowski, seit 1958 wieder Chefredakteur der Literaturzeitschrift »Nowyj Mir« (Neue Welt). Den ersten Teil seines »Wassilij Tjorkin« hatte Twardowski während des Krieges geschrieben: das wechselvolle Schicksal eines einfachen Soldaten, ernste und heitere Abenteuer bis vor Berlin, urrussisch in Sprache und Knüttelversen. Ungeheuer populär. 1963 ließ Twardowski seinen nunmehr den Heldentod für die Sowjetunion gestorbenen Tjorkin ins Jenseits einziehen. Dort alles wie auf der Erde: Bürokratie, Geheimpolizei, Kontrollen, Zensur, Denkmäler des Allerhöchsten. Der verdiente Soldat Tjorkin war natürlich im sozialistischen Paradies gelandet – zu seinem großen Bedauern. Denn im kapitalistischen Jenseits herschte verderbtes und vergnügtes Lotterleben, so richtig westliche Dekadenz. Für die Bühne hatte Valentin Plutschek das Drama in Versen zur ätzenden Satire auf den Stalinismus, auf seine Überbleibsel in Partei und Bürokratie gemacht. Plutschek war ein Schüler des berühmten Regisseurs Wsewolod Meyerhold, den Stalin hatte ermorden lassen. Nach dem Tod des Diktators schreckten Zensoren der Partei nicht davor zurück, den ideologischen Kampf gegen das Genie Meyerhold weiterzuführen. 1958 kritisierte die Kulturabteilung des ZK eine Artikelreihe, weil er darin als großer Erneuerer idealisiert worden sei. Mitte der sechziger Jahre wurde das Buch »Über das, was geschah« verboten, weil es zuviel von Meyerhold spreche und »die formalistischen Grundsätze« seiner Arbeit in den Himmel hebe. Die Verbotsbegründung blieb geheim. Mit Meyerhold war sein Schüler Plutschek in Ungnade gefallen. Für die ARD berichtete ich am 29. Juni 1966:

»Was sich, als sich der Vorhang für die Schauspieler noch einmal öffnete, in den nächsten Minuten auf der Bühne zutrug, das war eine Demonstration, ein Plebiszit zum jüngsten Kapitel Moskauer Theaterpolitik. … Nach minutenlangen Ovationen für die Schauspieler begannen diese ihrerseits zu klatschen, und im Parkett erhob sich der Autor Twardowski … Der grauhaarige, aber jung und gespannt wirkende Dichter bestieg die Bühne, drückte den Schauspielern die Hand und küßte den Tjorkin-Darsteller herzhaft auf die Wangen. Danach wandte sich Twardowski einer Loge zu und klatschte so lange, bis auch der Regisseuer Plutschek, der viel befehdete, die Bühne erklomm. Jubelnder Aufschrei brauste durchs Theater: Autor und Regisseur lagen sich in den Armen … Das Gewerkschaftskomitee hat angekündigt, es werde die Programmgestaltung in Zukunft entscheidend mitbeeinflussen. Man darf gespannt sein, ob ›Tjorkin im Jenseits‹ noch einmal dabei ist …« Er war es nicht.

Wenig später hatte Lew Kopelew eingeladen; in jenen Tagen durfte der Germanist noch lehren. Seine Studenten der Theaterwissenschaftlichen Fakultät würden Ausschnitte aus Stükken von Majakowski und Soschtschenko, Höhepunkte der sowjetischen Satire zu Beginn der zwanziger Jahre, auf die Bühne bringen. Titel: »Das Lachen der Väter«. Vorzüglich war das, spritzig, pointenreich. Irgendein Gremium würde entscheiden, ob sie vor der Öffentlichkeit spielen dürfen. Sie durften nicht.

»Dichter tragen ihre Gedichte vor, im Stadion auf offener Bühne!« – Wieder nahm mich, den Neuling, der schwedische Kollege mit. Vollbesetzte Emporen. Auf einer improvisierten Bühne um einen Tisch Jewgeni Jewtuschenko, Bella Achmadulina, etliche andere. Das Publikum ging mit. Vorwiegend Jugend. Nach der Pause, in der sich wohl der eine oder andere ein »Wässerchen« genehmigt hatte, blieb einer beim Deklamieren hängen. Belustigung im Publikum. Eine durchdringende Mächenstimme half aus. Beifall. Die meisten kannten das Gedicht ohnehin auswendig. Zum letzten Mal auch dies.

War das »Tauwetter« definitiv vorbei, die Entstalinisierung zu Ende? Ließ sich das berühmte Rad der Geschichte zurückdrehen? Wie weit? Das waren unsere Fragen im täglichen Lagepuzzle unter Kollegen und befreundeten Diplomaten. Konkurrenzangst gab es nicht. Uns wurde von Tag zu Tag klarer, daß Kunst, Literatur und Publizistik Schauplätze für den Kampf der Macht gegen den Geist und der Partei gegen ihre Kritiker sein würden. Der Preis war hoch: Freiheit oder ideologisches Korsett. Die Folgen unabsehbar. Die drei geschilderten Episoden aus dem Sommer 1966 enthielten alles, was den Kern der wahrhaft epochalen Auseinandersetzung ausmachte.

### *Die Walstatt: Literatur und Publizistik*

Allen Ernstes schien die neue Parteiführung zu glauben, daß sich Ausmaß und Details des stalinistischen Terrors verbergen und verschweigen ließen, wenn die Partei nur allzeit wachsam wäre und die Zensur scharf genug zuschlüge. Das Wissen um den Terror, vor allem darum, wie die Terrormaschine funktioniert hatte, war fragmentarisch geblieben. Chruschtschow hatte auf dem XX. Parteitag nur die Verbrechen Stalins gegen Partei und Staat angeprangert, nicht die grausamen »Säuberungen« der Jahre 1937/38, denen einfache Bürger millionenfach zum Opfer gefallen waren. Das hatte ein eigenartiges Klima zur Folge.

Der erste Versuch einer Bestandsaufnahme durch Robert Conquest, »The Great Terrorr«, erschien 1968 in London, Alexander Solshenizyns »Archipel Gulag« (der erste Band) Ende Dezember 1973 in Paris, also beide nicht in der Sowjetunion. Einzelschicksale waren natürlich auch in der Sowjetunion bekannt geworden, allein durch die große Zahl betroffener Familien, obwohl Heimkehrer aus den Lagern in der Regel zum Schweigen verpflichtet worden waren. Das erste literarische Zeugnis über den Gulag, »Ein Tag im Leben des Iwan Denissowitsch« von Solshenizyn, war zwar schon 1962 erschienen, gab aber noch keinen Einblick in den Umfang des Terrorapparates. Ein düsterer Schleier tragikumwitterter Geheimnisse lag auch für uns Korrespondenten über weiten Strecken der sowjetischen Vergangenheit. Fragen waren zu stellen, auf die es keine Antworten gab. Oder es bedurfte vieler Jahre, mehrerer Jahrzehnte gar, ehe eine Antwort möglich war, wie im folgenden geschildert.

# Stalins Mordmaschine am Beispiel des Wsewolod Meyerhold

## *Die Geheimnisse der Okada Joschiko*

Im Frühjahr 1967 traf ich auf dem Hof unseres Ausländergettos einen japanischen Kollegen. Er war irritiert. In Tokio, so berichtete er, sei die mit Spannung erwartete Autobiographie der in Japan einst berühmten Schauspielerin Okada Joschiko erschienen, die seit längerem in Moskau lebe. Man habe sich von diesem Buch Aufklärung über ihr Schicksal versprochen. Es kursierten Gerüchte, sie habe in einem Spionageprozeß mit anschließendem Straflager schwere Zeiten durchgemacht. Der Autobiographie zufolge arbeitete sie jedoch während des Krieges als Krankenschwester hinter dem Ural. Der Kollege, der mir solches mitteilte, sollte nun die Widersprüche aufklären und seiner Zeitung in Tokio eine Geschichte liefern. Was aber war die Wahrheit? Wer außer der Betroffenen selbst war in ihrem Besitz? Oder durfte nicht einmal sie die ganze Wahrheit kennen? Okada Joschiko gab keine Interviews.

Hier müssen wir einen großen Sprung machen auf die Insel Sachalin in den neunziger Jahren. In ihrer Hauptstadt Jushno-Sachalinsk schnüffelte ich in einem Zeitungsladen und las mich an einer Magazingeschichte fest. Es war ein russisches Magazin für japanische Leser, die Story aus der Feder eines russischen Journalisten. Je länger ich las, um so deutlicher tauchte Erinnerung auf, Erinnerung an einen japanischen Kollegen in Moskau, der über etwas schreiben sollte, wovon er beim besten Willen nichts wissen konnte. Wie sich herausstellte, war allein schon die Sache, selbst nach damaligen Verhältnissen, schlechterdings unvorstellbar.

*Was ich las ...*

Okada Joschiko, eine berühmte und außerordentlich populäre Schauspielerin im Japan der dreißiger Jahre, verliebte sich unsterblich in den Regisseur Rokichi Sugimoto. Dieser war KP-Mitglied und übersetzte auch russische Lyrik. Die herrschenden Militärs durchkreuzten die Theaterpläne der beiden. Sugimoto wollte daher nach Moskau emigrieren, bei Wsewolod Meyerhold arbeiten, dessen avantgardistische experimentelle Inszenierungen Furore machten. Er überredete die Geliebte, mit ihm zu gehen. Nur sie, die berühmte Joschiko, konnte auch die Flucht über die japanisch-sowjetische Grenze organisieren. Die Grenze verlief damals mitten durch die Insel Sachalin am 50. Breitengrad. Sie war das Ergebnis der Niederlage des Zaren im Russisch-Japanischen Krieg 1905. Truppenbetreuung war das Zauberwort. Um die japanischen Grenztruppen zu besuchen, durften beide zum Jahreswechsel 1937/38 nach Sachalin. Auch eine Schlittenfahrt direkt an die Grenze wurde genehmigt. Am 3. Januar 1938 sprang Sugimoto plötzlich aus dem Gefährt, riß Joschiko mit sich. Keuchend stapften sie durch hohen Schnee zu einem sowjetischen Grenzposten, ehe die japanischen Begleiter an ihre Gewehre kamen. Die sowjetischen Posten kochten Tee, Sugimoto war beglückt, sang russische Lieder, Joschiko bekam Angst, Todesangst.

Schon in den ersten Verhören wurde ihr vorgeworfen, sie und Sugimoto hätten ein trotzkistisches Spionagezentrum in Moskau verstärken sollen. Sie verstand nichts. Trotzkisten? Spione? In Moskau, im berüchtigten Butyrka-Gefängnis, wurde ihr eingebleut, endlich die Wahrheit zu sagen. Ihr Mann habe längst gestanden. Okada Joschiko unterschrieb alles, physisch kaputt, moralisch zerstört. Am 27. September 1939 fiel das Urteil: zehn Jahre Straflager. Gleichen Tages das Urteil gegen ihren Geliebten: Tod durch Erschießen. In den sowjetischen Akten wird er aus unbekannten Gründen als Josimasa Joschida geführt.

Okada Joschiko, die gefeierte Schauspielerin, war alsbald in der kollektiven Verlassenheit des Archipel Gulag verschwunden. »Eine Perle, die in den Mist gefallen war«, erinnerte sich ein Mitgefangener. Tagsüber habe sie in ihrer unvergleichlichen Art Hoffnung ausgestrahlt, nachts still geweint. Ende 1947 wurde sie entlassen, eingewiesen ins Moskauer Ausländerhotel »Lux«. Wieder hatte sie etwas unterschrieben. Das Versprechen, über Prozeß und Lager zu schweigen. Die Hölle zu verschweigen. Ihr zweites Leben zu verschweigen.

Ein Moskauer Verlag gab ihr Übersetzungsarbeiten. Sie heiratete einen ehemaligen japanischen Kriegsgefangenen, absolvierte das Theaterinstitut in Moskau und schaffte der Magazin-Geschichte zufolge, was ihrem Geliebten einst vorgeschwebt hatte: in einem Theaterstück in Moskau Regie zu führen.

### *Was der Historiker fand …*

Auch der amerikanische Historiker John J. Stephan stieß bei seinen Recherchen auf die beiden Japaner. John Stephan hat sich als Autor einer umfassenden Geschichte des russischen Fernen Ostens wie auch der Insel Sachalin einen Namen gemacht. Sein Buch »Sachalin. A History« erschien 1971. Das ehemalige sowjetisch-japanische Grenzgebiet am 50. Breitengrad quer durch Sachalin wird darin als Wald- und Sumpfgebiet von beängstigender Verlassenheit beschrieben. Handenzawa hieß der letzte japanische Weiler vor der Grenze. Sie wurde nur selten von Postboten und Rentierherden überquert. John J. Stephan dann wörtlich: »Der bei weitem sensationellste Grenzübergang ereignete sich am 3. Januar 1938, als die berühmte, 36 Jahre alte Schauspielerin Okada Joschiko und ihr prominenter Liebhaber Sugimoto Rokichi, ein Regisseur im proletarischen Theater, ihren Pferdeschlitten verließen, nahe Handenzawa zu Fuß durch den Schnee flohen und in den Wäldern auf sowjetischer Seite verschwanden.« Dazu dann diese Fußnote: »Okada und Sugimoto haben erfolgreich in der UdSSR um Asyl nachgesucht und lebten viele Jahre in Moskau.«

Man höre und staune. Die Quelle für das imaginäre Happy-end war eine japanische Quelle: Hokkaido shimbunsha, ed., Hokkaido hyakunen, III, Saporro, 1968.

Offenkundig hat sich die japanische Version vom glücklichen Refugium der beiden in der Sowjetunion auf die hier erwähnte, 1967 erschienene Autobiographie der ehemaligen Schauspielerin gestützt – auf eine erfundene Biographie

Warum hat Okada Joschiko sie überhaupt verfaßt? Ist sie vom KGB erpreßt worden, damit sie eine neue, ihre dritte Existenz in Moskau beginnen konnte? Tat sie es, wiederum auf Drängen des KGB, um den Gerüchten in Japan ein Ende zu setzen? Daß ihre Autobiographie für die Sowjets im Kalten Krieg von Nutzen war, zeigt die fromme Legende im japanischen Echo. Oder schrieb eine gequälte Frau das Buch aus quasi freien Stücken in der totalen Bewußtseinsspaltung?

### *Was die Recherchen über Meyerhold bestätigen …*

Der Weg der zwei Japaner durch die Folterkammern der Stalintyrannei ist authentisch und belegt. In den Protokollen der Verhöre Meyerholds werden beide erwähnt, vor allem er, Sugimoto. Der Zeitpunkt ihrer Flucht aus Japan in die Sowjetunion war fatal: Die Jahre 1937/38 waren Höhepunkte des Terrors: Rekordzahlen an Säuberungen, Schauprozessen, Todesurteilen.

Die Parteizeitung »Prawda« eröffnete im Dezember 1937 die Treibjagd auf Meyerhold mit dem Vorwurf, er »entstelle« in seinen Inszenierungen Puschkin. Im Januar 1938 verfügte die Regierung die Schließung des nach ihm benannten Theaters. Stalin wollte ihn unter allen Umständen beseitigen. Der Theaterdirektor war stark, intelligent, populär, unabhängig, ein Individualist, ein Künstler von internationaler Prominenz, wiewohl Parteigänger der Diktatur des Proletariats seit der

Oktoberrevolution. Gravierend überdies für Stalins Haß: Meyerhold war Jude. Allerdings hatte er, Sohn einer deutschen Mutter, dem Judentum abgeschworen.

Tragisch, fast surrealistisch berührte sich das Schicksal des japanischen Regisseurs mit dem des Moskauer Theaterdirektors. Dem NKWD (Vorläufer des KGB) kamen die Japaner gerade recht für den Meyerhold-Prozeß. Das Besondere am Terror Stalins bestand ja gerade darin, daß auf jeden Zusammenhang von Schuld und Sühne verzichtet wurde. Die Delinquenten waren Material, das in eine vorausbestimmte Rolle zu pressen war. Josimasa Joschida – alias Rokichi Sugimoto – sollte Meyerhold belasten. Also behauptete der Ankläger, Joschida habe sich vor seinem illegalen Grenzübertritt dem japanischen Geheimdienst verpflichtet und der habe ihm die Weisung erteilt, in Moskau mit Meyerhold, einem Trotzkisten, Kontakt aufzunehmen und unter dem Schutz dieses einflußreichen Theatermannes Attentate gegen hohe Partei- und Regierungsfunktionäre in Moskau zu verüben.

Mit letzter Energie, befeuert von seinem Gewissen, wies Josimasa Joschida alle gegen ihn erhobenen Anklagen zurück und erklärte: »Ich bekenne mich schuldig, den Namen Meyerhold überhaupt genannt zu haben.« Das Todesurteil erging ohne Möglichkeit des Einspruchs.

### *Ermittlungen zu Meyerholds Tod*

Die gängigen Nachschlagewerke gaben Meyerholds Todesdatum lange entweder falsch an, oder sie ließen es offen. Seine Mörder haben viel getan, um die Spuren ihrer Untat zu verwischen. Bis zum heutigen Tage kann, soweit ich sehe, niemand sagen, wo seine sterblichen Überreste verscharrt wurden. Der Theaterkritiker Matzki hat die Untersuchungsprotokolle einsehen können und ermittelt, daß Meyerhold am 2. Februar 1940 erschossen wurde. Mit seinen Recherchen wollte er im Jahre 1990 den 50. Todestag des Theatermannes würdigen.

Im Juni 1939 war Meyerhold verhaftet worden. Anlaß war eine Allunionskonferenz der Regisseure, auf der Meyerholds Auftritte noch einmal Beifallsstürme auslösten. Kühn, selbstmörderisch waren seine Worte: »Ich für meinen Teil finde das, was gegenwärtig in unseren Theatern geleistet wird, erbärmlich und erschreckend. Ich weiß nicht, ob es Antiformalismus oder Realismus oder Naturalismus oder irgendein anderer ›Ismus‹ ist, ich weiß nur, daß es geistlos und schlecht ist.«

Die Vernehmungen waren grausam, physisch wie psychisch vernichtend. Meyerhold unterschrieb, phantasierte, denunzierte, log, klagte Molotow in einem Brief die Schmerzen der Folter. Als die Verhöre zu Ende waren, kehrte seine Energie zurück. Meyerhold widerrief die Geständnisse. Umsonst. Der Widerruf hätte ihn auch früher nicht gerettet. Stalin wollte das Opfer. Dieses. Und Stalins Haß kannte keine Schranken. Während Meyerhold in Untersuchungshaft war, wurde seine Frau, die Schauspielerin Sinaida Raich, auf bestialische Weise ermordet. Ein Auftragsmord. Niemand zweifelte. Am 1. Februar 1940 wurde das Todesurteil gegen Meyerhold verhängt und einen Tag später vollstreckt.

Erst im Dezember 1988 teilte das Militärkollegium des Obersten Gerichts der UdSSR der Enkelin Wsewolod Meyerholds mit, daß die seinerzeitigen Anschuldigungen gegen den Theaterdirektor falsch und unbegründet gewesen seien. Ein kaltes, gefühlloses Schreiben, wie üblich ohne einen Hauch des Bedauerns. Aber es enthiel eine komprimierte Urteilsbegründung: Meyerhold sei seit 1923 Trotzkist gewesen, ab 1930 Anführer einer antisowjetischen trotzkistischen Gruppe, für England und Japan habe er Spionage betrieben. Alles erlogen.

Wahr ist, 1923 feierte Meyerhold ein Theaterjubiläum. Er erhielt viele Glückwünsche, auch Trotzki gratulierte, der Volkskommissar für Auswärtiges und Krieg. Zum Dank widmete Meyerhold dem »ersten Soldaten« der Roten Armee eine Theaterinszenierung. Seinerzeit politisch korrekt, später eine Todsünde. Damals lebte Lenin noch, und Lenin hielt große Stücke auf Trotzki. Über sein Verhältnis zu den Genossen an der

Spitze von Partei und Staat sagte er einmal: »Sie lügen viel, und wie es scheint, besonders viel über mich und Trotzki.« (Matzki)

Der »Fall« Meyerhold konnte im wesentlichen aufgeklärt werden. Er war zwar einer von Hunderttausenden, aber er betraf das Schicksal eines Prominenten. Und die vielen anderen?

Tamara, die Witwe meines russischen Freundes und Journalisten Juri Bragin, zu dem der Kontakt in Moskau auch unter schwierigen Bedingungen nie abriß, zeigt mir eines Tages das Schreiben der Rehabilitierung ihres Vaters. Rehabilitierung? »Unter falscher Anklage verurteilt«, das war alles. Kein Bedauern, kein Mitgefühl. Tamara zeigt mir auch ein verblichenes Foto ihres Vaters: ein offenes, jungenhaftes Gesicht. Er war Offizier gewesen. 1938 holten sie ihn ab im Zusammenhang mit der sogenannten Tuchatschewski-Affäre, den Säuberungen des Offizierskorps der Roten Armee. Warum? Er ward nie wieder gesehen. Niemand hat Auskunft gegeben, wohin sie ihn geschafft, wann, wo und wie sie ihn beseitigt haben. »Ich starre in ein schwarzes Loch«, hat Tamara gesagt. Sie selbst hat überlebt, weil ihre Mutter mit ihr sofort zu Verwandten in ein fernes Dorf geflohen ist. Anderfalls wäre die Mutter im Gulag, sie selbst in einem Waisenheim gelandet.

Millionen Sowjetbürger haben in das schwarze Loch gestarrt oder stehen wie Tamara noch immer ohne Antwort vor den Tragödien ihres Lebens. Das schwarze Loch. Ein erschütterndes Wort. Qual ohne Ende. Damit konnte das Land nicht leben, ohne an der Seele Schaden zu nehmen. Es konnte so nicht leben, jedenfalls nicht, solange es die Generation der Betroffenen gab.

Wir haben, als Juri Bragin noch lebte, oft darüber gesprochen, warum keiner der Richter, Henker, Staatsanwälte und Vernehmungsoffiziere des KGB je zur Rechenschaft gezogen wurde, obwohl doch die Namen bekannt waren und viele von ihnen noch lebten. Es blieb bei der Frage. Tamara und Juri meinten, noch wichtiger sei es, die ganze Wahrheit über die Stalin-Zeit zu erfahren, die Hintergründe zu erklären, die den

Massenterror überhaupt möglich gemacht haben, um eine Wiederholung zu verhindern. Dann hätte außer über die Chargen des NKWD auch über das Millionenheer der Denunzianten geredet werden müssen, die Massenbasis des Terrors, und darüber fielen wir in Schweigen.

Offenbar war die Partei Breshnews arrogant genug, zu glauben, daß sich die Quellen, aus denen sich Erinnerung speist, zuschütten ließen, und Erinnerungen, wenn sie verschwiegen werden, vergessen, mit ins Grab genommen werden.

## *Wider die Kronzeugen*

Einer wie Asyr Sandler hatte schon im Lager darüber nachgedacht, wie er verhindern könne, daß alles Erlebte und Erlittene dem Vergessen anheimfiele. Papier gab es nicht, Bleistifte auch nicht. Geschriebenes wäre ihm ohnehin bei der Filzung am Lagertor abgenommen worden. Es gab aber Zwirn fürs Flicken der Wattejacken. Damit hat Asyr Sandler seine »Notizen« gemacht. Er stammte aus Baku, beherrschte Farsi in Wort und Schrift. Bei Ausbruch des Krieges zog man ihn ein, weil die Abwehr seine Sprachkenntnisse vielleicht einmal brauchen würde. Ein Jahr später, 1942, sperrte man ihn ein, weil er mit seinen Sprachkenntnissen hätte Spitzeldienste leisten können. Im Straflager an der Kolyma war ihm eine Erzählung von Jack London eingefallen, in der ein alter Indianer wichtige Vorgänge in Knoten und Knötchen festhält. Asyr tat genau das, puzzelte sich mit Größe und Abständen der Knötchen im Zwirn ein Alphabet zurecht.

In Magadan, der ehemaligen Gulag-Zentrale am Ochotskischen Meer, lernte ich ihn 1990 kennen. Er zeigte mir das angegraute Knäuel in seiner Wohnung in einem windschiefen Holzhaus. Es hatte ihm die Stichworte für sein Buch »Knötchen zum Erinnern« geliefert. Erst 1988 konnte es veröffentlicht werden.

Auch Andrej Eisenberger durfte seinen verzehrenden

Schmerz nicht mitteilen. Der Vater war deutscher Komintern-Funktionär in Moskau gewesen, ehedem kommunistischer Landtagsabgeordneter in Bayern; wurde verhaftet und ist im Gulag verschollen. So wurde Andrej zum Sohn eines Volksfeindes und in der Logik des Terrors selbst einer. In der Tundra sollte er an Kälte und Hunger verrecken. Eisenberger hatte zum Freundeskreis um Markus Wolf (später Abwehrchef in der DDR) und Konrad Wolf (später Filmregisseur und Präsident der Akademie der Künste der DDR) im Schriftstellerdorf Peredelkino gehört. Im Zentrum dieses Kreises stand Cilja, die Tochter eines sowjetischen Schriftstellers. Andrej Eisenberger hat es geschafft zu überleben. Wie, das hat er später in seinem Lebensbericht beschrieben, dessen Titel für eine Epoche steht: »Wenn ich nicht schreie, ersticke ich«. Diese »wahre Geschichte von Liebe und Tod« erschien 1994 in Moskau und 1997 in Berlin.

Nichts sollte über die sowjetischen Straflager in die Öffentlichkeit dringen, nichts über Stalins Sklavenhaltergesellschaft und wie sie auf den Knochen von Millionen ihrer Opfer den »realen Sozialismus« errichtete. Mit Schweigen zudecken sollten die Überlebenden die vielen Jahre, die man »die besten« des Lebens zu nennen pflegt. Wie einen Rock sollten auch die deutschen Kommunisten, die aus dem Gulag in die DDR entlassen wurden, ihr Gedächtnis in der Kleiderkammer der Partei abgeben. In oft ungebrochener Ergebenheit gegenüber Stalin haben es viele in der Tat getan.

1990, aus Alaska kommend, entdeckte ich im kleinen Museum von Magadan am Ochotskischen Meer unter rostigen Werkzeugen und abgewetzten Häftlingshabseligkeiten die Rehabilitierungsurkunde des Nathan Steinberger aus Berlin. Ob er wohl noch lebe, fragte ich in meinem Magadan-Bericht im ZEITmagazin. Ich erhielt viele Zuschriften und Anrufe, und seitdem haben wir uns oft in Berlin getroffen, wo Nathan und seine Frau Edith, er vier Jahre, sie sechs vor dem Ersten Weltkrieg, geboren worden waren. Beide kamen aus jüdischen, in deutscher Tradition lebenden Familien. Nathan war im »Jungjüdischen Wanderbund« so jugendbewegt und mit Hermann-Löns-Liedern angefüllt gewesen wie viele seiner nichtjüdischen Altersgenossen. Bei den Rechten waren Juden nicht gelitten. Also gab es für ihn als Pennäler nur zwei Möglichkeiten: links oder zionistisch. Er wählte den Weg über den Sozialistischen Studentenbund in die KPD. Edith traf er dort.

1932 bekam Nathan das Angebot, als wissenschaftlicher Mitarbeiter an das Agrarinstitut der Komintern (Kommunistische Internationale) nach Moskau zu gehen. Zu verlockend, um nein sagen zu können. Edith schloß sich ihm begeistert an. Die Machtergreifung der Nazis 1933 warf schwere Schatten. Die Steinbergers verloren die deutsche Staatsbürgerschaft, waren über Nacht vogelfrei. 1935 verlor Nathan auch den Job, wegen trotzkistischer Jugendsünden. Wer ihn denunziert hatte, weiß er nicht. 1937 wurde er verhaftet, verurteilt, im Viehwaggon nach Wladiwostok, im Dampfer nach Magadan und weiter in ein Bergwerk im Gebiet der Kolyma verfrachtet.

Ein Intellektueller von zierlicher Gestalt und kleinem Wuchs. Neun Jahre Straflager unter unsäglichen Bedingungen und noch einmal neun Jahre Verbannung hat er überlebt. Wie? Trocken seine Antwort: »Wie einer, der die Marneschlacht überlebt hat, durch Zufall.«

Edith blieb mit ihrem zweijährigen Kind in Moskau, ohne jeden Schutz, verlassen auch von den alten Genossen, die sie und Nathan prompt aus der KPD ausschlossen. Nathan sagte über den in Moskau neu gebildeten KPD-Vorstand unter Wilhelm Pieck und Walter Ulbricht: »Sie hatten die Befehle des NKWD auszuführen und taten dies ohne Widerspruch. Sie sahen tatenlos zu, wie Tausende der aktivsten, von den Nazis ins Exil getriebenen Antifaschisten verhaftet, in die Gulaglager getrieben oder liquidiert wurden. Die vom NKWD geforderte förmliche Zustimmung zu allen gegen deutsche Kommunisten verübten Repressalien wurde vom Parteivorstand getreulich erteilt.«

Die Dezimierung der in die sowjetische Emigration geflüchteten KPD-Kader bewertet Steinberger als Rache Stalins für die 1933 in Deutschland erlittene Niederlage der Kommunisten. In einem Interview wies er darauf hin, es habe bei der Verfolgung deutscher Antifaschisten in der Sowjetunion eine regelrechte Arbeitsteilung zwischen Gestapo und NKWD gegeben, und wahrscheinlich seien durch Stalins Säuberungen mehr KPD-Funktionäre umgekommen als in Hitlerdeutschland.

1941 wurde auch Edith abgeholt – in die Kohlengruben von Karaganda, Kasachstan. Russische Freunde nahmen die kleine Tochter auf. Ab 1952 durfte Edith in Magadan mit Nathan die Verbannung teilen. Nach dem Machtantritt Chruschtschows hätten beide entlassen werden sollen. Aber die Sowjetbehörden wollten »auf jeden Fall verhindern, daß ein ehemaliger Gulag-Häftling ins kapitalistische Ausland gelangte, um das Geheimnis des Lagersystems nicht zu gefährden«. Wilhelm Pieck, so Nathan Steinberger, sei der einzige im SED-Politbüro gewesen, der sich für die Heimführung der aus der Verbannung entlassenen Deutschen eingesetzt habe. Ulbricht hingegen habe die Furcht geplagt, »die Rückkehrer könnten durch Offenlegung ihrer Kenntnisse und Erfahrungen vom realen Sozialismus die Autorität der Sowjetunion herabsetzen und die Glaubwürdigkeit der eigenen Propaganda erschüttern«. Der Kalte Krieg lief auf Hochtouren. Nicht wenige europäische Intellektuelle glaubten damals, Art und Umfang der politischen Straflager Stalins seien nicht hinreichend geklärt, um ein Urteil abgeben zu können.

1955 durften die Steinbergers ziehen. Nach Hause? Berlin zernarbt, noch ohne Mauer zwar, aber geteilt. Die Familie in alle Winde zerstoben, viele Angehörige ermordet, vergast. Die Steinbergers vereinsamten. Schweigegebot hatte die SED ihnen auferlegt. Kaum einer der alten Genossen und Freunde wollte wahrhaben, was Nathan und Edith in vertrautem Kreis zu berichten wußten.

Nathan Steinberger hatte sich der kleinen jüdischen Gemeinde in Ostberlin angeschlossen und war im Gefolge des israelisch-ägyptischen Sechstagekrieges 1967 plötzlich ein »Zionist«. Im gesamten Ostblock löste der Sechstagekrieg eine neue Welle des Antisemitismus aus. Auf Steinberger wurden IM der Stasi angesetzt. Sie sollten ihn der zionistischen Propaganda, der feindlichen Tätigkeit im Sinne des § 106 (»staatsfeindliche Hetze«) überführen. Nach 19 Jahren Lager und Verbannung nun das. Irgendwann ließen die Häscher ab. Er erfuhr es später.

Warum sie nicht sofort in den Westen gegangen sind? Weil sie zunächst an die weiterwirkende Kraft der Entstalinisierung Chruschtschows glaubten, auch wenn ihnen nach dem Ungarnaufstand 1956 die Stalinisten in der DDR sagten: Seht ihr, das hat er jetzt davon. Der zweite Grund, warum sie nicht »türmen« wollten: Die Tochter studierte in Moskau. Frontwechsel der Eltern hätte ihr Verderben bedeutet. Unentwegt kreisten Ediths und Nathans Gedanken um Stalin und sein wahres Verhältnis zum Sozialismus. Edith erinnerte sich daran, wie sie nachts auf der Pritsche lag, im Lager in Karaganda, und die Freundin neben ihr in die Stille der Nacht wisperte: »Hast du dir den Sozialismus so vorgestellt?« Nathan kann sich noch heute in zornige Erregung reden über die ungeheuere Lüge vom Sozialismus in der Sowjetunion, wie Stalin die These vom »Sozialismus in einem Lande« ausgerechnet im unterwickelten Rußland erfand, wie er damit Trotzki beseitigte, die Bürokratie hochpäppelte und als erste die Bauern zu Sklaven machte. »Und dann, vergiß nicht«, Nathan, der über Neunzigjährige, sagt es mit grimmigem Zorn in Blick und Stimme, »die verbrecherische Rolle der Komintern! Alle Kommunistischen Parteien machte sie Stalin untertan.« Nathan erinnert sich einer Konferenz für Kominternmitarbeiter 1935 in Moskau: »Plötzlich wurde uns gesagt, streng geheim, nicht Hitler ist der ärgste Feind der Sowjetunion, sondern England. Wir waren sprachlos. Aber keiner stellte Fragen. Alle hatten Angst. Mich befiel eine fürchterliche Ahnung.«

Ich weiß nicht, ob und wie die Steinbergers in den fünfziger Jahren in die Bundesrepublik gepaßt hätten. Die Rückkehr alter Nazis in Amt und Würden war Tatsache, keine Propaganda. Eine 1951 verabschiedete Änderung des politischen Strafrechts hatte ausschließlich antikommunistische Stoßrichtung. 1956 wurde die KPD verboten und eine Fülle von Vorschriften zur Kriminalisierung jeder Art prokommunistischer Meinungsäußerungen und jedweder kommunistisch erscheinenden Organisationsarbeit erlassen. Die rechtsstaatliche Fragwürdigkeit der neuen politischen Strafgesetzgebung in der Bundesrepublik blieb in der Öffentlichkeit lange unbemerkt. Kritisches Umdenken führender Juristen setzte erst Mitte der sechziger Jahre ein.

Nathan hätte den Bürgern der Bundesrepublik viel zu sagen gehabt. Deutscher Jude, Kommunist, Opfer von Faschismus und Stalinismus – das sind gebündelte Erfahrungen des Jahrhunderts.

Edith ist im Jahre 2001 gestorben. In ihrer trockenen Berliner Schnodderigkeit hat sie mir auf die Frage nach ihrer Lebensbilanz einmal gesagt: »Hitler und Stalin überlebt zu haben – is det nischt?« Sie konnte alles auch ernster sagen. Nichts haßte sie mehr als den Haß. Für Judenhasser war sie Jüdin, für Kommunistenhasser Kommunistin, für Deutschenhasser eine Deutsche.

### *Der Zensor als Meinungsforscher*

Am 18. August 1966 war ein neues Zensurgesetz verabschiedet worden. Ich erinnere mich nicht, den Vorgang registriert zu haben. Die Hauptverwaltung zur Wahrung von Staatsgeheimnissen in der Presse – oberste Zensurbehörde – sollte ab sofort dem Ministerrat direkt unterstellt werden. Bis dahin war sie dem Ministerrat nur indirekt über ein Pressekomitee verantwortlich.

Ein Gerangel von Bürokraten also. So schien es. In Wirklichkeit hatte das Gesetz in fundamentaler Weise mit dem Ende von Entstalinisierung und »Tauwetter« zu tun. Einen »Meilenstein« in der Geschichte der sowjetischen Zensur hat es die russische Historikerin Tatjana Gorjajewa genannt. Damit wurde die bisherige Zensurbehörde, die gemeinhin unter

Schriftstellern als eine Ansammlung des Lesens und Schreibens unkundiger Bürokraten galt, in ein »Analysezentrum« mit beratender Funktion für das Zentralkomitee (ZK) der Partei umgewandelt.

Sprawkas (Auskunft, Ermittlung, Mitteilung) wurden zum Vehikel der Kommunikation zwischen Zensurbehörde und ZK. Dutzende dieser analytischen Befunde der Literatur und Publizistik, die den Stempel »geheim« trugen, vermittelten dem ZK eine Vorstellung von Ausmaß und Umfang des nichtkonformen oder gar oppositionellen Denkens. Aus dem Blickwinkel der Zensoren waren Bilder vom gesellschaftlichen und intellektuellen Leben mit »falschen« Vorzeichen entstanden. Tatjana Gorjajewa gibt der Summe dieser Bilder den Rang einer geheimen, geheimgehaltenen Geschichte des Landes in einer aufgewühlten Entwicklungsphase.

Die erste Sprawka der Zensoren datierte vom 15. März 1967 und befaßte sich mit den Eingriffen der Zensur im vorangegangenen Jahr 1966. Für den Befund des Denkens in der poststalinistischen Intelligenz höchst aufschlußreich, welches Spektrum politischer Themen die Autoren in ihren Manuskripten ausgebrütet hatten. Es waren für die Sowjetunion die zentralen Themen der Epoche.

Vor einem breiten Leserpublikum stritten und bekämpften sich in einem ungleichen Kampf die Zeitschriften »Nowyj Mir« mit ihrem Chefredakteur Twardowski und »Oktjabr« (Oktober) unter dem Chefredakteur Kotschetow, einem Stalinisten (ohne Einschränkung). Die 1925 gegründete Literaturzeitschrift »Nowyj Mir« forcierte die Aufarbeitung der Vergangenheit, wann immer möglich, und war tonangebend bei der Vorbereitung von Artikeln über Fakten und Folgen der Stalinherrschaft. Das Paradox: »Nowyj Mir« bewegte sich mithin auf der Linie des XX. Parteitags – der ja nicht widerrufen worden war –, entsprechend vertrat »Oktjabr« eine »parteifeindliche« Linie, denn sie wollte Stalin kein Haar krümmen. Zum 40. Jahrestag von »Nowyj Mir« hatte Twardowski noch warnend, aber nicht ohne Hoffnung geschrieben: »Der Leser will und braucht die volle Wahrheit über das Leben. Er braucht sie zum Leben.« Im Februar 1970 mußte er als Chefredakteur zurücktreten – trotz einer Eingabe von Autoren an Breshnew. »Oktjabr« aber und die ihm verbundene Komsomol-Zeitschrift »Molodaja Gwardija« verbreiteten weiter ihre neostalinistische Propaganda mit der vollen Unterstützung des Politbüros. Selbst russophil-nationalistische Ansichten kamen zu Wort einschließlich der Meinung, das Sowjetvolk dürfe nicht der westlichen Lust am Konsum verfallen. Solshenizyn sollte sich später genauso äußern.

»Nowyj Mir« mußte die meisten Verbote hinnehmen: mehr als zwanzig Streichungen im Laufe eines einzigen Jahres. Verboten wurde unter anderem ein Aufsatz über das von der Partei so oft verordnete Verschweigen von Namen und Fakten in Geschichte und Geschichtswissenschaft. Die Kritik daran war Häresie, ganz klar; zu Stalins Zeiten lebensgefährlich. Wenn Namen wie »Trotzki, Sinowjew und andere der antileninistischen Opposition nicht genannt werden dürfen«, so argumentierten die Autoren, sei das eine beispiellose Verarmung der Geschichte, mit negativen Folgen selbst für das Studium der Parteigeschichte. Der Aufsatz nahm das Phänomen der »Unperson« aufs Korn, diese geradezu kindische Manie kommunistischer Parteien, eine vom Bannstrahl der Partei getroffene Person aus dem Bewußtsein zu tilgen, indem man so tut, als habe sie nicht existiert. Wenn es nach dem Chefideologen Suslow gegangen wäre, wäre ein Roman über Lenin nur deshalb nicht erschienen, weil sich Lenin und Sinowjew darin mit »Genosse« anreden. Dem späteren Parteifeind Sinowjew, so die Logik Suslows, habe die vertrauliche Anrede nicht zugestanden. Diese Episode ist in der russischen Ausgabe der Memoiren Chruschtschows nachzulesen.

Der Historiker W. Kardin, als »Legendenzerstörer« gerühmt, weil er in einem vor dem rigorosen ideologischen Kurs Breshnews veröffentlichten Aufsatz die Forderung nach Trennung von »Legenden und Fakten« erhoben hatte, wollte eine der gängigsten Mythen sowjetischer Geschichte entlarven: die »Salve der Aurora«, das Bild vom feuerspeienden Panzerkreuzer, der angeblich den Sturm auf das Winterpalais in Petersburg und damit die Revolution entschieden habe. Das Klischee hatte Einzug in die Literatur gehalten, der Panzerkreuzer wurde als Symbol revolutionärer Kraft auf Briefmarken und Souvenirs abgebildet. In Wirklichkeit hatte die »Aurora« eine Platzpatrone verschossen – die zum Sturm angetretenen Soldaten Lenins brauchten ein Signal zum Losschlagen. Keiner hatte eine Uhr.

Ein Teilnehmer des Sturms auf das Winterpalais, der mir 1967 den Hergang berichtete, erinnerte sich überdies, daß Lenin befohlen habe, das Winterpalais nicht zu beschädigen. Eine Schiffssalve hätte keinen Stein auf dem anderen gelassen, sagte der Revolutionsveteran.

Die Zerstörung von Legenden wurde der Ketzerei gleichgesetzt, weil sie als Auftakt zu einem radikalen Aufräumen mit Geschichtsklitterungen und Fälschungen aller Art gelten mußte, zugleich als Beginn einer neuen, der Wahrheit verpflichteten Geschichtsschreibung. Die Rechtfertigung des Zensors für seinen Eingriff in bezug auf die »Aurora« war denn auch entlarvend: Es handele sich um eine »allgemein anerkannte Einschätzung eines historischen Ereignisses«.

Andere verbotene Texte boten weit mehr Sprengstoff, das Schicksal der Verteidiger der sowjetischen Grenzfestung Brest zu Anfang des Zweiten Weltkrieges zum Beispiel. Es war Gegenstand verklärender Heldenverehrung geworden. Nun aber wurden Fragen gestellt: Warum standen die Verteidiger von Brest auf verlorenem Posten? Wie war die sowjetische Armee vorbereitet auf den deutschen Überfall? Wer ist schuld an den Verlusten und Niederlagen bis vor den Toren Moskaus? Stalin kam ins Visier. Darum glaubte die Zensur selbst gegen einen so populären Autor wie Konstantin Simonow einschreiten zu müssen und stufte dessen autobiographischen Erlebnisbericht »Hundert Kriegstage« als schädlich ein.

Als Soldat hat Simonow den katastrophalen Kriegsbeginn miterlebt. Er war überaus beliebt, sein Gedicht »Shdi menja – Warte auf mich« kannten alle Rotarmisten auswendig. Simonow sah in Stalins blutigen Säuberungen des Offizierskorps 1937/38 den wichtigsten Grund für die Verluste, für das Chaos der ersten Kriegsmonate und den Rückzug der Roten Armee. Die fähigsten Militärs, darunter Marschall Tuchatschewski, hatte Stalin damals umbringen lassen. Simonow ging einen Schritt weiter. Er stellte die Kernfrage: Wie ist es um die Verantwortlichkeit einer Gesellschaft bestellt, die zuviel Macht in die Hände eines einzelnen legt.

Das Veto gegen Simonows Tagebuch über die ersten hundert Kriegstage hatte ein Nachspiel, und zwar in der Bundesrepublik Deutschland. Beinahe komisch: Die sowjetische Zensur drückte den Stempel »Geheim« auf deutsche Zeitungsberichte, damit niemand in Moskau sie lese. Wie auch. Simonow war in West-Berlin mutig auf das Verbot seines Berichts eingegangen. In der Sprache der Zensoren: Er hat der »reaktionären bourgeoisen Propaganda die Möglichkeit für eine antisowjetische Kampagne gegeben«. Die »Nürnberger Nachrichten« und »Die Welt« standen am Pranger.

Buchprojekte mußten, der ersten Sprawka zufolge, in großer Zahl »überarbeitet« werden. Epochale Themen darunter, zum Beispiel Vertreibung und Flucht der Kalmücken aus ihren angestammten Wohngebieten. Ihnen wie vielen anderen nichtrussischen Völkern hatte Stalin Kollaboration mit dem Feind vorgeworfen. Sie wurden grausam bestraft. Das Buch enthalte Schilderungen in epischen Dimensionen: Frauen, die ihre Säuglinge wegwarfen, sich selbst ins Meer stürzten; Kinder barfuß im gefrorenen Frühjahrsmatsch am Verhungern. Auch ein Buch über das Schicksal sowjetischer Soldaten und Offiziere, die in deutsche Kriegsgefangenschaft geraten waren, wider alle Regel überlebt hatten, aber nach dem Kriege auf Stalins Befehl zu Straflager verurteilt wurden, verfiel der Ablehnung.

Eine Publikation mit dem Briefwechsel zwischen Maxim Gorki und Romain Rolland hatte von vornherein keine Chance, veröffentlicht zu werden. Gorki verurteilte darin den russischen Marxismus als »dogmatisch, als kirchengleiche Orthodoxie« und beschuldigte »die Führer der Revolution, die moralischen Werte Menschlichkeit, Freiheit und Wahrheit ihren politischen Interessen geopfert zu haben«.

Die Zeitschrift »Freundschaft der Völker« wollte einen Roman (»Waggon« von W. Ashajew) abdrucken, der die Gründe für die Massenverfolgungen nach der Ermordung des Leningrader Parteichefs Kirow 1934 analysierte. Der Roman unterstelle, hieß es in der Sprawka, daß die Ermordung Kirows von Stalin als Auftakt für die Säuberungen großen Stils im Funktionärsapparat der Partei veranlaßt worden sei. Er unterstelle weiterhin, daß die Massenverfolgungen und Prozesse gegen »Volksfeinde« vor allem deshalb organisiert wurden, um billige Arbeitskräfte und Spezialisten für die Förderung der Bodenschätze Sibiriens zu bekommen. Zurück an den Autor.

Ursprünglich hätte es im Staat der Arbeiter und Bauern Zensur gar nicht geben sollen. Noch 1923 war sie in einem Entwurf für ein Pressegesetz nicht vorgesehen. Trotzdem senkten sich bald danach die dunklen Lügengewebe über das Land. Offiziell hieß es, es gebe keine Zensur. In Wirklichkeit wurde kleinlichst zensiert, konfisziert, wurden Autoren reihenweise aus Bibliotheken entfernt. Ein unsichtbarer Reißwolf zog seine Spuren durchs Land. Es ging um die Herrschaft der Partei über das Denken der Sowjetbürger.

## *Das Schwellenereignis*

Zu Beginn des Jahres 1966 standen die Schriftsteller Sinjawski und Daniel vor Gericht. Sie waren angeklagt, unter Pseudonym im Ausland, in Paris, publiziert zu haben. Es gab zwar kein gesetzliches Verbot, aber Partei und KGB befanden, es handele sich um ein Verbrechen. Mit wachsender Ungeduld hatten die Organe seit langem versucht zu ermitteln, wie die Manuskripte aus Moskau herausgeschmuggelt worden waren. Schließlich griffen sie in die alte Trickkiste und veranlaßten versteckte Observierungen, Einbrüche in Privatwohnungen, Wanzenlegen, Abhören, Einsätze von Spitzeln und Lockvögeln.

Die Schriftsteller »gestanden« schließlich ihre Pseudonyme. Nichts anderes.

Währenddessen formierten sich Intellektuelle, vorwiegend junges Volk, zum Protest. Sie versammelten sich, nicht nur einmal, um das Puschkin-Denkmal an der damaligen Gorki-Straße und forderten unerschrocken die Freilassung von Daniel und Sinjawski. Dieser offene Protest war, wie einige russische Historiker erklären, nichts weniger als die Geburtsstunde der Bewegung der Dissidenten.

Den Prozeß durften nur Angehörige und ausgesuchte Claqueure im Saal beobachten. Das Plädoyer des Staatsanwalts gipfelte in der Behauptung, die im Westen publizierten Bücher der beiden Schriftsteller seien antisowjetischen Inhalts, in einer Zeit des »verschärften ideologischen Kampfes« stellten die Schriftsteller eine soziale Gefahr dar. Sieben Jahre Straflager für Sinjawski, fünf für Daniel. Ein Strafmaß, so ungeheuerlich wie grotesk. Wellen des Protestes löste es aus, denn noch gab es in der Intelligenzija eine Art »öffentliche Meinung« und Überbleibsel des »Tauwetters«. Die Schwelle zum Eintritt in die Ära Breshnew war nun überschritten. Niemand konnte das übersehen. Als bald darauf in Moskau der XXIII. Parteitag stattfand, hob Leonid Breshnew gegen alle Sympathisanten der Schriftsteller warnend die Faust. Den »Abtrünnigen« seien die Interessen der sozialistischen Heimat nichts wert, wetterte er, es sei deshalb verständlich, daß das Sowjetvolk »mit ihnen verfährt, wie sie es verdienen«.

Einem Literatur-Nobelpreisträger, Michail Scholochow, war das noch immer nicht genug. Der Parteitagsdelegierte und Autor des »Stillen Don« rief das »revolutionäre Rechtsbewußtsein« der ersten Jahren der Sowjetherrschaft an. Er erklärte: »Wenn Leute mit so schlechtem Gewissen (wie Daniel und Sinjawski) in den zwanziger Jahren ertappt worden wären, als man richtete, ohne nach dem Strafgesetzbuch zu schielen, sondern dem revolutionären Rechtsbewußtsein vertraute, läßt sich leicht vorstellen, was man mit ihnen, diesen Falschspielern, gemacht hätte.« Applaus des Parteitages. Im Klartext: Rübe ab!

Der neue bolschewistische Bürgerkrieg war ausgerufen. Und es waren doch kaum mehr als fünf Jahre vergangen, seit ein Gesetz erlassen worden war, daß ein Angeklagter als unschuldig zu gelten habe, solange ihm Schuld nicht nachgewiesen werden kann.

Der Drang des Regimes, ideologische Tatbestände, Abweichungen von den Denknormen der Partei judifizierbar zu machen, manifestierte sich in der Folgezeit immer deutlicher. Gerichtliche Verfolgungen Andersdenkender mehrten und verschärften sich und nicht nur das: Sie sollten den Anschein der Rechtmäßigkeit bekommen. »Die ideologische Diktatur sollte quasi rechtmäßig sein«, formulierte der Historiker Alexander Daniel von der 1991 gegründeten Menschenrechtsorganisation »Memorial« in Moskau. Daniel ist ein Sohn des 1966 verurteilten Schriftstellers Juli Daniel.

Allerdings riefen die ideologisch motivierten Prozesse auch eine neue Klasse von Strafverteidigern auf den Plan. Sie wurden angefeindet, natürlich gewaltig unter Druck gesetzt. Sie hatten auch kaum sichtbare Erfolge für ihre Mandanten. Aber sie waren nicht mehr zu überhören. Sie nahmen den Angeklagten das Gefühl der Verlassenheit. Sie beriefen sich für ihre Mandanten auf die Verfassung. Darin waren festgeschrieben: Redefreiheit, Pressefreiheit, Versammlungsfreiheit, Demonstrationsrecht. Das sollte freilich immer nur gelten, wenn die Partei ihren Segen dazu gab.

Im Januar 1968, zwei Jahre nach dem Daniel-Sinjawski-Prozeß, wurde die neue Rolle mutiger Anwälte deutlich. Angeklagt waren vier Dissidenten: Alexander Ginsburg (31), Journalist, weil er ein »Weißbuch zur Affäre Sinjawski-Daniel« verfaßt und in Umlauf gebracht hatte; Juri Galanskow (28), der illegal die Zeitschrift »Feniks-66« herausgegeben hatte; als dritter Alexej Dobrowolski (29), der Galanskow geholfen hatte; schließlich Vera Laschkowa (21), Schreibkraft.

Deprimierend schon der Auftakt. In einem Bericht vermerkte ich: »Am Vormittag des 8. Januar (1968) fuhr ich zum Stadtgericht in der Kalantschewskaja. Mehrere Milizwagen standen um das schmucklose Gebäude aus gelbem Ziegel. Der Fronteingang war versperrt. Zutritt nur vom Hof her. Auch dort Miliz. In der Vorhalle, die westliche Korrespondenten noch betreten durften, herrschte eine düstere Atmosphäre. Der Gang, der zum Verhandlungsraum führte, war mit einer Bank verbarrikadiert. Miliz hinter der Barrikade, davor Zivilisten, die das Polizeiaufgebot auffällig unauffällig komplettierten. Auf halber Höhe einer Treppe stand ein Mann vom KGB, der die in der Halle Wartenden unablässig fotografierte ...«

Unter den Wartenden beobachtete ich, daß ein hochgewachsener junger Mann Kopien eines Protestschreibens verteilte. Pawel Litwinow, ein Enkel des ersten sowjetischen Außenministers Maxim Litwinow. Ich sollte ihm noch oft begegnen.

Die Zeitung des Kommunistischen Jugendverbandes faßte die Anklage gegen die vier in zwei Punkten zusammen: antisowjetische Propaganda und Verbrechen gegen das Sowjetvolk. Was sich in diesem Prozeß dann abspielte, von vulgären Zwischenrufen aus dem bestellten Publikum, die kein Richter monierte, bis zur Willkür in der Auslegung der Gesetze durch den Staatsanwalt, haben wir später von Dina Kaminskaja erfahren. Sie gehörte zu den Verteidigern – eine hervorragende Juristin, bekannt für die Logik ihrer mitreißenden Plädoyers. Und mutig. In einem politischen Prozeß als echter Verteidiger aufzutreten war ein Akt des Mutes. Die eigene Sicherheit stand auf dem Spiel. Dina Kaminskaja hat mit dem frommen Brauch ihrer Zunftgenossen gebrochen, vor jedem Prozeß Loyalität gegenüber Staat und Partei zu bekunden.

Alexander Ginsburg hätte freigesprochen werden müssen. »Ich habe das Privileg, einen Unschuldigen zu verteidigen«, erklärte sein Anwalt dem Gericht. Es gab kein Gesetz, gegen das Ginsburg verstoßen hätte. Trotzdem fünf Jahre Straflager. Bei Juri Galanskow und damit für seine Verteidigerin Dina Kaminskaja lag die Sache schwieriger. Nach menschlichem Ermessen hatte er zwar nichts Schlechtes oder moralisch Verwerfliches getan, aber er hatte das Gesetz gebrochen. Er hatte mit der damals in Frankfurt/Main ansässigen Emigrantenorgaisation NTS (Narodno Trudowoj Sojus) kooperiert, die den Sturz des Sowjetregimes zum Ziel hatte. Daran kam Dina Kaminskaja nicht vorbei. Sieben Jahre verschärfte Haftbedingungen im Straflager. Der Richter wußte, für Galanskow, der an schweren Magengeschwüren litt, war es das Todesurteil. Alexej Dobrowolski schließlich war eher ein Fall für den Psychiater als für den Staatsanwalt. Im Glauben an die »Gottheit« Stalin war er von seiner Mutter erzogen worden, den Sturz des Abgottes hat er nicht verkraftet. Bald half er der Opposition, bald dem KGB. Zwei Jahre Straflager. Vera Laschkowa kam mit Anrechnung der Untersuchungshaft frei. Als Dina Kaminskaja nach Schluß des Prozesses das Gebäude verließ, standen einige Mädchen blaugefroren vor der Tür – mit Nelken für die Verteidigung.

Proteste über Proteste. Jetzt noch. Auch Louis Aragon, Schriftsteller und ZK-Mitglied der französischen KP, und der Sekretär der britischen KP, John Gollan, protestierten, Verbündete und Freunde immerhin des Breshnew-Regimes. Umsonst. In der Sowjetunion nahm die Angst wieder zu. »Wo denken Sie hin? Ich habe Familie«, sagte einer in Kopelews Bekanntenkreis, als dieser ihn gebeten hatte, eine Petition zu unterschreiben.

Fünf Jahre seiner Strafe hatte Juri Galanskow verbüßt, unter Hunger und unsäglichen Schmerzen, die er in Briefen an Eltern und Familie tapfer herunterspielte – in ihrer Mischung aus Hoffnung und Verzweiflung erschütternde Briefe –, dann wußte er, daß er die restlichen zwei nicht schaffen würde. Er appellierte an das Rote Kreuz, die Eltern an den Obersten Sowjet. Nichts. Bei seiner Anwältin ist nachzulesen: »Am 4. November 1972 war Juri tot, umgebracht. Diejenigen, die Galanskows Leben in der Hand hatten, haben kein Recht zu sagen, er sei an seiner Krankheit gestorben.«

Bürgerkrieg. Oder was sonst?

*Die neuen Dissidenten*

Dissens, das Andersdenken als politisch-ideologischer Widerstand gegen das Regime, hatte es unter sowjetischen Jugendlichen schon einmal gegeben, nach 1945. In der Rückkehr zu Lenin suchten sie damals Erneuerung und Abkehr von Stalin. Das NKWD würdigte sie, um ihnen das Andersdenken zu vergällen, mit der Gründung einer eigenen Abteilung. Was sich dann ab Mitte der sechziger Jahre als Bewegung der Dissidenten formierte, war originär. Gewaltlos sollte der Widerstand sein – für eine oppositionelle Bewegung in Rußland etwas Neues. Es bedeutete, daß Schluß war mit dem Mythos von der alles reinigenden Kraft der Revolution, Schluß mit dem so gern formulierten, wenngleich nicht immer ganz ernst gemeinten Postulat: »revoluziju nado« – Revolution ist nötig! –, um Mißtände abzustellen

Alexander Daniel hebt hervor, daß die Bewegung der Dissidenten anfangs nicht nur ohne jede Verbindung zum Westen, sondern auch ohne jede Kenntnis des europäischen Rechtsdenkens gewesen sei. Trotzdem habe sie die Menschenrechte ins Zentrum ihrer Aktivitäten gestellt. Er glaubt, dies sei für Rußland so etwas wie die »Neuerfindung des Rades« gewesen. Später hat der Historiker von »Memorial« den Schluß gezogen, der Versuch des Breshnew-Regimes, ideologisch motivierte Vorgänge zu judifizieren, das heißt mit dem Schein des Rechts zu kriminalisieren, sei »eine der Ursachen für den Zusammenbruch der Sowjetmacht gewesen«.

In der Tat. Die Sowjetherrscher irrten, wenn sie glaubten, Gedanken und Denken ihrer »Untertanen«, den menschlichen Geist unter Paragraphen des Strafgesetzbuches zwingen zu können. In der zweiten Hälfte des 20. Jahrhunderts war das in einem Land mit starken europäischen Traditionen und sich rasch modernisierenden Kommunikationsmitteln nicht durchzuhalten. Mehr noch.

In der Schlußakte von Helsinki 1974 wurde Breshnews Waffe gegen die Dissidenten gegen ihn selbst gekehrt. Im sogenannten »Korb drei« wurde die Freiheit des Denkens im Katalog der Menschenrechte sogar als internationales Recht verankert. Breshnew unterschrieb die Schlußakte, weil er sie in erster Linie als Garantie des sowjetischen Besitzstandes seit dem Zweiten Weltkrieg betrachtete, als Garantie aller bestehenden Grenzen. Die Folgen der Menschenrechtsgarantien glaubte er ignorieren zu können. Er irrte auch hier. Dissidenten und »Helsinki-watch-groups« beriefen sich fortan auf das Papier. Es war in der »Prawda« veröffentlicht worden. Das Regime stellte die Verfolgung von Dissidenten nicht ein, aber das Thema Menschenrechte hing ihm fortan wie ein Mühlstein um den Hals – bis ein Gorbatschow es einbrachte in seine Politik der Glasnost. In seinen Memoiren zollt er den Dissidenten seinen Tribut: »In gewissem Sinne waren sie es, die die von uns eingeleiteten Veränderungen vorbereitet haben. Wenn auch nicht in den Strukturen, so haben sie doch in den Köpfen ihre Spuren hinterlassen. Darauf konnten wir bauen.«

In den Annalen des KGB ist die Meinung festgehalten, daß Breshnjew mit der Unterzeichnung der Schlußakte von Helsinki den größten Bock seiner Karriere geschossen habe. Angehörige des Geheimdienstes wie auch des diplomatischen Dienstes sahen die Probleme voraus, die ihnen die Dissidenten noch bereiten würden.

Die Zahl der Dissidenten in der ehemaligen Sowjetunion ist nicht zu benennen. Vielleicht waren es ihrer zehn-, zwölftausend, vielleicht mehr. Eine Mehrheit der Bevölkerung glaubte ja auch eher den Organen als den Dissidenten. Sie waren nicht organisiert, und alle Versuche eines Zusammenschlusses scheiterten. Regimegegner wie Lew Kopelew hatten sehr präzise Gründe, sich jedem Organisationsversuch zu entziehen. Unweigerlich werde eine Organisation irgendwann vom KGB unterlaufen, wußte Kopelew aus Erfahrung. Oppositionelle Studenten hatten ihn um Rat gebeten. Er schickte sie nach Hause. Bald darauf bekam er eine Vorladung vom KGB. Vor allem aber wollte sich Kopelew die Freiheit erhalten, im Protest gegen das Regime nur das zu unterschreiben, was er für richtig hielt. Zum Büttel nationalistisch oder rassistisch getönter Petitionen wollte er sich nicht machen. Die Krimtataren, die die Rückkehr in ihre Heimat forderten, waren entschiedene Stalingegner, waren aber auch antirussisch, antiukrainisch, antimoslimisch gestimmt. Die Georgier hatten Dissidenten, aber sie waren auch antirussisch und antiossetisch eingestellt.

Nicht nur Kopelew war sehr umsichtig in seinem Engagement. Einig waren sich »die« Dissidenten im Kampf um die Menschenrechte, gegen das Regime Breshnews. In diesem Sinn waren sie alle gleichermaßen Dissidenten, Andersdenkende – der Physiker Sacharow, der Schriftsteller Solshenizyn, der Germanist Kopelew, der Physiker Pawel Litwinow, der Cellist Rostropowitsch, der Historiker Roy Mewedjew, der Mathematiker Turtschin, der Jurist Tschalidse und viele andere mehr. Aber indem ich diese wenigen aufzähle, wird mir wieder die Breite des Spektrums bewußt, auf dem sie politisch angesiedelt waren. Außer dem »Andersdenken« verband sie das Medium des »Samizdat«, des Selbstverlages, in dem von der staatlichen Zensur verbotene Literatur zirkulierte; oft in dünnen Kopien auf klapprigen Schreibmaschinen vervielfältigt. Eine »Chronik der laufenden Ereignisse« kam Ende der sechziger Jahre hinzu.

Den größten Effekt erzielten die zentralen Figuren der Dissidenten-Bewegung mit Hilfe westlicher Korrespondenten. Was diese berichteten, kam über Kurzwellensender zurück in die Sowjetunion. Sacharow und Solshenizyn wandten sich ab den siebziger Jahren bevorzugt an amerikanische Korrespondenten, weil Englisch die größte Verbreitung sicherte, vor allem, weil die USA als Antipode der Sowjetunion im Kalten Krieg den Anliegen der Dissidenten den größten Nachdruck geben konnten.

Richtungskämpfe gab es unter Breshnew in bescheidenem Maße auch innerhalb der Parteiführung. Sie wurden von den Gegnern einer Rehabilitierung Stalins im ZK wie in den akademischen Beratungsgremien mit größter Vorsicht geführt.

Alexander Jakowlew, seinerzeit Sachbearbeiter im ZK, später einer der engsten Berater Gorbatschows, hat darüber berichtet. Er meint in seinen Memoiren, schon Ende der sechziger, Anfang der siebziger Jahre habe die Partei die Kontrolle über das geistige Leben im Lande verloren. Sie war im übrigen längst zu einem Karriereverein degeneriert. Von den 235 Millionen Einwohnern der Sowjetunion im Herbst 1967 waren nach offizieller Statistik 12,6 Millionen Parteimitglieder. Nur 630000 waren jünger als 26 Jahre, das heißt, ganze 5 Prozent der jungen Leute waren in der Partei. Der Kommunistische Jugendverband fiel in eine andere Kategorie und kann hier außer Betracht bleiben. Schon zu diesem Zeitpunkt war also das Generationsproblem zu erkennen, das am inneren Verfall der Sowjetmacht so großen Anteil hatte. In geheimen Schriftsätzen hatte bereits KGB-Chef Semitschastni Alarm geschlagen, die Jugend sei apolitisch, »nihilistisch«, verdorben von bourgeoisen Einflüssen.

Die Basis der KPdSU, ihre eigentliche Machtbasis, war das Heer der Provinzfunktionäre. Halbgötter ihrem Anspruch nach, von Privilegien verwöhnt und einflußreich in Moskau, widersetzten sie sich jeder Modernisierung mit dem Argument, darüber gehe die Disziplin verloren. Ohne Disziplin keine Erfüllung der Wirtschaftspläne, keine ideologische Zuverlässigkeit.

Walter Wodak, der österreichische Botschafter in Moskau, ein hervorragender Kenner Osteuropas, hat in unseren analytischen Versuchen zur Zeit des Prager Frühlings immer wieder auf die Rolle der Provinzfunktionäre hingewiesen. Er wußte aus einer erstklassigen Quelle, daß die Funktionäre vor allem im europäischen Teil der Sowjetunion äußerst besorgt waren, die ideologischen Turbulenzen in Prag könnten die Grenzen überschreiten, und daß der Kreml solche Warnungen sehr ernst nahm.

# Prager Frühling

## *Der 21. August 1968*

»Truppen der Sowjetunion, der DDR, Polens, Ungarns und Bulgariens haben heute nacht die Grenzen der Tschechoslowakei überschritten und das Land besetzt. Auf dem Wenzelsplatz in Prag ...« Also doch! Die Meldung der BBC am Morgen des 21. August 1968 erreichte mich in Jugoslawien. Weil es nach der letzten sowjetisch-tschechoslowakischen Konferenz in Čierna an der Theiss nach einer Pause zum Nachdenken ausgesehen hatte, war ich mit der Familie sofort in die Ferien gereist. Wir hatten uns geirrt. Umgehend fuhr ich nach Split und sicherte mir einen Platz in der nächsten Maschine nach Belgrad. »Weiter nach Moskau? Unmöglich«, erklärten die Leute im Büro der JAT.

Die Uferstraße in Split glich einem chaotischen Versammlungsplatz. Wütende Jugoslawen, ratlose Tschechen. Zum ersten Mal seit vielen Jahren hatten die Tschechen wieder zu Zehntausenden an die Adriaküste, ihr altes Ferienparadies, reisen dürfen, und nun dieses. »Was wird mit uns, was ist mit denen daheim?« Fragen ohne Antworten. Die Bürgermeister der Küstenorte halfen fürs erste: Alle Urlauber aus der ČSSR sollten sich als ihre Gäste betrachten.

Auf dem Flughafen in Belgrad erfuhr ich, daß gegen Mitternacht noch eine Aeroflot-Maschine, aus Afrika kommend, nach Moskau weiterfliegen würde. Das Flughafengebäude war abgedunkelt, nur Notlampen brannten. Die drückende Angst einer Vorkriegsstimmung lag in der Luft. Ein Jugoslawe, den der Aeroflot-Vertreter bei der Prozedur des Eincheckens mit »Genosse« angeredet hatte, schrie Zorn und Nervosität aus sich heraus: »Für Sie bin ich kein Genosse! Die Genossen sind heute nacht in Prag einmarschiert!« Der Beamte der Paßkontrolle besah sich lange meine Papiere. Plötzlich sagte er: »Ich gebe Ihnen den dringenden Rat: Fliegen Sie nicht nach Moskau. Als Westdeutscher werden Sie dort sofort verhaftet. Die Luftkorridore – alles ist gesperrt. Und Sie wollen in ›dieses‹ Land! Sie haben nur noch ein paar Minuten Zeit. Ich lasse Ihnen das Gepäck aus der Maschine holen.«

Auch jugoslawische Freunde, die ich bitten mußte, für meine an der Adria verbliebene Familie Sorge zu tragen, machten den Abschied dramatischer, als mir lieb war. Sie hatten seit dem frühen Morgengrauen das Brummen der motorisierten Einheiten und Panzerkolonnen gehört, die in Richtung auf die ungarische Grenze in Marsch waren; die Freunde fürchteten das Schlimmste. Tito habe den amerikanischen Präsidenten Johnson dringend um Sicherheitsgarantien gebeten, hatten sie in Belgrad gehört. Auch die Rumänen fühlten sich bedroht und warteten auf ein warnendes Wort der westlichen Führungsmacht. Würde sie laut und vernehmlich protestieren? Hätte sie einem weiteren Vormarsch der Roten Armee Einhalt gebieten können, wenn sie den Willen dazu aufgebracht hätte?

Die Vereinigten Staaten waren vollauf mit sich selbst beschäftigt. Dramen und Tragödien hielten Amerika 1968 im Griff, und es war sicher kein Zufall, daß sich in ebendiesem Jahr 1968 im sowjetischen Herrschaftsbereich wie in den USA – und in Westeuropa! – so folgenschwere Entwicklungen ereigneten. Hier wie dort kam es zu einem Ansturm gegen das Ancien régime, hier wie dort ein Generationswechsel auf breiter Front, ein Wandel der politischen Parameter.

1968 in den USA im Überblick:

31. Januar. 80000 Kämpfer des Vietkong eröffnen die Tet-Offensive. Überraschend fallen die kommunistischen Guerillas in alle größeren Städte Südvietnams ein, selbst in die amerikanische Botschaft in Saigon. Die Amerikaner begreifen: dieser Krieg ist nicht zu gewinnen.

31. März. Präsident Johnson verkündet seinen Verzicht auf eine weitere Präsidentschaftskandidatur. Der von ihm selbst zur Eskalation geführte Vietnamkrieg bringt ihn zu Fall. Der

Architekt der »Großen Gesellschaft« in einem rundum reformierten Amerika ist am Ende. Die »Große Gesellschaft« auch.

4. April. Martin Luther King wird ermordet. In 120 Städten entlädt sich der Zorn der Schwarzen, damals sagte man noch Neger, in zerstörerischer Gewalt. Mit dem Tod des großen Predigers ist auch sein »Traum« von der gewaltfreien Erlösung der Unterdrückten vorerst zu Ende.

4. Juni. Ein Attentat auf Robert F. Kennedy. Er stirbt 26 Stunden später. Nach dem Kandidaturverzicht Johnsons war »Bobby« in die Vorwahlkämpfe um die Präsidentschaftskandidatur der Demokraten eingestiegen. Amerika im Schock: Der zweite Kennedy ermordet.

Der Parteikonvent der Demokraten zur Kür ihres Präsidentschaftskandidaten im hochsommerlichen Chicago wird zum Desaster. Gegner des Vietnamkrieges machen der »Partei des Todes« den Konvent zur Hölle. Er endet im Chaos der Straßenkämpfe. Vizepräsident Humphrey gewinnt die Kandidatur, der Republikaner Nixon gewinnt die Wahlen. Wer dachte bei alldem an den Prager Frühling?

Am 20. August 1968, am Tag vor dem Einmarsch sowjetischer Truppen in die Tschechoslowakei, bittet der sowjetische Botschafter in Washington, Dobrynin, dringend um einen Termin bei Präsident Johnson. Der Termin müsse zwischen 6 und 8 Uhr abends Ortszeit liegen, log er, wegen der Übersetzung einer Kremlnote. Tatsächlich verlas Dobrynin um 8 Uhr abends dem Präsidenten die Note des Kreml: »Eine Verschwörung der inneren und äußeren Reaktion gegen das soziale System in der Tschechoslowakei hat stattgefunden.« Die Sowjetunion und ihre Verbündeten im Warschauer Pakt hätten auf einen Hilferuf der Prager Regierung reagiert, hieß es weiter. Militärische Einheiten der Sowjetunion hätten auftragsgemäß die Grenzen zur Tschechoslowakei überschritten.

In dem überfallenen Land war es zu diesem Zeitpunkt 2 Uhr morgens. Die sowjetischen Panzer rollten.

Und Johnson? Er, dessen Zornesausbrüche gefürchtet waren, bedankte sich für die Information, die er anderntags im Weißen

Haus besprechen wolle. Themawechsel: Wie denn Moskau zu seinem Vorhaben stehe, am nächsten Morgen – 21. August – um 10 Uhr seine geplante Reise nach Moskau zu Verhandlungen über Rüstungskontrolle bekanntzugeben? Er habe schon Freunde zum Frühstück eingeladen … Dobrynin verschlug es die Sprache.

### *Die große Sprachlosigkeit*

Am Morgen des 22. August, 5 Uhr, landeten wir, aus Belgrad kommend, in Moskau. Die Hauptstadt schlief noch, schlief selbst an diesem Tage länger als andere Großstädte in den Morgen hinein. Kein Zeichen einer Erregung. In meinem Büro am Kutusowski-Prospekt stürzte ich mich augenblicklich auf die »Prawda«. Über zwei volle Seiten ein ungezeichneter, also parteioffizieller Artikel unter der Überschrift »Die Verteidigung des Sozialismus – höchste internationale Pflicht«. Fieberhaft suchte ich nach einem Namen. Ich fand: »A. Dubček und die von ihm geführte Minderheitengruppe im Prager Parteipräsidium …«

A. Dubček. Was würden sie mit ihm machen? Weiter dann: »Aus ihren treulosen und verräterischen Handlungen entstand die reale Bedrohung für die sozialistischen Errungenschaften in der Tschechoslowakei. Die Erzreaktion betrat die politische Arena der Tschechoslowakei.«

Verrat! Drohte Dubček der Tod, oder war er bereits ein toter Mann? Auf Verrat steht Tod. Gab es einen Unterschied zwischen Verrat und verräterischen Handlungen? Ich sah keinen. Dem WDR berichtete ich, für das Schicksal Dubčeks könne man nur das Schlimmste befürchten. Das war nicht übertrieben. Mit dem Gewehrkolben hat man ihn ins Flugzeug nach Moskau bugsiert. Wie wir lange danach erfuhren.

Spät am Abend, ich verfaßte den letzten Kommentar dieses Tages, läutete es an meiner Bürotür. Ein Mann – nicht mehr ganz jung, bebrillt, dunkler Anzug – mit Köfferchen. Ein Deutscher. Er bitte um meinen Rat. ??? Wie er es anstellen solle und ob ich ihm helfen könne, in Moskau eine Vertretung für Weißwaren aufzuziehen. Knöpfe also, Gummiband. Nein, das darf nicht wahr sein. War ich vom Wahnsinn geschlagen oder der andere?

Es war trotz aller vorausgegangenen Befürchtungen schwer zu fassen: Bei Nacht und Nebel fällt die Sowjetunion mit Panzern in ein »Bruderland« ein, weil dort vielleicht ein »Sozialismus mit menschlichem Antlitz« im Entstehen war, eine Abkehr vom stalinistischen Modell. Und wie in einer Räuberbande müssen, damit nicht einer allein verantwortlich sei, die anderen Ostblockstaaten mitmachen, auch die DDR. Rumänien verweigert die Gefolgschaft. Anderntags gehe ich hinauf zum Neuen Arbat. Noch auf dem Hof begegne ich einem unserer vom KGB bestellten »Betreuer«. »Nun?« fragt er beziehungsvoll. Es platzt aus mir heraus: »Ich würde mich schämen!« Ich sehe Wut in seinem Gesicht. Aber er antwortet nur: »Ich nehme Breshnew lediglich übel, daß er es so weit hat kommen lassen.«

Vor einem Schaukasten, in dem Zeitungen ausgehängt waren, nehmen Passanten all die faustdicken Lügen zu sich, die die Propaganda über sie ergießt: von der Konterrevolution, die das Haupt erhoben habe, von der imperialistischen Verschwörung und den revanchistischen Plänen der BRD. Die meisten lesen schweigend. Einer sagt: »Wir konnten uns doch von den Tschechen nicht länger alles bieten lassen.« Proteste? Keine Spur. Kriegsängste, ja. Aber das Land schwieg. Selbst der Schriftsteller Solshenizyn, der bei vielen Anlässen seine mächtige Stimme zum Protest erhob, schwieg. Später glaubte er, die Schmach, die er über sein Schweigen empfand, nur dadurch tilgen zu können, daß er mit seinem Wort etwas viel Größeres auslöst: den Aufbruch im eigenen Lande.

Dann fand in Moskau doch eine Protestaktion statt. Am 25. August. Sieben Männer und Frauen entrollten eine Fahne mit der Aufschrift: »Nieder mit den Okkupanten!«, »Hände weg von der ČSSR!« Vor der Basilius-Kathedrale protestierten sie, auf dem Roten Platz, dem Schauplatz großer und schauriger Ereignisse der russischen Geschichte. Pawel Litwinow war unter den sieben. Sie wurden zusammengeschlagen, eingebuchtet, verurteilt. Pawel bekam fünf Jahre Verbannung. Auf die Frage, die oft gestellt wurde, warum die sieben demonstrierten, wo sie ja doch nichts ändern konnten, gab es nur eine Antwort: Sie sind ihrem Gewissen gefolgt. So hat Raissa Orlowa, die Frau Lew Kopelews, den Einsatz der sieben beurteilt. Pawel Litwonow war kurz zuvor der Schwiegersohn Lew Kopelews geworden. In bester russischer Tradition ging seine Frau Maja mit ihm nach Ostsibirien. Nach der Verbannung emigrierten sie, pro forma nach Israel, tatsächlich in die USA. Wir waren dort oft mit ihnen zusammen.

Raissa Orlowa, Raja genannt, fühlte sich in jenen Tagen von einer Angst besonderer Art verfolgt: Die Gewalt gegen Tschechen und Slowaken könne das Signal und der Rauchvorhang für Gewalt gegen alle Dissidenten in der Sowjetunion sein – nach Art des Reichstagsbrandes 1933, mit dem die Nazis in Deutschland die Verfolgung von Kommunisten und Sozialdemokraten eröffneten. Lew Kopelew wäre unter den ersten Opfern gewesen. Er hätte ein zweites Mal Gefängnis und Lager schwerlich überlebt. Das erste Mal war er, der Major der Roten Armee, am Ende des Krieges zu Straflager verurteilt worden, weil er gegen Plünderungen und Vergewaltigungen der Rotarmisten in Ostpreußen einschreiten wollte. Die Rückkehr stalinistischer Methoden und die Beendigung des »Tauwetters« unter Breshnew hatten ihn, den Germanisten und Humanisten europäischer Tradition, auf die Barrikaden der Dissidenten getrieben. Als ich Lew und Raja kennenlernte, Anfang 1967, waren beide noch im Begriff, wie Lew sich ausdrückte, die letzten Tropfen bolschewistischer Intoleranz aus sich herauszuwringen, sich Rechenschaft abzulegen über die ideologischen Irrtümer ihrer Jugend im Stalinismus. Beide haben darüber ergreifende Bücher hinterlassen.

Für diese beiden »Sowjetbürger« – fraglos nicht die einzigen – brannte der Tag des Einfalls in Prag wie ein Schandmal in ihrer Seele. Sie sahen sich als Okkupanten. Rajas Verdacht, daß die Invasion im wesentlichen eine KGB-Aktion gewesen sei, war nicht unbegründet.

## *Die Stunde Andropows*

Es lag in der Logik des Systems, daß der ideologische und propagandistische Kampf gegen die Prager Reformer den KGB wieder stärker in die Politik einbezog, wie zu Stalins Zeiten. Im Frühjahr 1967 hatte Breshnjew den bisherigen ZK-Sekretär für KGB-Angelegenheiten, Juri Andropow, an die Spitze des KGB gestellt. Als Botschafter in Ungarn hatte Andropow 1956 für die Niederschlagung des Budapester Aufstands politische Vorarbeit geleistet. Harte Disziplin und rechtzeitiges Durchgreifen gegen alle Abweichler waren das, was er daraus gelernt hatte. Wie kein anderer verkörperte Andropow die Kombination von ideologisch gesteuerter Intelligenz und Bereitschaft zu Lüge und Gewalt.

Andropow gründete seine Strategie für die Niederschlagung des Prager Frühlings auf zwei Elemente: militärische Macht und Täuschungsmanöver. Im März 1968 startete er die geheime Operation »Progress«. Er befahl Einsatzmethoden, die bis dahin nur in kapitalistischen Ländern angewandt wurden. Er entsandte »Illegale« in die Tschechoslowakei. Im Gegensatz zu den regulären Geheimdienstleuten, die im Ausland als Diplomaten oder Journalisten akkreditiert waren, hatten diese Agenten falsche Papiere und einen gefälschten Lebenslauf. Meist wurden sie mit langen Anpassungszeiten in den Zielstaaten stationiert; als »sleeper«.

In der Tschechoslowakei war keine Zeit zu verlieren. Anpassungszeiten für die »Illegalen« kamen nicht in Betracht. Deshalb entsandte Andropow mit Vorzug »Westdeutsche«, »Österreicher« und »Schweizer«. Sie sollten führende Kreise der Universität, des Schriftstellerverbandes und der Medien infiltrieren und deren »konterrevolutionäre« Aktivitäten observieren.

Am 19. Juli 1968 hatte ich in der »Prawda« einen Bericht gelesen: »Waffenlager bei Karlovy Vary entdeckt«. Karlsbad, unweit der deutsch-tschechischen Grenze. Eine Propagandalüge zur Verschärfung der Krise, kein Zweifel. Nicht näher bezeichnete Journalisten sollten die Waffen amerikanischer und westdeutscher Herkunft entdeckt haben.

31 Jahre später finde ich in Wassili Mitrochins »Schwarzbuch des KGB« Hintergrundinformationen. Mitrochin, der ehemalige KGB-Archivar, der beim Umzug des Archivs seiner Behörde aus der Lubjanka in einen Moskauer Vorort Abschriften und Kopien anfertigte und sich 1991 unter Mitnahme von »sechs randvoll gefüllten Kisten mit Geheimmaterial« nach England absetzte, war 1968 in der DDR stationiert. Er schrieb, sein Kollege Oberst Rjabow habe ihm damals angedeutet, Schweden sei nicht das tatsächliche Ziel seiner bevorstehenden Reise. Rjabow kam zurück, gab Mitrochin einen einzigen Hinweis: »Lies die ›Prawda‹ in den nächsten Tagen aufmerksamer als sonst.« Am 19. Juli fand Mitrochin – gleich mir – dort den Bericht über das »Waffenlager bei Karlsbad«.

Für Juri Andropow war der Prager Frühling der Karrieresprung. An ihm und seinem Rat kam keiner mehr vorbei. Er war klüger als Breshnew, weitsichtiger als der Außenminister Andrej Gromyko. Die »Ereignisse in der Tschechoslowakei« gaben ihm das Profil, das ihn nach dem Tode Breshnews 1982 für seinen Posten an der Spitze der Sowjetunion qualifizierte. Er hatte die Fäden gezogen, er behielt sie in der Hand.

Die sowjetische Propaganda hob in ihren nachträglichen Analysen »der Ereignisse in der Tschechoslowakei« auf zwei Behauptungen ab: Erstens, in Prag sei die Konterrevolution am Werk gewesen; zweitens, gestützt auf die Prager Konterrevolution hätten Bundesrepublik und NATO den Vorstoß in die ČSSR und darüber hinaus geplant, um die bestehenden Grenzen in Europa zu ändern. Letzteres war Humbug, die erste Behauptung hatte einen wahren Kern: Wirkliche antistalinistische Reformen waren für die Moskauer Machthaber »Konterrevolution«. Sie waren ansteckend. Und das war für die Mehrzahl der »Bruderländer« der springende Punkt. Der ukrainische Parteichef Schelest fürchtete als erster der Republikführer den Funken des Aufbruchs in seinem Land.

Der Prager Frühling – ein demokratischer Aufbruch – war

unfertig, unbestimmt wie der Name selbst. Ein Embryo. Kaum sechs Monate alt, aber entwicklungsträchtig. Aus der Entstalinisierung Chruschtschows war er hervorgegangen, aus der Abscheu vor den großen und den kleinen Lügen des Alltags im »realen Sozialismus«. Seine Akteure wußten selbst noch nicht, wie weit sie in die Richtung der pluralistischen parlamentarischen Demokratie gehen sollten. Es war ihre Tragödie, daß sie in die finstere Gegenreform des Hegemon hineinliefen. Langsam und qualvoll hat die Sowjetunion dem Prager Frühling in den euphemistisch »Normalisierung« genannten zwei Jahrzehnten nach seiner Zerschlagung allen Lebenssaft genommen. Sie hat Tschechen und Slowaken ihrer Energien beraubt und der Kraft zu neuer Dynamik. Mit Ausnahmen. Luboš Dobrovsky, mein tschechischer Kollege aus den Moskauer Jahren, den ich später in Prag aufsuchte, verweigerte sich standhaft der Emigration, tapfer trug er sein Los als Anstreicher und Fensterputzer. Nach der Wende war er zunächst Verteidigungsminister, dann Botschafter in Moskau.

Was die Sowjetunion einen Sieg über die Konterrevolution genannt hat, war ein Pyrrhussieg. Der militärische und politische Akt der Vergewaltigung der Tschechoslowakei ist sie teuer zu stehen gekommen. Der Verlust an Respekt und Ansehen war nie wieder aufzuholen. Vor allem: Der Virus des freien Denkens war über alle Maßen ansteckend; für den Hegemon, der mit imperialer Macht operierte, auf Dauer tödlich.

Stalin hatte sich mit Erfolg der Methode bedient, für eine neue Situation eine neue Theorie zu erfinden. Als er den Terror im Kampf um dic Macht entfaltete, erfand er die Theorie von der Verschärfung des Klassenkampfes beim Aufbau des Sozialismus. Leonid Breshnew befand: »Der ideologische Kampf ist jetzt die schärfste Form des Klassenkampfes.« Das prägte die Auseinandersetzung mit den Dissidenten im eigenen Lande – Breshnew nannte sie verächtlich »schwali«, zu deutsch Abschaum, Unrat – und mit dem Prager Frühling. Klassenkampf im eigenen Lande, Klassenkampf im Lager. Ein Grundsatz der Breshnew-Doktrin lautete: Die Souveränität einzelner sozialistischer Länder darf dem Interesse des Weltsozialismus – in Wahrheit der Sowjetunion – nicht entgegenstehen. Es war demnach die »internationalistische Pflicht« der sozialistischen Länder, die sozialistischen Errungenschaften der Gemeinschaft und jedes ihrer Mitglieder zu verteidigen, auch mit Gewalt.

»Nach welchen Kriterien wird eigentlich entschieden, welches unter seinen zahlreichen Interpretationen der wahre Marxismus ist«, fragte ich den Direktor des Instituts für Marxismus-Leninismus, Pjotr Fedossejew. Das wichtigste Kriterium sei die Praxis, es gebe nur einen Marxismus, aber viele Verfälschungen, antwortete der prominente Parteiphilosoph. Aber welche Praxis? Die sowjetische, die chinesische, die jugoslawische, die verhinderte tschechoslowakische? – Die Frage habe er bereits beantwortet. »Und wie verhalten sich Souveränität sozialistischer Länder und nationale Eigenständigkeit zueinander?« Die Antwort: »Die unerschütterliche Einheit souveräner sozialistischer Staaten – das ist die dialektische Antwort nach dem Nationalen und dem Internationalen im sozialistischen Weltsystem.«

Hilflos, als ob er taub und blind wäre, stand der Parteiphilosoph nach Prag in den Trümmern seiner Theoriegebäude. In der Praxis, zumal unter den Bedingungen des Kalten Krieges, war die Breshnew-Doktrin eine reine Machtfrage. Gegen die kleine Tschechoslowakei war sie exekutierbar. China war eine andere Größe.

# Das China-Syndrom

## *Mao-Bibeln auf dem Roten Platz*

Als sie Chruschtschow stürzten, warfen sie ihm vor, Mao Tsetung falsch behandelt und damit zum sino-sowjetischen Schisma beigetragen zu haben. Der Bruch im kommunistischen Großraum von der Elbe bis zum Chinesischen Meer war ein schwerer Schlag, für die Zukunft des Kommunismus wie für die Position Moskaus im weiteren Verlauf des Kalten Krieges. Eine Weile hatten die Breshnew-Leute geglaubt, wenn sie sich zurückhielten, könnten sie China ins Lager zurückholen. Doch dann, Anfang 1966, fegten revolutionäre Stürme über den Nachbarn im Fernen Osten. Unheimlich, mysteriös schienen sie, unerklärlich. Die Große Proletarische Kulturrevolution war entfesselt. Rote Brigaden formierten sich, hauptsächlich aus Studenten und Oberschülern, stürzten die alten kommunistischen Parteikader, zerstörten ihre Machtstrukturen in den Städten, vernichteten alle Spuren vermuteter »bourgeoiser« Lebensformen, quälten und töteten Verdächtige. In mächtigen Kolonnen marschierten sie nach Peking, nicht, um die Macht vollends an sich zu reißen, sondern um ihrem neuen Gott, dem »Großen Steuermann« Mao Tse-tung, zu huldigen. Seine Weisheit war gebündelt in einem kleinen roten Handbuch, »Mao-Bibel« genannt. Der Mao-Kult gedieh zu unvorstellbaren Ausmaßen. Er selbst hatte die Kulturrevolution angezettelt. Er wollte alle »revisionistischen« Tendenzen ausrotten, die sich aus Gewöhnung an die Macht der Partei ergeben haben mochten.

Mao Tse-tung hatte allen im Ausland studierenden Chinesen die Rückkehr nach China befohlen. Nun reisten sie in größeren Gruppen über Moskau mit der »Transsibirischen Eisenbahn« nach Peking. In der sowjetischen Hauptstadt zogen sie ans Lenin-Mausoleum und an die Kreml-Mauer zum Grabe Stalins, schwenkten ihre roten Mao-Bibeln und sangen die Internationale. Eine »Baubrigade« schritt gegen den Klamauk ein, einige der »Hunvejping«, wie die Jünger Maos genannt wurden, erlitten Blessuren. Auf einer Pressekonferenz in der chinesischen Botschaft präsentierte sich der Geschäftsträger mit zwei angeblich schwerverletzten Studenten unter der Büste Maos. Sie wollten Erklärungen »über die sowjetisch-chinesische Abrechnung auf dem Roten Platz« abgeben. Ich berichtete für die ARD am 28. Januar 1967: »Einer der beiden vorgeführten Verletzten riß plötzlich seinen Verband vom Mund und rief – ohne daß von einer Verletzung etwas zu erkennen war – in den Raum: ›Hoch lebe Lenin und Stalin! Nieder mit den Faschisten und Revisionisten!‹« Die gegenwärtigen Sowjetführer waren gemeint. Proteste der Sowjets wie der Chinesen, Belagerung der sowjetischen Botschaft in Peking, organisierte Demos in Moskau, Abfahrtskundgebungen auf dem Jaroslawler Bahnhof. Eine wahrhaft farbenprächtige Show war zu beschreiben:

»Da standen sie, Kindergesichter noch zum Teil, und präsentierten ihre Wehwehchen … Die Sanitäter der chinesischen Botschaft hatten tief in Jod- und andere Farbtöpfe gegriffen, blütenweiß klebten Pflaster auf blau gefrorenen Wangen; in ausgeblichenen grünlichen Mäntelchen trotzten die Studenten den 20 Grad Frost des Moskauer Winternachmittags. Dann stiegen sie ein und bauten sich mit ihren roten Büchlein an den Fenstern auf. Aus dem Mittelfenster des Waggons starrte ein großes Mao-Porträt.«

In der »Literaturnaja Gaseta« glossierte Jewgeni Jewtuschenko die Kulturrevolution.

Zu den Waffen, Hunvejpings! / Nieder mit Rubljow /
Rubens vors Gewehr / Die Geschütze auf Picasso
Du, Mona Lisa, Spionin des Kapitalismus
Wozu dir einen Rahmen? Wir brauchen ihn für Mao …
Schlag, Jugend, mit Maos unsterblichen Ideen,
schlag auf Kinderköpfe / wenn nötig, schlagen wir auch ihn,
weil er, nach Gerüchten, / sich selbst zu wenig liest.

Gab es innere Zusammenhänge zwischen der Kulturrevolution und der eigenen kommunistischen Entwicklung? Nachdenkliche Russen überlegten: Einerseits glich die chinesische Kulturrevolution einem Stück der eigenen Vergangenheit: brutal, grausam, mitleidlos gegenüber den »Klassenfeinden«, zumal den Kulaken, denen Jungkommunisten das letzte Korn Getreide wegnahmen und diese selbst in den Tod trieben. Andererseits aber schien es schwer vorstellbar, daß die Sowjetunion auf eine solche Kulturrevolution zusteuern könnte.

Der Kreml verstand nicht, was sich hinter den sichtbaren Ereignissen in China abspielte. Die analytischen Versuche in der Parteipresse wurden seltener, zugleich ratloser, die übliche Strategie, nach Klassenfeinden zu suchen, griff nicht. Der Terror der Roten Garden, die Kulturrevolution generell entzogen sich den Kategorien bolschewistischer Deutungsversuche. Breshnew versuchte in Parteiaktiven Hoffnung zu verbreiten, indem er sagte, durch die Entlarvung der Maoisten führe man den Kampf für die KP Chinas, nicht gegen sie; man rechne mit bewaffnetem Widerstand der »alten marxistischen Parteikader«. Auch Breshnew hatte nichts verstanden.

Informationen aus China wurden rar – ein Phänomen, unter dem westliche Diplomaten und Korrespondenten genauso litten wie ihre östlichen Kollegen. Für mich waren die Berichte der jugoslawischen Nachrichtenagentur »Tanjug« aus Peking die beste Quelle. Von der eigenen Botschaft in Peking hatte der Kreml kaum noch erhellende Hintergrundinformationen zu erwarten. Mit gutem Grund fürchtete das Botschaftspersonal um seine Sicherheit; schließlich taten die Roten Garden diplomatische Immunität als »bourgeoise Überbleibsel« ab. Aktiver blieben offenbar die KGB-Leute in Peking. Offiziere mongolischer oder mittelasiatischer Abstammung, die im entsprechenden Aufzug als Chinesen gelten konnten, wurden abends im geschlossenen LKW aus der Botschaft gefahren und irgendwo in der Dunkelheit abgesetzt. Dann waren sie als Leser der zahlreichen Wandzeitungen unterwegs. Selbstgefertigte Wandzeitungen dienten den in viele Fraktionen aufgesplitterten Roten

Garden als Informations- und Propagandatribünen. Details der Grausamkeiten der Roten Garden bei der Verfolgung ihrer Opfer sollen selbst abgebrühten KGB-Offizieren den Magen umgedreht haben. Zur Verstärkung ihrer »Residenten« in der Botschaft Peking ließ die Moskauer KGB-Zentrale »Illegale« aus den Zentren in Alma Ata, Irkutsk und Chabarowsk einschleusen.

Aber auch sie vermochten den Kreml nicht genauer über die Absichten der Entscheidungsträger aufzuklären, Maos Pläne blieben im dunkeln. Wie weit wollten die Chinesen den Konflikt mit Moskau verschärfen? Gibt es Krieg? fragten sich die Russen. Im Volk grassierte schwarzer Humor: »Frage – woran erkennt man, daß die Erde rund ist? Antwort – der ganze Unrat, den wir über den Westen täglich auskippen, kommt aus dem Osten auf uns zurück.«

Die sowjetische Öffentlichkeit hatte alsbald keinen Zweifel mehr, daß nicht Amerika der Hauptgegner war, sondern China. Wir, als Beobachter, hörten täglich neu, der Kreml erwäge, die diplomatischen Beziehungen abzubrechen. Doch was dann? 70 Prozent der sowjetischen Hilfsgüter für Nordvietnam wurde über chinesisches Territorium transportiert, nur der Rest per Schiff. Ohnehin torpedierte Mao den sowjetischen Nachschub für Vietnam, wo er konnte. Die Moskauer Propagandisten setzten die Formulierung »Mißbrauch der geographischen Lage« in Umlauf. Mao »mißbrauche« sein Territorium, um den Transit sowjetischer Hilfsgüter nach Vietnam zu behindern. Die Beziehungen zu Peking wurden nicht abgebrochen.

### *Blut am Ussuri*

Es lag in der Luft, und doch kam es unerwartet. Eines Tages fielen Schüsse, tödliche: am 2. März 1969, im Fernen Osten am Grenzfluß Ussuri auf der bis dato unbekannten und unbewohnten Insel Damanski (russisch), an die 400 Kilometer nördlich von Wladiwostok. Brutaler Weckruf in eine neue

Realität. Das sowjetische Außenministerium berief eine der seltenen internationalen Pressekonferenzen ein. Fotos wurden gezeigt: verstümmelte Leichen, von Seitengewehren zerfetzte Gesichter, die jungen Rotarmisten gehört hatten. An der Echtheit der Fotos zu zweifeln, hatte ich keinen Grund. Aber andere Fragen stellten sich: Wer hatte angefangen? Warum wurde geschossen? Warum jetzt? Wie hoch ist die Zahl der Opfer? Wie geht es weiter? Sich vor Ort ein Bild zu machen war nicht möglich. Der Ferne Osten war, mit Ausnahme von Nachodka für den Fährverkehr nach Japan, für Ausländer geschlossen. In Moskau Demonstrationen vor der chinesischen Botschaft, in den Städten des Fernen Ostens kochender Volkszorn. Schock und Wut überall und Staunen. Es war Blut geflossen. Chinesen und Russen hatten aufeinander geschossen. Dann wäre ja auch Krieg denkbar, Krieg zwischen zwei sozialistischen Ländern. Und dabei hatten Partei und Staatsführung doch immer versichert, vom marxistisch-leninistischen Standpunkt aus sei Krieg zwischen sozialistischen Ländern undenkbar und ausgeschlossen.

Auch in der sowjetischen Führung hatte die Nachricht von den Gefechten am Ussuri wie ein Blitz aus heiterem Himmel eingeschlagen. Das berichtete der Sinologe und langjährige sowjetische Diplomat in Peking, Juri Galenowitsch. Alle seien davon ausgegangen, die beiden kommunistischen Regierungen würden sich eines Tages über die Gebietsansprüche Maos an die Sowjetunion verständigen, für die er sich auf die »ungleichen Verträge« aus der Zarenzeit berief. Doch bis dahin sollte noch viel Zeit vergehen.

Die gegenseitigen Schuldzuweisungen waren erklärlich, aber nicht nachprüfbar. Bis zum 15. März starben nach russischen Informationen 58 Rotarmisten und wahrscheinlich 3000 Chinesen. Panzer und Artillerie waren eingesetzt worden.

Da die Sowjets in der Grenzfrage eher an der Erhaltung des Status quo, die Chinesen eher an dessen Veränderung interessiert waren, neigte ich der sowjetischen Variante zu, die Chinesen hätten provoziert. Das wurde später auch bestätigt: Zwei oder drei sowjetische Offiziere, unbewaffnet und als Unterhändler gekennzeichnet, waren auf dem Weg zu den Chinesen niedergeknallt worden. In den Folgetagen hatten die Sowjets zurückgeschlagen. Freilich waren einige Argumente der sowjetischen Propaganda so unglaublich dumm-dreiste Lügen, daß jeder eigene Versuch einer Analyse fragwürdig erschien. China habe mit den Schüssen am Ussuri der Bundesrepublik Deutschland Schützenhilfe leisten wollen, hieß es zum Beispiel. Wie das? Weil die Wahl des Bundespräsidenten – Gustav Heinemann war der Kandidat – gegen scharfen sowjetischen Protest in Berlin (West) stattfinden würde. Zwischen einem Abgesandten aus Bonn und einem Vertreter Pekings habe es in einem Restaurant in Hongkong kurz vor beiden Ereignissen – Ussuri und Wahl des Bundespräsidenten – eine geheime Zusammenkunft gegeben. Also eine antisowjetische Achse Peking–Bonn.

Gab es denn keinen Ad-hoc-Verhandlungsbedarf? Doch, nur davon erfuhren wir nichts. Auf sowjetischer Seite hat Ministerpräsident Kossygin einen Versuch unternommen. Über den »heißen Draht« – den gab es also – hat er Peking angerufen, um mit seinem Kollegen Tschu En-lai den Grenzkonflikt zu erörtern. Auf der anderen Seite zunächst Schweigen, dann die Antwort eines diensthabenden Offiziers im Stil der Roten Garden: »Mit sowjetischen Revisionisten haben wir nichts zu bereden.« Um diese Zeit verebbte die Kulturrevolution allmählich. Mao verordnete Rückkehr in die Produktion. Nur professionelle China-Beobachter haben wahrgenommen, daß sich im April 1969 auf dem IX. Parteitag der KP Chinas Aufschlußreiches ereignete. Während Mao einen seiner Grenzkämpfer vom Ussuri an die Brust drückte, ließ Verteidigungsministrer Lin Piao, auf dem Parteitag zu Maos Stellvertreter und Nachfolger ernannt, das Parteivolk und alle Öffentlichkeit wissen, der sowjetische Ministerpräsident Kossygin wünsche über die Beendigung der Kämpfe zu reden. Lin Piao war der einzige, der nicht alle Brücken nach Moskau abbrennen wollte. Im Machtkampf mit Mao – von einem Putsch wurde berichtet – unterlag er und kam 1971 bei dem Versuch, sich in die Sowjetunion abzusetzen, ums Leben. Wie würde es weitergehen? Würde Moskau Peking als drittes Zentrum einfach hinnehmen? Nur in einem waren sich die beiden kommunistischen Großmächte einig: Sie sahen die jeweils andere als die größte Bedrohung ihrer Sicherheit – nicht die USA.

Ab Sommer 1969, während an der Grenze zwischen Kasachstan und der chinesischen Provinz Sinkiang wiederholt gekämpft wurde, hub in Moskau Säbelrasseln an. Breshnew selbst führte heftige Angriffe gegen Mao Tse-tung. Er schlug ein kollektives Sicherheitssystem in Asien vor – natürlich gegen China. Währenddessen trafen in Kasachstan Zinksärge ein, versiegelt. Sie durften nicht geöffnet werden. Die Leichen der gefallenen jungen Kasachen waren offenbar zur Unkenntlichkeit verstümmelt. Radio Peking, das in Kasachstan besser als »Majak« aus Moskau zu empfangen war, warnte eindringlich: »Bereitet euch vor, auf den Krieg!«

Die Spannung stieg weiter.

### *Das Dreieck Moskau–Peking–Washington*

Im August 1969 erkundigte sich ein sowjetischer Diplomat in Washington bei einem Kremlexperten des US-Außenministeriums, wie sich die USA verhalten würden, wenn die Sowjetunion die chinesischen Nuklearanlagen in Lop Nor in der Provinz Sinkiang angriffe. Für einen Shop-talk beim Lunch eine heiße Frage. Was steckte dahinter? Henry Kissinger, Sicherheitsberater des im November 1968 gewählten und seit Januar 1969 amtierenden Präsidenten Richard Nixon, war alarmiert. Alsbald ließ auch der neue CIA-Chef, Richard Helms, die diplomatischen Korrespondenten amerikanischer Medien wissen – auch dies ungewöhnlich –, die Sowjetunion sondiere bei ihren Partnern im Warschauer Pakt, wie sie zu einem sowjetischen Präventivschlag gegen die chinesischen Nuklearanlagen stünden. Auch Victor Louis trat in Aktion, ein Moskauer »Journalist«, Desinformationsspezialist des KGB. Die »London Evening News« druckten ihn regelmäßig, die Hamburger Illustrierte »Stern« gelegentlich.

Was Victor Louis in der englischen Zeitung am 16. September berichtete, veranlaßte Henry Kissinger zu einer ausführlichen Wiedergabe in seinen Memoiren. Louis hatte nicht nur einen sowjetischen Blitzkrieg gegen China für möglich gehalten, sondern auch die Existenz einer Radiostation im chinesischen Untergrund erwähnt, über die vielleicht ein neuer »Führer« die sozialistischen Länder um »brüderliche Hilfe« rufen könne. Ganz nach dem Muster Tschechoslowakei. Berichte, KGB-Offiziere in Europa und Nordamerika hätten damals den Auftrag erhalten, Gerüchte über Pläne eines sowjetischen Überraschungsangriff zu verbreiten, erscheinen im Lichte dieser Vorgänge glaubhaft.

Der Effekt der Desinformationskampagne war zwiespältig. In Washington kamen Nixon und Kissinger zu der Überzeugung, daß China im Falle eines sowjetischen Angriffs geholfen werden müsse. Eine Zerschlagung Chinas durch die Sowjetunion könne man nicht tatenlos hinnehmen. In Peking fühlten sich die Machthaber tatsächlich unter Druck gesetzt. Noch ehe der erwähnte Artikel von Victor Louis gelesen werden konnte, trafen sich Kossygin und Tschu En-lai am 11. September auf dem Pekinger Flugplatz. Beide waren zum Begräbnis Ho Chi Minhs in Hanoi gewesen, hatten aber eine Begegnung vermieden. Kossygin war bereits auf dem Heimflug nach Moskau, als der chinesische Ministerpräsident Gesprächsbereitschaft signalisierte. In Taschkent dirigierte Kossygin das Flugzeug nach Peking um. Würde das Gespenst des Krieges verschwinden?

Tschu En-lai ging zu Beginn auf die Gerüchte über sowjetische Angriffsabsichten ein, stellte dann aber sofort Verhandlungsbereitschaft über die strittigen Grenzfragen in den Vordergrund. Im russischen Verhandlungsprotokoll ist dies nachzulesen. Über Ideologie wollte jetzt keiner reden. Das Treffen schloß mit dem Ergebnis, daß Verhandlungen schon im Oktober 1969 in Peking beginnen sollten. Prompt machte sich eine sowjetische Delegation auf den Weg. Die Nachrichten, die sie in Peking erwarteten, verschlugen den Mitgliedern allerdings die Sprache: Alle höheren chinesischen Staats- und Parteifunktionäre waren über Nacht aus der chinesischen Hauptstadt evakuiert worden. Begründung: Die Ankunft der sowjetischen Delegation habe die Chinesen in trügerischer Sicherheit wiegen sollen, damit die Sowjetunion um so wirkungsvoller die gesamte chinesische Führungselite mit einem Nuklearschlag ausradieren könne. Also habe Mao Evakuierung angeordnet, wie der sowjetische Sinologe Juri Galenowitsch berichtet, der zur Moskauer Delegation gehörte.

Der sowjetisch-chinesische Krieg fand nicht statt. Allerdings hat Leonid Breshnew noch lange in der Furcht vor China gelebt, und die war größer als die Furcht vor einem Krieg mit dem Westen. Der ehemalige Bundeskanzler Helmut Schmidt hat das in einem Interview bezeugt (am 28. Mai 2001). Dem amerikanischen Präsidenten Nixon wie auch dessen Nachfolger Ford hat Breshnew sogar Angebote für einen nuklearen Nichtangriffs- und Beistandspakt unterbreitet.

In die Weltpolitik war nun eine neue Figur eingezogen: das Dreieck Moskau–Peking–Washington, eine Konstellation mit neuen Aktionsräumen für Geheimdiplomatie ungeahnten Ausmaßes, für geniale Tricks und Machtinstinkte, für neue Möglichkeiten und Risiken in der internationalen Arena, für die manipulativen und spekulativen Genies Richard Nixon und Henry Kissinger. In der spezifisch kommunistischen Vermengung von ideologischem Anspruch und Machtpolitik waren China und die Sowjetunion nicht in der Lage gewesen, mit einer gemeinsamen Strategie die kommunistische Ideologie weltweit in Szene zu setzen. Oder auch nur, gemeinsame Interessen gegenüber den USA zu koordinieren. Sich das Gegenteil vorzustellen, einen europazifischen Kontinent in kommunistischer sino-sowjetischer Aktionsgemeinschaft in Asien und Afrika, in den Vereinten Nationen und im Wettrüsten, das wäre für den Westen zum Angsttraum geworden.

# Langsamer Tod durch Ersticken

## *Ein Anschlag, kein Aufstand*

Schüsse im Kreml, am Borowizki-Tor. Gerücht? Nein. Wem hatten sie gegolten? Ein Attentat, zweifellos. Offenbar auf Breshnew, den Generalsekretär der Partei. Seit Lenin nicht mehr dergleichen. Wer hatte geschossen und warum? Die Berichterstattung für die ARD hielt sich an die wenigen bekannten Fakten. Am 22. Januar 1969 waren vier Kosmonauten aus dem All zurückgekehrt. Grund zu triumphalem Empfang: Sie hatten »Sojus 4« und »Sojus 5« vorübergehend zu einer ersten Weltraumstation zusammengekoppelt. Im Wettlauf um die Eroberung des Weltraums mit den Amerikanern, die sich zur ersten Mondlandung rüsteten, ein wichtiger Schritt. In der Wagenkolonne, die in den Kreml einfuhr, befand sich auch Breshnew. Der Schütze, Leutnant Viktor Iljin, vermutete Breshnew im ersten Wagen, schoß und traf den Fahrer tödlich. In diesem Wagen waren aber weder Breshnew noch die Kosmonauten.

Was den Leutnant Iljin zu dem Anschlag getrieben hatte, ist unklar geblieben. Hatte er sein Leben für einen Führungswechsel riskiert? Ein Alleingänger? Die sowjetische Führung wollte kein Aufsehen, veranstaltete keinen Prozeß. Statt dessen schickte sie den bis dahin offenbar kerngesunden Mann für zwanzig Jahre in eine psychiatrische Spezialklinik. »Normalität« kehrte rasch zurück. Die wurde zwar durch Unzufriedenheit und Nervosität weiter Bevölkerungskreise infolge von Streß und Versorgungsnöten geprägt. Aber Revolution, Aufruhr? Keine Rede. Trotz allem, was der sowjetischen Bevölkerung zugemutet wurde. Das Äquivalent von 30 Milliarden Arbeitsstunden pro Jahr brauchten die Sowjetbürger allein zum Einkaufen, das war die jährliche Arbeitszeit von 15 Millionen Menschen oder eines Siebtels der arbeitenden Bevölkerung. Eine Kommission des

Obersten Sowjets hat diese Zahlen im Oktober 1969 veröffentlicht. Zwar hatte das ZK verfügt, daß bis zum Ende des Jahrzehnts die Hälfte aller Lebensmittel in den staatlichen Geschäften in gängigen Mengen abgepackt sein sollte, aber diese Anordnung war im Plan nicht berücksichtigt worden, und die Verkäuferinnen, ausgenommen die in den neuen Selbstbedienungsläden, mußten weiterhin den Zucker aus Säcken, die Heringe aus Fässern und die Nudeln aus Kartons auf die Waage bringen.

Einmal gab es eine Käuferrevolte, im Moskauer Zentralmarkt. Das war der Markt, dessen Bild die Händler mit den schwarzen Tellermützen bestimmten. Händler aus dem Kaukasus. In Koffern und Pappkartons flogen sie Obst, Gemüse und Blumen ein und machten bombige Geschäfte. Als die Moskauer Hausfrauen wegen der hohen Preise streikten, mußte Miliz einschreiten. Aber Änderungen in der Versorgungslage? Woher auch. Auf den Kolchosmärkten rund um die Stadt gab es noch Ende Juni nur Radieschen und Gurken. Salat – eine Fata Morgana. Was im Laufe des Jahres auf den Markt kam, stammte überwiegend vom privaten Hofland der Kolchosbauern – das Chruschtschow hatte abschaffen wollen.

Typisch die Debatte: Die Ideologen disqualifizierten das bäuerliche Hofland als Überbleibsel der Vergangenheit, als Ausdruck kleinbürgerlicher Besitzinstinkte. Die Pragmatiker hielten dagegen: bei schlechter Ernährung kein Kommunismus. Zwischen ihnen hin und her geworfen waren die Kollektivwirtschaften, die Kolchosen. Die Landwirtschaft erwies sich als das chronische Desaster des Sowjetkommunismus. Um die Getreideversorgung der UdSSR für alle Zeiten zu sichern, hatte Chruschtschow den grandiosen Plan, in den westsibirischen Steppen und in Kasachstan Neuland zu gewinnen. Ein Gebiet von der Größe Englands sollte innerhalb von zwei Jahren unter den Pflug genommen werden. Wie kaum anders zu erwarten – Elan und Geld, beides scheinbar anfangs im Überfluß, verloren sich alsbald in den endlosen Weiten. Kolchosen und Sowchosen, vor allem in den Nichtschwarzerdegebieten Rußlands, hatten das Nachsehen: zu wenig Maschinen, schlechte Wartung, keine Ersatzteile. Mißernten über viele Jahre. Mit den Kolchosen verkamen zu Tausenden die Dörfer, versanken ohne Straßenanbindung in Schlamm oder Staub, verloren Läden – und die Jugend. Nun schlossen in den verlorenen Dörfern auch die Schulen.

Und Breshnews Politbüro? Natürlich konnte niemand die Misere übersehen. Alternativen waren gefragt, doch eingeschlagen wurden immer die gleichen Wege: Neue Bürokratien und große Agrarkomplexe sollten das Heil bringen. Wie um das Maß der ideologisch und bürokratiebedingten Torheiten vollzumachen, wurden die Kolchosbauern Ende der sechziger Jahre zu Lohnarbeitern umgepolt, bezahlt nach den Tarifen für die Arbeiter auf den Staatsgütern (Sowchosen). Die Folgen, ob Suff oder noch mehr Schlendrian, waren abzusehen. Als aber zu allen Übeln der geschilderten Art auch noch ungewöhnlich schwerer Frost und anhaltende Dürre kamen, mußte die Führung in die Goldkiste greifen, diesmal nicht für die Rüstung und tiefer als je zuvor. Was sich dabei ereignete, mutete wie eine Köpenickiade im Kalten Krieg an und hat die sowjetisch-amerikanischen Beziehungen nachhaltig beeinflußt; außerdem war das klassische Agrarland Sowjetunion von da an vom Getreideexporteur zum Nettoimporteur geworden. Das heißt, unter dem Strich führte es ständig mehr ein, als es ausführte.

### *Der Getreideraub*

Am 4. Juli 1972 empfing der Chef der sowjetischen Handelsfirma »Exportchleb«, Nikolai Beloussow, den Chef der amerikanischen Firma »Continental Grain Company«, Michel Fribourg, in seinem New Yorker Hotel. Nach 36 Verhandlungsstunden beschlossen sie ein Geschäft über die Lieferung von Weizen und Futtergetreide in die Sowjetunion. Fribourg bezeichnete seine Transaktion später als die größte, die bis dahin ein privater Geschäftsmann verhandelt habe. Beloussow kaufte weiter, fünf Wochen lang, kaufte bei »Continental« und den anderen großen Getreidehandelsfirmen. Diesen schwante zwar, daß Außergewöhnliches im Gange sei, weil sich »Continental« in Erwartung steigender Preise plötzlich große Mengen Weizens in Termingeschäften sicherte, doch die sowjetischen Agrarexperten kamen mit ihrer Einkaufsstrategie trotzdem zum Zuge.

Vor allem mußten die enormen Kontraktmengen so lange wie möglich geheim bleiben. Die amerikanischen Getreidepreise lagen derzeit auf oder unter Weltmarktniveau. Jede Vorausinformation hätte sie sofort in die Höhe getrieben. Schnelligkeit war geboten. Überdies mußten die Moskowiter Hunderte von Frachtern für den Getreidetransport in die Schwarzmeerhäfen chartern. Bekämen die Reedereien Wind von den zu verschiffenden Mengen, würden auch die Frachtraten hochschnellen.

Am Ende hatte die Sowjetunion 1972 für mehr als 1 Milliarde Dollar Getreide in den USA eingekauft, darunter 400 Millionen Tonnen Weizen, ein Viertel der US-Weizenernte. Ein Coup. In den USA Katzenjammer. Die Farmer klagten, die Verbraucher nicht minder, und Amerikas traditionelle Kunden in Asien und Europa schimpften, daß der Weltmarktpreis für Getreide infolge des russischen »Getreideraubs« um 30 Prozent gestiegen sei. Im amerikanischen Kongreß gab es Anhörungen und Untersuchungen, die mächtige Transportarbeitergewerkschaft der »Teamsters« forderte ein Getreideembargo gegen die Sowjetunion, und Präsident Ford verhängte später Restriktionen.

Oft noch hat der Kreml Gold gegen Getreide ausgegeben, während zu Hause die Ernte auf dem Halm verfaulte oder zu geringe Erträge brachte.

### *Der Computer – ein Revisionist*

»Postindustrielles Zeitalter« wurden im Westen die sechziger und siebziger Jahre genannt. Neue Technologien hielten Einzug, neue Infrastrukturen, neue Dienstleistungsbereiche, neue Aufgaben für Wissenschaft, Bildung und Erziehung in der Wirtschaft. In der Sowjetunion? Fehlanzeige. Computer seien »Revisionisten«, befanden sarkastisch Studenten der Charkower Universität. Revisionisten? Ja, Computer würden im voraus beweisen, daß die Fünfjahrpläne auf Sand gebaut sind. Deshalb bekamen die Studenten keine Computer.

Die quälenden, lähmenden Folgen des Zusammenstoßes von ideologischem Zwang und Reformzwang in der Wirtschaft waren allgegenwärtig. Breshnews Verlangen nach reibungslosem Einvernehmen unter den Führungskadern geriet immer mehr zu faulen Kompromissen. Entscheidungen über grundsätzliche Probleme der inneren Entwicklung der Sowjetunion wurden blockiert oder ins Absurde gewendet.

Beispiel: Kossygins Wirtschaftsreformen. Reformen sollten die Selbständigkeit der Unternehmen fördern. Aber Kossygin war kein Mann mit Durchschlagskraft. Anstatt die von Chruschtschow geschaffenen regionalen »Volkswirtschaftsräte« weiterzuentwickeln, Querverbindungen zwischen ihnen und einen Binnenmarkt zu fördern, gab er den zentralen Behörden und Ministerien alle wirtschaftliche Macht zurück. Sie waren die tragende Säule des Regimes. 1967 bestärkte ein eigens verabschiedeter Erlaß die administrativen und wirtschaftlichen Vollmachten der zentralen Ministerien, 1969 war Kossygins Reform tot. Nach den Erfahrungen mit dem Prager Frühling hatte Breshnews Politbüro erfaßt, wie eng der Zusammenhang zwischen ökonomischen Reformen und Veränderungen im politischen System sowjetischen Stils war, wenn Reformen wirklich Reformen sein sollten. Von da an gab es keine mehr.

Es gab Mahner, die auch die Partei hätte ernst nehmen müssen. Andrej Sacharow war so einer. Der prominente Kernphysiker veröffentlichte schon im Krisensommer 1968 einen Essay »Gedanken über Fortschritt, friedliche Koexistenz und geistige Freiheit«, in dem er zu einer unerläßlichen Annäherung zwischen der UdSSR und dem Westen aufrief. Von einer allmählichen Konvergenz der Systeme war er überzeugt. Er beschrieb die Gefahren eines Atomkrieges und die ökologischen Bedrohungen des Landes. Vor allem beklagte er das Fehlen von Demokratie und Meinungsfreiheit.

Dem Essay folgte 1970 ein zweiter Vorstoß, diesmal gemeinsam mit dem Mathematiker Turtschin und dem Historiker Medwedjew. Auf der Basis konkreter Angaben hielten die drei Wissenschaftler der sowjetischen Führung vor: »Wenn wir unsere Wirtschaft mit der Amerikas vergleichen, müssen wir feststellen, daß wir nicht nur quantitativ, sondern auch – was noch schlimmer ist – qualitativ im Rückstand sind. Je neuer und revolutionärer ein Wirtschaftszweig ist, desto größer ist bei ihm der Abstand zwischen Amerika und uns ... Was den Einsatz von Computern in der Volkswirtschaft anbelangt, ist der Abstand so groß, daß er gar nicht mehr zu messen ist. Wir leben in einem anderen Zeitalter ...«

Wir leben in einem anderen Zeitalter ... Wie in Stein gemeißelt.

Sacharow wurde der konterrevolutionären Propaganda beschuldigt. Er durfte sein Institut nicht mehr betreten. Seine Kritik wurde nur um so politischer, unerschrocken sein Kampf um die Menschenrechte, für alle, die seine Hilfe brauchten. KGB-Chef Andropow erklärte Sacharow zum »Volksfeind Nummer eins«. Nach seiner Kritik an der sowjetischen Afghanistan-Invasion wurde Sacharow Anfang 1980 in die »geschlossene« Stadt Gorki verbannt. Geschlossen hieß: für Ausländer kein Zutritt. Erst Gorbatschow hat den Propheten einer neuen Vernunft zurückgeholt – nach Moskau und in die Politik. Sacharows Einstieg als Deputierter im neuen Obersten Sowjet ließ viele auf eine große Rolle dieses Mannes hoffen. Zu spät. 1989, mit achtundsechzig Jahren, starb er.

### *Akademgorodok*

Es gab in der großen Sowjetunion einen kleinen Ort, an dem unvermeidlich nach vorn gedacht wurde: in Akademgorodok, im Akademiestädtchen bei Nowosibirsk. 1957 war es zwecks Umsetzung eines neuen Konzepts symbiotischer Beziehungen von Forschung, Lehre und Anwendung neuer Technologien gegründet worden, und es lag in der Natur der Gründung, daß die dort in der sibirischen Taiga versammelten Physiker, Mathematiker, Ökonomen und Ingenieure Scheuklappen im Denken nicht gelten ließen. Im Herbst 1969 erhielt ich Genehmigung für einen Besuch in Akademgorodok. Ich spitzte gewaltig die Ohren.

Das Zeitalter der Ideologie gehe seinem Ende entgegen, hörte ich von meinen Gastgebern am Kaminfeuer des Clubs. Den führenden Platz in Wissenschaft und Gesellschaft würden nicht länger die von weltanschaulichen Grundsätzen geprägten Disziplinen einnehmen, sondern die Naturwissenschaften. Künftig würde ein sowjetischer Physiker einen amerikanischen Physiker besser verstehen als seinen sowjetischen Kollegen der Geisteswissenschaften. Auch müsse gefragt werden, ob sich durch Automatisierung und Wissenschaft der Begriff der Arbeiterklasse und ihr Selbstverständnis nicht verändern würden. Müßte nicht mit der Änderung der Basis eine Änderung des Überbaus, mithin der Theorie einhergehen? Meine Gastgeber hatten auch viel über Koexistenz, ein Schlüsselwort der Epoche, nachgedacht. Koexistenz als friedlicher Wettbewerb der Systeme setze die Anerkennung heterogener sozialer Körper und politischer Systeme voraus, davon waren sie überzeugt. Wenn man von Koexistenz rede, müsse man die Verschiedenartigkeit von Gesellschaften, Staaten und Nationen anerkennen; dann müsse es möglich sein, eine auf gegenseitigem Nutzen beruhende wissenschaftlich-technische und kulturelle Zusammenarbeit zu begründen. Der Weg dahin: der freie Austausch der Menschen verschiedener Länder, Reisefreiheit, Freiheit des Informations- und Ideenaustauschs.

Erkenntnisse und Gedanken in Akademgorodok, 1969, im Jahr nach Prag. Die besten Köpfe entwickelten Ideen und Gedanken, die zu einem Wandel hätten führen können: Weg von den imperialen Hirngespinsten einer überholten Ideologie, Anschluß an Gesellschaften, die für den Wandel offen sind. Ich wähnte Strahlen der Hoffnung, Perspektiven in die Zukunft. Dennoch vorsichtig, notierte ich nach meiner Abreise:

»Entweder war es (die Gründung von Akademgorodok) der größte Fehler des Regimes oder eine großartige Leistung prophetischer Weitsicht.«

Die Eiszeit der Ära Breshnew hat auch die belebenden Impulse aus Akademgorodok eingefroren. Noch lange hatte ich die Abschiedsworte Professor Martschuks, damals Leiter des Rechenzentrums, im Ohr: »Ich möchte die Bundesrepublik besuchen. Nach Willy Brandts Wahlsieg habe ich jetzt vielleicht doch eine Chance, den Reaktor in Biblis zu besichtigen.« Freier Austausch von Menschen und Ideen? Die sowjetische Praxis blockierte ihn hart und stur.

Eine Einladung in den Westen war für jeden Wissenschaftler eine Tortur, sosehr er sich darüber gefreut haben mochte. Im voraus das Vortragsmanuskript zuschicken? Unmöglich. Die Post durfte die Sendung erst annehmen, wenn die Zensurbehörde, das Institut und andere Fachexperten Unbedenklichkeit bescheinigt hatten. Der Autor selbst war dann noch lange nicht unterwegs. Bei der Genehmigung einer Dienstreise in den Westen hatten von Partei bis Polizei und KGB viele Instanzen mitzureden, und manch einer hat, wenn das Visum vorlag, die Reise selbst abgesagt, weil er dem Geheimdienst nach Rückkehr nicht berichten wollte.

Einmal reisen, die Nase vor die Tür stecken dürfen, darauf kam es dem Sowjetbürger an; und die Gründe dafür konnten höchst unterschiedlich sein. An einem Sonntag im Sommer machten wir Picknick im Birkenwäldchen eines Moskauer Vororts. Über unser Auto kam ich mit dem Nachbarn ins Gespräch. Unvermeidlich, das Konsumgüterangebot im Westen kam zur Sprache. »Nicht darum beneide ich Sie«, sagte er, »sondern um Ihre Bewegungsfreiheit. Sehen Sie, ich verdiene gut. Ich bin Arzt, Orthopäde, nach unseren Maßstäben verdiene ich sogar sehr gut. Was ich zum Leben brauche, habe ich reichlich.«

Der Arzt schaute sich bisweilen prüfend in der Gegend um. Die nächste Gruppe lagerte ein paar Birken weiter. Eine Großfamilie, die ununterbrochen aß und die Flasche kreisen ließ. Birkenhaine haben keine Wände. Man konnte reden. Der

Arzt spielte mit einem Grashalm, bewegte ihn zwischen den Zähnen. Dann sagte er: »Seit Jahren bemühe ich mich, die Genehmigung für eine Reise nach Frankreich zu bekommen. Einer meiner engsten Verwandten lebt dort. Ich habe ihn seit dem Krieg nicht mehr gesehen. Er würde alles für mich bezahlen. Aber ich bekomme keine Genehmigung; und selbst wenn ich in der Partei wäre ... Dieser Staat wirft die größten Summen für Bildung und Erziehung aus; er selbst trägt dazu bei, daß seine Bürger mündig werden. Und wie reagiert er darauf? Immer nur mit noch mehr Mißtrauen.«

Auch von der Revolution in der Informationstechnologie wollte der Keml nichts wissen, obwohl er sich mit dem Informationsmonopol der Partei und den faustdicken Propagandalügen längst lächerlich gemacht hatte. Viele Sowjetbürger, Regierungs- und Parteifunktionäre einschließlich, besaßen Kurzwellenradios und hörten BBC, die Deutsche Welle und Radio Liberty. Für die Jugend waren Kassettenrekorder der Hit, dann konnten sie Jazz und aufmüpfige Lieder von Bulat Okudshawa und Wladimir Wyssozki hören und weitergeben, weiterreichen wie ein Diebesgut. Ein Glückspilz, wer eines Quelle-Katalogs habhaft werden konnte, um in einer Traumlandschaft zu blättern. Bei den sowjetischen Frauen standen Burda-Hefte wegen der Schnittmustereinlagen hoch im Kurs. Damit ließ sich aus eigener Kraft eine gewisse Eleganz schaffen, die eine nur auf Planerfüllung bedachte staatliche Textilindustrie beharrlich verweigerte. Leute machten Kleider.

## *Korruption überall*

Korruption, dieser treueste aller Weggefährten russischer Sozialgeschichte, erreichte in der Ära Breshnew neue Höhen. Dessen Schwiegersohn und Tochter hatten sich schmieren lassen, die Kulturministerin Jekaterina Furzewa ließ sich aus staatlichen Mitteln eine teuere Datscha bauen, in alle Ebenen der Gesellschaft, der Administration, der Partei und der Wirtschaft fraß sich die Korruption, der ständige und für alle ganz selbstverständliche Gast. Dem Busfahrer, der mich eines Tages in einem Moskauer Vorort an Bord nahm, schien es völlig normal und legitim, dessen bin ich sicher, sich mit dem leeren städtischen Fahrzeug in der Mittagspause ein paar Rubelchen zu verdienen. Kommunales Eigentum ist niemandes Eigentum.

Es wurde ja auch niemand zur Rechenschaft gezogen. Frol Koslow, lange der engste Mitarbeiter Chruschtschows, hatte im Safe seines Freundes in Leningrad, ebenfalls ein hoher Apparatschik, einen gemeinsamen Vorrat an Edelsteinen und Geldpaketen angehäuft. Das kam ans Licht. Trotzdem wurde Koslow nicht bestraft, sogar mit Staatsbegräbnis an der Kremlmauer begraben.

»Massive und ubiquitäre Korruption ... des Partei- und Staatsapparates hat so enge Beziehungen zwischen diesem Apparat und kriminellen Elementen geschmiedet, daß man mit Fug und Recht sagen kann, in der Sowjetunion ist ein System des organisierten Verbrechens entstanden«, schrieb Konstantin Simis, damals schon als Jurist ein ausgewiesener Kenner der korrupten Gesellschaft – »ausgewiesen« alsbald in der doppelten Bedeutung dieses Wortes. Die Kopie seines Buchmanuskripts war dem KGB in die Hände gefallen. Darin hatte er – man schrieb das Jahr 1976 – diagnostiziert, daß das organisierte Verbrechen die politischen und administrativen Machtzentren vor allem in der Provinz total in der Hand habe – aus dem einfachen Grunde, weil »die Geschäfts- und Restaurantmanager und die Direktoren der Staatsbetriebe und Farmen die organisierte Kriminalität betreiben; und alle sind sie Mitglieder der herrschenden Monopolpartei, der Kommunistischen Partei der Sowjetunion ... Die organisierte Kriminalität trägt den Stempel alles dessen, was als Sowjetregime zusammengefaßt werden kann.« Ein schweres Erbe, wie man weiß.

Dazu der Alkoholimus, der wie die Pest wütete und große Teile der sowjetischen Gesellschaft verwüstete. Drogenkonsum verschärfte das Übel, vor allem unter der Jugend. Die Geburtenraten sanken, das durchschnittliche Lebensalter, die öffentlichen Mittel für Gesundheit und Soziales. Gleichzeitig stiegen die Ausgaben für Administration und Rüstung. Und der graue sowjetische Alltag wurde zum Spiegelbild der Führungselite im Kreml: Von Krankheiten und Schwäche gezeichnete Grauköpfe besetzten das Politbüro, scheinbar ad infinitum.

Von 1965 bis 1984 blieb das Politbüro im wesentlichen unverändert. Nach Angaben russischer Historiker betrug das Durchschnittsalter dieses Gremiums im Jahre 1970 sage und schreibe siebzig Jahre. Politbürositzungen durften öfter nicht länger als 20 Minuten dauern, um die alten Herren mit ihren Krankheiten nicht zu überfordern. Aber unersättlich klebte der Kreis der Greise an den Honigtöpfen der Macht, verlieh sich Prämien und Orden, allen voran Breshnew, der Generalsekretär, der selbst von Titeln und Auszeichnungen nicht genug kriegen konnte. Daß sich in den sechzehn Jahren seiner Herrschaft ein Generationswechsel ereignet hatte, die jungen Leute die Welt mit ganz anderen Augen sahen, eigene Gedanken und Lebensvorstellungen hatten, das verdrängten die Greise – und verhinderten den Aufstieg der Jungen. Gerontokratie.

Nikita Bragin, der Sohn meines russischen Kollegen, war in jenen sechziger Jahren ein Teenager, fleißig, intelligent, sehr schweigsam. Was ging in ihm vor? Nach dem Ende der Sowjetunion gab er mir Auskunft: »Die Breshnew-Leute haben uns immer und überall belogen. Sie waren unsozial und unmenschlich, und ich hätte speien wollen, wenn ich nur das Wort Sozialismus hörte. Deshalb habe ich auch Gorbatschow nicht getraut. Er wollte reformieren, was wir so haßten: den Sozialismus.«

Ich erinnere mich eines geflügelten Wortes, das in den sechziger Jahren die Runde machte: »Man kann den Sozialismus aufbauen, in ihm leben kann man nicht.«

# Entspannung – der Ausweg?

## *Kurswechsel, aber kontrolliert*

Die sowjetischen Kommunisten hatten die Idee vom »Sozialismus mit menschlichem Antlitz« nicht begreifen wollen. Sie dachten nur an den Erhalt ihrer Macht, die sie gerade deshalb verloren. Sie waren nach Prag, in das alte Herz Europas, vorgestoßen, aber ein Funke von Geist und Geschichte dieses Europa hatte sie nicht berührt. Als der junge Jan Palach auf dem Wenzelsplatz in Prag in einem grausigen Akt der Selbstverbrennung gegen die Besatzung protestierte, kommentierte die sowjetische Propaganda zynisch, er sei »von antisozialistischen Elementen angestachelt und benutzt worden«. Und dabei war es doch, so mein WDR-Bericht vom 26. Januar 1969, »ein öffentliches Geheimnis, daß der Schein seiner entsetzlichen Fakkel Millionen Menschen auch hier (in der Sowjetunion) bis ins Mark berührt hat«.

Dennoch: Kurswechel war angezeigt, außenpolitischer Kurswechsel! Aber bitte graduell: Schon Ende September 1968, unmittelbar nach Prag also, hatte Außenminister Gromyko in einem geheimen Papier für das Politbüro eine Erneuerung des Dialogs mit den USA empfohlen. Man müsse ihn aber sorgfältig vorbereiten. Rüstungskontrolle würde dem Aufbau des Kommunismus nützen …

Zwecks innerer Stabilisierung des sozialistischen Lagers schlug Außenminister Gromyko die Bildung einer Konföderation aus den europäischen sozialistischen Staaten vor. Das Politbüro stimmte zu. Strukturen sollten entwickelt werden, die den Erfolgen der Integration in Westeuropa besser und schneller entsprächen als der Warschauer Pakt und der Rat für Gegenseitige Wirtschaftshilfe. Aber eine Konföderation? Noch mehr Souveränitätsverzichte? Die Idee versandete schnell.

Nach dem Sündenfall in Prag waren Gemeinschaftsgefühle, für die sich Chruschtschow so engagiert hatte, auch mit staatsrechtlichen Tricks nicht zu gewinnen. China wäre ohnedies nicht dabei gewesen. Rumäniens außenpolitische Alleingänge waren nicht zu stoppen, in der DDR hatte Walter Ulbricht Töne der Belehrung angeschlagen, die Breshnew ganz persönlich auf die Nerven gingen. In der Sowjetunion selbst nahmen in einzelnen Unionsrepubliken Selbstbewußtsein und Nationalbewußtsein kräftig zu. Allen voran in der Ukraine, stark in den baltischen Republiken und auch in Georgien und Armenien. Die Krimtataren führten einen verzweifelten Kampf um das Recht zur Rückkehr in ihre Heimat. Stalin hatte sie ihnen genommen. Eigene Erfahrungen konnten die zentrifugalen Kräfte im moskauzentrierten Unionsgebäude nur bestätigen, wie im folgenden berichtet.

### *Zentrifugale Kräfte*

Mit einem russischen Kamerateam von »Nowosti« machte ich einen Fernsehbeitrag aus Alma-Ata, Kasachstan. Wir wollten eine Oberschule für kasachische Mädchen samt ihrem Deutschlehrer, einem volksdeutschen Professor, filmen. Wir hatten die Zustimmung der Dekanin, einer Russin. Indessen, kaum hatten wir aufgebaut, flogen wir hochkantig aus der Schule, der Professor war »krank« geworden. Ursache: Die Direktorin des Instituts, eine Kasachin, hatte sich angegriffen und gekränkt gefühlt. »Russische Kolonialisten und westdeutsche Revanchisten wollen gemeinsam kasachisches Selbstbewußtsein beleidigen«, argumentierte sie und trug ihre Beschwerde bis nach Moskau. Gleichzeitig ließ uns die muslimische Gemeinde in Alma-Ata wissen, daß wir willkommen seien, in ihrer Moschee eine Gebetsstunde zu filmen …

In Tallinn kamen meine Frau und ich in unserem Hotelrestaurant mit einem Esten ins Gespräch. Es wurde ein langer Abend. Wir verabschiedeten uns vor dem Hoteleingang, tauschten auf einem Stück Papier – ich mache mir heute noch

Vorwürfe – Telefonnummern aus. Es war eine kalte Mondnacht im Oktober (1969). Im fahlen Licht wurde gespenstisch deutlich: Wohin sich der hochgewachsene Mann auch wandte, in welche der vom Hotelvorplatz ausgehenden Straßen er auch lief, überall traten dunkle Gestalten hinter Bäumen hervor. Er wurde in ein Auto gestoßen. Wut trieb mir die Tränen in die Augen. Er hatte sich unerlaubter, vielleicht gar »subversiver« Kontakte zu einem westdeutschen Korrespondenten schuldig gemacht. Ein Este. Man muß uns lange beobachtet haben; die Verhaftung bedurfte ja einiger Vorbereitungen. Sein Telefon blieb stumm, sooft ich es auch versuchte.

Es gab auch Kurioses. Zufällige Begegnung mit Orchestermusikern der Dresdener Staatskapelle in einem Restaurant in Tbilissi (Tiflis), das der populäre Pirosmanaschwili mit farbigen Figuren der georgischen Folklore ausgemalt hatte. Gastgeber der Musiker gesellten sich dazu. Viel Wein, schwerer Wein. Auf der Toilette fällt mir einer der »Gastgeber« um den Hals. Mich packt der Graus. Da lallt er mir schluchzend und feucht ins Ohr, mit starkem Akzent in seinem Russisch: »Brüderchen, ich bin ein Schwein. Ich soll dich beobachten und den sowjetischen Organen berichten.« Als ob er in Georgien zu diesen nicht gehörte.

Seit dem Sechstagekrieg 1967 wußten die Juden in der Sowjetunion, daß es Israel gibt. Merkwürdig war das, aber es war plötzlich in ihrem Bewußtsein. Die Sowjetunion hatte Ägypten aufgerüstet und unterstützt, doch Israel hat die Ägypter geschlagen, und zwar schnell: die Luftwaffe auf dem Boden zerstört, Fotos gefangener Ägypter vor unzerstörten sowjetischen Panzern waren im Umlauf. Plötzlich sah man an Büfetts in Moskauer Küchen schmale Papierstreifen – die Landkarte Israels, die Karte des Landes, mit dem sich Zehntausende sowjetischer Juden jetzt identifizierten. Das hatte es in der Geschichte der Sowjetunion so noch nicht gegeben: eine offene Aufkündigung der staatsbürgerlichen Loyalität. In »ihr« Land, ein anderes, wollen plötzlich viele von ihnen ziehen. »Let my people go!« Mit einer neuen Antizionismus-Kampagne antwortete die Partei, schürte erneut Antisemitismus. Jüdische Dissidenten kämpften ihren eigenen Kampf, verteidigten die »otkasniki«, Juden, denen die Ausreise verweigert und danach der Arbeitsplatz genommen wurde. Verbote und Auswanderungssteuer schreckten aber nicht ab, im Kalten Krieg baute sich eine neue Dimension in den sowjetisch-amerikanischen Auseinandersetzungen auf. Im amerikanischen Kongreß formierten sich starke Kräfte, die mit der Forderung nach freier Ausreise für Juden in der Sowjetunion politische Konzessionen erzwingen wollten.

Zwischen dem gewachsenen Verlangen nach eigenen Wegen zum Sozialismus in verschiedenen Ländern und den verstärkten nationalen Strömungen in der Sowjetunion gab es einen Zusammenhang. Moskaus zentralistisches Macht- und Führungsdenken war bevormundend, arrogant und ignorant, unflexibel, ein Spaltpilz in der Union, im Lager, in der kommunistischen Weltbewegung – bis hin zu Gorbatschow. Doch selbst er scheint dies nicht voll erkannt zu haben; sonst hätte er sich von Anfang an bemüht, einen neuen Unionsvertrag schnellstens über die Bühne zu bringen. Plötzlich war es zu spät.

### *Gewaltverzicht*

Wladimir Semjonowitsch Semjonow senkte seinen kahlen Schädel und starrte auf den Teller. Er wollte sich seine Gereiztheit nicht anmerken lassen. Auch die Gesichter der anderen sowjetischen Gäste in der Residenz des deutschen Botschafters Helmut Allardt hatten sich verfinstert. Mein Tischnachbar, ein »Iswestija«-Kommentator, stöhnte gequält und schien an vorzeitigen Aufbruch zu denken. Es war der 25. August 1969. Der Grund, warum plötzlich knisternde Stimmung über den Dinner-Tischen lag, war eine scharfe Kritik Helmut Schmidts an der Zerschlagung des »Prager Frühlings« genau ein Jahr zuvor. Der damalige Fraktionsvorsitzende der SPD hatte sie unverblümt an den Anfang seiner Tischrede gesetzt. Die Gäste hatten auf Semjonow geschaut. Der blieb, also blieben auch die anderen. Sie hatten offenbar Weisung vom ZK. Schmidt war mit seiner Delegation zu Kontaktgesprächen eingeladen worden. In der Bundesrepublik standen Wahlen bevor, eine SPD/FDP-Koalition und im Ergebnis eine neue Ostpolitik in Bonn schienen möglich.

Wladimir Semjonow war der Senior der Deutschlandkenner im sowjetischen Außenministerium, praktisch seit Kriegsbeginn 1941: zuerst als Botschaftsrat in Berlin, dann in der Sowjetischen Militärverwaltung, als Botschafter in Ostberlin, als Stellvertretender Außenminister mit allen Deutschland betreffenden Fragen befaßt. Er würde auch weiterhin dabeisein, in der Kanzlerschaft Schmidts als Botschafter in Bonn. Semjonow hatte unter dem Pseudonym K. Iwanow – Lew Kopelew war meine Quelle – zwei Monate nach der Invasion in Prag scharfe und unsinnige Kritik an der Bundesrepublik geübt. In der Zeitschrift »Internationales Leben« hatte er geschrieben: »Jetzt besteht kein Zweifel mehr, daß die regierenden Kreise der Bundesrepublik Deutschland ihre weitreichenden Pläne einer Veränderung der in Europa bestehenden Grenzen und der Liquidierung der sozialistischen DDR gerade und vor allem mit dem konterrevolutionären Umschwung in der Tschechoslowakei verbanden ...«

Fraglos war der Artikel vom Politbüro autorisiert worden. Er markierte haarscharf die zentralen Punkte der sowjetischen Deutschlandpolitik: Festigung des sowjetischen Besitzstandes in Europa, Anerkennung der DDR als selbständiger Staat durch die Bundesrepublik und die Anerkennung der bestehenden Grenzen, insbesondere der polnischen Westgrenze an Oder und Lausitzer Neiße – zu der vor Willy Brandt keine Bundesregierung bereit war.

Obwohl in Bonn Ende 1966 die Große Koalition gebildet und Willy Brandt ihr Außenminister geworden war, eröffnete der Kreml bald darauf eine beispiellose Propagandakampagne gegen die »faschistische« Bundesrepublik. Dies aus zwei Gründen: In mehreren Bundesländern war die neofaschistische NPD in den Landtag eingezogen. Die Furcht in weiten Teilen der sowjetischen Bevölkerung war echt, daraus könne – wieder einmal – mehr werden. Vor allem aber sollte die Kampagne der Festigung der Blockdisziplin dienen. Rumänien war Anfang 1967 mit der Aufnahme diplomatischer Beziehungen zur Bundesrepublik vorgeprescht. Andere Ostblockstaaten sollten daran gehindert werden, ein Gleiches zu tun.

Parallel zur Anti-BRD-Kampagne waren Moskau und Bonn aber auch aktiv in einem Notenwechsel über einen gegenseitigen Gewaltverzicht begriffen. Parallel liefen außerdem Versuche, »linke« bundesdeutsche Journalisten für den KGB zu gewinnen. 1967 war Juri Andropow KGB-Chef geworden, ein Mann von leninistisch geprägten Überzeugungen, gleichwohl von hoher Intelligenz. Die Versuche einiger Sozialdemokraten, mit Hilfe italienischer Kommunisten neue Ideen zur Entspannung an den Kreml heranzutragen, konnten ihm schwerlich entgangen sein.

Der erste Versuch einer Anwerbung galt einem Redaktionsmitglied der »Frankfurter Rundschau«, der zweite dem Moskauer Korrespondenten dieser Zeitung, Harry Schleicher. Wir waren seit langem befreundet. Ihm widerfuhr, was als Albtraum aller Moskauer Korrespondenten galt: Er wurde, unschuldig, in einen Verkehrsunfall verwickelt. Der Staatsanwalt führte sich auf, als habe Schleicher einen Mord begangen. Untersuchungen, Anhörungen. Nach zwei Monaten schrieb der Freund ans Außenministerium, denn dort war er akkreditiert. Das Schreiben landete in anderen Händen. Als Harry Schleicher nach einer weiteren Verhandlung beim Staatsanwalt das Gebäude verließ, wurde er in einen schwarzen »Wolga« komplimentiert. Seine Sekretärin begriff, gab mir Bescheid, ich rief die Botschaft an. Im Obergeschoß des Hotels »Moskwa« lief unterdessen das Gespräch, in dem Schleicher versichert wurde: »Nur wir können Ihnen helfen. Sie können so viele Unfälle bauen, wie Sie wollen, wenn Sie für uns arbeiten.« Der Vernehmungsoffizier stellte in Aussicht, Schleicher werde einer der bestunterrichteten Korrespondenten in Moskau sein, er werde sich neben anderen deutschen Journalisten, die für den KGB arbeiteten, in bester Gesellschaft befinden, wenn er ... für den KGB Kontakte zu einflußreichen SPD-Politikern herstelle. Schleicher könne Wesentliches zur Verbesserung der deutsch-sowjetischen Beziehungen beitragen. Etwas später: »Leider weiß Ihre Botschaft inzwischen Bescheid.« Das Gespräch war beendet.

In abhörsicherem Gelände berieten wir den Ausweg. Es gab nur einen: Weg aus Moskau, so bald wie möglich. Nach einigen Wochen durften Harry und seine Frau in den Urlaub reisen. Sie überließen uns die Auflösung ihrer Wohnung. Das war im Frühjahr 1968. Der Außenminister und Parteivorsitzende Willy Brandt entwickelte zwar zu diesem Zeitpunkt vor dem SPD-Parteitag in Nürnberg sein Konzept für eine neue Ostpolitik, doch der Kreml fand sich plötzlich überrascht von einer anderen Agenda – diktiert vom Prager Frühling. In der deutschen Botschaft in Moskau wurde nun ein »Spionagenest aufgedeckt«; der Notenwechsel mit Bonn über einen Gewaltverzicht wurde abgebrochen; bei Karlsbad wurden die »westdeutschen Waffen« gefunden. Wladimir Semjonow erklärte nach der Invasion die Hintergründe der »Ereignisse in der Tschechoslowakei« in seinem Traktat: »Revanchistische« Pläne der Bundesrepublik zur Umgestaltung Europas mit Hilfe der Prager Konterrevolution.

Eine erneut veränderte Lage brachte Semjonow ein Jahr später an die Dinnertafel des deutschen Botschafters. Die Kämpfe am Ussuri hatten den Kreml plötzlich das Fürchten vor einem Krieg mit China gelehrt; der Prager Frühling hatte dem Verlangen nach »Stabilität« in Europa im Einklang mit den sowjetischen Sicherheitsvorstellungen einen kräftigen Schub gegeben; der dringende Bedarf an neuer Technologie und industriellem Know-how forcierte den Wunsch nach Entspannung mit der Wirtschaftsmacht Bundesrepublik. Nachdem Brandt im Oktober 1969 zum Kanzler gewählt worden war und in seiner Regierungserklärung die neue Ostpolitik vorgestellt hatte, war der Kreml zum Handeln entschlossen.

Im Januar 1970 flog Egon Bahr als Staatssekretär im Kanzleramt zu ersten Verhandlungen über den deutsch-sowjetischen

Vertrag nach Moskau. Noch am Abend seiner Ankunft traf er mit Waleri Lednew zusammen, den Bahr später Leo nennen würde. Lednew hatte sich Bahr kurz zuvor in Bonn als sowjetischer Journalist mit Informationen aus dem Zentrum der Macht empfohlen. Ihre erste Begegnung in Moskau hatte Heinz Lathe vermittelt, der Korrespondent der Frankfurter »Neuen Presse«, des »Industriekurier« und anderer Blätter.

Ich hätte nie soviel über Heinz Lathe nachgedacht, wenn er sich nicht 1980 in den Tod gestürzt hätte; wenn seine Tätigkeit in Moskau, soweit ich sie beobachten konnte, nicht soviel Problematisches und Spezifisches offenbart hätte, das die Arbeit deutscher Korrespondenten der Kriegsgeneration in der Sowjetunion geprägt hat. Während der Bahr-Verhandlungen war ich bereits auf einem journalistischen Posten in der Bundesrepublik, kam aber zum Vertragsabschluß wieder nach Moskau.

### *Geheimer Kanal Moskau–Bonn*

Der »geheime Kanal«, von den Amerikanern »back channel« genannt, stand als diplomatisches Instrument im Kalten Krieg hoch im Kurs. An Botschaften und Bürokratien der Außenämter vorbei und unter Ausschluß der Öffentlichkeit wollten die Machthabenden die kniffligen Fragen in ihren Beziehungen lieber diskret in direkten Kontakten verhandeln. Bahrs Aufgabe, die Grundlagen für einen deutsch-sowjetischen Vertrag zu klären, *war* knifflig, Moskau ein ihm unbekanntes Pflaster. Da boten sich helfend mit einem »geheimen Kanal« zum Kreml, zum Zentrum der Macht, Waleri Lednew und »Slawa« an – ein Mann, der sich Bahr erst Jahre später als KGB-General Wjatscheslaw Keworkow zu erkennen gab. Heinz Lathe trug als Vermittler zum Entstehen und Funktionieren des »geheimen Kanals« zwischen Bonn und Moskau bei. Seine Rolle beruhte auf seinem Verhältnis zu Lednew.

Aus seinem 1995 bei Rowohlt veröffentlichten Buch »Der Geheime Kanal« wissen wir, daß Keworkow schon im Februar

1968 von KGB-Chef Andropow den Auftrag erhalten hatte, Bewegung in die Beziehungen zwischen Moskau und Bonn zu bringen. Also vor dem Aufbruch des Prager Frühlings; mithin just zu der Zeit, als Harry Schleicher vom KGB für Kontakte zu führenden SPD-Politikern angeworben werden sollte. Im Jahr nach Prag hat Andropow seine Bemühungen sofort wieder aufgenommen. Er, nicht Breshnew, war auf sowjetischer Seite politisch und intellektuell der Motor des deutsch-sowjetischen Vertrages, gegen Außenminister Gromyko und die SED-Führung. Der Vertrag war, grob gesprochen, ein KGB-Produkt – was nicht gegen den Vertrag spricht. Egon Bahr hat das in einem Nachwort zu Keworkows Buch mit aller Deutlichkeit gesagt, deutlicher als in seinem eigenen Buch »Zu meiner Zeit«. Heinz Lathe kommt bei Egon Bahr nicht vor. Keworkow aber wollte mit seinem Buch über den »geheimen Kanal« Lathe und Lednew expressis verbis ein Denkmal für ihre Verdienste um die deutsch-sowjetischen Beziehungen setzen. Die Rolle Waleri Lednews, dessen Position im sowjetischen Sicherheitsapparat und mithin dessen »amtliche« Beziehung zu Lathe, hat er nicht klargestellt. Meine Bitte um ein Gespräch blieb unbeantwortet. Keworkow hat indessen seine eigene Rolle beleuchtet, und die war für die Vorbereitung des deutsch-sowjetischen Vertrages keine geringe, für Egon Bahrs Mission wohl unverzichtbar. Keworkow hatte Zugang zu Andropow, er war ein Aufsteiger im KGB und kannte die Machtkonstellationen im Zentrum. Die Konflikte mit Außenminister Gromyko, mit der SED-Führung und Stasi-Chef Mielke, die er nach seinen Schilderungen für die deutsch-sowjetische Aussöhnung riskierte, stellt er pointiert dar. Von seinen anderen Aufgaben kein Wort, und die waren vielleicht noch erstaunlicher: Er war der Agentenführer des Mittelsmannes, der die Chruschtschow-Memoiren Anfang 1970 in den Westen geschleust hat, und dieser Mittelsmann war kein anderer als Victor Louis.

Im vorangegangenen Kapitel »Das China-Syndrom« habe ich Louis als Desinformationsspezialisten des KGB vorgestellt. Im Herbst 1969 hatte er mit seinem spekulativen Bericht aus

China über die Gefahr eines sowjetischen Überraschungsschlages Nixon und Kissinger alarmiert. Er war Sowjetbürger und unter Beobachtern für seinen aufwendigen Lebensstil bekannt. Man wußte, wem er das außer seiner Skrupellosigkeit zu verdanken hatte. Im Straflager – verurteilt wegen angeblicher Spionage – war der junge Mann mit schwieriger Kindheit zum Informanten geworden und machte später eine Karriere daraus. Er brauchte viel Geld. Es war ihm gelungen, mit gefälschten Berichten für westliche Medien die Stalintocher Swetlana Allilujewa und auch Solshenizyn hereinzulegen.

Im Herbst 1969 ein Coup: Er diente dem Bürochef des führenden Nachrichtenmagazins »Time«, Jerrold Schecter, die Memoiren des Nikita Sergejewitsch Chruschtschow an, Tonbänder und Abschriften in großer Menge. Waren sie echt? Schecter holte sich den Segen des Verlages und griff zu. Als Übersetzer engagierte er einen »stringer«, einen gelegentlichen Mitarbeiter, der es unter Bill Clinton zum stellvertretenden Außenminister brachte – Strobe Talbot.

Was für Victor Louis der dollarverheißende Köder war, war für die »Time«-Leute die Aussicht auf ein historisches Erstereignis: Ein ehemaliger Sowjetführer erinnert sich seines Umgangs mit Stalin, der Kämpfe mit seinen Rivalen in der Führung, der Begegnungen mit Mao Tse-tung und zahlreichen anderen kommunistischen Führern, der Treffen mit westlichen Staatschefs aus Europa und Amerika; eine Fundgrube. Die Memoiren erwiesen sich als echt.

Die Aktion war streng geheim, doch setzte Victor Louis seinen KGB-Kontaktmann in Kenntnis, Wjatscheslaw Keworkow, ohne daß Schecter davon wußte. Keworkow informierte Andropow, Andropow warnte das Politibüro. Das war im März 1970. Ein Vierteljahr später, Kopien waren längst im Westen, beschlagnahmte der KGB in Chruschtschows Datscha Bänder und Abschriften, in großer Menge zwar, doch auch in so chaotischem Durcheinander, daß Keworkow zu dem Schluß kam, daraus lasse sich kein Buch machen. Genau das aber hat Strobe Talbot zuwege gebracht.

Fast dreißig Jahre später wird der inzwischen in Deutschland lebende Keworkow Jerrold Schecter treffen, dessen Namen er vorher nie gehört hatte. In einem Café vor dem Kölner Dom sagt er Schecter, daß er der Agentenführer des Victor Louis' gewesen ist. Er habe Victor Louis als hoffnungsvollen Star im Gewerbe aufbauen wollen und deshalb seinem Chef Andropow vorgestellt. Die Veröffentlichung der Chruschtschow-Memoiren habe er ernstlich nicht verhindern wollen: Chruschtschow habe sich daran gehalten, weder über die Politik noch über das Politbüro seines Nachfolgers Breshnew zu urteilen. Alles andere habe doch nur zeigen können, daß die Sowjetunion im Begriff gewesen sei, ein »normales« Land zu werden. Die Einzelheiten hat Schecter im Jahr 2002 in den USA veröffentlicht.

Mit Sicherheit hatte Heinz Lathe von diesen Dingen keine Ahnung. Von Keworkows KGB-Hintergrund muß er gewußt haben. Auch von den geheimdienstlichen Verbindungen seines Freundes Lednew. Aber wieviel? Lathe war ungeheuer impulsiv, hitzig in seinen Entschlüssen, anregend zum Streit, ein Arbeitstier, aufbrausend, ein Geschichtenerzähler, der über seine eigenen Pointen selbst am lautesten lachte. Als ich 1966 nach Moskau kam, sah ich den Kollegen fast immer in Begleitung eines fülligen Mannes mit meist gerötetem Gesicht, Waleri Lednew. Alle Korresponenten aus der Bundesrepublik hatten, glaube ich, einen »Betreuer«, einen, der sich selbst zum Gespräch einlud, um die Meinung zu erforschen, aber auch – in unterschiedlichem Maße – dieses oder jenes aus der Bundesrepublik mitgebracht haben wollte. Als Auftraggeber machten wir ohne größere Mühe den KGB aus. Mein »Betreuer« war vergleichsweise zurückhaltend. Ab und zu stellte er Fragen, die ich nicht beantworten mochte. Daß Lednew Lathes KGB-Betreuer war, stand für mich fest. Das Ausmaß seiner Beziehungen zu Lathe und seine offenkundige Anhänglichkeit waren freilich einmalig. Umgekehrt sei Heinz, so seine Frau später, Lednew gegenüber eifrig wie ein Erfüllungsgehilfe gewesen. Warum das?

In den siebziger Jahren wurde Heinz Lathe krank. Mit

Kopfschmerzen fing es an, später überfielen ihn Angstzustände, die sich unter physischen Schmerzen zu Wahnvorstellungen steigerten. Paranoia offenbar. Was seine Frau deshalb auszuhalten hatte, ist hier nicht zu beschreiben. Sein Sohn glaubt, schuld an dieser Paranoia und am Selbstmord des Vaters sei der KGB gewesen.

Heinz Lathe hatte für seine Zeitungen eine Art Lebensbericht verfaßt, der aber nie veröffentlicht wurde. Daraus geht hervor, daß er sich als sowjetischer Kriegsgefangener dem NKWD, Vorläufer des KGB, verpflichtet hatte – um dem Lagerelend zu entkommen. Dann sollte er Kameraden denunzieren. Er weigerte sich und mußte dem Bericht zufolge fortan um seine Entlassung bangen. Er durfte trotzdem heimkehren, Ende 1949, nach Westdeutschland. Zehn Jahre später war er Korrespondent in Moskau. Beschlich ihn nie die Sorge, der KGB könnte auf frühere Zeiten zurückkommen?

Dominierend war wohl ein anderes Gefühl: eine aufrichtige Zuneigung zu Rußland und den Russen, ja fast so etwas wie unbestimmte Sehnsucht mit einem Schuß Romantik; unter Deutschen nicht unbekannt. Als Kriegsteilnehmer fühlte er sich mitschuldig am Schicksal der Russen, mitschuldig an Tod und Zerstörung, die der deutsche Überfall 1941 der Sowjetunion gebracht hatte. Er war sich auch dessen bewußt, daß die Mehrheit der deutschen Kriegsgefangenen in der Sowjetunion nicht dem gleichen Schicksal ausgeliefert war wie die sowjetischen Kriegsgefangenen in Deutschland. Er wollte etwas zur »Wiedergutmachung« beitragen, zur Versöhnung von Russen und Deutschen. Er litt darunter, daß dafür so lange nichts geschah. Eindeutig sah er uns Deutsche in der Bringschuld, registrierte zwar auch die vom Kreml errichteten Hürden, urteilte allerdings oft in wohlwollender Nachsicht.

Dieses Bild von Heinz Lathe beruht sowohl auf seinen eigenen Zeugnissen und meinen Eindrücken als auch auf Gesprächen mit Kollegen, die länger als ich mit ihm in Moskau waren. Sich wie Heinz Lathe als Journalist in diplomatische Hilfsdienste einzuspannen – aus welchen Motiven auch immer –, hielten alle von mir Befragten für falsch. Ende der siebziger Jahre hatte er einen Brief an Breshnew aufgesetzt mit der dringenden Bitte, der Generalsekretär möge nicht zulassen, daß das für die Versöhnung Erreichte wieder zunichte gemacht werde. Keworkow sollte den Brief überreichen. Der lehnte ab. War Lathe in seinem Versöhnungsdrang entgangen, wie tief der ideologische Graben zur westlichen Welt und also auch zur Bundesrepublik war, den das Regime immer wieder neu zog? Breshnew hatte an allen Entscheidungen mitgewirkt: Dies galt für die Verfolgung der Dissidenten, den Einmarsch in Prag genauso wie für den Entschluß, eine neue Rakete, die SS-20, gegen die Bundesrepublik zu stationieren. Der Afghanistan-Krieg kam hinzu. Es war offenkundiger Realitätsverlust, wenn Heinz Lathe geglaubt haben sollte, der Kremlchef, der ja nichts allein entschied, würde sich in einer Grundsatzfrage von einem deutschen Journalisten beeinflussen lassen. Damit ist nicht gesagt, daß das Scheitern seiner Briefaktion zu seinem Selbstmordentschluß beigetragen habe. Warum Lathe in seiner Paranoia den Ausweg nur noch im Sturz vom Balkon einer Klinik in Düsseldorf sah, was die Krankheit verursacht hatte, ob ihm Geheimdienstkontake, die ihm ohne Beweisvorlage auch zum BND nachgesagt wurden, über den Kopf gewachsen waren, ob er sich in den Ungewißheiten seiner Gewißheiten wie von täuschenden Spiegeln umstellt gefühlt haben mag – es bleibt alles Spekulation. Die Wahrheit hinter der Tragödie dieses Moskauer Korrespondenten und seiner Familie wird sich nie ganz enthüllen.

Das Grundproblem Lathes, ehe ihn die Krankheit in ihre Krallen nahm, ging uns deutsche Korrespondenten der Kriegsgeneration allerdings alle an. Die Sowjetunion war die kommunistische Großmacht, ideologischer Gegner und der Hegemon eines Satellitensystems, zu dem der andere Teil Deutschlands gehörte; sie war zugleich einer der Sieger im Zweiten Weltkrieg, dessen militärische Macht allen, die sie erfahren hatten, tief in den Gliedern steckte. Sie war von der deutschen Wehrmacht überfallen worden und von Brest bis Stalingrad mit dem Tod von sechs Millionen Menschen überzogen worden. An der Anerkennung dieser Fakten führte kein Weg vorbei. Sowohl diese Fakten, die damals in der Bundesrepublik noch fleißig verdrängt wurden, als auch die außenpolitischen Ziele der Sowjetunion nicht aus dem Blick zu verlieren blieb eine ständige Herausforderung. Moskau war vieles zugleich: faszinierend und abstoßend, journalistisch ein exponierter Platz und freiwilliger Verzicht auf persönliche Freiheiten; eine Lebenserfahrung, die, soweit ich sehe, keiner der ehemaligen Korrespondenten missen möchte. Aber: Meine ganz persönliche Auffassung war auch, daß unter den damaligen Umständen und unter der Belastung ständiger Beobachtung kein Korrespondent zu lange in Moskau bleiben durfte. Später hat mir das Wort eines aus Stalins Straflager Entlassenen zu denken gegeben: Lager macht hart, verkrümmt aber auch die Seele. Das muß nicht so sein, und Allgemeingültigkeit ist ausgeschlossen. Es mag aber sein, daß in diesem einen Satz ein Körnchen Wahrheit über Heinz Lathe verschlossen ist.

Mit dem deutsch-sowjetischen Vertrag wollte Moskau die Entspannung einleiten, sich damit im »sozialistischen Lager« an die Spitze stellen; die Zügel lockern, ohne sie zu verlieren. Auf einer Gipfelkonferenz der Warschauer-Pakt-Staaten im Dezember 1969 wurden die Bruderländer auf den neuen Kurs eingestimmt. Dem Kreml war klar, daß er neben dem Gewinn der lange erstrebten Garantie des Status quo auch eine Trumpfkarte verlieren würde. Die angeblich faschismusanfällige, revanchistische Bundesrepublik war als Buhmann und Bindemittel für den Ostblock nicht länger zu gebrauchen. Den Vertrag mit einem sozialdemokratischen Kanzler abzuschließen war für Moskau ein zusätzliches Problem. Das Odium der Arbeiterverräter hing den Sozialdemokraten an, seit Stalin. Im Kalten Krieg wurden sie als Bedrohung der »Herrschaft der Arbeiterklasse in der DDR« abgestempelt.

Hier mußte Breshnew als der Generalsekretär der KPdSU eingreifen. Zwei Wochen vor der Unterzeichnung des deutsch-sowjetischen Vertrages hatte er alle Beredsamkeit und Autorität aufzubieten, um einem skeptischen Erich Honecker die richtige Perspektive zu vermitteln. Unter vier Augen versicherte er, ihm sei klar, daß das Ziel Willy Brandts die »Sozialdemokratisierung« der DDR sei. Er fuhr fort: »Wir werden aber eine Entwicklung nicht zulassen, die unsere Positionen in der DDR schwächt, gefährdet; (wir werden) den Anschluß der DDR an Westdeutschland (nicht zulassen).« Dann, wie das Amen in der Kirche: »Im Gegenteil – die Abgrenzung, der Graben zwischen DDR und BRD wird noch tiefer werden.« Derselbe Breshnew wird Brandt, diesen gefährlichen Sozialdemokraten, nur ein Jahr später, nach Unterzeichnung des Viermächteabkommens über Berlin, zu sich auf die Krim einladen und zu ihm ein ungewöhnliches Vertrauensverhältnis entwickeln.

Am 12. August 1970 standen wir Journalisten im Katharinensaal des Kremls für die besseren Fernsehbilder auf einem Gerüst. Der große Augenblick kam: Von der einen Seite her betrat Willy Brandt den Saal, von der anderen Ministerpräsident Kossygin und – rechts neben ihm machtbewußt einherschreitend – Parteichef Breshnew. Das war Demonstration. Von Amts wegen hatte Breshnew mit einer Vertragsunterzeichnung nichts zu tun. Das besorgten Kossygin und Brandt. Aber Breshnew als überragende Figur hinter ihnen gab dem Vertrag mit der sozialdemokratisch geführten Bundesrepublik den Segen – anschaulich für das Volk, für die Parteikader im ganzen Lande, für das Moskauer Lager, für die Weltöffentlichkeit.

Mein jugoslawischer Kollege Boris Hržić sah mich an, mit Staunen im Blick. Dann sagte er: »Gestern noch war Willy Brandt hier der Häuptling der Arbeiterverräter. Heute ist er der Held des Tages. Da sieht du, daß sie die Ideologie gar nicht mehr interessiert, nur noch die Machtpolitik.«

Das stimmte, aber nur zum Teil. Die Ideologie war der Büttel der Machtpolitik und nur noch der Büttel, in dieser Funktion jedoch unverzichtbar. Davon zeugte allein schon die Formel, mit der das Politbüro Breshnews in die Entspannung gehen wollte. Die Formel hieß: »Koexistenz bei gleichzeitiger Verschärfung des internationalen Klassenkampfes«. Barer Unsinn. In einer Verschärfung des Klassenkampfes international, was doch Verschärfung der Gegensätze, Vermehrung der Konfliktherde und damit verstärkte eigene Abschottung bedeuten mußte, konnte Koexistenz nicht gedeihen. Nach den Jahren in Moskau schrieb ich ein im Herbst 1970 veröffentlichtes Buch. Es sei mir erlaubt, den Schlußabsatz daraus zu zitieren:

»Es wird der Sowjetunion nicht viel weiterhelfen, wenn ihre Kommunistische Partei glaubt, die Früchte von Wissenschaft und Technik vertraglich abgesichert auf vorgeschriebenen und kontrollierten Kanälen ins Land holen zu können, das eigene Volk aber und seine schöpferische Phantasie weiterhin in der Öde eines orthodoxen Leninismus halten zu müssen, der längst nur noch Routinekult ist. Das ist ein Wettlauf gegen die Zeit, der nicht zu gewinnen ist. Das Regime kann seine Kritiker einsperren, ins Irrenhaus schicken, wie in letzter Zeit üblich geworden – zum Schweigen wird es sie nicht mehr bringen. Vielleicht werden Einsicht und Wandel noch lange auf sich warten lassen. Rußland hat immer viel Zeit zum Warten gehabt. Aber eine neue Generation wird eine neue Konzeption haben; haben müssen. Welche?«

### *Kopelew – Solshenizyn: Ende einer schwierigen Freundschaft im Streit um die Zukunft Rußlands*

Seit ich die Frage nach einem neuen Konzept für Rußland gestellt hatte, sind mehr als dreißig Jahre vergangen. Sie ist, wenn nicht alles täuscht, jetzt beantwortet. Rußland folgt den von Peter dem Großen gegebenen Impulsen. Es hat die Lehren beherzigt. Nur dann kann es stark und gefestigt sein, wenn es dem Westen verbunden ist, Europa zumal. Denn auch der aus den USA importierte ungezügelte Kapitalismus während der Präsidentschaft Jelzins ist dem Lande nicht bekommen, hat schwere Schäden angerichtet. Versuche, den Kommunismus wiederzubeleben, sind gescheitert. Gescheitert ist aber auch der Versuch, Rußland auf einen Sonderweg zu drängen, auf einen »russischen« Weg, abgeschottet von der übrigen Welt in den verrosteten Gleisen von Autokratie und Orthodoxie. Und wie leidenschaftlich ist gerade darum gekämpft worden! Der Prophet nämlich, der diesen Weg wies, war ein Kämpfer gegen den Sowjetkommunismus auf nahezu einsamen Höhen gewesen, Ende der sechziger, Anfang der siebziger Jahre, ein Titan: Alexander Solshenizyn. Wer mit ihm stritt, nahm es mit einem Mythos auf.

Im Sommer 2001 wurde ich noch einmal aufgewühlt von den Turbulenzen, die der Streit um Rußlands Zukunft zwischen führenden Köpfen der Dissidentengemeinde in den siebziger Jahren ausgelöst hatte; für mich war es namentlich die Auseinandersetzungen zwischen Alexander Solshenizyn und Lew Kopelew. Ich war von Anfang an Partei. In jenem Sommer 2001 drückte mir Gabriel Superfin, der sorgsame Hüter des Kopelew-Archivs in Bremen, einen Auszug aus dem Aprilheft von »Nowyj Mir« in die Hand. Zu lesen war eine Art Abschiedsepistel Solshenizyns für Lew Kopelew. Schlußbilanz einer Freundschaft. Nein, nicht Nachruf. Eher Nachrede, eine üble. Kopelew war zum Zeitpunkt dieser Veröffentlichung vier Jahre tot. Von den Konflikten zwischen beiden erfuhr ich erst nach meinem Weggang aus Moskau. Lew hatte nie darüber gesprochen. Wie schwer die Konflikte gewesen sind und daß sie für Lew die große menschliche Tragödie seines Lebens waren, eröffnete sich mir im Laufe vieler Jahre danach. Eine erste Vorstellung davon gewann ich 1972.

Damals bekamen meine Frau und ich wieder ein Visum für Moskau. Wir trafen die Kopelews in Shukowka. Das ist ein geradezu malerischer Vorort Moskaus zwischen Kiefernwald und Wiesen an den gewundenen Ufern der Moskwa. Molotow und andere Prominenz lebten hier in ihren Datschen hinter Stacheldraht und hohen Zäunen. Lew und Raja hatten in einem kleinen Holzhaus zwei Zimmer gemietet; im Vorgarten Bohnen, Gurken und Kartoffeln; Spaziergänge auf dem Pfad über der Moskwa. Ich befragte Lew nach Solshenizyn. Der Schriftsteller war mit dem Nobelpreis für Literatur ausgezeichnet worden, und da ihm die Ausreise zur Preisverleihung verweigert wurde, plante er eine private Zeremonie in Moskau. Lew Kopelew und Heinrich Böll leisteten Hilfestellung. Der KGB belauschte alles. Da, auf unserem Spaziergang, sagte Lew etwas, was mich wie ein Keulenschlag traf: »Aber er ist ein Stalinist mit umgekehrtem Vorzeichen.« Wie nebenbei kam das heraus, im Unterton leicht scherzend, mildernd; und es war ganz unter uns gesagt. Was er meinte, war klar: Der Freund sei rechthaberisch, apodiktisch in seinem Urteil, dogmatisch und fühle sich im Besitze der einzigen Wahrheit. Ein bolschewistischer Antikommunist.

Ihre Freundschaft ging auf die gemeinsame Zeit im Gulag nach dem Zweiten Weltkrieg in einem Sonderlager des NKWD zurück. Aber diese Zeit enthielt auch den Keim des Zerwürfnisses, denn Solshenizyn dienten Umstände und Personen des Lagermilieus als Stoff für seinen Roman »Der erste Kreis der Hölle«. Dabei hat er Fiktion und Realität vermengt. Lew kommt schlecht dabei weg. Er wird zur Vorlage für die Romanfigur des Rubin, eines unverbesserlichen Leninisten und etwas tumben Idealisten, für die Zukunft Rußlands ein untauglicher Typ. Und Rubin wird die Enttarnung und Hinrichtung angeblicher Spione zur Last gelegt – Untaten, die Kopelew nie begangen hat. Die Romanfigur Nerschin hingegen ist Solshenizyn selbst. Aufrecht und unbeugsam zwischen christlichem Antikommunismus und sozialen Idealen, führt er Moral und das eigene Gewissen als Wegweiser in die Zukunft vor. Lews Freunde haben protestiert. Lew aber hat die litererarisch-künstlerische Freiheit des Autors akzeptiert. Schließlich war er kein Rubin. Um des dramatischen Effekts einer »story« willen hat Solshenizyn die Wahrheit wiederholt hintangestellt.

Schlimmeres kam: Solshenizyn behauptete Anfang der siebziger Jahre, das Manuskript der Novelle, die ihm Weltruhm bescherte, der ersten Lagernovelle »Ein Tag im Leben des Iwan Denissowitsch«, sei nur durch Zufall zu Twardowski gekommen, dem Chefredakteur der »Nowyj Mir«. Belegt ist, daß sich Lew und Raja mit Rat und Tat für die Veröffentlichung in der Literaturzeitschrift heftig engagiert hatten. Weiter unterstellt Solshenizyn, Lew habe sich in Moskau quasi als Monopolist für Informationen über den großen Schriftsteller aufgespielt; er sei geschwätzig gewesen, so daß sich Solshenizyn von den Kopelews zurückgezogen, ja ihnen sogar seine Arbeit am »Archipel Gulag« verheimlicht habe. Das ist im »Nachruf« auf Lew aus dem Jahre 2001 nachzulesen. Als ob der einsame Kämpfer je eine Freundschaft gebraucht hätte. Lew hatte einst vermutet, zu einer Freundschaft sei Solshenizyn vielleicht gar nicht fähig gewesen.

Im Herbst 1973 fühlte sich Solshenizyn so stark in seiner einsamen Größe, so sicher schon als »Instrument einer höheren Macht«, ja als Schwert »in der Hand des Allerhöchsten« – zitiert nach seinem Biographen Scammell –, daß er das Regime zu einem Dialog herausforderte. Er allein gegen die Macht, eins zu eins. Er würde Stellung beziehen, zum ersten Mal sein politisches, ideologisches, historisches Credo kundtun, in einem 30 Seiten langen »Brief an die Führer«. Tatsächlich zwang er Freunde und Gegner, im Westen mehr als in der Sowjetunion, sich mit seinen Zukunftsvorstellungen für Rußland auseinanderzusetzen. Auf den Widerspruch, den er vor allem im Westen erntete, zumal in Amerika, war er wohl nicht gefaßt. »Die Führer« reagierten auf den Brief nicht. Im Februar 1974 expatriierten sie den Verfasser – statt ihm, wofür Breshnew gegen Andropow plädiert hatte, den Prozeß zu machen. Seinen Kreuzzug gegen die Verderbtheit des Westens begann Solshenizyn, sowie er dort angekommen war.

In seinem »Brief an die Führer« warnte er vor dem Eindringen der westlichen Zivilisation in Rußland, warnte er vor den Traditionen von Renaissance und Aufklärung, sah den Westen nach dem Zweiten Weltkrieg »auf den Knien«, die Sowjetunion auf der Höhe ihrer Erfolge. Solshenizyn warnte auch vor einem Krieg gegen China; dieser würde 60 Millionen Russen das Leben kosten. Und das um der Auslegung einer toten

Ideologie wegen? Der Kern des Briefes war die Aufforderung, die marxistisch-leninistische Ideologie preiszugeben und sich auf die nationalen Kräfte zu besinnen. Nicht in Demokratie und nach wertneutralen Gesetzen – Gesetzen, die nicht von Moral und Glauben bestimmt sind – könne Rußland gedeihen, sondern nur unter autoritärer, zentralistischer Herrschaft, kombiniert mit der Tradition der alten Gemeindeselbstverwaltung. Auf Sibirien, auf das Dorf solle sich Rußland konzentrieren, nicht auf die materialistische Zivilisation seiner Städte. Den »Führern« stellte er weitere Beteiligung an der Macht in Aussicht, da er aus Erfahrung gegen jede Art von Revolution sei. Diese Passagen hat er aus der zur Veröffentlichung bestimmten Fassung gestrichen.

Im Frühjahr 1974 gab Lew Kopelew, den schwierigen Freund in Sicherheit wissend, im »Samizdat« die Antwort. »Über Wahrheit und Toleranz« nannte er den Artikel. Schonungslos seine Konklusion: »Die in dem Brief behaupteten Ideale der nationalen Besonderheit und Ausschließlichkeit (Rußlands), die Apologie autoritären Staatsaufbaus, die Feindseligkeit gegenüber Demokratie und allen Formen des Humanismus sowie die Methode willkürlicher Manipulation der Fakten und des Verschweigens – all das kommt dem Wesen nach grundlegenden Elementen der sowjetischen Ideologie nahe.« Und ganz am Schluß resümiert Kopelew, seine Einschätzung variierend, die er mir 1972 in Shukowka mitgeteilt hatte: »Bolschewismus mit umgekehrtem Vorzeichen.«

Bitter beklagt sich Solshenizyn in dem 2001 veröffentlichten »Nachruf«, von Lew als Stalinist, als Ayatollah Chomeini geschmäht worden zu sein. Solshenizyn verschärft seine Anklage noch um die Behauptung, Kopelew und niemand anders sei der Ursprung aller negativen Urteile über ihn im Westen gewesen, als Mensch wie als Schriftsteller. Daraufhin entschlossen sich Lews Angehörige, einen Brief zu veröffentlichen, den er im Jahre 1985 – die Kopelews waren damals bereits ausgebürgert gewesen und lebten in Köln – an Solshenizyn gerichtet hatte. Obwohl Kopelew den Streit im Archiv lassen wollte, wurde der Brief in der in Paris erscheinenden russischen Zeitschrift »Syntaxis« No. 32, 2001, publiziert. Ein Dokument tiefer Enttäuschung. Kopelew klagt, mit Haß begegne Solshenizyn nun allen Liberalen, Linken, Pazifisten, Sozialdemokraten und Pluralisten; all jenen, die wie Böll, Grass, Lenz oder Willy Brandt ihm, Solshenizyn, und anderen in Moskau im Kampf gegen das Regime geholfen hätten. »Ich will nicht mehr mit Dir streiten«, schrieb er, »weil ich es leid bin, wieder und wieder über Dich nachzudenken, mich in meiner Seele an dieser Mischung aus Bitterkeit, Zorn, Scham und Trauer wund zu reiben.« Er wünscht »Sanja«, Koseform für Alexander, daß es ihm vergönnt sei, nach Rußland zurückzukehren – »wenn schon nicht als besserer Mensch, dann doch klüger, damit Du verstehst, wie selbstzerstörerisch Du in diesen Jahren geirrt hast«.

Solshenizyn schließt in der »Nowyj Mir« 2001 seine Bilanz der gescheiterten Freundschaft mit einer seltsamen Begründung: »Ach, Ljowa«, Koseform von Lew, »ich jedenfalls bin mit meinem äußeren Lebenserfolg in Gelassenheit fertig geworden. Du aber – bist mit meinem nicht fertig geworden. Mit Deinem eigenen auch nicht. Darüber haben wir uns entfremdet. Bitter.«

Kopelew – ein Neider also, ein Verlierer. Solshenizyn hat Kopelews aufklärerisches Lebenswerk in Köln, die Forschungsreihe »West-östliche Spiegelungen« zu den Beziehungen zwischen Rußland und Deutschland, nie begriffen; so wenig wie er Kopelews Wandel vom Marxisten-Leninisten zum nimmermüden Wahrheitssucher auf dem Fundament von Pluralismus und Toleranz verstanden hat und verstehen wollte. Daß die Heimkehr Solshenizyns, der sich ein Vierteljahrhundert zuvor mit seinem Werk und der Krönung des Werks im »Archipel Gulag« den Ruf einer moralischen Autorität erworben hatte, sein Einzug in die Einsamkeit sein würde – Kopelew scheint es geahnt zu haben. Solshenizyns programmatische Schrift »Rußlands Weg aus der Krise«, angelehnt an die Rezepte im »Brief an die Führer«, verbreitet in der unglaublichen Auflage von 30 Millionen, hat daran nichts geändert.

Einst waren beide Gulaghäftlinge und Dissidenten, und beide waren überzeugt, ohne den Raum ihrer Sprache nicht leben zu können. In seinem Einsiedlerdasein in Vermont mag Solshenizyn dabei geblieben sein. Kopelew hat die Not zur Tugend gemacht. Nirgendwo war sein Wirken so fruchtbar wie im Gebiet der deutschen Sprache. In Moskau ist er auf seinen Wunsch begraben, in Deutschland hat sich der Russe, dem kaum etwas wichtiger war als der Abbau von Feindbildern, ein Denkmal gesetzt.

## *Faktor Kalter Krieg*

Zwei volle Jahrzehnte bestand die Sowjetunion noch nach meiner Diagnose, sie befinde sich in einem »Wettlauf gegen die Zeit«, der ohne Verabschiedung des Leninismus nicht zu gewinnen sei. Eine lange Zeit im Hinblick auf die 70 Jahre, die dieser Staat existierte; historisch eine kurze Zeit. Ein Ozeandampfer, dem ein Torpedo ein Loch reißt, geht schnell unter. Er sinkt langsam, wenn der Rost allmählich Lecks frißt, wenn die Lecks nicht abgedichtet werden, wenn das Schiff verrottet. Es gab keinen »Torpedo« gegen die Sowjetunion. Es bedurfte keines »Torpedos«. Sie verrottete. Ein vielleicht einmaliger Vorgang: Eine Weltmacht, bewaffnet bis an die Zähne, fällt in sich zusammen, ohne daß ein Schuß gefallen wäre.

Dieser Vorgang war im wesentlichen das Ergebnis der Herrschaft Breshnews und seiner Nomenklatura. Sie hatten Chruschtschow aus Angst vor den Folgen seiner Reformen gestürzt. Aus Angst um die Macht verzichteten sie auf Reformen, verfolgten sie Dissidenten, duldeten sie Korruption auf allen Ebenen. Dazu kamen Selbstbetrug, Lügen und Falschmeldungen: Zur Lage in der Wirtschaft, der Landwirtschaft zumal, zur Stimmung in der Bevölkerung, zum absurden Theater um die Ideologie im angeblichen Übergang zum Kommunismus. Alexander Jakowlew, seinerzeit Sachbearbeiter im ZK, in der Perestrojka ein enger Berater Gorbatschows, hat das erst kürzlich überzeugend dargelegt. Nach seinen eigenen Erfahrungen hat Breshnew in allem, was die innere Entwicklung betraf, das Staatsschiff auf dem alten, falschen Kurs gehalten.

Wie Jakowlew ist auch der vom Militär zum Historiker gewandelte Dimitri Wolkogonow der Überzeugung, daß Breshnew kein großer Staatenlenker war. Er ließ den Apparat für sich arbeiten. In seiner Charakteristik Breshnews hebt Wolkogonow Eitelkeit und Sucht nach Orden und Ehrungen, intellektuelle Mittelmäßigkeit und Bequemlichkeit hervor. Die Jagd in Sawidowo sei dem Generalsekretär der Partei wichtiger gewesen als interne Auseinandersetzungen. Memoranden Sacharows habe Breshnew wie vieles andere nicht selbst gelesen, sondern lesen lassen. Seine hinterlassenen Notizen hätten hauptsächlich profanen Dingen seines Alltags gegolten, seien geradezu trivial. Bei diesem Naturell des Mannes an der Spitze mußte die Wirkung der Schmeicheleien seiner Kamarilla und des daraus resultierenden Personenkults verheerend sein. Die Militärs waren von Breshnew entzückt und begeistert – an ihnen und ihren Wünschen sparte er nie. Ein Ringen um seine Nachfolge fand nicht statt, denn KGB-Chef Andropow ließ es dazu nicht kommen. Er hatte, als Breshnew im November 1982 starb, alles für sich gerichtet – an Breshnews Favoriten Tschernenko vorbei. Der hatte sich zu gedulden, bis Andropow starb.

Westliche Politiker, denen damals wie uns allen tiefere Einblicke in die Interna der Parteiführung verwehrt waren, sahen den Kreml-Chef anders. In ihren Augen war Breshnew eher der joviale Sowjetführer mit dem Charme eines Bernhardiners, friedenswillig, weil er den Krieg erlebt hatte, hart, wo er Vorteile für sein Land und den Ostblock sah. Daß er lügen würde, wenn es die Situation gebietet, war keine Frage. Sonst wäre er nicht an die Spitze gekommen. Helmut Sonnenfeldt, der im Stabe Kissingers Breshnew oft gegenübergesessen hat, befand mit gewisser Anerkennung: »He was quite a man« – ein eindrucksvoller Mann. Und Ex-Bundeskanzler Helmut Schmidt sagt aus der Erinnerung mehrerer Gipfeltreffen: »Wir konnten ganz gut miteinander. Insbesondere, wenn niemand dabei war, fühlte er sich frei.« Bis Mitte der siebziger Jahre sei er durchaus auch »präsent« gewesen, habe er bei Verhandlungen weniger Spickzettel gebraucht als Präsident Reagan. Schmidt erinnert sich freilich auch daran, daß Breshnew »furchtbar« gesoffen habe.

Das blieb für seine Gesundheit nicht ohne Folgen. Breshnew genoß Gipfeltreffen mit westlichen Staatsmännern, abgesehen von allem Pomp und Gloria, auch deshalb, weil er – so Helmut Schmidt – dann mit einem beträchtlichen Informationsvorsprung gegenüber allen anderen Politbüromitgliedern nach Hause reisen konnte. Eine gründliche, umfassende Biographie Breshnews liegt, soweit ich sehe, bisher nicht vor.

Das Machtbewußtsein, das Breshnew bis zu seinem beginnenden Verfall in der zweiten Hälfte der siebziger Jahre an den Tag legte, spiegelte die militärische Stärke der Sowjetunion, nichts anderes. Es war ihm trotz der Misere in der Wirtschaft unter ungeheuren Opfern für das Volk gelungen, die Sowjetunion in die annähernde nukleare Parität mit den USA hochzurüsten. Das Land, das einst mit revolutionären Ideen für soziale Gerechtigkeit die Weltbühne betrat, beschloß seine Rolle im schweren Tritt imperialer militärischer Macht. Der Preis war wirtschaftlich und politisch ruinös, selbstmörderisch. Das Ergebnis war ein Staat, der allein auf seiner militärischen Spitze stand, ein Staat von eindimensionaler Macht. Aber in der Weltarena trat er auf mit dem Anspruch der den USA ebenbürtigen Atommacht.

Das hat vor allem amerikanische Administrationen, ihre Geheimdienste und das Pentagon immer wieder verführt, sich bei der Beurteilung der Stärke der Sowjetunion am militärischen Potential zu orientieren, den wirtschaftlichen, politischen und moralischen Verfall und das damit verbundene Defizit an Dynamik aber außer acht zu lassen. Daß die Sowjetunion überhaupt bis 1991 überleben konnte, hatte sie in erster Linie dem Kalten Krieg zu verdanken. Ihre Atomwaffen haben den Kalten Krieg verlängert, der Kalte Krieg hat ihr System verlängert.

# III. USA

## Kalter Krieg im Weißen Haus

# Watergate – eine neue Dimension

## *Wanzen im Weißen Haus*

Nixon hat Wanzen im Weißen Haus gelegt! (Bugged himself!) Nixon belauscht sich selbst! Mikrofone im »Oval Office«! –

Das waren die Schlagzeilen der amerikanischen Presse in den Tagen nach dem 16. Juli 1973. Washington in einem Zustand seltsamer Erregung: elektrisiert, schockiert, voll des ungläubigen Staunens. Ein Präsident hat seine Amtsräume mit Mikrofonen und Abhörgerät ausgerüstet? Heimlich hat Nixon alle Gespräche auf Band genommen, jene mit fremden Staatsmännern, mit Diplomaten, Angehörigen seines Stabes und vielleicht sogar die mit sich selbst? Tausende von Stunden? Dann mußte ja auch alles, was er mit dem engsten Klüngel seiner Regierung, mit Freunden und Beratern über Watergate beredet und verabredet hatte, aktenkundig beziehungsweise auf Tonband aufgezeichnet worden sein? Ja, genauso war es. Oder doch zu einem großen Teil.

Am 16. Juli 1973 hat Alexander Butterfield, eine mittlere Charge im Weißen Haus, dem Watergate-Ausschuß des Senats seine Ortskenntnis und die Existenz einer umfassenden Abhöranlage offenbart. Wenige Tage später bezogen wir, meine Familie und ich, ein Haus im Vorort Bethesda. Die Zeit der Energiekrise. Die Amerikaner stöhnten. Der Vietnamprotest, der bei meinem ersten Amerikabesuch im Herbst 1970 das Land, Familien und Freundschaften zerrissen hatte, war derzeit kein Thema, obwohl kaum einer wußte, was der ein halbes Jahr zuvor in Paris abgeschlossene »Friedensvertrag« bringen würde. Ein anderes Thema, rätselhaft hinter Schleiern von Geheimhaltung, beherrschte die politische Atmosphäre. Watergate. In einem Chaos von sensationellen Nachrichten und Spekulationen begann ich meine neue Aufgabe: Amerika-Korrespondent einer Gruppe von ARD-Hörfunksendern und später auch wieder der ZEIT.

Abhöranlagen im Weißen Haus. Unabweislich kam Erinnerung hoch: an die Wanzen, die ich zufällig in meiner Moskauer Wohnung entdeckt hatte, an die Mithörer meiner Telefonate in Moskau, an das Zwielicht des Lebens unter ständiger Beobachtung, an die Anstrengungen westlicher Botschaften, sich mit elektromagnetischen Feldern einen abhörsicheren Raum zu schaffen. Wir nannten einen solchen Ort »Laube«, die Amerikaner sagten »bubble«. Und nun versteckte Mikrofone in dem Gebäude, das die Amerikaner für den Tempel der Integrität hielten, »Wanzen« im Herzen der Nation. Spiel mit verdeckten Karten im Zentrum der westlichen Führungsmacht, der westlichen Welt.

Ich war nicht in der Lage, mir vorzustellen, welches Drama sich nun entfalten würde, welche Bedeutung Watergate in der Geschichte und für die Geschicke der Vereinigten Staaten von Amerika noch haben würde. Ich sollte Zeuge werden, wie das Regierungssystem, ja das gesamte politische System dieses Landes, auf das alle so stolz waren, von innen, von seinem Zentrum her bedroht war; wie der Präsident der westlichen Führungsmacht mitten im Kalten Krieg die Substanz dieser Macht in ihrem Kern bedroht. Er war dabei, den einigenden Mythos der amerikanischen Präsidentschaft, den Mythos vom unbezweifelbaren Vorbild des Mannes im Weißen Haus zu zerstören. Die Amerikaner, zumindest ihre Mehrheit, hatten keine Ahnung, was sich da entwickeln würde. Plötzlich standen sie vor Fragen, die bisher nie gestellt worden waren, und suchten verzweifelt nach Antworten, vor allem nach Wahrheit – so wie auch ich als Berichterstatter aus der Alten Welt.

Was sich in diesem Augenblick niemand hätte vorstellen können: Mehr als Watergate, viel mehr nahm hier seinen Anfang. Turbulenzen, ausgelöst vom Kalten Krieg, aber ihn weit überdauernd, rissen Amerika in die schwersten Verfassungskonflikte seiner Geschichte. Drei Präsidenten waren innerhalb von drei Jahrzehnten von »impeachment« bedroht. Bis dahin hatte es nur ein Amtsenthebungsverfahren gegeben – gegen Andrew Johnson 1868 –, und das lag hundert Jahre zurück. Ein vierter Präsident – George W. Bush – schließlich kam nicht durch den Souverän, das Volk, ins Weiße Haus und an die Macht, sondern durch einen Spruch der Obersten Richter. Die aber sind nicht gewählt; sie sind berufen nach den ideologischen Präferenzen des Präsidenten, der die Chance hat, Vakanzen im Supreme Court zu füllen.

Nach den ersten Stürmen um die Butterfield-Enthüllungen in der Öffentlichkeit und im Kongreß war ich auf alles mögliche gefaßt – nur nicht darauf, daß es die Tonbänder sein würden, die Richard Nixon, den 37. Präsidenten der USA, ein Jahr später zu Fall bringen. Doch der Kampf um den Zugriff auf die Tonbänder zwischen dem Weißen Haus einerseits, dem Kongreß und den Säulen der Justiz andererseits wurde zum Kampf um die Präsidentschaft Nixons; mehr als das: zum Symbol des Ringens um Revision einer gestörten Machtverteilung in der »balance of power«.

Als »imperiale Präsidentschaft« hat der Historiker Arthur Schlesinger den Zustand bezeichnet, wenn das von der Verfassung vorgesehene Gleichgewicht zwischen Legislative und Exekutive zugunsten präsidialer Macht und auf Kosten ihrer Rechenschaftspflicht verschoben wird. Kriege und Krisen sind in der Regel die Ursache. Schlesinger meint, seit Beginn des Zweiten Weltkrieges bis hin zum Ende des Kalten Krieges sei die »imperiale Präsidentschaft«, seien die »königlichen Vorrechte« vor allem in der Außenpolitik, nahezu institutionalisiert worden. »Wenn der Präsident etwas tut, dann ist es nicht illegal«, hat Richard Nixon selbst noch nach seinem Fall in einem Fernsehinterview erklärt. Der Sonnenkönig.

Der Kongreß, die Legislative, hatte jedoch mit der vollständigen Aufklärung des Watergate-Skandals – und die Tonbänder gehörten dazu – der »imperialen Präsidentschaft« zunächst die Spitze gebrochen. Der Präsident war kein Monarch, und der Kongreß war es leid, von der Arroganz der Macht im Weißen Haus gegängelt und getäuscht zu werden.

Am Ende, nach dem Rücktritt Nixons im August 1974, waren alle so stolz darauf, mit Recht, daß die Aufklärung einer kriminellen Verschwörung gegen die amerikanische Demokratie gelungen war, daß der Anschlag auf die Grundlagen dieses Staates der Kontrollen und Gegenkontrollen – »checks and balances«– abgewehrt werden konnte. Schlußfolgerung: Das System hat sich selbst gereinigt, hat sich glänzend bewährt. Doch für wie lange?

Zwölf Jahre später sollte ein anderer Kongreß mit einem anderen Präsidenten und seiner Beraterriege mit der gleichen Problematik zu kämpfen haben: Machtmißbrauch im Weißen Haus und selbstherrliche Mißachtung des Kongresses in einem Dickicht von Geheimhaltung und Täuschung: dem Iran-Contra-Skandal. Als ob es die Erfahrungen mit der Präsidentschaft Nixons nie gegeben hätte, als ob nicht tausend Eide geschworen worden wären, die Apparate der Macht von nun an unter Kontrolle zu halten, konnte ein Präsident Reagan seinen Nationalen Sicherheitsrat und hohe Mitarbeiter anderer Behörden, der CIA vor allem, »Eindämmung« der kommunistischen Gefahr auf eigene Faust betreiben lassen. Die Bewältigung dieser Affäre blieb Stückwerk. Sie hatte den Rang eines Staatsstreichs. Im kollektiven Gedächtnis der Nation hat sie nie die gleiche Bedeutung erlangt wie Watergate. Über die Gründe später.

### *Der Kampf um die Tonbänder*

Mit dem Kampf um die Tonbänder, die Nixon als »Exekutivprivileg« für sich beanspruchte und behalten wollte, die aber der Kongreß als beweisfähiges Gemeingut einklagte, nahm die zweite, die entscheidende Watergate-Phase ihren Lauf. Ich versuche, die erste Phase in gebotener Kürze wiederzugeben, ohne die komplizierten Zusammenhänge der amerikanischen Politik unter dem Anschlag eines beispiellosen Betrugs zu vernachlässigen.

Am 17. Juni 1972 wurden im »Watergate«, einem Hotel- und Apartment-Komplex am Potomac, fünf Männer bei einem Einbruch im Wahlhauptquartier der Demokratischen Partei überrascht und festgenommen. Sie hatten »Wanzen«, heimlich gelegte Mikrofone, aktivieren und im gegnerischen Wahlkampf spionieren wollen. Einer der Einbrecher war ein ehemaliger CIA-Agent, ein anderer ein ehemaliger Mitarbeiter des FBI. Kriminalpolizei und Presse fanden bald heraus, daß die Einbrecher mit dem Komitee zur Wiederwahl Richard Nixons in Verbindung standen. Nixons Pressechef, Ron Ziegler, tat den Watergate-Zwischenfall als »drittklassigen Einbruchsversuch« ab, der Präsident selbst bestritt, daß irgend jemand aus dem Weißen Haus etwas damit zu tun gehabt oder gar er selbst etwas gewußt habe. Doch nur sechs Tage nach dem Einbruch, am 23. Juni 1972, stimmte Nixon einem Plan zu, alle weiteren Ermittlungen zum Einbruch im Watergate zu stoppen. Sie sollten dem Bundeskriminalamt FBI entzogen und der CIA als Verschlußsache der nationalen Sicherheit übertragen werden. Die Wahrheit sollte auf der Strecke bleiben. Aber die Tonbandmaschinen liefen. Sie zeichneten auch dieses Gespräch auf, und sie waren es, die Nixon letztlich das Genick brachen. Ein Jahr später wurden sie zum abschließenden Beweisstück gegen ihn, zur »smoking gun«, wie die Amerikaner sagten – zur Pistole, die noch raucht.

### *Die Vorgeschichte*

Der »drittklassige Einbruchsversuch« hatte Wurzeln. Sie steckten tief in den Dilemmata des Vietnamkriegs. Anstatt den Krieg zu beenden, wie Nixon vor den Wahlen versprochen hatte, weitete er ihn schon kurz nach Amtsübernahme aus in das neutrale Kambodscha. Zusammen mit dem Militär plante sein Sicherheitsberater Kissinger ab März 1969 unter dem Code »Operation Breakfast« das Bombardement der B-52. Sie sollten nordvietnamesische Einheiten vernichten, die nach Kambodscha ausgewichen waren. Ab April 1970 schickte Präsident Nixon auch Bodentruppen in den Einsatz. Und alles sollte geheim bleiben, der Krieg in Kambodscha mit Lügen zugedeckt werden. Doch die »New York Times« bekam Wind, berichtete darüber. Nixon geriet in Zorn, ließ mehrere Journalisten telefonisch überwachen. Der Protest gegen den Vietnamkrieg bekam neuen Auftrieb. Anfang Mai 1970 starben auf dem Campus der Kent State University im Staate Ohio vier Studenten unter den Kugeln der Nationalgarde.

Politisch folgenschwerer war die am 13. Juni 1971 begonnene Veröffentlichung der »Pentagon Papers« in einer Serie der »New York Times«. Die »Pentagon Papers« waren ursprünglich eine Studie über die Einlassungen der USA in Südostasien seit Eisenhower über Kennedy bis Johnson. Verteidigungsminister McNamara hatte sie 1967 in Auftrag gegeben. Sie war »top secret«. Denn sie verriet, »daß die Vietnampolitik im geheimen konzipiert und gemacht wurde und auch geheimgehalten werden mußte vor einer Öffentlichkeit, die sie in Zweifel gezogen, sogar verworfen hätte«, urteilte der New Yorker Senator Moynihan.

Einer der Mitarbeiter an der Studie, Daniel Ellsberg, vom Vietnamkämpfer zum Kriegsgegner bekehrt, geriet über die Lügen, Desinformationen und Täuschungen, die sich ihm enthüllten, so in Rage, daß er der »New York Times« eine heimlich angefertigte Kopie anbot. Die Zeitung griff zu und landete einen der wohl größten Coups in der Geschichte des Journalismus. Mehr als dies: Die Veröffentlichung war eine Tat, weil sie Moral zurückbrachte in die politische Öffentlichkeit. Die Nixon-Regierung, die sich auf die »nationale Sicherheit« berief, Verrat von Staatsgeheimnissen ins Feld führte, konnte den weiteren Abdruck in der »New York Times« auf Betreiben Henry Kissingers vorübergehend stoppen. Doch das Oberste Gericht entschied gegen die Regierung, zugunsten der Pressefreiheit.

Eine Zäsur. Der Geheimhaltungskult, ja Geheimhaltungswahn amerikanischer Regierungen seit Beginn des Kalten Krieges war gebrochen. Lügen und Geheimnisse um den Vietnamkrieg kamen ans Licht. Die im Namen der »nationalen Sicherheit« errichtete Brandmauer zum Schutz der dunklen Machenschaften vor dem Kongreß, der Presse und der Öffentlichkeit hatte ein Loch bekommen.

Präsident Nixon schlug um sich. Witterte überall Feinde. Er befahl Einbruch in der liberalen Brookings Institution – der Befehl wurde nicht befolgt –, ließ in der Praxis von Ellsbergs Psychiater einbrechen, um Ellsberg diskreditieren zu können. Am 17. Juni 1972 folgte der Einbruch im Watergate, im Hauptquartier der Demokraten. Als der Einbruch bekannt wurde, mußte das Weiße Haus handeln. Zehntausende von Dollars waren zu beschaffen, um den verhafteten Einbrechern Anwaltskosten, Schmier- und Schweigegelder zahlen zu können. Das Geld zog Spuren. Sie mußten verwischt werden. Ein Schritt ergab den anderen. Das Watergate-Cover-up entwickelte sich, wuchs. Nixon-Berater John Dean sprach warnend von einem »Krebsgeschwür« im Weißen Haus.

Zunächst hatte es so ausgesehen, als könne Nixon dennoch mit dem Stand der Dinge ganz zufrieden sein. Im Februar 1972 war er bei Mao Tse-tung in Peking gewesen und hatte spektakulär die »Öffnung nach China« in Gang gesetzt. Im Mai war er bei Breshnew in Moskau, leitete mit dem ersten amerikanisch-sowjetischen Abkommen über Rüstungskontrolle, SALT 1, die Entspannung ein, die »Detente«. Das französische Wort hatte und behielt seine spezifische Bedeutung für die Entspannung mit der Sowjetunion. Die Präsidentschaftswahlen im November 1972 für seine zweite Amtsperiode gewann Nixon haushoch. Unter seinen Wahlkampfverheißungen – ein Vietnam-Frieden »in Ehren«, law and order zu Hause – wurde sein demokratischer Gegenspieler McGovern wie unter einer Lawine begraben. Was, so schien es, bedeutete da noch Watergate? Wer oder was konnte Nixon und seinen mitwissenden Beratern noch gefährlich werden? So dachten sie.

Doch dann, im Frühjahr 1973, gestand einer der Watergate-Einbrecher, daß er von hoher Stelle unter politischen Druck gesetzt und zum Meineid angestiftet worden sei. Gravierender noch: John Dean, bisher der Mann des Präsidenten für das »cover-up«, packte aus. So erfolgreich seine Karriere in der Nähe des Präsidenten gewesen war, so wirkungsvoll erschütterte der soziale Aufsteiger nun die Glaubwürdigkeit Nixons. Der vom Weißen Haus gehäkelte Lügen- und Geheimnisschleier begann zu reißen. Es hatte Nixon auch nichts geholfen, daß er Anfang Mai 1973 seine Spitzenberater opferte und entließ. Sie wurden vor Gericht gestellt und verurteilt.

Bald darauf begannen die Anhörungen im Watergate-Ausschuß des Senats, live im Fernsehen. Täglich. Ein Ereignis, das die Nation aufwühlte. Sam Ervin, geboren 1896, Demokrat aus North Carolina, führte den Vorsitz, beherrschte mit seinem mächtigen und klugen Schädel Bild und Szene. Die geschichtliche Dimension seines Auftrags war ihm klar: Die Watergate-Einbrecher seien in Wirklichkeit in das Haus eines jeden Bürgers der Vereinigten Staaten eingebrochen, und nicht Juwelen oder Geld hätten sie zu stehlen versucht, sondern etwas viel Wertvolleres – »das kostbarste Erbe, das Recht, die Stimme in freien Wahlen abzugeben«. So sprach Sam Ervin, der Demokrat; die Republikaner neben ihm fühlten nicht anders. Sternstunden des Kongresses waren das.

Was hatte Nixon im Sinn mit dem Dutzend versteckter Mikros? Er war nicht der erste Präsident der USA, der Tonbandmaschinen installieren ließ. Franklin D. Roosevelt hatte damit angefangen; primitiv in der Technik; eine Gedächtnisstütze. Truman und Eisenhower hatten wenig Lust auf dieses Spielzeug, John F. Kennedy weit mehr. Aber L. B. Johnson schon soll ganz versessen darauf gewesen sein. Warum Nixon in seinem »Oval Office« alles mitschnitt? Weil er, so hieß es, die wortgetreue Überlieferung seines Werks für die Geschichte sicherstellen wollte; vor allem, weil er damit Geld zu machen gedachte. Er war geldgierig. Man darf aber wohl annehmen, daß die Tonbänder auch mit Nixons Machtinstinkt zu tun hatten: Der Besitz von Geheimnissen bedeutet Macht. Die wollte er festhalten. Hätte er die Bänder in dem Augenblick, als Alexander Butterfield ihre Existenz offenbarte, vernichtet, er wäre vermutlich mit allerlei Ausreden davongekommen. So aber forderte der Watergate-Senatsausschuß ihre Herausgabe, und Nixon mußte aufgrund eines Gerichtsbeschlusses schon zu diesem Zeitpunkt einige Bänder nach heftiger Weigerung herausrücken. Die erste Niederlage.

## *»Saturday Night Massacre«*

Auch der Watergate-Sonderstaatsanwalt Archibald Cox beanspruchte die Tonbänder. Cox, Jura-Professor in Harvard, hatte sich bei nahezu unbegrenztem Budget einen Mitabeiterstab von 150 Personen aufgebaut. Er war im Begriff, alle Verfehlungen Nixons im Amt aufzublättern, da traf ihn voll der Zorn des Präsidenten. Das »Saturday Night Massacre« – so der Volksmund – nahm seinen Lauf.

Nixon befahl seinem Justizminister, Cox zu feuern. Es war Samstag, der 20. Oktober 1973, am Ende eines schönen Tages im »Indian summer« der Hauptstadt. Der Justizminister, Elliot Richardson, weigerte sich, weil er dem Sonderstaatsanwalt für dessen Untersuchungen Unabhängigkeit zugesagt hatte; er nahm den Hut. Auch sein Stellvertreter William Ruckelshaus zog den Rücktritt vor. Erst der dritte Mann im Justizapparat, Robert Bork, den Präsident Reagan später in das Oberste Gericht hieven wollte, vollzog Nixons Order. Beamte des FBI versiegelten Cox' Büros, und das Weiße Haus erklärte die Einrichtung des Sonderstaatsanwalts für null und nichtig.

Mitnichten war die Sache damit erledigt. Ein Feuersturm des Protestes fegte durch Washington. Hupkonzerte in der Pennsylvania Avenue. Tausende von Telegrammen überschwemmten die Telefonzentrale des Weißen Hauses. Im Fernsehen Sonderberichte. Kommentatoren sprachen von der bisher schwersten Verfassungskrise in der Geschichte der USA. Wie sollte ich deutschen Rundfunkhörern das erklären? Wie sollte ich erklären, was ich im Gespinst juristisch-politischer Intrigen selbst nicht durchschaute?

Mein Nachbar half. Ich hatte das Glück, den aus New York stammenden Anwalt und eingefleischten Demokraten Howard Heffron rechtzeitig kennengelernt zu haben. Die Sache sei deshalb verwirrend, erläuterte er, weil Nixon faktisch auf legalem Boden stand. Der Justizminister, der im Rahmen der dreigeteilten Gewalt zur Exekutive gehört, hatte Cox berufen, also konnte er ihn auch feuern. Der Skandal bestand darin, daß der Sonderstaatsanwalt Missetaten an der Spitze des Staates untersuchen sollte, doch abgehalftert wurde, sowie es dem Weißen Haus nicht mehr paßte. Es müsse ein Gesetz verabschiedet werden, meinte Heffron damals, das es ermöglicht, einen Sonderstaatsanwalt unabhängig vom Präsidenten und vom Kongreß zu benennen und ihn gegen Absetzungsbegehren zu sichern.

Bis dahin gingen noch fünf Jahre ins Land. 1978 hat der Kongreß das Gesetz über den Unabhängigen Anwalt, Sonderermittler oder auch Sonderstaatsanwalt genannt, verabschiedet. Es war so schlecht und nachgerade fahrlässig konzipiert, daß der Berufene seine Untersuchungen nach Belieben mit unbegrenztem Budget und ohne Rechenschaftspflicht ausdehnen und verschleppen konnte. Das hat mehr Verdruß als Nutzen gestiftet, mehr Parteilichkeit und Zerwürfnis als überparteilich überzeugende Untersuchungsergebnisse produziert. Beispielhaft die Untersuchungen gegen Bill Clinton, die der Sonderstaatsanwalt Kenneth Starr zu einer Treibjagd auf den Präsidenten machte.

Mich bedrückte in jenen Wochen und Monaten vor allem eine Frage: Wem ist zu glauben und was ist zu glauben von dem, was über Watergate in den Zeitungen steht? Woher beziehen die führenden amerikanischen Blätter ihre Informationen und den Stoff für Spekulationen? Ihre Reporter gruben zunächst überall dort, wo sie Unrat im Regierungsapparat witterten. »Investigative journalism« wurde ein neues Berufsbild – von nachforschen, untersuchen. »Enthüllungsjournalismus« kommt dem wohl am nächsten. »Leaks«, undichte Stellen, gezielte Indiskretionen, kamen hinzu. Das Weiße Haus »leak-te«, aus dem Kongreß und seinen Ausschüssen wurde »geleakt«. Ich selbst gründetet mein Urteil stark auf die Anhörungen im Senatsausschuß und auf meine Eindrücke von den Leuten im Zeugenstand. Daß die »Washington Post« über Informationen eines anonymen Insiders verfügte, den die Reporter Bob Woodward und Carl Bernstein nach einem Pornofilm Deep Throat genannt hatten, erfuhr man später. Aber diese geheimnisumwitterte Quelle schien Watergate vollends in die Nähe eines Polit-Krimis zu rücken. Deep Throat ist bis heute nicht identifiziert. Erst nach seinem Tode wollen die ehemaligen Reporter den Namen preisgeben. Die Spekulationen um die Identität des damaligen Insiders halten an, sie scheinen mehr zu faszinieren als alle politischen Lehren aus Watergate.

Ab und zu stellte sich Nixon Pressekonferenzen im Weißen Haus. Die vom 26. Oktober 1973 ist in Erinnerung geblieben. Der Präsident sprach zunächst die Energiekrise an und versicherte, daß der israelisch-arabische Waffenstillstand nach dem Yom-Kippur-Krieg halte. Die Gefahr eines Konflikts mit der Sowjetunion sei jedoch außerordentlich groß gewesen. In der Tat hatte der Verteidigungsminister für die amerikanischen Streitkräfte weltweit nuklearen Alarm gegeben, da Washington eine sowjetische Intervention zugunsten Ägyptens befürchtete. Große Themen. Dann »Feuer frei« für Fragen an den Präsidenten. Watergate. Was sonst. Die amerikanischen Kollegen, die nach strenger Tradition ihre angestammten Plätze hatten, schossen von ihren Sitzen hoch, viele gleichzeitig. »Mister President!« schrien sie, sich in der Lautstärke gegenseitig überbietend. Ein Schrei-Gefecht. Nixon sah sich mehrfach eingekeilt. Ich erinnere mich des Augenblicks, als er, Schweiß auf der Stirn, den Kopf zwischen die Schultern zog und den Saal verließ. In meinem Bericht konnte ich nicht umhin, die »Peinlichkeit« zu erwähnen, die ich bei dieser Veranstaltung empfunden hatte.

Cox' Nachfolger im Amt des Watergate-Sonderstaatsanwalts, Leon Jaworski, bekam die Tonbänder zum Abhören. Eine Entscheidung des Obersten Gerichts. Später schrieb er, er sei überwältigt gewesen von der Vorstellung, welche Zeit das Hineinhören in die Bänder Nixon gekostet haben muß: »Oft genug wunderte ich mich, wie Nixon in der Lage war, sich auch nur kurz den Staatsgeschäften zu widmen, die seine Aufmerksamkeit erheischten. Da saß er nun im Oval Office, Tag für Tag, Nacht für Nacht, Ränke schmiedend, Anschläge ausheckend, schließlich seine Mitarbeiter opfernd, einen nach dem anderen, um sich selbst zu retten. Es war ein schmutziges, furchterregendes Drama.«

Es gab in der Tat eine Reihe von drängenden Staatsgeschäften: die Konsequenzen aus dem Pariser Abkommen zur Beendigung des Vietnamkrieges Januar 1973; die Entspannungspolitik mit der Sowjetunion; weitere Verhandlungen über Kernwaffenkontrolle; Folgen der neuen Chinapolitik; Vermittlung im Nahen Osten. Das meiste hatte Nixon mit kühnen Strategien schon vor Watergate angepackt, tüftelnd und kombinierend, zusammen mit Henry Kissinger – sein Sicherheitsberater, später auch Außenminister, der Architekt seiner Außenpolitik. Außenpolitik als geheime Veranstaltung. Wie Verschwörer seien Nixon und Kissinger ihre außenpolitischen Aktionen angegangen, beide mit einem gewissen Grad von Paranoia, hat der spätere Außenminister Lawrence Eagleburger beobachtet.

In jenen Herbstwochen 1973 gab es ein Ereignis, das mich, den ehemaligen Moskauer Korrespondenten, in eine schwierige Auseinandersetzung mit mir selbst zwang. Wie sollte ich den jüngsten Vorstoß Andrej Sacharows beurteilen, des furchtlosen Humanisten und Regimegegners in Moskau, den Lew Kopelew in Moskau einen Heiligen zu nennen pflegte?

In einem Brief, den die »Washington Post« in großen Lettern veröffentlichte, hatte Sacharow an den amerikanischen Kongreß appelliert, eine Gesetzesnovelle zu verabschieden, die verhindern sollte, daß die Sowjetunion in den Genuß der im internationalen Handel üblichen Meistbegünstigung (MFN) käme. Die Novelle war nach ihren Urhebern Senator Jackson und dem Abgeordneten Vanik benannt.

»Meistbegünstigungsklausel« bedeutet, daß dem in Frage stehenden Handelspartner alle die Vergünstigungen – vor allem bei den Importzöllen – gewährt werden, die dem am meisten begünstigten Land eingeräumt wurden. Die Nixon-Administration, so weit das in ihrer Macht stand, hatte Moskau MFN zugesagt, um dem Handel im Rahmen der Entspannungspolitik Auftrieb zu geben. Das schien mir vernünftig. Ich erinnerte mich Juri Bragins, eines mir befreundeten russischen Journalisten, der überzeugend erklärt hatte, jede westliche Investition in der Sowjetunion, jede wirtschaftliche Präsenz des Westens sei ein Sargnagel für die Herrschaft der Betonköpfe. Je mehr Waren aus dem Westen die Sowjetbürger sähen, meinte er, um so rascher ein Bewußtseinswandel.

Der demokratische Senator Henry Jackson aus dem Staate Washington sah das anders. Für ihn war Meistbegünstigung nur Begünstigung des Regimes. Er wollte die Sowjetunion dafür abstrafen, daß sie wieder Dissidentenprozesse veranstaltete, vor allem, daß sie ausreisewilligen Juden kein Visum erteilte und wenn, dann gegen ein beträchtliches Kopfgeld für genossene Bildung und Ausbildung. Jackson machte Auswanderungsfreiheit für sowjetische Juden zum Mittelpunkt seiner Agitation im Kampf um die Präsidentschaftskandidatur der Demokraten, rigoros forderte er totale Auswanderungsfreiheit. Andernfalls keine Meistbegünstigung, andernfalls auch keine Kredite. Obwohl Kissinger mit Gromyko Auswanderungsquoten vereinbaren konnte, ging der Streit um das Jackson-Vanik-Amendment noch viele Jahre weiter. Es ist bis jetzt, im Jahre 2003, nicht widerrufen und in Kraft.

Senator Jackson hatte mit seiner Forderung die Entspannungspolitik Nixons und Kissingers in Geiselhaft genommen. Alsbald gehörte er auch zu jenen Kräften, die immer weiter rüsten wollten, die immer neue Waffensysteme und ihre Finanzierung beantragten und von Rüstungskontrolle nichts hielten. Für Jackson also hatte Andrej Sacharow Partei ergriffen? Ich konnte ihm nicht zustimmen. Dieses Mal nicht.

Natürlich hatte er recht, wenn er dem amerikanischen Kongreß schrieb: »Ich mache aufmerksam auf die Gefahr einer Scheinentspannung, die nicht begleitet ist von wachsendem Vertrauen und von Demokratisierung.« Das stimmte im Prinzip. Sollte man aber deshalb auf jeden Anlauf zur Entspannung verzichten? Sacharows Einwand hätte freilich das Kernstück einer Debatte sein können: Was ist Entspannung, was soll, was kann sie leisten. Geduld hätte dazu gehört. Die war gleich Null. Die Konservativen waren der Überzeugung, daß sich Nixon und Kissinger von den Sowjets übers Ohr hauen ließen, zu viele Konzessionen machten. Die Liberalen beanstandeten die kaltschnäuzige Machtpolitik des Weißen Hauses, die die Menschenrechte in der Sowjetunion und mithin den idealistischen Impuls der amerikanischen Außenpolitik mißachte. Beide Lager ignorierten Veränderungen im Denken der sowjetischen Gesellschaft durch den Aufbau vielseitiger Kontakte. Die breite amerikanische Öffentlichkeit bezog ihre Vorstellung von Detente aus Medienberichten über die Verfolgung Andrej Sacharows und Alexander Solshenizyns durch den KGB.

Nixon und Kissinger haben dennoch eine gewisse Wende in den Beziehungen zur Sowjetunion mit dem klassischen Mittel der Geheimdiplomatie herbeigeführt. Obwohl der globale Wettkampf und das Wettrüsten weiterliefen, haben sie in Ost und West die Erkenntnis geschärft, daß das nukleare »Armageddon«, die nukleare Katastrophe, verhindert werden müsse. Nach über zwei Jahrzehnten Kalter Krieg war es schon ein Erfolg, daß das leninistisch geeichte Politbüro Breshnews mit dem kapitalistischen Hauptgegner Rüstungskontrolle überhaupt verhandelte und davon ausging, der Klassenfeind würde ein Abkommen einhalten.

### *Der geheime Kanal*

Mitte Juli 1972 lagen zwei etwas füllige, nicht mehr ganz junge Männer, nur mit Shorts bekleidet, im warmen Sand der kalifornischen Küste. Der Rhythmus der ausrollenden pazifischen Wellen hatte sie eingeschläfert, aber es mag wohl sein, daß ihr Seelenzustand das entspannte Eindösen begünstigt hatte. Henry Kissinger und Anatoli Dobrynin machten Pause. Präsident Nixon hatte den Botschafter der Sowjetunion nach San Clemente in seinen Sommersitz eingeladen, nachdem das erste amerikanisch-sowjetische Gipfeltreffen in der Besetzung Nixon – Breshnew kurz zuvor, im Mai 1972 in Moskau, gut gelaufen war. Das erste SALT-Abkommen zur Begrenzung des nuklearen Wettrüstens und das später in Amerika heftig umstrittene Abkommen zur Beschränkung von Raketenabwehrwaffen (ABM) waren unterzeichnet worden, und Nixon war voller Pläne. Nach seiner Wiederwahl im November, an der zu zweifeln er keinen Grund hatte, würde es alljährlich ein Gipfeltreffen geben, zum Wohle von Frieden und Stabilität und seiner Präsidentschaft.

Und Watergate? Der Einbruch im Hauptquartier der Demokraten schien in jenen Tagen kaum mehr zu sein als ein Wölkchen an dem sonst so lichten Horizont der Entspannungspolitik, wie Dobrynin später vermerkte; er, Dobrynin, war für ihre Realisierung das unverzichtbare Relais nach Moskau. Schon bald nach seinem Amtsantritt hatte Präsident Nixon den Botschafter wissen lassen, daß er eine Neuauflage, ja die Intensivierung des von Kennedy genutzten »back channel« wünsche. Einen absolut dichten geheimen Kanal zwischen Washington und Moskau. Nur Kissinger werde für den Präsidenten sprechen, nur Dobrynin sollte die wichtigste Kommunikation mit der Führung im Kreml besorgen. Um Geheimhaltung zu gewährleisten, machte Präsident Nixon ungeniert klar – dem sowjetischen Botschafter! –, daß selbst sein Außenminister, Rogers, nicht in alles eingeweiht werden dürfe. Demzufolge hat Kissinger Dobrynin immer rechtzeitig wissen lassen, wann er was gegenüber Rogers nicht ansprechen solle. Auch der amerikanische Botschafter in Moskau wurde Opfer der »back channel«-Diplomatie und war oft nicht informiert. Selbst die amerikanischen Unterhändler für SALT 1 erfuhren nur durch Zufall, daß es über den »back channel« zwischen Kissinger und Dobrynin eine zweite Verhandlungsebene gab.

Zur Vorbereitung des ersten Gipfeltreffens Nixon–Breshnew flog Kissinger am 20. April 1972 ganz im geheimen nach Moskau, begleitet freilich von Dobrynin, der incognito zu Kissingers Maschine gebracht worden war. In Moskau verhandelte Nixons Sicherheitsberater mit Breshnew und Gromyko, aber den überraschten Botschafter seines Landes sah er erst kurz vor der Abreise. Selbst Gromyko hat einmal unwillig bekundet, er wisse in Washington nie genau, mit wem er welches Thema besprechen könne.

Dobrynin war für seine Rolle als vertraulicher Verbindungsmann Nixons und Kissingers zum Politbüro in Moskau ungewöhnlich qualifiziert. Schon seit Kennedy muß ihm bewußt gewesen sein, daß ihm sein jovialer Charme bei amerikanischen Politikern unterschiedlichster Couleur Tür und Tor öffnete. War er für Kissinger mehr Partner als Kontrahent? Als Repräsentant der gegnerischen Macht genoß Dobrynin erstaunliche Privilegien. Zu den bisweilen täglichen Gesprächen mit Kissinger durfte er aus Gründen der Geheimhaltung den rückwärtigen Eingang zum Weißen Haus benutzen; zwischen ihm und dem Sicherheitsberater wurde ein direktes Telefon installiert. Dobrynin seinerseits konnte geltend machen, daß aus der sowjetischen Botschaft in Washington noch nie ein Sterbenswörtchen unautorisiert an die Öffentlichkeit gedrungen sei. Sie waren also unter sich, sie, die Exponenten einer sowjetisch-amerikanischen Geheimdiplomatie, die im Namen der »Realpolitik« moralischen Postulaten wie Respekt für die Menschenrechte wenig Raum ließ.

Mitunter war Dobrynin auch der Geprellte. Im Juni 1971 informierte ihn Kissinger darüber, daß er nach Asien reise; wegen indisch-pakistanischer Spannungen. In Pakistan befielen Kissinger plötzlich Magenschmerzen, er wurde zur Erholung in die Berge geschickt, flog indessen nach Peking. Die Führer im Kreml fielen aus allen Wolken, als die Nachricht um die Welt ging, Präsident Nixon werde im Februar 1972 zu Gesprächen mit Mao Tse-tung nach China fliegen. Im Klartext: noch vor dem für Mai 1972 anberaumten Gipfel in Moskau. Was hatte das zu bedeuten? Symptom einer neuen Priorität in Washington? Breshnew empfand die Bevorzugung Pekings als Beleidigung.

Kritiker der Verschwörermentalität Nixons und Kissingers und ihrer exzessiven Geheimhaltung im Namen der nationalen Sicherheit hatten nicht nur zu bemängeln, daß der amerikanische Kongreß wie ein Erfüllungsgehilfe behandelt wurde und die Exekutive ihre Macht auf Kosten der Legislative ständig erweiterte. Sie sahen Gefahren für die Außenpolitik selbst. Der spätere US-Botschafter in Moskau, Jack Matlock, befand, die »back channel«-Diplomatie habe die Sowjetexperten in der Botschaft in Moskau, zumal die mit russischen Sprachkenntnissen, ins Abseits gedrängt. Sie habe damit auf Expertisen verzichtet, die den ökonomischen Niedergang und inneren Verfall der Sowjetgesellschaft analysierten, und so dazu beigetragen, daß die wahre Stärke der Sowjetunion, die eben nicht nur militärisch gemessen werden durfte, nachhaltig und kostspielig überschätzt wurde.

Umgekehrt auf Moskau bezogene Kritiker wie Matlock glaubten, daß es nützlich gewesen wäre, wenn das Politbüro mit dem amerikanischen Botschafter in Moskau in engem Kontakt gestanden hätte. Er hätte gewiß besser als Dobrynin Aufklärung darüber geben können, wie amerikanische Politik funktioniert, mit welchen Mechanismen und Institutionen. Bis fast zum bitteren Ende hat der Kreml nicht verstanden, was Watergate wirklich war: keine Kabale der Entspannungsgegner gegen den weitsichtigen Präsidenten, wie Breshnew glauben wollte, sondern ein Drama um Verfassung und Demokratie.

### *Die chinesische Karte sticht nicht*

Als Präsident Nixon am 19. Februar 1972 nach Peking flog, war seine Staatskunst in aller Munde: Die »Öffnung nach China« würde die politische Weltbühne nachhaltig verändern. Sie würde

Raum geben für größere diplomatische Beweglichkeit, auch für raffinierte Täuschungsmanöver im Dreieck Washington – Moskau – Peking. Das ist in der Tat wiederholt der Fall gewesen, doch als diplomatisches Potential auch überschätzt worden. Darauf hat mich sehr pointiert Kissinger-Berater Helmut Sonnenfeldt hingewiesen, denn China stand noch unter rigoroser kommunistischer Herrschaft, und drei Jahre nach den Kämpfen am Ussuri war bei Russen und Chinesen die Angst voreinander ungeschmälert groß. Nixons Hoffnung, bei der chinesischen Volksrepublik Unterstützung für die Beendigung des Vietnamkrieges zu finden, war eine Illusion. Ergebnislos blieben die langen Gespräche, die Nixon und Kissinger einerseits, Mao Tse-tung und Tschu En-lai andererseits über Vietnam führten. Es half nichts, daß Nixon den Abzug aus Indochina in Aussicht stellte, wenn Nordvietnam ernsthaft verhandele. Es half nichts, daß er Mao Tse-tung damit schmeichelte, nicht die VR China, sondern die Sowjetunion sei an einer Fortsetzung des Krieges interessiert, weil sie in Nordvietnam mehr Einfluß gewinnen wolle. Tschu En-lai, der chinesische Ministerpräsident, stellte immer die gleiche Frage: Warum er, Nixon, den südvietnamesischen Präsidenten Thieu nicht fallenlasse. Genau dazu war Nixon nicht bereit. Die Gründe offenbarten sich später.

Kaum hatte Nixon Peking verlassen, war Tschu En-lai schon in Hanoi, um die nordvietnamesischen Genossen der ungebrochenen Unterstützung Chinas in ihrem Kampf um die Vereinigung Nord- und Süd-Vietnams zu versichern.

Am 30. März 1972, Ostersonntag, nicht lange nach Nixons Peking-Besuch, startete Nordvietnam die bisher stärkste und umfassendste Offensive. Der Norden hoffte, die Streitkräfte des Südens aufreiben zu können und möglichst viel Gelände im Süden zu gewinnen. Kissinger nämlich hatte in den Pariser Verhandlungen konzediert, daß ein künftiger Waffenstillstand dort in Kraft treten solle, wo die jeweiligen Truppen gerade stehen. Das war für den Norden fast eine Erfolgsgarantie. Seine Truppen konnten nun auf alle Fälle und mit Zustimmung der Amerikaner im Süden bleiben – selbst nach dem Pariser

Friedensvertrag. Eine Konzession mit weitreichenden Folgen. Aber hatten Nixon und Kissinger eine Wahl? Die Lage war eindeutig: Die Truppen Südvietnams allein waren zum Gegenstoß zu schwach, und Amerika wollte in den Reisfeldern nicht mehr kämpfen. Der Norden wollte die Entscheidung erzwingen. Die Pariser Verhandlungen wurden nach Beginn der Offensive ausgesetzt.

Am 1. April 1972 der harte Gegenschlag. Nixon befahl, mit schwerem Bombereinsatz einschließlich einer Flotte von B-52-Fernbombern die Offensive des Nordens zu zerschlagen. Er ließ den Norden, Hanoi, Haiphong und andere Hafenstädte bombardieren, überzeugt und entschlossen, den Krieg aus der Luft doch noch zu seinen Gunsten zu entscheiden. Bei diesen Bombardements wurden sowjetische Schiffe getroffen und mehrere sowjetische Matrosen getötet. Würde der für Mai anberaumte Moskauer Gipfel unter diesen Umständen überhaupt stattfinden?

Kissinger, der mit Dobrynin insgeheim nach Moskau geflogen war, bekam zu seiner Überraschung von den Sowjetführern zu hören, sie seien willens, bei der Beendigung des Krieges vermittelnd zu helfen. Der Gipfel mit Nixon sollte nicht an Vietnam scheitern. Breshnew entsandte sogar den ZK-Sekretär für außenpolitische Angelegenheiten, Katuschew, nach Hanoi, um den Vietnamesen einzuschärfen, man müsse in Paris sofort wieder verhandeln. Katuschew erlebte eine Abfuhr. Das amerikanische Bombardement ging weiter. Die Offensive des Nordens blieb verlustreich hängen. In Paris wurde nun wieder verhandelt.

Tatsächlich lief der Moskauer Gipfel wie geplant am 22. Mai 1972 an. Es war der Gipfel, der SALT 1 und den ABM-Vertrag gebar, jenen Vertrag, der den Aufbau einer strategischen Raketenabwehr praktisch verbot, weil die Supermächte in der gegenseitigen Verwundbarkeit noch immer ihre beste Verteidigung erkannten; es war der Gipfel, den Kissinger im Hinblick auf das Vietnam-Bombardement zynisch den »größten diplomatischen Coup aller Zeiten« nannte.

Doch Breshnew war wohl einem anderen Kalkül gefolgt: Den Gipfel abzusagen würde zu Spannungen mit Washington führen, dann wäre die für den 17. Mai 1972 geplante Ratifizierung der Ostverträge im deutschen Bundestag gefährdet und die erhoffte Stabilität in Europa sowie das Ziel, eine Europäische Sicherheitskonferenz einzuberufen, in Frage gestellt. Und Richard Nixon könnte auch noch die China-Karte ziehen ...

Wie Jongleure mit vielen Bällen gleichzeitig in der Luft, so operierten die atomaren Supermächte mit militärisch- und geostrategischen Größen auf den verschiedensten und entlegensten Feldern ihrer Geheimdiplomatie. Der Meisterjongleur Kissinger nannte das schlicht »linkage« (Koppelung), und oft kannte nur er allein sich in dem verwirrenden Geflecht noch aus. Entwirrung ereignete sich dann in fast banaler Weise.

Es kam der 17. Juni 1972, der Tag, an dem die »plumbers« des Weißen Hauses beim Einbruch ins Hauptquartier der Demokraten im Watergate-Komplex ertappt wurden. Alles änderte sich. Nixon und Kissinger konnten noch den Pariser Friedensvertrag Ende Januar 1973 abschließen; beide konnten ihn noch als großen Erfolg anpreisen, weil kein Amerikaner mehr auf vietnamesischem Boden kämpfte und die Unabhängigkeit Südvietnams von Nixon garantiert und somit gesichert zu sein schien. Aber dann zogen sich die Stränge des Verfassungskonflikts immer enger um den Präsidenten. Er stürzte in den Fallstricken, die er selbst gelegt hatte. Bald nach seinem Rücktritt am 9. August 1974 machte Nordvietnam das Pariser Abkommen zur Makulatur.

Schon in den letzten Tagen des Jahres 1974 begann der Ansturm. Gestützt auf seine im Süden stehenden Einheiten, eröffnete der Norden den endgültigen Stoß gegen Südvietnam. Er eroberte eine Provinz nach der anderen, jagte die demoralisierten Truppen des Präsidenten Thieu in die Flucht – bis zur Eroberung von Saigon. Bis es kein Südvietnam mehr gab. Es gab auch keine amerikanische Hilfe mehr. Selbst die Stützen der Kriegsfraktion im Kongreß waren im Februar

1975 zu der Überzeugung gekommen: Raus aus Vietnam, und zwar für immer! Präsident Fords Anträge auf Bewilligung neuer Mittel für Südvietnam liefen ins Leere.

Nixon und Kissinger haben immer wieder behauptet, den Krieg habe die Regierung gewonnen, den Frieden der Kongreß verloren. Watergate habe den größten Teil der Vietnamtragödie zu verantworten, den Rest die Verhinderung von Vergeltungsschlägen. Dolchstoßlegenden schossen ins Kraut.

Jüngere amerikanische Historiker bewerten das Ende des Vietnamkrieges als Richard Nixons letzte Fehlkalkulation. Zugleich habe sich hier noch einmal die Skrupellosigkeit des Präsidenten gezeigt. So weist der Historiker Larry Berman, gestützt auf Archivmaterial aus China und Vietnam, nach, daß Nixon bei Abschluß des Pariser Friedensabkommens überzeugt war, Nordvietnam werde das Abkommen auf alle Fälle brechen. Er hat es trotzdem akzeptiert. Warum? Weil er Nordvietnam nach Bruch des Abkommens in Grund und Boden bombardieren wollte, weil er sich der Unterstützung der amerikanischen Öffentlichkeit sicher wähnte, wenn er einen gebrochenen Friedensvertrag in der Hand hielte. Für eine solche Konstellation würde er den Diktator Nguyen Van Thieu weiterhin als Präsidenten und Statthalter in Südvietnam brauchen. Deshalb hat er ihn nie opfern wollen. Auf diese Weise wollte Richard Nixon die Präsenz der USA in Indochina auf weitere Jahre sichern, den Krieg mindestens bis zum Ende seiner Präsidentschaft 1976 nicht verlieren.

Aber Nixon war blockiert. Durch Watergate starb sein Plan. Eine Ironie der Geschichte: Der Vietnamkrieg war eine der Ursachen des Watergate-Skandals, und es war Watergate, das diesen Krieg definitiv beendete. Vietnam und Watergate sind zu einem Begriffspaar geworden, das die Weichen für die innere Entwicklung der USA auf viele Jahre gestellt hat.

*Im Jargon der Macht*

Am 9. Mai 1974 begannen im Rechtsausschuß des Repräsentantenhauses Anhörungen über ein Absetzungsverfahren gegen Richard Nixon: Soll es eröffnet werden, wie ist die Rechtslage, was sagt die Verfassung? Neuland fast alles. Und für die Generation der führenden Kongreßpolitiker ein entsetzlicher Gedanke. »Impeachment war ein absolut furchterregendes Wort für den Kongreß«, sagte später Tip O'Neill, damals Sprecher des von Demokraten dominierten Repräsentantenhauses. Bisher hatte nur ein Präsident mit »impeachment« bestraft werden sollen. Radikale Republikaner eröffneten 1868 das Verfahren gegen Andrew Johnson, weil er dafür plädiert hatte, die im Bürgerkrieg geschlagenen Südstaaten mit Milde zu behandeln. Zu seiner Absetzung fehlte eine Stimme im Senat. Für jene, die jetzt über Richard Nixon zu Gericht sitzen sollten, war es ein fernes Drama geblieben. Der Gedanke, es zu wiederholen, behagte niemandem, schon gar nicht unter den Bedingungen des Kalten Krieges. Dennoch – es wurde ernst für Richard Nixon.

Den Kreml schien das nicht zu irritieren. Breshnew ließ durch Dobrynin eine tröstende Botschaft überreichen. Wörtlich: »Gewiß gibt es in den Vereinigten Staaten und anderswo Leute, die erwarten, daß Richard Nixon aufgibt und zusammenbricht. Mit Befriedigung stellen wir jedoch fest, daß Sie ihnen diesen Gefallen nicht tun.« Breshnew betonte, dem bevorstehenden Gipfel in Moskau Ende Juni (1974) und den Gesprächen »von Mann zu Mann« sehe er mit großen Erwartungen entgegen.

Nixon war Dobrynin zufolge von dieser Botschaft tief gerührt, er habe von einer »Breshnew-Nixon-Doktrin« als Basis der amerikanisch-sowjetischen Beziehungen zum Wohle der beiden Völker und des Friedens auf Erden gesprochen. Er war entschlossen, zum Gipfeltreffen nach Moskau zu fliegen.

Es kann dem Politbüro nicht entgangen sein, daß sich die Stimmung in den USA inzwischen scharf gegen Nixon gewendet hatte. Die Vorgänge grenzten ans Absurde. Das Weiße Haus suchte die Flucht nach vorn und veröffentlichte selbst Tonbandabschriften. Sie waren natürlich manipuliert; wie stark, konnte unsereiner nicht erkennen. Trotzdem eine schockierende Lektüre. Ich versuchte das am 4. Mai 1974 in einem Rundfunkbericht für den WDR zu schildern:

»›Die Sache mit Vesco verbrennt mir noch den Schwanz‹, sagt der Präsident in einem Gespräch mit seinem Berater John Dean, ›ich hab' deswegen schon gegenüber Haldeman die Hölle los gemacht, aber er hat nichts unternommen.‹ (Vesco war ein wegen krummer Geschäfte gesuchter Finanzier, der für Nixon Geld aufgetrieben hatte, Haldeman Nixons Stabschef.)

Ein erzürnter Richard Nixon wie in dieser Äußerung vom 28. Februar 1973 mußte über einen eindrucksvollen Vorrat an Fluch- und Schimpfwörtern verfügen, denn auf den 1308 Seiten der Tonbandabschriften des Weißen Hauses wimmelt es nur so von deutlich als Flüchen gekennzeichneten Auslassungen. Genierlich heißt es im Vorwort: ›Schimpfworte wurden im Interesse des guten Geschmacks ausgelassen außer an Stellen, wo sie für die akkurate Erfassung des Kontextes der Gespräche notwendig waren.‹ Und so mußte denn wohl auch stehen bleiben, daß nach John Deans Meinung, die er dem Präsidenten mitteilte, der Direktor des Bundeskriminalamtes und seine Leute die ›Angepißten‹ waren (dem FBI waren die Watergate-Untersuchungen entzogen worden) …

Der dicke Wälzer, den die Regierungsdruckerei am Donnerstag herausgebracht hat, ist zu einem Bestseller geworden. In Schlafsäcken auf den Bürgersteigen übernachteten die Interessenten … Die ›Chicago Tribune‹ hatte gleichen Tages einen Rotationsdruck herausgebracht, für 50 Cents … Da keine Verlagsrechte bestehen, werden die in Auszügen von Tonbändern abgeschriebenen Gespräche Präsident Nixons mit seinen engsten Mitarbeitern über den Watergate-Skandal in Kürze den letzten Winkel der amerikanischen Provinz erreicht haben, und wem das Lesen zu mühsam ist, dem bietet das Bildungsfernsehen ausreichend Ersatz: Den ganzen Sonntag über laufen Lesungen mit verteilten Rollen, wie sie CBS schon vorgeführt hat. Wie im Theater ...

Der erste Widerhall in der Presse ist ein Aufschrei – die Buchsensation des Jahres, ein historisches Dokument, aber ein vernichtendes Urteil über Richard Nixon, lautet der Tenor der Kommentare. Aus dem Slang einer kumpelhaften Sprache, aus den Diskussionen um Watergate auf dem Niveau von Winkeladvokaten und den detaillierten Erörterungen von Dunkelmänneraktionen entsteht nach überwiegender Meinung der Presse ein selbstzerstörerisches Nixonbild ...«

So weit mein Bericht. Daß die Wirklichkeit viel schlimmer war, konnte ich nicht wissen. Später veröffentlichte Texte zeigten einen Nixon, der dem Haß auf seine Gegner in blutrünstigen Hirngespinsten Luft machte. Während einer Stabsbesprechung am Ende seiner ersten Amtszeit hetzte er seine Mitarbeiter gegen demokratische Senatoren im Kongreß auf: »Wir werden sie kriegen – am Boden werden wir sie kriegen, wo wir sie haben wollen. Unsere Absätze werden wir in sie hineinbohren, hart drauftreten und dann drehen ... Henry weiß, was ich meine. Bringt sie zu Boden, trampelt drauf, zerbrecht sie, zeigt kein Mitleid.«

Oder: Am 31. Mai 1971 erklärte der Präsident seinen innenpolitischen Beratern, wes Geistes Kind sein neuer Chef der Steuerbehörde sein sollte: »Ich will Gewißheit haben, daß er ein ruchloser Hurensohn ist, daß er macht, was ihm gesagt wird, ... daß er unseren Gegnern nachstellt, nicht unseren Freunden.«

### *Der Präsident – ein Gauner?*

In den dem Kongreß übergebenen Tonbändern gab es Summ- und Brummpausen in einer Länge von achtzehneinhalb Minuten. Neue erregte Debatten. Natürlich waren sie handgemacht, löschten Gespräche, die der Präsident zwei Tage nach dem Watergate-Einbruch mit seinem Stabschef Haldeman geführt hat.

Der Präsident der USA also doch ein »crook«? Ein Gauner, ein Schwindler? Ich fand es beschämend, daß er eines Tages glaubte erklären zu müssen: »I am not a crook!« In den Medien wurden Fragen aufgeworfen: Ist der Präsident noch im Vollbesitz seiner geistigen und physischen Kräfte? Sollte er ein medizinisches und psychiatrisches Gutachten vorlegen? Auch das Theater reagierte. »Arena Stage«, ein progressives Theater in Washington, brachte Brechts »Der aufhaltsame Aufstieg des Arturo Ui« auf die Bühne – weil es ein Stück von Korruption und Kampf um die Macht sei, voller Anspielungen auf Richard Nixon, sagte mir Theaterdirektor Alan Schneider. Er fügte hinzu: »Wir fühlen das drohende Chaos, und diesem Gefühl wollten wir Ausdruck geben.«

# Pakt-Offerte gegen Mao

## *Raketenschacher*

Der für Ende Juni 1974 geplante Termin des dritten Treffens mit Breshnew rückte näher. Pessimistisch kam Henry Kissinger von seinen Vorgesprächen aus Moskau zurück. Es würde keine Unterzeichnung von SALT 2 geben. Der »konzeptionelle Durchbruch« war nicht gelungen. Durchbruch hieß, daß die Sowjets bereit gewesen wären, ihre starken Trägerraketen nicht weiter zu »MIRV-en« und den amerikanischen Forderungen zu entsprechen. Die Abkürzung MIRV (Multiple independently targetable reentry vehicle) steht für eine Waffentechnik, die es ermöglicht, eine Interkontinentalrakete mit mehreren Nuklearsprengköpfen zu bestücken, von denen jeder am Ende des Fluges ein anderes Ziel ansteuert. Die Amerikaner beherrschten diese Technik vor den Sowjets, aber die Sowjets verfügten über stärkere Trägerraketen. Wieder einmal befürchteten die Militärs im Pentagon die Möglichkeit einer sowjetischen Überlegenheit. SALT 2 ohne Begrenzung der sowjetischen MIRV-Technik hatte in Washington im Kongreß keine Chance.

Überdies gab es Bemühungen, dem Präsidenten für die Dauer eines Absetzungsverfahrens Auslandsreisen und die Unterzeichnung von Verträgen zu untersagen. Was geschähe denn, fragte der Abgeordnete Les Aspin, wenn sich während eines Absetzungsverfahrens eine sowjetisch-amerikanische Konfrontation aufbauen würde? Wenn dieser Präsident gezwungen wäre, dem Lande den Ernst der Lage mitzuteilen, aber alle Welt vermuten würde, er bediene sich eines Tricks, um seine Haut zu retten? Und wenn dies alles einträfe: Würden nicht die Sowjets den Augenblick für den Versuch einer nuklearen Erpressung der USA gekommen sehen? – So der demokratische Abgeordnete Les Aspin, der mit seinem Szenarium zweifelsfrei klarmachte: Watergate hatte die Außenpolitik Nixons und Kissingers eingeholt, der Skandal erfaßte auch ihre Detente. Das Ende der Präsidentschaft Nixons war in Sicht.

## *Moskau-Reise mit Nixon*

Am 25. Juni 1974 begaben sich der Präsident, sein Stab und ein beachtlicher Pressetroß auf die Reise. PANAM und TWA, damals noch die Flaggschiffe der amerikanischen Zivilluftfahrt, boten alles auf, um uns den Flug nach Moskau in bester Erinnerung zu halten. Whisky-Gläser mit der stilisierten Frontansicht des Bolschoi-Theaters wurden als Souvenir überreicht. Die Presseabteilung des Weißen Hauses verteilte, wie stets bei Auslandsreisen, einen dicken Ordner mit Hintergrundinformationen zur Sache und einschlägigen Biographien der Akteure. Wir nannten das Konvolut »die Bibel«. Außerdem flogen damals bei solchen Reisen der Pressechef oder sein Stellvertreter mit in der Maschine der Presseleute und ließen sich »off the record« ein wenig ausfragen. Man lernte sich kennen. Wichtig für den Job.

Nixon machte in Brüssel Station. Der Nato wollte er zum 25. Geburtstag ein paar passende Worte ins Stammbuch schreiben. Er war in Sorge gewesen, daß die Europäer, vor allem die Bundesrepublik unter dem sozialdemokratischen Kanzler Willy Brandt, nach dem deutsch-sowjetischen Vertrag von 1970 Entspannung mit Moskau ohne die USA zu weit trieben. Kissinger hatte dem damaligen Staatssekretär Paul Frank in ebendiesem Jahr erklärt: »Wenn schon Entspannung mit der Sowjetunion, dann machen wir sie.« Nixon mochte Brandt nicht. Seiner Meinung nach hatte Brandt mit der Anerkennung der Nachkriegsgrenzen der Sowjetunion zu große Konzessionen gemacht. Als Brandt zu einem Viermächte-Rahmenabkommen über Berlin drängte, unter anderem, um die Ratifizierung der Ostverträge zu sichern, stellte sich Washington an die Spitze der Allianz, und das Abkommen wurde am 3. September 1971 unterzeichnet.

Vor der Nato-Führung in Brüssel hob Nixon die Chancen der Detente hervor, warnte aber auch vor der Gefahr zu großer Illusionen. Man müsse der Tatsache ins Auge sehen, sagte er, daß Furcht vor dem Kommunismus die Nato nicht länger motivieren könne. Wenn die Nato weiterbestehen wolle, brauche sie ein anderes Bindemittel.

Weitsicht oder der falsche Text zur falschen Zeit?

In Moskau jedenfalls dürfte um diese Zeit oder nur Monate später eine Entscheidung gefallen sein, die die Nato, so wie sie war, über ein Jahrzehnt in Atem hielt: Eine neue Mittelstreckenrakete sollte in Produktion gehen, die SS-20. Sie würde vor allem Westeuropa und ganz besonders die Bundesrepublik Deutschland bedrohen. Sie stellte eine Weiterentwicklung der veralteten SS-4 und SS-5 dar, konnte im Gegensatz zu diesen drei Gefechtsköpfe tragen und war obendrein auf einer Selbstfahrlafette mobil. Reichweite über 5000 km. »Es wurde von einer neuen Mittelstreckenwaffe gemunkelt«, erinnerte sich Kissinger-Berater William Hyland. Aber weder die CIA noch einer der befreundeten Geheimdienste scheinen zunächst Näheres gewußt zu haben. Gorbatschow hat später gegenüber Ex-Bundeskanzler Helmut Schmidt behauptet, das sowjetische Politbüro habe von der SS-20 lange nichts gewußt, Breshnew habe die neue Waffe allein mit den Militärs beschlossen. Hat derselbe Breshnew, der doch an Entspannung mit dem Westen so interessiert war, die strategischen, psychologischen und politischen Konsequenzen der SS-20 nicht übersehen? Schmidt hält das für möglich. Drei Jahre später schlug er bei einem Vortrag in London Alarm und startete damit die so leidenschaftlich geführte Nachrüstungsdebatte: ob amerikanische Pershing II-Raketen und Marschflugkörper gegen die SS-20 in Westeuropa zu stationieren seien, sollten Verhandlungen mit der Sowjetunion über die Beseitigung der neuen Bedrohung zu keinem Erfolg führen. Der »Doppelbeschluß« der Nato fiel Ende 1979.

Beim Gipfel in Moskau in jenen Junitagen 1974 ging es indessen um SALT 2 und um die MIRV-Raketen, für Nixon auch um eine Hoffnung, mit dem Gipfel seine Präsidentschaft retten zu können. In einem Toast während eines Staatsbanketts pries er die Bedeutung der »persönlichen Beziehungen« zwischen ihm und Breshnew für die Erhaltung des Friedens in so hohen Tönen, daß amerikanische Teilnehmer an der Tafel tiefe Beschämung empfanden.

Im Hotel »National« ließ Henry Kissinger zur Pressekonferenz bitten. Eine Spur von Nostalgie stellte sich ein: Hier hatten meine Frau und ich einst den Abschiedscocktail gegeben. Aus Moskau wegzugehen, Freunden adieu zu sagen, die man vielleicht nie wieder sehen würde, war schwer gewesen. Trotz allen schwierigen Erfahrungen, die ich im zweiten Teil geschildert habe, oder vielleicht gerade deshalb.

Zur Pressekonferenz wurde nur eingelassen, wer den White-House-Pressepaß um den Hals baumeln hatte. Die Stimmung im Raum war angespannt, ungeduldig warteten wir: Was würde hier eigentlich gespielt werden? Etliche amerikanische Kollegen waren offenbar von SALT-Kritikern in Washington vor der Reise »gebrieft« worden, so daß die Frage eines Kollegen aus Chicago förmlich in der Luft lag. Die Generalstabschefs, so begann er, würden gegen SALT 2 wohl ihr Veto einlegen, weil es der Sowjetunion militärische Überlegenheit einräume. Was Mister Kissinger dazu zu sagen habe. Im Saal knisterte es. Kissinger sammelte alle Beherrschung. Dann sagte er, was ihm in Washington noch lange zu schaffen machen und zu endlosen Klarstellungen zwingen würde:

»Eine der Fragen, die wir uns als Land zu stellen haben, ist die: Was in Gottes Namen ist strategische Überlegenheit? Worin besteht ihre Bedeutung, politisch, militärisch, operativ, auf diesem Niveau der Zahlen [Raketen, Sprengköpfe – U. S.]? Was macht man damit?«

Der Kernsatz: Was in Gottes Namen ist strategische Überlegenheit … Wir waren wie vom Donner gerührt. Henry war offen gegen die Militärs aufgetreten.

Später hat Kissinger seine Erklärung wiederholt erläutern müssen. Er sagte zum Beispiel, die USA und die Sowjetunion müßten davon ausgehen, daß im Nuklearzeitalter ein Anwachsen in bestimmten Kategorien militärischer Macht nicht notwendig auch einen Zuwachs nutzbarer politischer Stärke bedeutet; wörtlich: »Wenn zwei Nationen bereits fähig sind, sich gegenseitig zu vernichten, gibt es Obergrenzen, wo zusätzliche Waffen ihre politische Bedeutung verlieren. Die überwältigende Zerstörungskraft nuklearer Waffen macht es schwierig, ihre Anwendung spezifischen Zielen zuzuordnen, und kann sogar neue politische Probleme zeugen.« Einleuchtend in der Logik. Kissinger hatte in ein Wespennest gestochen.

### *Grotten-Geheimnis*

Das Treffen wurde alsbald von Moskau auf die Krim verlagert, in Breshnews Urlaubsparadies Oreanda in der unmittelbaren Nähe von Jalta. Da waren wir also an dem Ort, an dem 1944 die Nachkriegsgeschicke Europas zwischen Stalin, Churchill und Roosevelt beschlossen worden waren, die Teilung dieses Kontinents. Ich hatte damals das Gefühl, eine Autosuggestion, die Geschichte sei als skeptischer Zaungast bei dem Treffen der Chefs der beiden Supermächte zugegen.

Was sich dann an jenem 30. Juni 1974 in Oreanda tatsächlich abspielte, davon hatten wir, die Presse, nicht die leiseste Ahnung. Selbst Henry Kissinger, der größte »leaker« aller Zeiten, wie Max Fraenkel, einst Chefredakteur der »New York Times«, einmal schrieb, setzte keinen seiner Favoriten im Presse-Korps Washingtons auf die Fährte. Kissinger war berühmt dafür, mit seinen gezielten Indiskretionen Politik zu machen. Doch hier in Oreanda – nur Schweigen.

Breshnew hatte Nixon in eine Art Grotte entführt, nur in Begleitung seines Dolmetschers, denn Nixon hatte wie so oft – um keine Gesprächszeugen zu haben – auf einen eigenen Dolmetscher verzichtet. Alle Berater – Kissinger, General

Haig, Außenminister Gromyko mit den Experten ihres Gefolges – waren zurückgeblieben, standen in wachsender Nervosität um den Swimmingpool. Ihre Chefs allein, weit über eine Stunde – das war höchst beunruhigend. Aber selbst als Nixon und Breshnew zurückkamen, fiel keine Andeutung über den zentralen Gegenstand ihres Gesprächs: China. Nur über China hatte Breshnew mit Nixon reden wollen.

Seit 1972 hatte sich der Kreml-Chef beharrlich gemüht, den Amerikanern zweierlei einzuhämmern. Erstens, daß sie die Gefahr der neuen Atommacht China für den Weltfrieden nicht klar genug erkennen, und zweitens, daß gegen diese Gefahr etwas unternommen werden müsse: der Abschluß eines sowjetisch-amerikanischen Nichtangriffspaktes, der der Sache nach eine Allianz gegen China sein würde. Breshnews Furcht vor China war echt und saß tief. In Oreanda redete er mit Nachdruck auf Nixon ein. Vermutlich wäre er bereit gewesen, selbst gegen eine vage Zusage Nixons einen Pakt mit China ins Auge zu fassen, der Unterzeichnung von SALT 2 zuzustimmen. Dann hätte Nixon im Triumph heimkehren können, dann hätten seine Widersacher im Interesse des Friedens die Absetzung des Präsidenten von der Tagesordnung nehmen müssen ... Oder doch nicht?

Wir wissen nicht, ob Nixon so oder ähnlich in der Abgeschlossenheit der Grotte von Oreanda räsoniert und spekuliert hat; ob er versucht war, Breshnew in eine gegen China gerichtete Allianz zu folgen. Schwer vorstellbar. Das hätte seinen und den außenpolitischen Grundsätzen Kissingers total widersprochen, das hätte zu Hause seine letzten konservativen Freunde verprellt, die Senatoren, die in einer Impeachment-Abstimmung jetzt noch gegen die Absetzung des Präsidenten votieren würden. Also widerstand Nixon dem Werben Breshnews. Also wurde die Moskaureise für ihn zum Fehlschlag. Im übrigen – die Stimmung im Kongreß in jenen Tagen erlaubte Nixon in keiner Weise auch nur den Schimmer einer Hoffnung, seinen Kopf mit Salt 2 noch aus der Schlinge ziehen zu können.

Nur die Pressemaschine flog zurück nach Washington. Nixons »Airforce One« landete auf einem Luftstützpunkt im Staate Maine, fern des grellen Rampenlichts der Hauptstadt. Jetzt scheute er es.

### *Nixons letzte Show*

Am 5. August die letzte Watergate-Bombe. Richard Nixon läßt die Tonbandabschriften veröffentlichen – warum, bleibt unerfindlich –, die dann als »smoking gun« galten: sein Gespäch mit Stabschef Haldeman sechs Tage nach dem Watergate-Einbruch 1972. Haldeman plädiert dafür, dem FBI die Untersuchungen zu entziehen, weil sie gefährlich wurden, und die ganze Sache der CIA als Angelegenheit der »nationalen Sicherheit« zu übertragen. Die CIA hatte für Vorgänge in der Innenpolitik keine Jurisdiktion. Nixon stimmt dem Vorschlag Haldemans zu. Seine Absicht zur Beugung des Rechts ist damit belegt. Enttäuscht und erschüttert wenden sich an diesem Tage Nixons letzte Parteifreunde, einschließlich seines neuen vorsichtigen Vizepräsidenten Gerald Ford, von ihm ab. Zu oft hatte er diese Absicht bestritten, zu oft gelogen.

Die Journalistin Elisabeth Drew schrieb in ihr Tagebuch: »Ich wundere mich, ob die Ungeheuerlichkeit seines Lügens schon in uns eingesunken ist; ob wir begreifen, daß wir von alldem, was er gesagt hat, nichts mehr als Wahrheit annehmen können. Das ist die totale Umkehrung dessen, wie wir gelernt haben, über unsere Präsidenten zu denken. Es ist die Abkehr von tief eingepflanzten Gewohnheiten. Wir sträuben uns dagegen, an unseren Präsidenten als einen unglaubwürdigen Mann zu denken, der fähig war, uns mit größtem Ernst in die Augen zu sehen … und uns dabei vielfache, ausdrückliche, nackte Lügen aufzutischen.«

Am 7. August warnen führende Republikaner den Präsidenten, das Impeachment sei nicht mehr zu verhindern. Am 8. August verkündet er im Fernsehen seinen bevorstehenden Rücktritt. Noch einmal ein echter Nixon: kein Wort des Bedauerns, der Selbstkritik, der Entschuldigung; an der Realität vorbeigemogelt, als ob er nur durch widrige, von ihm nicht verschuldete Umstände vor Ende seines Termins aufgeben müsse. »Er hat uns noch einmal so richtig in den ... [expletive deleted! – U. S.] getreten«, sagt ein amerikanischer Kollege nach dieser Show. Am 9. September im Fernsehen live, wie er das Weiße Haus verläßt, Abschied nimmt von Mitarbeitern und Gästen. Ich berichte:

»Er kämpfte, alt geworden, von tiefen Falten gezeichnet, mit den Tränen. Seine Zuhörer kämpften auch, manche ließen ihnen freien Lauf, und selbst eingefleischte Nixon-Gegner sah man mit den Kiefern mahlen. Wie auf vielen Wahlfeldzügen erinnerte er sich plötzlich seiner Kindheit. ›Meine Mutter war eine Heilige‹, sagte er ... Bleich und erschöpft stand seine Frau Pat ein wenig hinter ihm. Seine Töchter, Julie, die so bedingungslos für ihren Vater gekämpft hatte, und Patricia, hatten vom Weinen müde Augen. Dann der Weg zum startbereiten Helikopter ... Nixon, schon in der Tür, wandte sich noch einmal um, posierte, ein altes Bild: Lachenden Gesichts, die Arme von sich gestreckt, formten die Finger das V-Zeichen des Sieges – Victory. Den Journalisten kam der Zynismus wieder. Erst jetzt konnten viele darüber lachen, daß Nixon in seiner Abschiedsrede in einer echten Freudschen Fehlleistung neben den tüchtigen Farmern, Geschäftsleuten und Zimmerleuten, die das Land braucht, auch die Klempner genannt hatte. So war die Einbrechertruppe des Weißen Hauses genannt worden (plumbers). Minutenschnell vollzog sich im Präsidentensitz der Szenenwechsel. Die Nixonbilder verschwanden, Gerald Fords Bilder kamen an die Wände.«

Gerald Ford war einen Monat im Amt, da begnadigte er Richard Nixon. Dies sollte ihn bei den nächsten Wahlen 1976 den Sieg und damit die eigene Präsidentschaft kosten. Der Zurückgetretene würde nicht zur Rechenschaft gezogen werden, nicht für seine Lügen, nicht für seine Beugung des Rechts, weder für seine Verletzungen der Bill of Rights in der Mißhandlung seiner Gegner noch für den Bruch seines Amtseides, »die Verfassung zu verteidigen und zu schützen – so wahr mir Gott helfe!«. Er würde nicht wie alle seine getreuen Knappen ins Gefängnis gehen müssen. Sich den Ex-Präsidenten hinter Gittern vorzustellen, damit hatten in der Tat viele Amerikaner ihre Schwierigkeiten. Trotz allem. Doch die Begnadigung war ein Schock. Gleiches Recht für alle? War der Präsident doch über Recht und Gesetz erhaben? Ford wollte Ruhe ins Land bringen, wollte heilen. Indessen – eine weitere Nixon-Hypothek holte ihn ein.

### *Exit in Saigon*

Es gibt wenige Fernsehbilder – Fernsehbilder! –, die mir so im Gedächtnis geblieben sind wie die Hubschrauber auf dem Dach der amerikanischen Botschaft in Saigon, einer nach dem anderen landend, abhebend. Gebückte Gestalten, Männer und Frauen, Kinder mit sich zerrend, rennen aus der Deckung unter dem Dach zur offenen Tür des Helikopters, kräftige »Marines« hieven, wuchten, bugsieren sie hinein; nur schnell – ab zur offenen See auf den Hubschrauberträger. Noch Hunderte – oder sind es Tausende? – warten bangend auf ihre Rettung. Draußen vor der Botschaft preßt sich die Masse der Verzweifelten in panischer Angst vor den heranrückenden Panzern der Kommunisten aus dem Norden an den hohen eisernen Staketenzaun. »Marines« halten sie zurück.

Einundzwanzig Stunden dauerte das Drama auf dem Dach der Botschaft, vier waren veranschlagt worden. Am 30. April 1975 war es vorüber – aus. Hunderte Vietnamesen starrten in den leeren Himmel. Das flatternde Knattern eines Hubschraubers war nicht mehr zu hören. Zehntausende würden auf Jahre in »Umerziehungslagern« des neuen Regimes verschwinden, eine Million Vietnamesen würde die Flucht aus dem Lande wählen, unter welchen Abenteuern auch immer.

Was sich in Saigon hinter den Bildern abgespielt hatte, das wußten nur wenige, und darüber zu reden, wenn die Behörde

Schweigen verordnet hatte, war nicht jedermanns Sache. Der ehemalige CIA-Beamte Frank Snepp hat geredet und geschrieben, und sein Urteil über die Rolle der CIA wie auch der US-Botschaft bei der Räumung von Saigon war vernichtend. Es lasse sich ohne Übertreibung sagen, schrieb er, »daß die Evakuierung Saigons im Hinblick auf preisgegebene menschliche Existenzen, auf geplatzte Geheimnisse und auf den Verrat an Agenten, Freunden und Kollaborateuren eine Schande aller amerikanischen Behörden war«. Zu den Preisgegebenen gehörten Hunderte von Angehörigen der südvietnamesischen Sonderpolizei, des Geheimdienstes, Chiffrierbeamte, Dolmetscher und Techniker und Tausende, die den Amerikanern geholfen hatten, Angehörige der »Nationalen Befreiungsfront« Südvietnams zu identifizieren. Allesamt den Siegern aus dem Norden ausgeliefert. Die größte Tragödie aber widerfuhr den Kambodschanern: sie wurden dem Genozid ausgeliefert.

Fünf Jahre hatte seit Beginn des heimlichen Bombenkrieges der USA der Bürgerkrieg in Kambodscha getobt. Auf der einen Seite das korrupte, amerikaabhängige Lon-Nol-Regime, auf der anderen die kommunistischen Roten Khmer, »Khmer Rouge«, unter ihrem in Paris geschulten, von Maos Maximen indoktrinierten Führer Pol Pot. Im April 1975 war der Kampf zu Ende. Die Roten Khmer hatten gesiegt, und sie hatten den Willen, das kambodschanische Volk in seinen gewachsenen Strukturen zu vernichten. In den nächsten dreieinhalb Jahren wurden 2 Millionen Menschen ermordet. Hinter hermetisch abgeschotteten Grenzen entschwand Kambodscha und entschwand das Grauen des Genozid aus dem Blick der Amerikaner, freilich auch der übrigen westlichen Welt.

Amerika hatte sich aus Indochina verabschiedet, schmachvoll und geschlagen, besiegt von einer, wie Kissinger Jahre vor dem bitteren Ende einmal sagte, »viertklassigen Macht«. Die Amerikaner aber stellten die nach solcher Erfahrung unvermeidliche Frage: Wie war das möglich?

Kissinger wie eine ganze Generation amerikanischer Politiker und Diplomaten hatten die Reserven dieser viertklassigen Macht Nordvietnam an Energie und nationaler Willenskraft gröblich unterschätzt, den Willen des Großteils der amerikanischen Bevölkerung, den Krieg unbegrenzt zu führen und dabei ständig belogen zu werden, überschätzt. Eine Fixierung auf den Mythos der Präsidentschaft verstärkte die Folgen des Mangels an Einsicht.

Schon beim Verzicht Johnsons auf eine zweite Präsidentschaftskandidatur 1968 hatte das eine Rolle gespielt. Er wollte kein Verlierer sein. Auch Nixon hat wiederholt beteuert, er werde nicht der erste Präsident sein, der einen Krieg verliert. Sein Parteifreund, John Connally, erklärte emphatisch noch im Mai 1972: »Das Wichtigste – der Präsident darf den Krieg nicht verlieren.« In ebendiesem Jahr, das doch für Nixon scheinbar so gut verlief, fielen für den Ausgang des Krieges die letzten Würfel – ein Ausgang, an dem weder der Pariser Friedensvertrag vom Januar 1973 noch der Friedensnobelpreis für seine Verhandlungsführer Kissinger und Le Duc Tho etwas zu ändern vermochten.

# Vietnam-Traumata

## *Bilder im Bewußtsein*

Es hätte Morgen werden können in Amerika. Doch der frische Tag, den Ronald Reagan fünf Jahre später mit Pomp, Selbstbewußtsein und Patriotismus anbrechen sah, wollte so schnell nicht kommen. Die Nacht der Kriegslasten, der Niederlage und der Täuschungen war zu finster gewesen. Ihre Schatten ließen sich so bald nicht abschütteln, auch wenn Gerald Ford, der langjährige Kongreßabgeordnete aus Michigan, mit seiner beruhigenden Offenheit und Ehrlichkeit eine neue Atmosphäre schaffen wollte – trotz der Begnadigung Nixons.

Aber da waren die vielen Nachkriegsprobleme: die der Vietnamveteranen in einer nachhaltig gespaltenen Gesellschaft, die existentiellen wie die psychologischen; da war die bis in die Zeit der Clinton-Präsidentschaft reichende hochpolitisierte Debatte um die »draft dodger«, um diejenigen, die die Einberufung in den Krieg verweigert, sich ihr durch Flucht nach Kanada, Schweden oder in die Nationalgarden entzogen hatten. Und waren denn nicht, trotz Wehrpflicht für alle, die Schwarzen und die armen Schlucker der Nation bevorzugt in den Tod geschickt worden? Vor allem: Sollte Amerika je wieder in Übersee Krieg führen und wenn ja, zu welchen Bedingungen?

Viele Bilder saßen unauslöschlich in den Köpfen: das nackte kleine Mädchen, das schreiend dem Höllenkreis einer Napalmbombe zu entkommen sucht; der Partisan des Vietcong, der von einem südvietnamesischen Polizisten, Pistole am Kopf, erschossen wird; die vom »agent orange« entlaubten Wälder; My Lai als zögernd angesprochener Ort eines Kriegsverbrechens – das Dorf mit allen seinen Bewohnern wurde vernichtet. Es war so viel aufzuarbeiten, und die unendlich lange und kontrovers diskutierte Frage, sollten die Toten des Vietnamkriegs ein Denkmal erhalten und wie sollte es aussehen, war ja nur ein Symptom des Nicht-Erledigten. Als endlich die schwarzen Granittafeln mit den 58229 von Namen der Vietnamkriegsopfer absteigend und wieder emporsteigend in einem stumpfen Winkel in den Boden der »Mall« versenkt waren, zeigte sich, daß Amerika Ergreifenderes selten erfahren hat.

Schnell hat sich der Kongreß auf die Erfordernisse und Möglichkeiten der neuen Lage eingestellt. Jetzt mußte er sich in seiner von der Verfassung zugewiesenen Rolle als unverzichtbarer Teil des Regierungssystems bestätigen, mußte die Exekutive in die Schranken weisen, mit ihren Schandtaten aufräumen. Begonnen hatte der Kongreß 1973 mit der Durchleuchtung der Hintergründe von Watergate. Die Untersuchungen des Machtmißbrauchs in den selbstherrlichen und korrupten Apparaten und Bürokratien waren die logische Fortsetzung.

### *Familienjuwelen der CIA*

Getrieben von Ahnungen, der Kongreß könnte nach dem Zusammenbruch der Präsidentschaft Nixons Rechenschaft fordern, verschreckt auch von dem neuen Trend im Journalismus, dem »investigative journalism«, erteilte der damalige CIA-Chef James Schlesinger im Mai 1973 seinen Mitarbeitern die Weisung, alle Aktionen des Geheimdienstes zusammenzutragen, die im Verdacht der Illegalität stehen könnten. Ein Konvolut von 700 Seiten entstand. Schwarzer Humor erfand den Titel »family jewels«. Von ihrer Existenz sollten nur die »Angehörigen« wissen – es handelte sich um hochkarätige Ware.

Anderthalb Jahre blieben die »Familienjuwelen« verborgen. Aber dann wurde der »New York Times« ein besonders attraktives Stück zugespielt. Kurz vor Weihnachten, in ihrer Sonntagsausgabe vom 22. Dezember 1974, enthüllte sie die »Operation Chaos«. Eine Explosion in den Medien, politisch ein Aufschrei. Auch wir Korrespondenten waren wie vom Donner gerührt. Mindestens 10000 geheime Dossiers über Gegner des

Vietnamkriegs, über Regierungskritiker innerhalb und außerhalb des Kongresses hatte der Geheimdienst angelegt. Ein eklatanter Bruch geltender Gesetze, denn seit 1947 war die CIA (Central Intelligence Agency) für Auslandsaufklärung und Gegenspionage zuständig. Die innere Sicherheit und also auch die wie immer begründete Überwachung amerikanischer Bürger war seit 1947 Sache des Bundeskriminalamtes FBI.

Aus dem Fernsehen alsbald der nächste Schock, die Nachricht, die CIA habe an Attentate gegen ausländische Regierungschefs gedacht. Fidel Castro wurde genannt, Patrice Lumumba, Rafael Trujillo. Neue Stürme, später ein ausdrückliches Verbot solcher Aktivitäten. Weitere »Familienjuwelen« kamen ans Licht: die Überwachung von Journalisten, um »leaks« aufzuspüren; Drogenexperimente an unwissenden Versuchspersonen; der Sturz Präsident Allendes in Chile; Bestechung ausländischer Parteien und Politiker; Infiltrierung von Universitäten, religiösen Vereinigungen und Nachrichtenmedien.

Die Arbeit der Untersuchungsausschüsse im Kongreß konzentrierte sich auf den Senatsausschuß. Frank Church, Demokrat, führte den Vorsitz. 1975 wurden die Ergebnisse im Church-Report veröffentlicht, zwei umfangreichen Dokumentationen: eine über Machtmißbrauch im Bereich der Geheimdienste und eine über Machtmißbrauch im FBI. Der Senatsausschuß war zu dem Ergebnis gekommen, daß die Gesetze über Aufbau und Funktion der CIA nicht ausgereicht hätten und von der zuständigen Bürokratie wie auch vom Präsidenten umgangen worden seien. Weder der Kongreß noch die Gerichte hätten auf ihre Einhaltung gepocht. Der Schleier der Geheimhaltung habe jeden Alarm in der Öffentlichkeit verhindert, so daß die Regulative, die die Väter der Verfassung zur Verhinderung von Amtsmißbrauch eingebaut hatten, außer Kraft gesetzt worden seien. Zwei bis heute gültige Kontrollverordnungen konnte der Kongreß damals einbauen: Bewilligungen verdeckter Operationen durch den Präsidenten müssen aktenkundig sein, auch wenn sie geheim bleiben; der Kongreß setzt ständige Komitees zur Beaufsichtigung der Geheimdienste ein.

## *Edgar Hoover und das FBI*

Nach der CIA kam das FBI an den Pranger. Die »Ent-Hooverisierung« des Bundeskriminalamtes stand auf der Tagesordnung. Von 1924 bis 1972, bis zu seinem Tode kurz vor dem Watergate-Einbruch, war J. Edgar Hoover der allmächtige, gefürchtete Chef des »Federal Bureau of Investigation« gewesen, hatte acht Präsidenten gedient und siebzehn Justizminister mal mehr, mal weniger im Kampf um die Vormacht ausgepunktet. Hoover war eine Institution. Er hat seiner Behörde Traditionen eingepflanzt, die dem FBI noch heute zu schaffen machen. Im Sommer 2002 lesen zu müssen, daß das FBI die Terroranschläge vom 11. September 2001 hätte voraussehen können – bis zu einem gewissen Grade wenigstens –, ist für einen alt gewordenen Beobachter eine erhellende Erfahrung: Die Stärke des Bundeskriminalamtes war immer nur die Aufdeckung eines Verbrechens im nachhinein. Verbrechensverhütung und vor allem der Umgang mit Aufgaben im Bereich dessen, was wir Verfassungsschutz nennen, entbehrte schon unter Hoover der unerläßlichen Sorgfalt und Genauigkeit.

Es kam vieles ans Licht oder doch das meiste: Wie er sein Imperium errichtet hatte, einen Staat im Staate, den niemand anzutasten wagte, weil niemand sich Hoover zum Feinde machen wollte. Von zahllosen Figuren des öffentlichen Lebens hatte er heimlich Dossiers angelegt, gespickt wenn möglich mit diskreditierenden Informationen, vornehmlich aus dem Sexleben der Observierten; obwohl jahrzehntelang gemunkelt wurde, er selbst verberge seine Homosexualität. Für alle Präsidenten von F. D. Roosevelt bis Richard Nixon hatte er Namenslisten verdächtiger Opponenten und Organisationen angelegt, doch wer sich der Dienste Hoovers bediente, der begab sich in die Hand dieses Großmeisters der politischen Erpressung. Angesichts der Länge der Dienstzeit spiegelt seine Aktivität ein Stück Sozialgeschichte der USA. Kommunisten und kommunistischer Sympathien Verdächtige hatte er erfaßt, Ku-Klux-Klan-Leute, die Schwarzen Panther, Sekten und Aktivisten der Bürgerrechtsbewegung, darunter Führer der Schwarzen wie Martin Luther King. Der Anwalt William F. Pepper behauptet in seinem jüngst erschienen Buch »Die Hinrichtung des Martin Luther King« sogar, die Ermordung Kings sei das Werk von FBI, CIA und anderen Regierungsorganen gewesen, eine »Hinrichtung«. Von 1952 bis 1971 war »COINTELPRO« (von »Counter Intelligence Programs«) das geheime Stichwort für die Kontrolle der Widerspenstigen, Programme gegen revolutionäre und extremistische Elemente im Lande.

»Wie war das möglich?« – diese Frage stellten sich Millionen von Amerikanern. Die Fülle der Enthüllungen über geheimpolizeiliche Aktivitäten des FBI hatte sie in Furcht und Zweifel gestürzt. Schließlich wurde hier nicht mehr und nicht weniger enthüllt, als daß elementare Verfassungsgrundsätze der Gründerväter durch ein zentrales Organ der Macht über Jahrzehnte hinweg mit Füßen getreten worden waren. Ungestraft. Und nicht nur das. In jenen Tagen wurde in Washington an der Pennsylvania Avenue das neue FBI-Gebäude eingeweiht, nach J. Edgar Hoover benannt. Ja, nach ihm; ein Koloß aus gelblichbraunem Gestein mit bulligen Ecktürmen. Schulklassen und Touristen zogen täglich durch die Schaugalerien der Verbrechensbekämpfung, an Glaswänden entlang, hinter denen die Labors der Kriminaltechnik liegen. Wie im Theater hinter Glas führte ein FBI-Mann den hohen Stand der Schießkunst vor: Im Sprung aus der Hüfte, dann im gezielten Anschlag sägte er mit Pistole und Maschinenpistole einem Pappkameraden ein handtellergroßes Loch in die Brust. Hoover wußte, warum das FBI populär war. Aber das FBI als politische Polizei?

William Ruckelshaus, zeitweise amtierender FBI-Direktor, dann als stellvertretender Justizminister im »Saturday Night Massacre« um den Watergate-Sonderstaatsanwalt zurückgetreten, hat mir einmal gesagt, das FBI sei von Anfang an der ihm zugewiesenen Doppelfunktion nicht gewachsen gewesen. Organ der Verbrechensbekämpfung und zugleich Organ der Inlandsaufklärung sein zu müssem (Bekämpfung von Spionage, subversiver Aktivität), das war zuviel. Die kriminalpolizeilichen

Befugnisse des FBI waren exakt geregelt, die Befugnisse im Bereich des Verfassungsschutzes so gut wie gar nicht. Das führte bei der politischen Polizei zu Unsicherheiten, die sich im Laufe der Jahre durch ständige Kompetenzerweiterungen vermehrten. Die Präsidenten schlugen dem FBI, infolge der Eskalation internationaler Spannungen seit dem Zweiten Weltkrieg, immer neue Aufgaben zu. Wie das Büro damit fertig wurde, das wollte keiner kontrollieren. Auch der Kongreß nicht.

Das Erstaunliche und Einzigartige an der Beendigung der Präsidentschaft Nixons war die Geschlossenheit im Kongreß. Demokraten und Republikaner im Senat wie im Repräsentantenhaus waren sich einig, daß dieser Präsident untragbar geworden war und zum Wohle der res publica abtreten mußte. Daß der Senat das »impeachment« beschlossen hätte, falls er nicht zurückgetreten wäre, stand fest. Die Begründungen waren stichhaltig. Nixon hatte Recht und Gesetz gebeugt und gebrochen, Macht und Amt des Präsidenten mißbraucht, den Kongreß belogen, zum Meineid angestiftet. Ihm selbst hätte man Meineid anlasten können. Den Eid auf die Verfassung zu Beginn seiner zweiten Amtszeit legte er ab in dem Wissen, sie bereits in der ersten gebrochen zu haben, wie auch in dem Vorsatz, sie in der zweiten über Watergate wiederum zu brechen.

Senator Barry Goldwater, die Galionsfigur der Altkonservativen in der Republikanischen Partei, hat folgendes Urteil über Nixon gefällt, drastisch, wie er war: »Er war der gewissenloseste Mensch, der mir in meinem Leben begegnet ist. Präsident Nixon hat seine Frau, seine Familie, seine Freunde, die langjährigen Kollegen im Kongreß, die Mitglieder seiner eigenen Partei, das amerikanische Volk und die ganze Welt belogen.« Nixons Lügen haben die politischen Landschaften der Vereinigten Staaten verändert, sie haben die Menschen in nicht absehbarer Art und Weise politisch verstört oder zu Zynikern gemacht. Was Watergate die Amerikaner »gekostet« hat, finanziell, politisch, vor allem moralisch, das hat niemand ermitteln können.

Das Erbe Richard Nixons? Umstritten. Das wird so bleiben. Ein Teil der politischen Klasse Amerikas wie auch der Europas hatte seinen kühnen außenpolitischen Würfen von Anfang an weit größere Bedeutung beigemessen als Watergate und den Folgen. Positiv war ihm anzurechnen, daß er wichtige neue Bundesbehörden schuf, die für Umweltschutz und die für Sicherheit am Arbeitsplatz, und daß er die Ausgaben für die Sozialversicherung erhöhte. Zugleich, 1971, löste er den Dollar vom Gold und hob damit das seit 1944 gültige Währungssystem von Bretton Woods aus den Angeln. Ein folgenschwerer Schlag für die unvorbereitete Weltwirtschaft. Es sei die Verlängerung der kühnen außenpolitischen Streiche Nixons in die Gefilde der Wirtschaft gewesen, urteilte Kissinger. Über all dem aber das Diabolische in ihm zu übersehen, seine Ruchlosigkeit? Das mußte sich verbieten. Denn es waren diese Charakterzüge, die seine Präsidentschaft bestimmt und ruiniert haben. Seine wichtigsten Pflichten hat er nie begriffen: für das Land die moralischen Standards zu setzen, seinen Mitarbeitern klare Weisungen und das Bewußtsein für Recht und Gesetz zu geben.

Zehn Jahre später war ein weiterer Präsident an diesen Pflichten zu messen.

## *Helsinki und das Ende der Detente in den USA*

Es war kein Bruch. Es war ein Riß, wie er sich durch einen angeschlagenen Betonklotz zieht, eine feine Spur, nicht gradlinig, aber doch die Bruchstelle markierend. Es war der Riß, der den Bruch des sowjetischen Imperiums vorzeichnete. Er war keine amerikanische Schöpfung. Es war ein europäisches Patent. Geduld und langer Atem waren gefordert, aber auch das Festhalten an einer Perspektive – anfangs gegen amerikanische Überzeugungen: Helsinki, die Schlußakte von Helsinki. Wenn es einen Punkt gab, der den Anfang im Prozeß des Auseinanderbrechens des Sowjetblocks markierte, dann war es Helsinki Ende Juli 1975.

Die Ursprünge gehen zurück auf den sowjetischen Außenminister Molotow. 1953 schlug er eine Europäische Sicherheitskonferenz vor, die in erster Linie die Grenzen des sowjetischen Imperiums nach dem Zweiten Weltkrieg garantieren und sichern sollte. Breshnew hatte dieses Projekt aus den gleichen Beweggründen zu seiner Lieblingsidee gemacht, und die Europäer, die seit Anfang der siebziger Jahre an eigenen Entspannungsstrategien tüftelten, machten mit, andere Gedanken im Hinterkopf. Sie fügten den Begriff der »Zusammenarbeit« hinzu – Konferenz für Sicherheit und Zusammenarbeit in Europa (KSZE). Nachdem es Henry Kissinger nicht gelungen war, die Nato-Alliierten in seinem »Jahr Europas«, 1973, hinter Washingtons Detente in Reih' und Glied zu bringen, visierten Nixon und Kissinger möglichst bald eine möglichst kurze KSZE-Konferenz an. Das Gegenteil trat ein. Die Briten erfanden die drei »Körbe« für die Konferenz: einen militärischen, einen wirtschaftlichen, einen dritten für die Menschenrechte – Freizügigkeit für Menschen und Ideen.

Die Amerikaner hielten den Korb drei für ein Bündel von Illusionen, weil Freizügigkeit und Informationsfreiheit an den Lebensnerv des sowjetischen Systems greifen würden. Doch unverdrossen brüteten und debattierten Scharen von Diplomaten der 35 Teilnehmerstaaten über Bergen von Papieren, feilten an Resolutionen, Formulierungen und Kompromissen. Breshnew und Nixons Nachfolger, Präsident Ford, einigten sich schließlich auf den Termin und den großen Rahmen zur Unterzeichnung der »Schlußakte von Helsinki«. Am 1. August 1975 ging sie über die Bühne. Über die Vorstellungen der sowjetischen Diplomatie von dieser Veranstaltung wurde im zweiten Teil des Buches berichtet. Ihren Abschluß bildete ein Empfang in der sowjetischen Botschaft in Helsinki. Ford und Breshnew verließen ihn gemeinsam. Da nahm Breshnew Ford beim Arm und sagte ihm unverhohlen, er hoffe, daß Ford die Präsidentschaftswahlen im kommenden Jahr (1976) gewinne. Offenkundig hatte Breshnew zu dem schlichten und gradlinigen Gerald Ford leichteren Zugang gefunden als zu dem düsteren, macchiavellistischen Richard Nixon. Außerdem – was wichtiger war: Detente sollte weitergehen wie gehabt. Breshnew konnte die Zeichen an der Wand lesen. Wenn Ford ginge und mit ihm Kissinger, wäre die Detente zwischen der Sowjetunion und den USA im bisherigen Stil zu Ende. Er selbst hat zum Ende dieser Detente eine Menge beigetragen. Stichwörter: die SS-20, Abenteuer in Afrika, Afghanistan.

Watergate und der Rücktritt Präsident Nixons hatten den Blick Amerikas auf die Welt verändert. Es war der komplizierten außenpolitischen Modelle und Mechanismen müde, die Kissinger für den Umgang mit der kommunistischen Großmacht entwickelt hatte: Kontaktvermehrung, wo möglich, Druck, wenn nötig. Zuckerbrot und Peitsche. Aber damit wurde ja nicht erreicht, was die Konservativen und die Rechten im Lande erwarteten – unmittelbaren Einfluß auf die sowjetische Innenpolitik. Kissinger, so hatte ich notiert, sagte Anfang 1974 auf einer Pressekonferenz: »Unsere Einstellung zur Entspannung bedeutet in keiner Weise eine moralische Billigung des sowjetischen Systems.« In einem Kommentar dazu befand ich, diese Erklärung lasse sich auch umkehren, »daß die moralische Beurteilung des sowjetischen Systems für die Politik der ›Detente‹ kein Kriterium ist«. Für die missionarischen Impulse und Traditionen in der amerikanischen Außenpolitik war das auf die Dauer keine Basis. Der Bruch mit der Strategie Nixons mußte kommen.

Natürlich hatte Gerald Ford gehofft, vielleicht sogar geglaubt, seine Rückkehr aus Helsinki würde mit Beifall und Zustimmung begrüßt werden. Er hatte sich getäuscht. Daß die Sowjetunion doch immerhin Verpflichtungen im Bereich der Menschenrechte eingegangen war, sogar der Möglichkeit friedlicher Grenzveränderungen zugestimmt hatte – für die Konservativen, für die rechten Republikaner und für die ost- und südosteuropäischen Emigrantenorganisationen zählte das nicht. Sie warfen Ford vor, die Teilung Europas nach dem Muster von Jalta nur bestätigt zu haben. Noch düsterer im Urteil war Alexander Solshenizyn, der einen Monat vor Beginn der

Konferenz von Helsinki zum ersten Mal nach Washington gekommen war. Die Schlußakte von Helsinki? Sie zu unterzeichnen, befand Solshenizyn, sei nichts anderes als »Verrat an Osteuropa und die offizielle Anerkennung seiner Versklavung für alle Zeiten«.

Die von Nixon geerbte Präsidentschaft Fords nahm kein gutes Ende. Der Druck von rechts wuchs. Ford gab nach. Auf einen Schlag entließ er Verteidigungsminister Schlesinger, CIA-Chef Colby und Sicherheitsberater Kissinger, der jedoch Außenminister blieb. Vizepräsident Nelson Rockefeller erklärte den Verzicht auf eine gemeinsame Kandidatur mit Gerald Ford 1976. Alles dies zu »Halloween«, am 1. November 1975, im Volkmund schnell das »Halloween Massacre« genannt. Fords neue Mannschaft kommentierte sich selbst: Donald Rumsfeld, bisher Fords Stabschef im Weißen Haus, neuer Verteidigungsminister, sein Freund Richard Cheney Stabschef Fords im Weißen Haus; George Bush sen. CIA-Chef. 25 Jahre später in der Präsidentschaft des George Bush jun. bestimmen Rumsfeld und Cheney die Geschicke des Landes weithin. Damals griff Rumsfeld sofort bremsend in Kissingers SALT-Verhandlungen ein.

Niemand wollte aufhören, neue Waffen zu entwickeln, mehr Raketen mit noch größerer Zielgenauigkeit zu bauen, sie in noch härteren Silos, auf neuen U-Booten und Bombern zu stationieren, angeblich im Einklang mit der wachsenden sowjetischen Bedrohung. Wie groß war die sowjetische Bedrohung tatsächlich? Welche Absichten waren aus den sowjetischen Rüstungspotentialen, soweit sie die amerikanische Aufklärung erkennen ließ, herauszulesen?

Unter Präsident Ford wartete das Pentagon mit dem Horrorszenarium auf, die Sowjets würden einen unprovozierten Überraschungsschlag vorbereiten; mit ihren verbunkerten schweren Raketen wollten sie ein angebliches »Fenster der Verwundbarkeit« der weniger schweren amerikanischen Interkontinentalraketen nutzen. Plante Moskau also den Atomkrieg? Glaubte es gar an die Möglichkeit eines Sieges?

Der Streit, der sich daraus entwickelte, war bizarr und entlud sich in den letzten Tagen der Ford-Administration. Die Konservativen behaupteten, die CIA-Analysten würden die Agressionsvorbereitungen der Sowjetunion unterschätzen. Also wurde aus Experten, die nicht der Regierung angehörten, ein »B-team« zusammengestellt, das die Analysen des CIA-eigenen »A-teams« prüfen sollte. Da im »B-team« konservative Experten federführend waren, fiel ihr Gutachten entsprechend aus: Ja, die Moskauer Militärdoktrin folge einer Strategie, die den Sieg in einem Atomkrieg ermöglichen solle. In der Beweisführung des »B-teams« spielte die Behauptung eine Rolle, die Sowjetunion verfüge im Gegensatz zu Amerika über einen effektiven Zivilschutz, und zwar nicht nur für die Führung, sondern auch für Teile der Bevölkerung und ganze Industrieanlagen in gehärteten Bunkern.

Staunend vernahmen es langjährige Beobachter der Sowjetunion – effektiver Zivilschutz? Also mußte sich die Rüstungsspirale weiter drehen. Vergebens hatte Kissinger das Fragezeichen gesetzt, im Hotel National beim letzten Gipfel Nixon–Breshnew Ende Juni 1974.

Ford kapitulierte. Die Folge davon war, daß die Republikaner mit dem Ausscheiden Nelson Rockefellers ihre Ostküstenbastion und damit die pragmatische Tradition der Partei Eisenhowers verloren. Die GOP (Grand Old Party) wurde zu einer anderen Partei. Prompt meldete sich bald nach dem »Halloween Massacre« Ronald Reagan aus Kalifornien. Er ließ wissen, daß er gegen Ford im Ringen um die Präsidentschaftskandidatur 1976 antreten werde. Reagan verlor im ersten Anlauf. Amerika war zu diesem Zeitpunkt noch nicht »reif« für ihn. Amerika brauchte erst einen Mann für die Katharsis. Aber der Griff der Konservativen nach der Macht und der ideologischen Führung in der Republikanischen Partei wurde hier zum ersten Male manifest.

# »Ich werde euch nie belügen«

## *Jimmy who?*

Ein eigenartiger Präsident war das, der da am 20. Januar 1977 ins Weiße Haus einzog. Zu Fuß kam er. Nach der Inauguration war er mit seiner Frau Rosalynn gleich beim Capitol aus der Limousine gestiegen und dann Hand in Hand die ganze Pennsylvania entlanggeschritten, unter kalter Wintersonne und in einem eisigen Wind, der ihnen das Gesicht rot blies. Ein schönes, ein einleuchtendes Bild mit stark, wie man heute sagen würde, populistischem Appeal: Ende der »Imperialen Präsidentschaft«, Ende alles Monarchischen. Carter legte Wert darauf, seinen Kleidersack selbst zur Staatskarosse zu tragen. Er gab dem »Playboy« ein Interview. Er bekannte, auch ihm sei die Lust auf eine andere Frau nichts Fremdes. Er predigte in der Sonntagsschule seiner Kirche. Er wollte im Waldlauf bei Camp David mit der Ortsjugend Schritt halten und brach zusammen – vor vielen Kameraaugen. Er verbrachte volle 13 Tage auf Camp David, nichts anderes im Sinn, als zwischen Ägyptern und Israelis Frieden zu stiften. Sowie er eine Kamera auf sich gerichtet wußte, verzog sich sein Gesicht zu einem Grienen über gefletschten Zähnen. Er lag so völlig außerhalb der Norm, die Amerika um diese Zeit für Männer im höchsten Amt des Staates zu setzen gewohnt war.

»Jimmy who?« hatten Skeptiker spöttisch gefragt. Ein bisher unbekannter Provinzgouverneur, Jimmy Carter, Erdnußfarmer, Südstaatenbaptist – eine wichtige Figur im Staate Georgia, mag sein. Aber sonst? Und dann war dieser Mann in den Vorwahlen an einer ganzen Phalanx prominenter Senatoren und bundesweit bekannter Politiker vorbeigezogen und gegen beträchtliche Widerstände in der Demokratischen Partei zum Präsidentschaftskandidaten gekürt worden. »Es ist ein

Risiko, ihn zu wählen, aber das Risiko scheint tragbar«, befand ein Freund und Nachbar. Und dann siegte Jimmy Carter, gegen Gerald Ford, gegen den amtierenden Präsidenten.

Hier versprach Jimmy Carter Abhilfe. »I'll never lie to you«, sagte er im Wahlkampf, »Ich werde euch nie belügen«. Vor dem Hintergrund der jüngsten Vergangenheit das zentrale Postulat in Amerika; zugleich ein absoluter Anspruch, eine ungeheure Aussage: Pauschal und umfassend versprach sie, die Notlügen des Politikers im Alltag genauso auszuschließen wie die großen Lügen in den Geschäften und Entscheidungen des Mannes an der Spitze. »I'll never lie to you.« Würde er das durchhalten?

»Unlängst haben wir entdeckt«, schrieb Carter in seiner Wahlkampfbroschüre mit dem für ihn typischen Titel »Why Not the Best?« (Warum nicht der Beste sein?), »daß unser Vertrauen betrogen wurde. Die Schleier der Geheimhaltung um Washington sind dichter geworden. Sinn und Ziele unseres Landes sind ungewiß und manchmal sogar suspekt.« Würde er alle Schleier wegreißen, keine neuen ziehen? Würde er die nagenden Zweifel beseitigen können: ob Amerika überhaupt noch das Land des immerwährenden Fortschritts – sein Grundprinzip – sei, ob das große Wort des Henry Luce vom »Amerikanischen Jahrhundert« noch seine Berechtigung habe? »Unser Volk«, erkannte er, »hungert nach Integrität und Kompetenz in der Regierung.« Würde Carter dem Land das eine wie das andere geben und das Selbstbild der Amerikaner stärken können?

In die kollektive Erinnerung der Amerikaner ist Carter als ein Präsident ohne Charisma und Fortune eingegangen; seine Präsidentschaft wird als gescheitert angesehen. Nur allmählich sind Einsichten gewachsen, daß Carters Bilanz auch Positiva aufzuweisen hat. Seine größte staatsmännische Leistung war der ägyptisch-israelische Frieden. Die wichtigste Konsequenz seiner Präsidentschaft aber war der Einzug Reagans ins Weiße Haus.

Offenbar hatte Carter, als er nach Washington kam, die soziale und psychologische Dynamik unterschätzt, die die vielschichtigen Lügen um Vietnam und Watergate ausgelöst hatten. Vielleicht konnte man sie in der tiefen Provinz auch gar nicht voll begreifen. Wie Watergate das politische Klima der Hauptstadt geprägt hat, das mußte man hautnah erlebt haben. Wie wollte man sonst das veränderte Geflecht der politischen Beziehungen verstehen. Kongreß? Presse? Die Lobbies? Carter und seine Mannschaft, soweit er sie aus der Provinz mitgebracht hatte, hatten keine Vorstellung von dem neuerlichen Rollenverständnis dieser Bastionen der Macht. Zu lange blieben die Zugereisten im Zustand naiver Unschuld und Ignoranz.

Zu spät begriff Carter, daß auch seine Mitarbeiter denselben rigorosen moralischen Ansprüchen unterzogen würden, die er für sich selbst versprochen hatte. Als sein Haushaltsdirektor Bert Lance, sein engster Freund aus Atlanta, ein Banker, ins Gerede kam wegen zweifelhafter Kredittransaktionen, die noch in Georgia stattgefunden haben sollen, verweigerte Carter dem Freund den Rücktritt. Dessen Unschuld werde sich erweisen, glaubte er. Letztlich stimmte das, aber der Preis war zu hoch: monatelange Untersuchungen im Kongreß und eine feindselige Presse. Der Kolumnist William Safire klebte zum ersten Mal das Suffix -gate aus Watergate auf einen, wie er glaubte, neuen Skandalfall und bescherte Carter mit »Lancegate« einen nicht mehr gutzumachenden Glaubwürdigkeitsverlust. Dann mußte sich Carter doch von Lance trennen, den Tränen nahe. Das Fernsehen dokumentierte es.

Carters Verhältnis zu wichtigen Teilen der Medien war von Anfang an gestört. Oft ließ es der Präsident an Klarheit fehlen. Der »Washington Post« war gesteckt worden, daß der jordanische König Hussein seit 1957 auf der Gehaltsliste der CIA stehe und dem amerikanischen Geheimdienst gegen Millionen von Dollars ermöglicht habe, in seinem für den Nahen Osten strategisch wichtigen Land ungehindert zu arbeiten. Der Chefredakteur und sein Reporter ersuchten Carter um eine Stellungnahme. Der bestätigte die Information, würde aber eine Veröffentlichung nicht gern sehen, zumal diese Dinge vor seiner Amtszeit lagen. Der Außenminister würde eben jetzt zu den ersten Nahostverhandlungen nach Amman reisen. Doch er wolle der »Washington Post« keine Vorschriften machen.

Da schlug die »Washington Post« mit fetter Überschrift auf Seite eins zu (am 18. Februar 1977). Jetzt beschwerte sich der Präsident und kommentierte die Veröffentlichung als »unverantwortlich«. Die Beziehungen zu dieser damals noch bedeutenden Zeitung waren ruiniert. Auf jeden Fall hätte Carter Bedenken um die Sicherheit des jordanischen Königs anführen können, was er angeblich nicht getan hat. Ein internationaler Kreis von CIA-Kritikern, befeuert von dem ehemaligen CIA-Angehörigen Philip Agee, betrieb seit einiger Zeit die Enttarnung von CIA-Agenten im Ausland. Vermutungen waren im Umlauf, daß der Mord an Richard Welch, CIA-Stationschef in Athen, damit zusammenhing. Wie groß war das Risiko für König Hussein?

Mitunter hatten Zeitungen geschwiegen, weil sie von der Regierung oder der CIA direkt darum gebeten worden waren. Ein sowjetisches U-Boot war 1968 nach Explosionen an Bord im Pazifischen Ozean gesunken. Als die Sowjets die Suche aufgaben, beauftragte die CIA den exzentrischen Multimillionär und Unternehmer Howard Hughs, ein »Tiefseebergbauschiff« für die »Gewinnung von Manganknollenerzen« auf dem Meeresboden zu bauen – der Auftrag der »Glomar Explorer« erschien sogar plausibel. In Wirklichkeit sollte sie das U-Boot aus 6000 m Tiefe heben. Die CIA erhoffte sich für die SALT-Verhandlungen Aufschlüsse über Nuklearraketen, atomare Antriebsaggregate und Code-Maschinen. Bei den Bergungsarbeiten ist das U-Boot angeblich auseinandergebrochen, nur tote Seeleute seien geborgen worden, hieß es 1975. Durch einen mysteriösen Einbruch bei Howard Hughs war die Story ans Licht gekommen, und dann erwies sich, daß die »New York Times« die ganze Sache längst im Stehsatz hatte ...

Es ist klar, daß eine Regierung nicht immer die Wahrheit sagt, sie manchmal nicht sagen kann. Wie weit also muß Ehrlichkeit reichen, wenn der Präsident als Kandidat versprochen hat »I'll never lie to you«? Mußten sich nicht auch die, die an seiner Statt sprachen, die Sprecher der Ministerien, des Weißen Hauses, an diesen Satz gebunden fühlen?

*Heimliche Kooperation mit Peking*

Am 18. Februar 1979 startete China einen militärischen Angriff gegen Vietnam. Knapp drei Wochen zuvor war Deng Xiaoping, einer der höchsten chinesischen Führer, in Washington gewesen. Er hatte öffentlich erklärt, Vietnam müsse für die Eroberung Kambodschas bestraft werden. Die Art der Bestrafung bedürfe jedoch noch sorgfältiger Überlegungen in der chinesischen Führung. Am 18. Februar erfolgte der Angriff, die Bestrafung Vietnams. Im State Department sagt der Sprecher des Außenministers: »Wir haben zwar noch keine völlige Bestätigung, haben jedoch keinen Grund, an den Berichten zu zweifeln.« Ich schloß meinen Bericht aus dieser Pressekonferenz mit dem Satz: »Der Sprecher des Außenministeriums legt Wert auf die Feststellung, daß der chinesische Angriff weder mit Kenntnis noch gar mit Billigung der USA erfolgt sei.«

Gleich zweimal die Unwahrheit. Am 30. Januar 1979 hatte Deng Xiaoping Präsident Carter, Vizepräsident Mondale, Außenminister Vance und Sicherheitsberater Brzezinski von den militärischen Plänen Pekings ins Bild gesetzt. Er konnte Carters Reaktion nur als Zustimmung verstehen. Nichts außer der Mahnung, zurückhaltend zu sein, bekam er zu hören. Keine Androhung von Folgen für die soeben aufgenommenen diplomatischen Beziehungen und für die weitere Zusammenarbeit. Brzezinski hat sogar während der chinesischen Kriegshandlungen gegen Vietnam den chinesischen Botschafter allabendlich über Reaktionen der Sowjetunion nach Erkenntnissen der amerikanischen Geheimdienste unterrichtet.

Eine bemerkenswerte Hilfestellung. Sie findet ihre Erklärung wohl darin, daß Deng bei seinem Besuch in Washington das Angebot unterbreitet hatte, den USA im westlichen China den Bau von Anlagen zur Beobachtung und Vermessung sowjetischer Raketentests zu ermöglichen. Diese Anlagen sollten Ersatz schaffen für die Beobachtungsstationen im nödlichen Iran, die die Amerikaner im Zuge der islamischen Revolution des Ayatollah Chomeini verloren hatten. Ende

Dezember 1980 flogen der damalige CIA-Chef, Stansfield Turner, und der Sowjetexperte im Nationalen Sicherheitsrat – später selbst CIA-Direktor –, Robert Gates, zu abschließenden Verhandlungen nach Peking. Absolut geheim. Turner habe sich dafür sogar einen Schnurrbart wachsen lassen, so Gates, von dem diese Informationen stammen.

Diese Hinwendung zu China ging klar auf Kosten der Sowjetunion. Die treibende Kraft war Carters Sicherheitsberater Brzezinski. Er hatte das Ohr des Präsidenten. Mit seiner Linie befand er sich im Widerspruch zu Außenminister Cyrus Vance, dem der Abschluß des nächsten Rüstungskontrollabkommens mit Moskau, SALT 2, wichtiger war als das neue Zusammenspiel mit China. Der Gegensatz zwischen Sicherheitsberater und Außenminister, den Kissinger einst eigenwillig beseitigt hatte, indem er sich beide Hüte aufstülpte, war wieder voll aufgebrochen. Er schlug sich auch in der Politik der Menschenrechte nieder, in Carters erklärtem Schwerpunkt einer neuen Außenpolitik der USA.

Jimmy Carter war erst wenige Tage im Amt, da zeigte mir Howard Heffron, mein Freund und Berater für knifflige juristisch-politische Sachverhalte, einen Zeitungsausschnitt mit einem Foto Andrej Sacharows. Sacharow hielt ein Schreiben in der Hand, auf dem Jimmy Carters Unterschrift zu erkennen war. Der amerikanische Präsident hatte einen Brief des sowjetischen Kernphysikers und prominenten Dissidenten zur Lage der Andersdenkenden in der Sowjetunion – auch nach dem Helsinki-Abkommen – persönlich beantwortet. Carter versprach in seinem Antwortschreiben, sich voll für die Respektierung der Menschenrechte in der Sowjetunion einzusetzen.

»Wie findest du das als ehemaliger Moskowiter?« wollte Howard wissen. Meine Zurückhaltung überraschte ihn. Ich war nicht der Meinung, daß es der Sache der Dissidenten hülfe, wenn der amerikanische Präsident einen Dialog mit Regimegegnern führt. Dies könnte er dem Sicherheitsberater oder dem Außenminister überlassen. Ich könne mir vorstellen, sagte ich Howard, daß Breshnew eine solche Korrespondenz als direkten Angriff auf das Regime, seinen ideologischen Kern und seinen Legitimitätsanspruch bewertet.

Ein Brief Breshnews an Carter, den Botschafter Dobrynin am 27. Februar 1977 überreichte – der freilich nicht veröffentlicht wurde –, schlug genau in diese Kerbe. »Wir empfehlen nicht, unsere Geduld … im Bereich der sowjetisch-amerikanischen Beziehungen auf die Probe zu stellen. So kann man mit der Sowjetunion nicht umgehen«, schrieb Breshnew in Anspielung auf Carters Korrespondenz mit Sacharow. Prompt wurden in der Sowjetunion führende Mitglieder der »Helsinki-Gruppe« wie Ginsburg und Orlow verhaftet und verurteilt, Schtscharanski sogar unter Spionageanschuldigung.

Brzezinski bohrte weiter. Er plante nicht nur offene, sondern auch verdeckte Methoden zur Unterstützung von Dissidenten und anderen Oppositionsgruppen in der Sowjetunion. Das war neu und gefährlich, auch für die mit verdeckten Mitteln bedachten Dissidenten. Brzezinski wollte ethnische Konflikte schüren, nationale Bewegungen in der Ukraine und muslimische in den asiatischen Republiken fördern – verdeckt. Er scheiterte nicht an Carter, sondern an einer seltenen Einheitsfront von State Department und CIA, wie der spätere Geheimdienstchef Gates versichert. Bürokratische Verzögerungstaktiken wurden angewandt, darüber hinaus argumentierte das Außenministerium eindrucksvoll: Das Anfeuern von Nationalismen sei ein gefährliches Spiel mit dem Feuer und besser zu unterlassen, wie ein Blick in die Geschichte zeige.

### *Camp David – Carter, Begin und Sadat*

Sich der Präsidentschaft Carters zu erinnern, ohne Camp David, Kairo und Jerusalem zu erwähnen, verbietet sich, auch wenn seine Nahost-Politik mit den Themen dieses Buches wenig oder nichts zu tun hat. Er war ein verdammt ehrlicher Makler. Freilich, Sadat stand ihm menschlich näher als Begin; diesen Eindruck vermitteln auch seine Memoiren. Aber wenn die Gegensätze seiner Verhandlungspartner knallhart aufeinander trafen, war Carter sich sicher, daß weder Sadat noch Begin Theater, Zwecklügen und Manöver zur Irreführung des anderen im Sinn hatten. Er wußte, es ging beiden um tief in Geschichte und Religion verankerte Überzeugungen.

Carter hatte gleich im ersten Jahr seiner Präsidentschaft, 1977, mit Israelis und Arabern Kontakt aufgenommen. Mit gutem Grund: Die Ölkrise war ein unmittelbarer Faktor der amerikanischen Sicherheit. Frieden im Nahen Osten schien zwingendes Gebot. Am 1. Oktober überraschten die Außenminister Vance und Gromyko die Öffentlichkeit mit der Ankündigung, eine Nahostkonferenz unter Vorsitz der USA und der Sowjetunion nach Genf einberufen zu wollen. Aber das Echo war negativ auf allen Seiten. Da setzte Carter auf Alleingang, bat den ägyptischen Präsidenten Sadat dringend um Unterstützung und sperrte den Kreml aus. Das Ergebnis war Sadats Reise nach Jerusalem (19.–21. November 1977) mit einer Rede vor der Knesset. »Eines der dramatischsten Ereignisse der modernen Geschichte«, befand Carter in seinen Memoiren.

Dieser Mut, diese Entschlossenheit zur Vernunft des Friedens hat damals niemanden kalt gelassen. Sadat besaß Charisma. Lichte Horizonte schienen sich plötzlich zu öffnen.

Zunächst versuchten Sadat und der israelische Ministerpräsident Begin, sich allein an einen israelisch-ägyptischen Frieden heranzuarbeiten. Das ging schief. Sadat war überzeugt, Begin wolle keinen Frieden, stehe unter Druck des damaligen Agrarministers Scharon, der Hunderttausende jüdischer Siedler im Westjordan-Land – »Judea und Samaria« – heimisch machen wollte. Da ergriff Carter die Initiative, brachte Begin und Sadat Anfang September 1978 auf Camp David zusammen. Volle 13 Tage verbrachten sie auf dem Landsitz der amerikanischen Präsidenten in den Catoctin-Bergen von Maryland, setzten sich täglich und oft für lange Stunden den Argumenten des Gegners wie des Vermittlers aus, gingen sich auf die Nerven, konsultierten Stäbe und Experten, häuften in ihren Blockhütten Papiere an und drängten irgendwann nach Hause. 13 Tage.

Unten in der Ortschaft Thurmont harrte die Presse auf den Augenblick, da ein Sprecher vom Berge herabsteigen würde, um Ergebnisse zu verkünden. Auch für uns eine Durststrecke. Ich fuhr nicht täglich, aber doch oft hinaus nach Thurmont, und dann in meinem Camping-Fahrzeug, das ein Schlafabteil hatte – für etliche meiner angereisten Kollegen ein willkommenes Serviceangebot.

Der Abschluß blieb unvollständig, obwohl viel erreicht war. Ost-Jerusalem, Autonomie für die Palästinenser, der Status der Flüchtlinge, die jüdischen Siedler – diese sattsam bekannten Fragen schienen schon damals unlösbar – vertagt auf irgendeine Zukunft. So kam es im März 1979 zu Carters Reise nach Kairo und Jerusalem und einem nochmaligen Stopp in Kairo auf dem Rückweg. Im allerletzten Augenblick hatte es in Jerusalem für den israelisch-ägyptischen Frieden tatsächlich den Durchbruch gegeben.

Noch am Sonntag, 11. März, wußte in Jerusalem niemand, ob die Zeichen auf Sturm oder auf Ausgleich standen. Vor der Presse sprach Begin von »sehr ernsten Problemen«. Für den Abend berief er eine Sondersitzung des Kabinetts ein, vorher lief noch ein Staatsbankett. Tags darauf berichtete ich aus Jerusalem:

»Nicht nur die Kerzen knistern, als Begin sich am Tisch unter den großen Fresken von Chagall zu einem Toast erhebt. Er ist ganz Prediger – mehr: der politische Prophet seines Landes, der in diesem Augenblick alle diplomatischen Rücksichten fallenläßt und nichts als seine kämpferische zionistische Wahrheit verkündet. Schon in der Anrede fällt der erste Schlag. Begin begrüßt Carter und alle Dinnergäste in der ›ewigen Hauptstadt Israels‹, im ›unteilbaren Jerusalem‹. So wörtlich. Es gibt für die Amerikaner kein unteilbares Jerusalem. Der arabische Anspruch auf die heiligen Stätten und die Beziehungen der USA zu den Arabern verhindern eine solche Anerkennung. Aus der Tiefe der Geschichte läßt Begin dann sein Volk durch alle Länder und die Zeit des Faschismus wandern, und er ruft beschwörend, wieder solle ein blutdürstiger Feind Kinder des

Volkes Israel töten dürfen. An die Araber war das gerichtet, und da ließ Begins heiliger Zorn offenbar auch kein versöhnliches Wort für den friedenswilligen Anwar el Sadat zu. Friedensvertrag – das müsse Frieden für immer und ewig bedeuten, und so lange dies nicht sicher ist, könne Israel einen Vertrag mit Ägypten nicht unterschreiben. An Jimmy Carter war das gerichtet, und dann direkt an den amerikanischen Präsidenten gewendet: ›Wir haben noch sehr ernste Probleme zu lösen.‹

Carter saß da, wie von einer schweren Last bedrückt, immer ernster, immer verzweifelter wurde sein Gesicht. Er mußte sich unnötig belehrt fühlen, nahezu gemaßregelt, auch wenn er sich sagen dürfte, daß Begin ihn unvorbereitet einer solchen Rede ausgeliefert haben mochte, weil er der innenpolitischen Opposition Wind aus den Segeln nehmen mußte … Während er sprach, lieferten sich rechte Nationalisten mit der Polizei ein schweres Straßengefecht …«

Spät in der Nacht gelang es Begin doch noch, sein Kabinett für Kompromißvorschläge Carters zu gewinnen. Der mußte nun noch Sadats Einverständnis holen. Wir wußten nichts von den überraschenden nächtlichen Entwicklungen. Als wir wieder nach Kairo kamen, hatten die meisten von uns sorgfältige »Analysen eines Scheiterns« auf dem Papier. Plötzlich war alles anders. Als ich bei der ZEIT in Hamburg anrief, sagte mir Kurt Becker, damals Chef der Politik, was einem Korrespondenten selten passiert: »Schreiben Sie, soviel Sie können!« Der Dämpfer folgte augenblicklich: Die Pressemenschen vom Weißen Haus gaben eine Stunde »filing time« – Zeit zum Schreiben und Durchgeben. Abflug pünktlich.

Am 26. März 1979 unterschrieben Carter, Begin und Sadat vor dem Weißen Haus in Washington die Texte des Friedensvertrages zwischen Israel und Ägypten. Am 6. Oktober 1981 wurde Sadat in Kairo ermordet, aber der Frieden mit Ägypten hält. Vierzehn Jahre später wurde Jitzhak Rabin, israelischer Ministerpräsident, wegen seiner Bereitschaft zum Frieden mit den Palästinensern von einem fanatischen Zionisten in Tel Aviv erschossen.

*Verhängnisse*

Es stand gut um die Aussicht auf eine zweite Amtszeit Carters – jedenfalls in der Halbzeit der ersten. Der Erfolg der Nahostverhandlungen wurde ihm gutgeschrieben, die Energiekrise ihm zunächst nicht angelastet. Reagan lag weit zurück in der Gunst der Wähler. Neokolonialistische Sprüche, mit denen er Carter wegen der Rückgabe des Panama-Kanals angriff, wie zum Beispiel: »Wir haben ihn gebaut, wir haben dafür bezahlt, er ist unser«, fanden nur begrenzt Resonanz. Auch die Unterzeichnung von SALT 2 war für Carter ein Erfolg, trotz seiner peinlichen Ungeschicklichkeit im Protokoll.

Er und Breshnew hatten im Redoutensaal der Wiener Hofburg die Vertragstexte unterschrieben, sie erhoben sich, da näherte sich Carter – nach meiner Beobachtung zweifelsfrei – zögernd, aber doch erkennbar zuerst dem Generalsekretär zur russischen Umarmung. Beide umarmten sich. Ich war baff – und gedachte der Moskauer Anekdoten zu Breshnews Lust am Küssen. Derselbe Carter sollte denselben Breshnew ein halbes Jahr später einen Lügner nennen – wegen des sowjetischen Einfalls in Afghanistan. Carter hatte es nicht vermocht, die Ratifizierung von SALT 2 bis dahin durch den Kongreß zu bringen. Er hatte auf dem Capitol keine Bastion.

In den USA hatte die weltweite Energiekrise im Sommer 1979 mit einer tiefen Rezession und zweistelliger Inflationsrate zu einem deprimierenden wirtschaftlichen Niedergang geführt. Mehr als das Übliche war zu tun. Carter zog sich nach Camp David zurück. Er holte sich Rat bei Vertretern des öffentlichen Lebens, 150 an der Zahl. Nach elf Tagen stieg er wie der Prophet vom Berge und verkündete seine Erkenntnisse in einer Fernsehansprache.

Die »malaise«-Rede ist sie genannt worden, fatalerweise, obwohl das Wort nie vorkam. Indessen hat er gesagt: »Dies ist keine Botschaft der Freude oder der Zuversicht, aber es ist die Wahrheit, und es ist eine Warnung«, nämlich, daß Amerikas Probleme tiefer gingen, als die Schlangen an den Tankstellen zeigten. Fundamental sei Amerikas Demokratie bedroht, von innen, durch eine »Vertrauenskrise, die Herz, Seele und Geist unseres nationalen Willens angreift«. Nie zuvor sei der Graben zwischen den Bürgern und ihrer Regierung so tief gewesen, befand Carter.

Das war nicht die Wahrheit, die Amerika hören wollte. »Gloom and doom« lautete Reagans Quintessenz im folgenden Wahlkampf – Schwarzmalerei und Untergangsstimmung. Und Reagan kam an damit. Carter hatte in der Tat höchst unamerikanisch von der Begrenztheit der Ressourcen, von Einschränkungen, vom Sparen und scharfer Drosselung der Öleinfuhren geredet. Eine solche Einschätzung entsprach nicht den Denkgewohnheiten und der Perzeption vom mächtigen Amerika, wie sie sich nach dem Zweiten Weltkrieg entwickelt hatte – daß die nächste Generation immer besser leben würde als die vorangegangene. Hatten die Vereinigten Staaten von Amerika vielleicht doch den Zenit ihrer Größe überschritten? Carters Pessimismus war unpopulär.

Dann ertönten in Teheran die zehntausendfachen hysterischen Schreie »Death to America!« Weil sich Amerika, halbherzig zwar, des vertriebenen Schahs Resa Pahlevi angenommen hatte. Die fanatisierten Jünger Chomeinis, des Propheten in Schwarz mit weißem Bart unter grimmigem Gesicht, hatten die US-Botschaft gestürmt und das gesamte Personal zu Geiseln gemacht, 52 Amerikaner; am 4. November 1979. Geiseln mit verbundenen Augen, brennende amerikanische Flaggen, wutverzerrte Gesichter der Demonstranten – das sah man von nun an tagtäglich auf dem Bildschirm. Die großen Fernsehgesellschaften begannen ihre Nachrichtensendungen unter der Schlagzeile »Amerika in Geiselhaft«.

Nach sechs Wochen eine hitzige, aber fruchtlose Debatte: Ist das Fernsehen aus Teheran noch Berichterstattung, ist es Mitspieler im Geiseldrama oder gar Werkzeug der Bewacher und des Chomeini-Regimes? NBC hatte ein »Interview« mit einem jungen Korporal aus dem Wachpersonal der Botschaft ausgestrahlt, zu allen Bedingungen, die die Geiselnehmer gestellt hatten. Die »Studenten« hatten die Fragen gestellt, die Kamera geführt, den Mann unter das Bild Chomeinis gesetzt. Die totale Prostitution eines Mediums. In einer bis dato beispiellosen Fernsehschlacht sollte die amerikanische Öffentlichkeit weich geklopft werden, damit sie von der Regierung Carter die Auslieferung des gestürzten Schahs fordere. Ein Zeitungskollege resümierte die Schlacht um das amerikanische Fernsehpublikum in dem Satz: »Zeit mag Geld sein, doch Fernsehzeit ist Macht.«

Und Carter? Er zog sich zurück ins Weiße Haus, verspann sich ganz in die »Geiselkrise«. Er kümmerte sich um die Angehörigen, kannte jede Familie. Er mobilisierte die Vereinten Nationen, befreundete und weniger befreundete Mächte, die vielleicht im Iran vermitteln könnten, er drohte mit militärischen Mitteln. Er bekam Ratschläge: den Schah auszuliefern, auf Teheran eine Atombombe abzuwerfen. Die einflußreichen Moderatoren der Fernsehnachrichten währenddessen meldeten täglich die neue Zahl der Hafttage.

In jenen Tagen bemerkte ich in Washington eine Veränderung im Verhalten der Amerikaner, besonders junger Amerikaner; etwas Neues zeigte sich, und zwar bei einer Demonstration persischer Studenten, die die Auslieferung des Schahs an den Iran forderten. Plötzlich sammelte sich junges Volk zu einer Gegendemonstration, Fähnchen kamen irgendwoher, »the flag« wurde geschwenkt, die amerikanische Flagge, die so viele Amerikaner nach Vietnam und Watergate nicht mehr hatten sehen wollen, gar öffentlich verbrannt hatten. Ein neuer Anflug von Patriotismus war zu beobachten. Das Geiseldrama hatte zwei Strömungen im Lebensgefühl der Amerikaner zusammengeführt – Pessimismus und Patriotismus. Noch ritt Jimmy Carter die Woge einer neuen Popularität, weil sich Amerika in der Krise immer um den Präsidenten schart. Doch die Zustimmung bröckelte, je länger das Geiseldrama dauerte.

Der totale Absturz kam mit dem 24. April 1980. Verkohlte Flugzeugteile, Leichen amerikanischer Soldaten im Wüstensand des Iran – das waren die Bilder, die Amerika von der Geheimaktion zur Rettung und Befreiung der Geiseln zu sehen bekam. Gescheitert. Schon im Anfang. Kühn erdacht, aber im Einsatz der Mittel, der Hubschrauber vor allem, zu knapp kalkuliert. Ein Sandsturm fegte alle Kühnheit beiseite. Einem Karikaturisten fiel dazu das Bild des Gulliver ein, den »Studenten« an Pfähle im Wüstensand gefesselt hatten. Pentagon und CIA brüteten einen neuen Rettungsplan aus. Als er fertig war, wußte niemand mehr, wohin die Geiseln inzwischen verbracht worden waren. Vorbei die letzte Chance. Die Präsidentschaftswahlen bald darauf im November 1980 wurden für Jimmy Carter zum absoluten Desaster. Reagan kassierte einen Bundesstaat nach dem anderen. Offenbar war Carter in völliger Panik, denn er konzedierte seine Niederlage an Reagan, noch ehe in Kalifornien die Wahllokale schlossen. Demokratische Abgeordnetensitze im Kongreß gingen darüber verloren.

Noch schien es Carter denkbar, die Geiseln wenigstens vor der Amtsübergabe an Reagan am 20. Januar 1981 freizubekommen. Die Verhandlungen liefen pausenlos. Umsonst. Der Ayatollah wollte sie Reagan übergeben. Warum? Ich habe keine Antwort.

Ronald Reagan verkündete die bevorstehende Heimkehr. Er verkündete sie auf der Westseite des Capitols, in die Weiten Amerikas hinausschauend, nicht wie bisher nach Osten in Richtung des Atlantik. Zum ersten Mal in der Geschichte der USA hatten die PR-Leute des neuen PR-bewußten Präsidenten die symbolischen Vorzüge einer Inauguration auf der Westseite erkannt. Daß sich alsbald auch Reagan mit katastrophalen Folgen in Händel mit dem Iran verstrickte, ist ein Stück aus dem Tollhaus der Geschichte.

# Der Teflon-Präsident

## *Attentat auf Reagan rührt die Gun-Lobby nicht*

War es »göttliche Vorsehung«, die diesen Mann, kaum Präsident geworden, für Amerika bewahrte? Er hat es wohl so empfunden. Kurz nach halb drei peitschten Revolverschüsse gegen Ronald Reagan und die, die um ihn waren. Blitzschnell stieß ein Mann des Secret Service den Präsidenten in die schon geöffnete Tür der Limousine, der Wagen brauste ab, zunächst Richtung Weißes Haus, dann aber, als Reagan Blut zu husten begann, bog er ab ins George-Washington-Hospital.

Es war der 30. März 1981, ein Montag, Reagan gerade siebzig Tage im Amt. Er hatte im Washington-Hilton zum Lunch eines Klubs geredet. Die Wagenkolonne stand bereit zur Abfahrt. Unweit die Menge der Neugierigen. Von dort kamen die Schüsse. Ein junger Mann hatte sie abgefeuert. Getroffen war nicht nur der Präsident, sondern auch einer der Männer seiner Secret-Service-Bewachung, ein Polizist und – mit Kopfschuß schwerverletzt – Reagans Pressesekretär, James Brady. Radio und Fernsehen versetzten die Hauptstadt augenblicklich in Tumult. Was war der Hintergrund, das Motiv des Täters? Brach ein neues Kennedy-Drama über Amerika herein?

Reagan hatte Glück gehabt. Das Geschoß war zwar durch die Achselhöhle in Brust und Lunge eingedrungen, doch vor dem Herzen steckengeblieben. Zwei Wochen später war Reagan mit Schonfristen wieder im Amt. Rühmende Berichte seines Widerstandswillens und seines unverwüstlichen Humors mehrten seine Popularität sprunghaft. Selbst auf dem Operationstisch, halb eingedämmert schon, konnte er sich einen schlagfertigen Einzeiler nicht verkneifen: »Ich hoffe, Sie sind alle Republikaner ...«

Keine Verschwörung gegen den Präsidenten, so viel war sofort klar. Der milchgesichtige junge Mann, John Hinckley, der den Revolver abgefeuert hatte, einen, wie man ihn damals leicht kaufen konnte, plädierte auf Unzurechnungsfähigkeit. Ein Psychopath. Ein Geschworenengericht schickte ihn in die Irrenanstalt, nicht ins Gefängnis. Hinckley hatte glühende Liebesbriefe an die Filmschauspielerin Jodie Foster geschrieben. Mit dem Anschlag auf das Leben des Präsidenten wollte er der Angebeteten Ergebenheit und Entschlossenheit beweisen.

Am schwersten war James Brady getroffen. Hirnverletzt. Ein Krüppel im Rollstuhl für den Rest seines Lebens. Zwar behielt er den Titel des Pressesekretärs auf Lebenszeit, aber für die Impulse, die Sarah Brady aus der Misere ihres Mannes entwickelte, hatte das Weiße Haus Reagans wenig Verständnis. Jahrelang hat Sarah für ihre »Brady Bill« gekämpft. Es war eine Gesetzesvorlage, die nichts weiter verlangte, als daß vom Zeitpunkt des Kaufs einer Handfeuerwaffe bis zu ihrer Aushändigung eine Wartezeit von fünf Tagen verstreichen soll. Damit sollte die Aufsichtsbehörde Zeit bekommen, die Personalangaben des Käufers zu überprüfen. Der Kauf eines Colts war so problemlos wie der eines Autos. Gewehre und Sturmgewehre konnte der Händler sofort abgeben, Maschinengewehre nur mit Genehmigung – diese Einschränkung nicht einmal in allen Bundesstaaten.

Der »gun lobby« war aber selbst die bescheidene Kontrolle durch die »Brady Billy« zuviel. Sie schoß aus allen Rohren, berief sich auf ein vermeintliches Grundrecht der Amerikaner auf Waffenbesitz und erfuhr in der Ära Reagan Zuspruch und Zulauf. Washington kam in den achtziger Jahren zu dem traurigen Ruhm, die »Mordmetropole« Amerikas zu sein. Die Hauptstadt überrundete alle anderen Großstädte der USA an krimineller Gewalt, Drogen, Pistolen in Kinderhand, mit einer sich selbst vernichtenden Generation schwarzer Teenager und Straßenbanden mit einer Feuerkraft, der die Polizei oft nicht gewachsen war.

Der Anschlag auf sein Leben hat Reagan nicht veranlaßt, dem Kult um Waffen und ihren Besitz Paroli zu bieten. In seinem Vokabular war das Wort Sicherheit besetzt mit der Vorstellung von Sicherheit gegen Agressionen der Sowjetunion, wo und in welcher Form auch immer. Er wisse von keinem Sowjetführer, sagte er in den ersten Tagen seiner Präsidentschaft, der die Weltrevolution nicht zu seinem Ziel erklärt hätte und für dieses Ziel nicht zu lügen und zu betrügen bereit wäre. Mit Leisetreterei gegenüber der Sowjetunion solle es vorbei sein, hatte Reagan im Wahlkampf versprochen. Ein Konflikt mit der deutschen Bundesregierung war vorprogrammiert.

Schon Carter hatte beanstandet, daß die Bundesrepublik der Sowjetunion Röhren und Pumpen für Erdgasleitungen liefern wollte, um mit sibirischem Erdgas ihre Energiequellen zu diversifizieren. Reagan nun wollte den Deal ganz unterbinden. Richard Burt vom State Department erklärte, die USA würden eine Stärkung der Sowjetunion durch deutsche Technik und Kredite nicht hinnehmen. Sachliche Argumente der deutschen Botschaft zur Entkräftung der amerikanischen Vorhaltungen stießen auf taube Ohren. Die neue Administration ging so weit, deutschen Firmen Strafen anzudrohen, wenn sie nicht genehmigte amerikanische Lieferungen übernähmen. Im Klartext: Die Regierung Reagan maßte sich exterritoriale Hoheitsrechte an, indem sie nicht-amerikanischen Bürgern im Ausland Strafen androhte. Einige deutsche Firmenvertreter wurden bei der Einreise in die USA verhaftet. Außenminister Haig wie auch sein Nachfolger Shultz haben dann begriffen, daß die neue Administration mit dem Röhrenembargo und der »Internationalisierung« amerikanischen Rechts den Bogen überspannt hatte.

Anfang 1983 fiel das vielzitierte Wort vom »Reich des Bösen« – evil empire. Reagan hatte vor Managern und Predigern des religiösen Rundfunks und Fernsehens gesprochen. Biblische, eschatologische Bezüge in seiner Polemik gegen die Sowjetunion hatten nahegelegen. Reagan war aus vielen Vortragsreisen in solchen Tönen geübt. Die Amerikaner hätten die Wahl, sagte er einmal, entweder die letzte beste Hoffnung der Menschheit hochzuhalten oder ihre Kinder dazu zu verurteilen, den ersten Schritt in tausend Jahre Finsternis zu tun.

## *Ideologie Amerika*

Wenn in Ronald Reagan so etwas wie eine Urüberzeugung steckte, dann war es die von Amerikas göttlicher Bestimmung. Wieder und wieder zeichnete er für seine »fellow Americans« das Bild des Kontinents zwischen zwei Ozeanen, den Gott als Brache habe liegen lassen, bis ihn die Besten und Freiesten der Erde besiedeln würden. Zum Thanksgiving 1982 – Erntedankfest – schrieb er: »Ich habe immer daran geglaubt, daß dieses Land für einen außerordentlichen Zweck zurückbehalten wurde, daß dieser großartige Kontinent von einem göttlichen Plan zwischen zwei Ozeane gestellt wurde, damit er von Menschen aus allen Ecken der Welt gefunden werde – von Menschen, die eine besondere Liebe zu Glaube, Freiheit und Frieden in sich hegten ...«

Daß es dort vorher Indianer gegeben hatte, kam ihm nicht in den Sinn. Er hielt sich an die Tradition des Denkens von der Einmaligkeit und dem Auserwähltsein Amerikas, der »manifest destiny« und dem Exzeptionalismus. Die durchaus religiöse Inbrunst im patriotischen Glauben an »God's own country« war nicht Reagans Erfindung, die ersten puritanischen Einwanderer hatten sie Amerika eingeimpft. Den Begriff des Exzeptionalismus – Amerika als die historische Ausnahme – hatte Alexis de Tocqueville, der große französische Reisende und eigentliche »Entdecker« Amerikas, eingeführt. Ursprünglich besagte der Begriff lediglich, daß Amerika anders sei als andere Staaten. Daß es »besser« sei als andere, ist später in den Begriff hineingelesen worden, auch von Ronald Reagan. Das Entscheidende, warum Amerika anders war als andere, eben eine Ausnahme, lag in seinem Gründungsakt: Als erste Kolonie erklärte es sich unabhängig. Das Fundament der Gründung waren die Unabhängigkeitserklärung und die nachfolgende »Bill of Rights«. Amerikanische Historiker sprechen daher von einer »ideologischen« Existenzbegründung ihres Landes. Richard Hofstadter hat eine erhellende Definition gefunden: »Es ist unser Schicksal als Nation, nicht eine Ideologie zu haben, sondern eine Ideologie zu sein.« Seymour Martin Lipset sieht als ein Kernstück dieser Ideologie »the rule of law«, die Herrschaft von Recht und Gesetz, in der auch die Rechte des einzelnen gegenüber dem Staat verbürgt sind.

Reagan wurde vor allem deshalb als der tief in der Amerika-Ideologie verwurzelte Präsident gefeiert, weil er dem Bürger »den Staat vom Buckel zu nehmen« versprach – obwohl gerade er für seine Politik im Kalten Krieg mehr als andere den Staat für Aufrüstung und Geheimdienste brauchte. »Der Staat ist das Problem, nicht die Lösung der Probleme«, pflegte er zu sagen. Dies führte dazu, daß Reagan die politisch-organisatorischen Leistungen des Staates für das Gemeinwesen unterschätzte und für ethische Normen der Staatsdiener weder Gespür noch Interesse aufbrachte. Daher auch das außerordentlich hohe Maß an Nepotismus und Korruption in seiner Regierung. Als ihm hohe Beamte über die skandalösen Zustände im Justizministerium berichteten, schlief Reagan darüber ein. Der Justizminister, Ed Meese, war sein Freund.

Es berührte mich höchst eigenartig, daß Ronald Reagan ohne die geringste Scheu im Pathos der amerikanischen Mythologie sprach und schrieb. Seit meiner Jugend in »Großdeutschland« und meinen Erfahrungen mit dem Sowjetchauvinismus war ich allergisch geworden gegen alle Töne, die nach nationaler Überheblichkeit klangen – und Reagan setzte nationalistische Akzente. Patriotische Lyrik seines Stils war in Amerika lange nicht üblich gewesen. Weder Nixon noch Ford hätten solches Pathos anschlagen können – wegen Vietnam und Watergate hätte es sich verboten –, und Henry Kissinger war viel zu sehr Europäer. Nicht einmal der Baptist Carter wäre dazu fähig gewesen; er hätte Demut und Sühne nicht vergessen.

Dennoch war ich von Reagans Kunst der Rede zunächst beeindruckt. 1976 in den republikanischen Vorwahlen hatte ich ihm zugehört. Keine Worthülsen, kein gestelztes Wortgeklingel. Er konnte formulieren und packte, wo immer möglich, eine Prise Humor dazu. Seine Sprache klang warm, leicht rauchig. Er hatte Charme. Seine Eloquenz hob ihn deutlich von anderen Republikanern ab. Einer seiner engen Freunde, der Senator Paul Laxalt aus Nevada, versicherte mir, nachdem Reagan die Vorwahlen gegen Ford verloren hatte: »Dieser Mann wird Präsident der Vereinigten Staaten werden. Warten Sie die nächsten Wahlen ab.«

Wer Reagans Bild von dem Kontinent vor Augen hat, den Gott zwischen zwei Ozeane gestellt habe, der kann schwerlich umhin, in der Logik des Bildes zwei Grundmuster amerikanischen Denkens zu erkennen: den Unilateralismus, also den Drang, alles allein zu entscheiden, und die Idee der Unverwundbarkeit. Lag hier das Motiv für Reagan, über die Abwehr von Raketen nachzudenken? Lange war Amerika unverwundbar gewesen. Selbst noch im Zweiten Weltkrieg waren befürchtete Gefahren durch deutsche U-Boote eher Vorbeugungsszenarien. Und Pearl Harbor, der japanische Überfall, geschah auf Hawai, nicht auf dem Kontinent. Als jedoch die Sowjetunion vor den USA einen »sputnik« in den Weltraum schoß und wenig später mit dem systematischen Aufbau einer Raketenwaffe interkontinentaler Reichweiten begann, konnte an der Verwundbarkeit Amerikas kein Zweifel mehr sein.

Reagan wußte, was bei den Amerikanern zu diesem Zeitpunkt ankam. Er wußte, was der Aufbau des Dramas verlangte, das der Kalte Krieg hieß. Er hatte den Instinkt des Schauspielers, daß Anrufung und Überhöhung des »american dream«, des Traumes von Amerika als der »shining city on the hill«, der leuchtenden Stadt auf dem Berg, des Pendants bedurften: eben des »Reichs des Bösen«. In den Fragen von Krieg und Frieden müssen die Amerikaner – und auch das ist keine neue These – ihre Rolle an der Seite Gottes im Kampf mit dem Satan sehen. Also mußte auch die kommunistische Gefahr ins Mythologische, Endzeitliche transponiert werden. Reagan hat das in seiner ersten Amtszeit mit Hingabe betrieben. Unter dem Spannungsbogen zwischen gut und böse ließ sich vorzüglich operieren, ließ sich eine für die damaligen Jahre beispiellose Aufrüstung fast problemlos auf den Weg bringen. Psychologisch kamen auch die langfristigen Wirkungen des Geiseldramas von Teheran zum Zuge. Denn wenn sich Amerika »nicht länger herumschubsen lassen darf« – ein geflügeltes Wort damals –, dann mußte es wieder die »Nummer eins« werden, das hieß der Sowjetunion überlegen sein. Daher mußte es rüsten. Der Kreml, so wurde unterstellt, hatte überall seine Finger im Spiel, auch beim Geiseldrama in Teheran.

### *Variationen zum Krieg der Sterne*

Im Rückblick erscheint das Jahr 1983 als der Höhepunkt der letzten Phase des Kalten Krieges. Die in Moskau verbreitete Ansicht, daß der Kalte Krieg nahe am Umschlag in den Atomkrieg sei, korrespondierte mit der wachsenden Angst in der westlichen Öffentlichkeit einschließlich USA. Die Gründe: Aufrüstung und Modernisierung der strategischen Waffen; Verkündung der »Strategic Defense Initiative« (SDI); Stationierung der Pershing II in Westeuropa gegen die sowjetischen SS-20; Sprachlosigkeit zwischen den Supermächten; der Kreml führt Krieg in Afghanistan, rüstet Syrien auf, läßt Kuba in Afrika und in der Karibik operieren. In Amerika bringt »Nuclear Freeze«, die Bewegung für das Einfrieren der Atomwaffen, Millionen Menschen auf die Straße, Millionen protestieren in Europa; Wissenschaftler malen die ökologischen und biologischen Schrecken eines Atomkrieges im »nuklearen Winter«; dazu das Fernsehereignis »Der Tag danach«, ein Film, der zeigt, was übrigbliebe. Dann am 1. September der Abschuß einer vollbesetzten koreanischen Verkehrsmaschine über Sachalin – die Reagan-Regierung geißelt sowjetischen Massenmord, der neue Kremlchef Andropow spricht von antisowjetischer Hysterie, lange nicht von den Opfern. In Beirut gerät die Entsendung amerikanischer Marineinfanteristen zur Katastrophe – eine Autobombe legt ihre Unterkunft in Trümmer, 241 Tote; die Karibik-Insel Grenada, vermuteter kubanischer Stützpunkt im Aufbau, wird von US-Einheiten im Handstreich besetzt, Moskau protestiert wütend.

Schließlich noch das Manöver »Able Archer 83« (der tüchtige Bogenschütze), ein Nato-Manöver Anfang November zur Erprobung des Übergangs vom konventionellen Krieg in den Atomkrieg. Der ehemalige CIA-Chef Robert Gates hat es als einen der gefährlichsten Momente des Kalten Krieges bezeichnet. Durch alle Alarmstufen bis hin zur höchsten wurde die Nato gejagt, so daß die Führung im Kreml glaubte, die Möglichkeit eines amerikanischen Überraschungsschlages nicht mehr ausschließen zu können. Der KGB half dem Glauben nach, indem er unter dem Code »RYAN« (Raketno Yadernoe Napadenie – Kernraketenangriff) allen Auslandsresidenzen zur Pflicht machte, Symptome für einen bevorstehenden Präventivschlag der USA zu erbringen. Gates kam Jahre später zu der Überzeugung, die CIA habe das Ausmaß der sowjetischen Befürchtungen unterschätzt, das amerikanische Militär habe nicht begriffen, daß das Manöver »provokant« gewesen sei. Welch ein Jahr, 1983.

Manches dieser Ereignisse war geheim geblieben oder mit Verzögerung bekannt geworden. Trotzdem war der Korrespondent oft 24 Stunden auf Posten. Die Sender der ARD (Hörfunk) sendeten inzwischen nahezu rund um die Uhr. Es war Mitternacht an der Ostküste der USA, wenn in der Bundesrepublik die Frühmagazine starteten, es war grauer Morgen, wenn die Mittagsmagazine ihren Mann hören wollten. Für abends Kommentare. Damals wurden sogar noch Fünfzehn-Minuten-Beiträge angefordert, selbst »features« von einer Stunde (Dokumentarsendungen) hatten ihre Hörer. Obwohl ich längst Verstärkung durch einen jüngeren Kollegen bekommen hatte, warnte ich meine Sender vor einem »Verheizen« der Korrespondenten. Wenn keine Zeit mehr für Informationsgespräche bliebe – im State Department, im Pentagon, in der deutschen Botschaft etc. – oder für die Pflege von Kontakten in der großen Gemeinde politischer Denker und Lobbyisten der Hauptstadt, mußte die gründliche Analyse auf der Strecke bleiben. Dann, so argumentierte ich, könne man sich den Korrespondentenplatz auch sparen. Das Echo in der ARD war geteilt.

Die dramatischen Entwicklungen 1983 und danach setzten natürlich auch Ost- und Südosteuropäer in Washington unter Spannung. Nicht nur in Polen hatte sich der Wind einer neuen Bewegungsfreiheit aufgemacht. In dieser Zeit pflegte ich besonders zu ungarischen Diplomaten Kontakte. Das Interesse war gegenseitig, weil die Politik der Bundesrepublik trotz Westbindung die Beziehungen zum Osten nie aus dem Auge verlor. Das hatte zur Folge, daß eine Dame vom FBI eines Tages bei mir vorsprach. Diskret verpackte sie ihr Wissen über meine Ostkontakte in ein allgemeines Interesse für die Arbeit des Büros, um nach einiger Zeit zum Kern ihres Anliegens vorzustoßen: Man wisse zu wenig über das Leben und Denken nichtsowjetischer Ostblockdiplomaten in Washington; ob ich bereit wäre, dem FBI zu helfen. Meine Antwort wie vor zwanzig Jahren: keine Vermischung von journalistischer und geheimdienstlicher Tätigkeit.

### *Reagans Obsessionen*

Unter dem Spannungsbogen des Kalten Krieges, den Präsident Reagan mit apokalyptischen Bildern von gut und böse so anschaulich illuminiert hatte, wuchsen zwei seiner Geschöpfe zu gefährlicher Größe, gefährlich für Amerika selbst. Das eine SDI, Strategic Defense Initiative, Star Wars genannt, das andere der Iran/Contra-Skandal. In ihren Dimensionen waren sie freilich höchst unterschiedlich. SDI war der Mißbrauch eines Zweiges der Wissenschaft und seiner Glaubwürdigkeit für ideologisch vorgegebene Ziele der Politik; ein extremes Beispiel auch, wie ein Präsident mit der verführerischen Macht seiner Person und seiner Rede die Ausgaben für Luftschlösser der Rüstung rücksichtslos in die Höhe treiben konnte.

Iran/Contra war das Muster für einen Staatsstreich unter amerikanischen Bedingungen. Die weit verästelte Affäre war der Versuch, mit einer geheimen Regierung in der Regierung gesetzeswidrige Aktivitäten durchzuführen. Iran/Contra war ein Verfassungskonflikt erster Ordnung. Der Skandal drohte für Präsident Reagan in ein Absetzungsverfahren zu münden, er warf schwere Schatten auf Reagans Nachfolger George Bush, er wurde nie restlos aufgeklärt, weder juristisch noch politisch aufgearbeitet, schließlich dem Vergessen unter der Rubrik »Geschichte« zugewiesen.

Star Wars und Iran/Contra hatten in der Sache nichts miteinander zu tun. Aber sie wiesen Gemeinsamkeiten auf: die Entfaltung hinter Mauern der Geheimhaltung, die Irreführung der Öffentlichkeit, die Umgehung und Täuschung des Kongresses und das ideologische Eiferertum ihrer Apologeten. Beide Komplexe waren Obsessionen Reagans, sie entfalteten sich im Klima des Kalten Krieges, in einer liederlich geführten Präsidentschaft und einer an Personenkult grenzenden Verehrung des Präsidenten. Die Verehrung seiner Person setzte kritische Distanz zu seiner Politik weithin außer Kraft. Eine erneute Stärkung der Exekutive auf Kosten der Legislative war die Folge.

Die Inkarnation der SDI-Vision der achtziger Jahre hieß Edward Teller; er war einer der bedeutendsten Physiker, gemeinhin bekannt als der Vater der amerikanischen Wasserstoffbombe. Die bildhafte Verkörperung des Iran/Contra-Skandals trug den Namen des Marine Corps-Oberstleutnants Oliver North. Diese beiden extrem verschiedenen Männer, die außergewöhnliche wissenschaftliche Kapazität Teller und das skrupellose Organisationstalent North in einem Atemzug zu nennen war die Idee eines der langjährigen Kollegen Tellers und Physiker von Rang im Waffenlaboratorium Livermore, Ray Kidders. Teller, so empfand Kidder, sei die Wissenschaftsvariante des Oliver North. Beide rechtsgerichtete Ideologen, beide beseelt von der Furcht, die Entscheidungsträger in der Politik würden nicht das Richtige tun. Das Richtige für North war, die Contras zu unterstützen, um den Kommunismus zu bekämpfen; das Richtige für Teller, die Sowjetunion mit Kernwaffen im Weltall zu konfrontieren und kaputt zu rüsten. Teller hat dabei die Kontrollmechanismen im Kongreß ausgehebelt, die jede Willkür in der Mobilisierung finanzieller und anderer Ressourcen verhindern sollten.

*Visionen und Luftschlösser*

Für Mittwoch abend war eine Fernsehansprache Reagans angekündigt. Mittwoch, 23. März 1983, 20 Uhr Ortszeit. Zunächst das übliche. Die Sowjetunion strebe mit ihren landgestützten schweren Raketen nukleare Überlegenheit an, die USA müßten ihre Streitkräfte auf allen Gebieten modernisieren, die Bevölkerung möge die gewiß nicht billigen Rüstungsprogramme unterstützen – das Credo der neuen Administration. Schon glaubte ich, die Rede sei damit zu Ende, da hub der Präsident erneut an: »Meine amerikanischen Mitbürger!« und entwickelte eine als »notwendig« begründete Vision, »aus einer Zukunft auszubrechen, die sich, was Sicherheit betrifft, ausschließlich auf offensive [atomare – U. S.] Vergeltung stützt.« Reagan fuhr fort: »Wie wäre es, wenn freie Menschen sicher leben könnten in dem Wissen, daß ihre Sicherheit nicht auf der amerikanischen Drohung sofortiger Vergeltung beruht, um einen sowjetischen Angriff abzuschrecken, sondern (daß sie sicher leben könnten in dem Wissen) daß wir strategische Raketen abfangen und vernichten können, ehe sie unseren Boden oder den unserer Verbündeten erreichen?« Reagan sah Teilchenstrahlen- und Laserwaffen voraus, die vom Boden oder aus der Tiefe des Weltraums heraus die sowjetischen Raketen im Anflug auf Amerika zerstören können.

Welch eine Vision: verführerisch, hoffnungsvoll, beängstigend zugleich. Aus heiterem Himmel die Ankündigung, daß Amerika die vereinbarten Grundlagen der Sicherheit im Nuklearzeitalter verlassen wolle, so prekär und absurd sie mit der »gegenseitig garantierten Vernichtung« (MAD) auch sein mochten; eine Entscheidung, einseitig und allein getroffen, ohne die Verbündeten konsultiert, ohne die Sowjets informiert zu haben. Glaubte Reagan an die Sicherheit Amerikas, unabhängig vom Rest der Welt? Unabhängig vom Sicherheitsbedürfnis der Sowjets? Ein Abwehrsystem konnte schließlich auch als ein offensives verstanden werden. Es könnte den angedrohten sowjetischen Gegenschlag abfangen und Abschreckung außer

Kraft setzen – wenn es denn funktionierte. Gewiß war die Rede auch ein Versuch, dem wachsenden Widerstand gegen das atomare Rüsten ohne Verhandlungen Wind aus den Segeln zu nehmen. Die »Freeze-Bewegung« für das Einfrieren aller Atomwaffen auf dem damaligen Stand machte Schlagzeilen, die katholischen Bischöfe ließen von allen Kanzeln einen Hirtenbrief gegen das ungebremste atomare Rüsten verlesen. Doch es ging bei dieser Rede, die augenblicklich »Star War Speech« genannt wurde, nicht nur um innenpolitische Aspekte.

Am Schluß appellierte Reagan an die Wissenschaftler. Sie, die dem Land die Atomwaffen gegeben hatten, sollten jetzt Wege finden, diese Waffen »impotent und überflüssig« zu machen. »Wir beginnen ein Unternehmen, das den Verlauf der Geschichte der Menschheit zu ändern verspricht«, sagte er wie der Verkünder eines neuen Heils.

Ich hatte nach seiner Rede noch einen ganz und gar unmilitärischen Gedanken. Wie würde später den Menschen, meinen Kindern und Enkeln, beim nächtlichen Blick in den Sternhimmel zumute sein, wenn unter dem Großen Wagen oder unter dem Orion vielleicht Tausende von Killer-Maschinen fliegen würden? Und woher nahmen die USA das Recht, über den Himmel über der Erde verfügen zu wollen?

## *Teller und die anderen*

Die Atomwaffen impotent und überflüssig machen. Eine große Verheißung. Wie vertrugen sich damit die Ideen und Plänen jenes Mannes, der an Reagans Vision den größten Anteil gehabt hat, der die SDI-Debatte und ihre Richtung von Anfang an zu beherrschen versuchte, der nach einem Monopol über die Verfügung von Forschungsmitteln griff und unbeirrt davon ausging, daß im geplanten Raketenabwehrsystem Kernwaffen eine Rolle spielen würden? Dieser Mann war Edward Teller.

Einen Monat später, im April 1983, ereignete sich im Waffenlabor Los Alamos in New Mexico ein seltsames Klassentreffen. Die Teilnehmer am Manhattan-Projekt, am Bau der ersten Atombombe, versammelten sich zum 40. Jahrestag der Gründung ihres Labors. Oppenheimer, Kistiakowsky und andere waren längst tot. Aber unter den Überlebenden war die Erinnerung lebendig geblieben, wie unterschiedlich sie damals am 16. Juni 1945 auf die erste Atomexplosion als Zeugen ihrer Schöpfung reagiert hatten. »Einige weinten, nur wenige jubelten, die meisten standen ergriffen in Schweigen«, hatte Robert Oppenheimer geschrieben. Kenneth Bainbridge, Versuchsleiter in der Wüste New Mexicos, sagte damals an Oppenheimer gewandt: »Well, Oppy, jetzt sind wir alle Schufte.« Ohne erkennbare Regung soll Teller das Ereignis beobachtet haben; seine Gedanken seien bereits da auf eine noch größere Zerstörungskraft gerichtet gewesen, auf eine Bombe mit tausendmal stärkerer Explosivkraft – die Wasserstoff-(H-)Bombe.

Beim Klassentreffen der alten Garde in Los Alamos 1983 war ein junger Historiker dabei, Gregg Herken. Er hat mir berichtet, wie der typische Party-Lärm plötzlich abbrach, wie sich die Versammlung spaltete, der »Teilung des Roten Meeres« gleich: Edward Teller betrat den Raum. Nicht wenige aus der alten Garde lehnten es ab, mit ihm zu reden. Als einer der grundsätzlichen Gegner Tellers fand der bald neunzigjährige Isidor Rabi in seinem Referat am Abend die bewegenden Worte: »Es ist das Endresultat aller Anstrengungen der Wissenschaftler, daß heute ganze Völker dastehen wie seinerzeit die Menschen vor den Verbrennungsöfen von Auschwitz. Wir aber versuchen, die Öfen nur immer noch effektiver zu machen.«

Isidor Rabi habe Teller nie verziehen – und er stand damit nicht allein –, so Herken weiter, daß dieser 1954 als Zeuge der Anklage die Behauptung unterstützte, wenngleich in abgezirkelten Worten, Oppenheimer sei ein Sicherheitsrisiko. Oppenheimer mußte Los Alamos verlassen. Das Odium des Verrats klebte. Dazu kam Tellers Waffenwahn: Er tüftelte unentwegt an immer neuen Systemen – nach der Atombombe die Wasserstoffbombe, jetzt nach seinen Worten »die Atomwaffen der dritten Generation« – zur Verwendung in seinem Konzept eines Raketenabwehrsystems. Der Graben in den Reihen der Wissenschaftler vertiefte sich, auch der zwischen dem alten Waffenlabor Los Alamos und »Lawrence Livermore«, östlich von San Franzisko gelegen. Teller hatte diese Gründung betrieben. Er hatte sich von Oppenheimer losmachen wollen. Später, in der Auseinandersetzung um Star Wars, weigerten sich die Wissenschaftler von Los Alamos, auf Tellers Zug zu springen; Los Alamos spielte sogar eine erhebliche Rolle, diesen Zug aus dem Gleis zu werfen. Gegen Ende der sechziger Jahre hatte Teller sein Labor dem damaligen Gouverneur von Kalifornien, Ronald Reagan, vorgeführt. Die beiden Männer entdeckten gegenseitige Sympathien, Übereinstimmung in der Beurteilung der Sowjetunion und der Notwendigkeit, den Kalten Krieg mit allen Mitteln zu führen. Als Reagan Präsident wurde, witterte Teller Morgenröte.

Er gehörte längst zu einer Gruppe, die sich »High Frontier« nannte: Militärs, Politiker und der Ursprungskreis wohlhabender Reagan-Förderer, die mit neuen Rüstungsprojekten zu den letzten Grenzen im Weltraum vorstoßen wollten. In diesem Kreis war kolportiert worden, wo und wann Reagan die Erleuchtung für eine Strategie der Verteidigung erfahren habe. Es soll eine Besichtigung von NORAD (North American Aerospace Defense Command) im Wahlkampf 1979 gewesen sein.

NORAD war eine geheimnisvolle Höhlenstadt hinter Betontoren tief in den Rocky Mountains mit supermodernen Radar- und Kommunikationsanlagen. Alles, was im Weltraum herumflog, wurde registriert und analysiert. Reagan erfuhr, auch jede sowjetische Rakete werde im Anflug augenblicklich erfaßt. Und dann? Was setzt ihr dagegen ein, wollte Reagan wissen. Antwort: nichts. Der künftige Präsident soll schwer erschüttert gewesen sein. Obwohl er es hätte wissen müssen. Schließlich war der Verzicht auf eine Raketenabwehr mit der Sowjetunion im ABM-Vertrag (Anti-Ballistic Missile) 1972 ausdrücklich festgeschrieben worden. Die gegenseitige Verwundbarkeit im Rahmen vereinbarter und kontrollierter Waffenarsenale versprach mehr Sicherheit als ein Wettlauf um Abwehrsysteme, so die Doktrin der »gegenseitig garantierten Vernichtung« oder MAD für (»mutal assured destruction«). Die Ansätze für Abwehrwaffen waren entsprechend rudimentär geblieben.

Im Run konkurrierender Enthusiasten um das Ohr des Präsidenten hatte Teller mit seinen Vorschlägen für die Raketenabwehr bald beträchtlichen Vorsprung. Er hatte das Vertrauen Reagans, er, der eminente Wissenschaftler und ausgewiesene Patriot, besaß Glaubwürdigkeit wie kein anderer, er war Optimist und ein Quell unerschöpflicher Energie und zudem einer der erfolgreichsten Lobbyisten auf der Jagd nach Geld und Förderern seiner supergeheimen Pläne.

Jungen Wissenschaftlern in Livermore war es gelungen, in einer Kernexplosion Röntgenstrahlen nachzuweisen. Sie würden sich, so spekulierte Teller, zu Laserstrahlen bisher unbekannter Intensität bündeln lassen. Der »X-ray laser« – Röntgenlaser – faszinierte ihn, er setzte ihn auf seine Tagesordnung. Er wurde seine Passion, aber auch das Grab seiner Hoffnungen.

Als Reagan ins Weiße Haus einzog, hatte Teller bereits wichtige Figuren in »High Frontier« davon überzeugen können, daß der »X-ray laser« in absehbarer Zeit die strategische Balance entscheidend zugunsten Amerikas verändern werde. Der Industrielle Karl Bendetsen gehörte dazu. Umgehend und ungefiltert gab Bendetsen seine Kenntnisse weiter ans Weiße Haus, und so erfuhr denn der enge Kreis der Reagan-Berater, unter denen kein Wissenschaftler war, schon 1981: Jeder der im »X-ray laser« erzeugten Strahlen sei um eine Million intensiver als die unkonzentrierte Energie einer Bombe; die tödliche Wirkung der Strahlen erstrecke sich über Tausende von Meilen; Livermore könne den »X-ray laser« innerhalb von fünf bis acht Jahren zu einer Waffe entwickeln.

So ansteckend müssen Tellers Phantasien gewesen sein: Nichts von dem, was Bendetsen geschrieben hatte, war bewiesen, erprobt, zu Ende gedacht. Niemand wußte, ob aus der Idee des »X-ray lasers« überhaupt eine Waffe zu machen sei. Es gelang Teller aber in den folgenden Jahren, in einem förmlichen Kreuzzug die Skeptiker im eigenen Hause auszuschalten, die Einwände prominenter Physiker wie Hans Bethe oder Sidney Drell beiseite zu schieben und die Auswertung der weiteren Kernversuche in der Wüste von Nevada, da »geheim«, unter seiner Kontrolle zu halten. Der Röntgenlaser war »classified«. Das allein setzte eine Menge Hürden und kritische Fragen außer Kraft. Teller galt als unantastbar. Seine Autorität und seine Verbindungen ins Weiße Haus verstellten selbst Skeptikern den Blick für die Realitäten. Kühn deklarierte er fragmentarische Forschungsergebnisse zu Durchbrüchen und setzte unverfroren Hypothesen in politische Lobbyarbeit und Geld um. Edward Teller hatte keine Hemmungen, die Wissenschaft zum Büttel der Politik zu machen.

Im Januar 1985 sollten in Genf endlich wieder amerikanisch-sowjetische Gespräche über Rüstungskontrolle beginnen. Alle Probleme kämen auf den Tisch, hieß es. Also auch SDI, das die Sowjets partout verhindern wollten. Teller trat in Aktion. Als ersten informierte er Paul Nitze – Spezialist für Kernwaffen und das komplizierte Einmaleins der Rüstungskontrolle –, daß dem Forscherteam in Livermore ein Durchbruch zu phänomenaler Steigerung der Intensität des Laser-Strahles gelungen sei. Nitze würde in Genf dabeisein. Teller schrieb: »Ein einziges Laserstrahl-Modul von der Größe eines Schreibtisches könnte unter Anwendung der neuen Technologie praktisch die gesamte landgestützte Raketenflotte der Sowjetunion abschießen, sofern sie in das Blickfeld der Module einflöge.« Teller ging noch weiter. Er sagte voraus, dieser von einer Wasserstoffbombe erzeugte Laser könnte Zehntausende von Sprengköpfen und Hunderttausende von Attrappen effektiv vernichten, nachdem sie die Raketen verlassen hätten und durch den Weltraum rasten.

Im Klartext: Nitze müsse daran mitwirken, daß solche Errungenschaften nicht aufs Spiel gesetz werden. Ganz deutlich wurde Teller in einem ähnlichen Brief an Reagans Sicherheitsberater Robert McFarlane: Er wolle verhindern, daß eventuelle Übereinkommen mit der Sowjetunion zu Beschränkungen führen, »die unsere Arbeit behindern könnten«. Tellers Schreiben auf Briefpapier des Livermore-Labors trugen den Stempel »geheim«. Bis zu Anfang der neunziger Jahre blieben sie geheim.

Im März 1985 gab mir Teller in seinem Labor in Livermore ein Interview. Das Labor ist ein ausgedehntes Areal mit neueren Betonbauten, alten Baracken und einigen Gebäuden mit zehn Stockwerken oder mehr. Zäune teilen das Areal in Zonen unterschiedlicher Sicherheitsstufen auf.

Etwas gebeugt und leicht humpelnd kam mir der 1908 in Budapest geborene Physiker entgegen. Ein eindrucksvoller Kopf, ein kluger Blick unter buschigen Augenbrauen. Sein Deutsch war noch gut, nicht zu gut. Ständig schien er schneller zu denken, als er zu sprechen vermochte. Die Jahre, da er in Karlsruhe, München und Leipzig studiert, in Göttingen gelehrt und bei Niels Bohr in Kopenhagen gearbeitet hatte, lagen lange zurück. 1935 war er in die USA emigriert, ab 1943 wirkte er mit Oppenheimer in Los Alamos und dann, ab 1958 nach Konflikten mit Oppenheimer, in Livermore.

Präsident Reagan hatte die Verbündeten aufgefordert, an SDI mitzuarbeiten. Frage: Würden die Alliierten dafür Zugang zum Gesamtprojekt bekommen? Teller: Das würde er hoffen, Washington könne jedoch anders entscheiden. Im Klartext ein »Nein«. Ergänzung Tellers: Nicht jeder Teilnehmer an SDI müsse sich an allem beteiligen. Da auch Kernwaffen eine Rolle spielen würden, solle Deutschland an diesem Komplex nicht mitarbeiten, »dazu würden zu große Widerstände erscheinen«. So die Worte des Meisters. Eine andere Frage: Ob er die Entwicklung spezieller Waffensysteme für die Verteidigung gegen Mittel- und Kurzstreckenraketen unter dem Dach von SDI für erforderlich halte? Teller: Genau. Ob er Vorstellungen dazu habe? Teller: Ja. Ob er dazu etwas sagen könne? Teller: »Nein, leider halten wir diese Sachen geheim, und es wird notwendig werden, daß diese Geheimnisse uns nicht voneinander trennen ...« – also nicht auseinanderdividieren. Prompt kam es im Jahr darauf zu schwierigen und unschlüssigen Verhandlungen zwischen Bonn und Washington. Die USA forderten von der Bundesrepublik ein hohes

Maß an Zustimmung zu SDI, waren aber nicht bereit, ihr partnerschaftlichen Technologietransfer zuzusichern. Anderen Bündnispartnern erging es nicht besser.

Edward Teller hat die Wasserstoffbombe zum »Aufpumpen« des Röntgenlaser nicht aufgegeben. Obwohl Minister und Militärs darüber inzwischen kalte Füße bekommen hatten, obwohl Reagan nur von einer »nicht-nuklearen« Raketenabwehr sprach. Nach seinem Versprechen, Kernwaffen »impotent und überflüssig« zu machen, war die nukleare Variante Tellers der Öffentlichkeit schwer zu verkaufen.

In der Parklandschaft um »Slac«, um die Anlage des »Stanford Linear Accelerator Center« – des zur Stanford-Universität gehörenden linearen Teilchenbeschleunigers –, empfing mich im Büro seines Labors Sidney Drell. Er war eine Koryphäe in der Kernphysik, ein Mann der Wissenschaft ohne den verzehrenden Ehrgeiz eines Edward Teller, häufig gefragt als Regierungsberater für Abrüstungsfragen. Teller hatte ihn und Hans Bethe in den Stand der Röntgenlaser-Forschung eingeweiht.

Drell glaubte nicht an mehr Sicherheit durch SDI, solange es keine Begrenzung der Offensivwaffen gebe. Er glaubte nicht einmal, daß SDI in Tellers Variante überhaupt machbar sei. Zum Grundsätzlichen: »Viele glauben, unser großer Pluspunkt sei der technologische Vorsprung des Westens und wenn wir ihn nutzten, wären wir der Sowjetunion voraus ..., aber irgendwann werden die Russen aufholen, und in einigen Jahren werden sie diese Waffe auch produzieren. Das war immer so.«

Tatsächlich trug dieses Argument – und Drell war nicht der einzige, der es ins Feld führte – dazu bei, daß sich die weltraumgestützten Abwehrmodelle nach und nach wie Luftschlösser in Nichts auflösten. Auch Teller hatte selbst daran Anteil. Unermüdlich hatte er vor sowjetischen Fortschritten in der militärischen Anwendung von Laserstrahlen gewarnt – natürlich, um der Administration und dem Kongreß für sein Projekt weitere Gelder aus der Tasche zu ziehen. Präsident Reagan hatte ihn zum Gespräch im Weißen Haus empfangen und einhundert Million Dollar allein für Tellers Labor lockergemacht. Aber nun schlugen die Kassandra-Rufe vom russischen Vorsprung gegen Teller zurück. Physiker und Militärs warnten ihrerseits, die Russen könnten tatsächlich in der Lage sein, die kostspieligen Röntgenlaser, Sensoren und Satelliten wie lahme Enten aus dem Weltraum zu schießen.

Schlimmer als diese Spekulation war, daß Los Alamos, die Konkurrenz, nachwies, die hohen Erwartungen in die Intensität des Röntgenlasers seien nicht fundiert, auf alle Fälle überzogen gewesen. Dem Teller-Team wurde der Verwurf gemacht, bei den Laserversuchen für die Reflektoren ein Material verwendet zu haben, das zu falschen Schlußfolgerungen führen mußte.

Drei Jahre nach Reagans Star-War-Rede war völlig unklar, was die Strategische Verteidigungsinitiative (SDI) darstellte. Röntgen- und Chemie-Laser schienen nur noch langfristige Forschungsprojekte zu sein. Dagegen machte eine Abfangrakete, die durch Aufprall vernichtet, neue Hoffnung auf rasche Stationierung. Was immer man habe, müsse sofort stationiert werden, forderte Verteidigungsminister Weinberger. Niemand wußte indessen, wie Sensoren beschaffen sein müßten, die feindliche Raketen aufspüren und im Visier behalten; wie zwischen Raketen und Attrappen unterschieden werden soll; welcher Computer in der Lage wäre, eine Weltraumschlacht – Star Wars – zu managen; unklar, wie das alles zu bezahlen sei. Die ehemaligen Verteidigungsminister James Schlesinger und Harold Brown, der eine Republikaner, der andere Demokrat, schätzten die Kosten für Entwicklung und Stationierung einer Verteidigung im Weltraum auf eine Billion Dollar (12 Nullen).

In diesem strategischen Spektakel eröffnete in Moskau Michail Gorbatschow den XXVII. Parteitag. Fünf Stunden dauerte seine Rede am 25. Februar 1986 – und es fiel kein Wort vom internationalen Klassenkampf. Das war nach Jahrzehnten sowjetischer Klassenkampfparolen ein Ereignis. In Washington wurde es nicht wahrgenommen. Führende Männer im Pentagon und in der CIA disqualifizierten Gorbatschow als Trojanisches Pferd des Kommunismus.

Nach dem Parteitag ging Gorbatschow mit neuen Abrüstungsvorschlägen an die Öffentlichkeit. Strategische Kernwaffen wurden darin ebenso angesprochen wie die Mittelstreckenwaffen in Europa. Unter einer Bedingung: Der ABM-Vertrag sollte intakt, SDI-Forschung auf das Laboratorium beschränkt bleiben. Gorbatschows Vorschläge trafen die Reagan-Administration unvorbereitet, sie verlor sich in endlosen internen Auseinandersetzungen. Nur Außenminister Shultz kämpfte um die »andere« Seele des Präsidenten. Er wollte ihn davon überzeugen, daß ein tiefer Einschnitt in die Kernwaffenarsenale, wie von Gorbatschow vorgeschlagen, das Zugeständnis wert sei, SDI im Labor zu lassen. Je weniger Raketen, um so weniger Bedarf für SDI, war seine Logik. Reagan blieb unzugänglich, beharrte auf dem, was ihm SDI-Enthusiasten suggeriert und was diese selbst aus den Visionen Edward Tellers bezogen hatten: »SDI wird uns eines Tages befähigen, einen Schild in den Weltraum zu bringen, ... der uns vor Atomraketen genauso beschützt wie ein Dach eine Familie vor dem Regen schützt«, erklärte Reagan auf einer Wahlversammlung 1986. Eine ungeheuere Irreführung der Öffentlichkeit. Viele Amerikaner glaubten das. Nicht einmal Teller hatte behauptet, eine Raketenabwehr könne je hundertprozentig »dicht« sein. Der Präsident war kompromißlos. Oder stur? So ging er nach Reykjavik. Im wesentlichen unvorbereitet. Reykjavik sollte ja nur die Vorstufe zu einem »vollen« Gipfel in Washington sein. Dachten Reagans Leute.

## *Vexierbild Reykjavik*

Kurz nach 19 Uhr verließen am 12. Oktober 1986, einem Sonntag – es war noch hell auf Island –, Reagan und Gorbatschow das Haus auf den Klippen, das Hofdi-Haus, in dem sie zwei Tage konferiert hatten. Eisige Stimmung. Keine versöhnliche Geste des Abschieds. Vor der Presse aus Washington bekannte Außenminister Shultz mit zitternden Lippen seine »tiefe Enttäuschung«: Eine historische Chance sei vertan. Gorbatschow vor der internationalen Presse war nicht ganz so pessimistisch.

Auch ich kommentierte an jenem Abend: »Über SDI ist alles gescheitert ...« Dabei waren sich die beiden Delegationen in Kernfragen der Abrüstung sehr nahegekommen. Zu nahe, wie bald darauf in Washington argumentiert wurde, als immer mehr Einzelheiten bekannt wurden. Die Beseitigung der Mittelstreckenraketen aus Europa war im wesentlichen unumstritten. Was aber den Militärexperten in den USA und in den Nato-Ländern die Sprache verschlug, war die allmählich einsickernde Gewißheit, daß Reagan und Gorbatschow bereit gewesen waren, bis 1996 alle ballistischen Raketen – das Rückgrat der Abschreckung – zu verschrotten. Ohne jemanden in den jeweiligen Bündnissen gefragt zu haben. Allerdings unter einer Bedingung: Gorbatschow verlangte, daß alle SDI-Versuche auf das Labor beschränkt blieben. Kategorisch war das Nein Reagans. Später würde er den Amerikanern sagen, er sei bereit gewesen, über alles zu verhandeln, nur nicht über »Freiheit und Zukunft« Amerikas. Zwischen einer Idee, Ideologie und Realität vermochte er nicht zu unterscheiden. Schnaubend flog Margaret Thatcher in Washington ein. Um Auskünfte bat auch Bundeskanzler Kohl.

Unabweislich wuchs der Eindruck, Reagans scheinbar unbegrenzte Abrüstungsbereitschaft anfangs in Reykjavik sei nur eine Eingebung des Augenblicks gewesen. Was wäre denn geschehen, wenn Gorbatschow flexibel gewesen wäre, wenn er eventuelle SDI-Stationierungstests der Amerikaner toleriert hätte? Vermutlich hätten die Regierungsapparate in Moskau, Washington und in den Nato-Hauptstädten sofort damit beginnen müssen, das Ergebnis von Reykjavik als irrtümliche Auslegung wegzureden.

In einer Analyse dieses verwirrenden und verworrenen, ja surrealistischen Gipfeltreffens schrieb der ehemalige Verteidigungsminister Schlesinger: »SDI war nicht mehr als eine Ansammlung technischer Experimente und ferner Hoffnungen. Und doch war Reagan kompromißlos, sowie es um SDI-Versuche außerhalb des Labors ging, obwohl er offenkundig bereit gewesen war, das gesamte strategische Arsenal der USA zu opfern.« In diesem Sinne, folgerte der Republikaner Schlesinger, habe Reagans Starrsinn seine Unterhändler vor einem verhängnisvollen Schritt bewahrt, habe SDI mehr für den Schutz der Vereinigten Staaten getan, als das in Zukunft jemals der Fall sein werde.

Mitte Dezember 1986, auf dem Höhepunkt des Iran/Contra-Skandals, bedrängte Caspar Weinberger den Präsidenten noch einmal in Sachen SDI: sofort stationieren, was immer sich stationieren lasse. Lakonisch wandte der Chef der Vereinigten Generalstäbe, Admiral Crowe, ein, man habe nichts zu stationieren. Widerspruch auch im Senat. Wortgewaltig führte der Demokrat Sam Nunn die Phalanx an. Im Mittelpunkt der ABM-Vertrag. Um das vertragliche Verbot der Entwicklung von Raketen-Abwehrwaffen zu umgehen, glaubten Reagans Berater, den Vertrag neu auslegen und also Abwehrwaffen im Weltraum testen zu können (»breite« Auslegung im Gegensatz zur »engen«).

Drei Tage hintereinander hämmerte Sam Nunn seine Argumente dem Kongreß ein: Ein Vertrag könne nicht vor der Ratifizierung so und danach anders ausgelegt werden. Die Verfassung verlangt, daß jeder Vertrag durch den Senat ratifiziert werde. Mit einer Neuauslegung des ABM-Vertrages den Senat zu übergehen sei mithin verfassungswidrig, ein Verstoß gegen die »checks and balances«.

Die Argumente Nunns wirkten zwar über den Tag hinaus, blieben aber ohne Folgen. Zur Erinnerung: Die bisher folgenschwerste, wahrhaft tragische und traumatische Verwundung Amerikas nahm ihren Ausgang nicht im All, sondern auf Flughäfen in New York und Boston: am 11. September 2001.

Edward Teller indessen war schon mit einer neuen SDI-Variante befaßt, mit »brillanten Kieseln«, Roboter-Steinchen im Weltraum, die durch Aufschlag zerstören. Reagan war wieder beeindruckt, auch sein Vize George Bush. Aber das Feuer war raus, Tellers Pläne gingen unter im Ende des Kalten Krieges. Eine Rechnung ist ihm nie aufgemacht worden: daß er die Wissenschaft in das Prokrustesbett der Ideologie hat zwingen wollen, daß er für seinen Ehrgeiz den Steuerzahler um 60 Milliarden Dollar erleichtert hat, daß er Kontrollmechanismen aus dem Wege geboxt hat.

Gorbatschow präsentierte auf dem Gipfeltreffen in Washington im Dezember 1987 überraschende Einsichten. Als Reagan nach seiner alten Litanei SDI-Stationierungen ankündigte, antworte er diesmal kühl, aber bestimmt: »Tun Sie, was Sie glauben tun zu müssen. Wenn Sie am Ende ein System haben, das Sie stationieren wollen – stationieren Sie es ... Ich denke, Sie verschwenden viel Geld. Ich glaube nicht, daß es funktioniert ... Wir behalten uns die Option vor, zu tun, was wir im nationalen Interesse zu gegebener Zeit zu tun für nötig halten ...«

Diese Antwort basierte auf einem Rat Andrej Sacharows. Gorbatschow hatte den Physiker und Menschenrechtler im Dezember 1986 aus dem Exil befreit und in die Politik geholt. Schon im Dezember 1989 starb Sacharow. Sein Verlust für Rußland scheint noch heute unermeßlich. Mit seinem Vorschlag, so glauben andere Reformer der ersten Stunde, Tschetschenien aus einem Autonomen Gebiet in eine Republik zu verwandeln, hätte er den Russen vielleicht den Krieg im Kaukasus erspart.

Jener Gipfel in Washington im Dezember 1987 brachte eine Klimawende. Staunend beobachteten wir, wie Gorbatschow plötzlich die Limousine verließ, das »Bad in der Menge« nahm, wie er gefeiert wurde als »der Mann des Jahres« – das ließ uns ahnen, daß die amerikanische Öffentlichkeit das Ende des Kalten Krieges früher verspürte als ihre Regierung. Und Reagan zog nach, nur ein halbes Jahr später beim Gipfel in Moskau. Der Präsident, der die Münze des »evil empire« geprägt und vor einer Studioaufnahme, als er das Mikrofon noch nicht eingeschaltet wähnte, den Countdown bis zur »Bombardierung von Moskau« ausgezählt hatte – dieser Mann entdeckte hier, daß die Russen Menschen waren, daß die Jugend Erwartungen hatte wie die amerikanische auch und daß Gorbatschow eine neue Ära bedeutete. Das war bei Reagan gewiß mehr Instinkt als Analyse.

Weit vor diesen Ereignissen hatte sich noch ein anderes Drama aufgebaut.

# Dominos im Hinterhof

## *Obsession Nicaragua*

Drei Wochen nach Reykjavik stand die SDI-Debatte plötzlich im Schatten. Der Iran/Contra-Skandal war über Washington hereingebrochen. Wie ein Sturmtief. Wieder war Ronald Reagan von einer Obsession aus dem Schoß des Kalten Krieges beherrscht, diesmal befeuert nicht von einem Physiker, sondern von einem nachrichtendienstlichen Haudegen mit viel Geschmack fürs Illegale, von William Casey. Casey, der sich im OSS (Office of Strategic Services), dem Vorläufer der CIA im Zweiten Weltkrieg, Sporen verdient hatte, war Reagans CIA-Chef geworden. Die Obsession hieß Nicaragua. Daß in Zentralamerika mit Hilfe sowjetischer und kubanischer Waffen die Dominosteine einer nach dem anderen kippen würden, wenn er nicht einschritte, davon war Reagan so fest überzeugt wie seinerzeit Lyndon B. Johnson von der Domino-Theorie in Südostasien.

1979 hatten die Sandinisten in Nicaragua Anastasio Somoza aus dem Amt gejagt. Sie lieferten Waffen über die Grenze nach El Salvador, damit dort die Guerillas (FLMN) den christdemokratischen Präsidenten Duarte stürzten. Rebellen kämpften in Guatemala, verunsicherten Mexiko. Archaische Machtverhältnisse in Militärdiktaturen und mafiosen Strukturen bei schreiender Armut einer Bevölkerungsmehrheit hatten soziale Spannungen erzeugt, die nach Entladung drängten. In ihren düstersten Phantasien sahen manche Politiker in Washington schon Flutwellen von Flüchtlingen über den Rio Grande nach Texas und Kalifornien einströmen. Gefahr also für die »nationale Sicherheit«. Reagan und Verteidigungsminister Weinberger behaupteten, die Sowjets wollten in der Karibik und im zentralamerikanischen »Hinterhof« der USA so viele amerikanische Kräfte binden, daß die US-Navy in Pazifik und Atlantik nicht mehr voll einsatzbereit sei und sogar aus Europa US-Streitkäfte abgezogen werden müßten. Angst machen. Ein probates Mittel im Kalten Krieg.

Jimmy Carter hatte noch diplomatische Lösungen anvisiert. Gegen stärksten Widerstand der Rechten hatte er den Vertrag zur Übergabe des Panama-Kanals an Panama unterzeichnet und wollte mit seinem Partner, Omar Torrijos – einem ehrgeizigen, zugleich korrupten Sozialrevolutionär –, den Aufbau einer konfliktfreien Zone in Zentralamerika beginnen. Carter fühlte sich Torrijos auch deshalb verbunden, weil der dem krebskranken Schah von Persien nach der islamischen Revolution im Iran für einige Zeit Unterschlupf bot. Die meisten Staaten fürchteten die Rache Chomeinis. Carters Friedensprojekt hatte indessen keine Chance. In Nicaragua setzten die Sandinisten nicht auf Carter, sondern auf Lenin; in den USA setzte der Sieger über Carter nicht auf Diplomatie, sondern auf Geheimdienste und Gewehre, und in Panama kam Omar Torrijos ein halbes Jahr nach Reagans Amtsantritt bei einem Flugzeugabsturz ums Leben; Ursache »ungeklärt«. Damit war in Panama der Weg frei für eine der finstersten und skrupellosesten Gestalten: Manuel Antonio Noriega, bisheriger Geheimdienstchef. Nach einem Machtkampf in den Streitkräften war er der Herrscher und Diktator.

Panama wurde zur Drehscheibe für Waffentransporte und Rauschgiftschmuggel. Noriega sorgte dafür, daß die Drogenbosse in Kolumbien Milliarden von Dollars im internationalen Finanzzentrum Panama City waschen konnten. Tonnenweise ließ er seine Piloten Marihuana und Kokain in die USA fliegen. Bei Zwischenlandungen auf dem Rückflug luden sie Waffen für die antisandinistischen Contras. Auch CIA-Personal war an solchen Fuhrgeschäften beteiligt. Ab und zu ließ Noriega Drogenhändler hochgehen – den Amerikanern gab er rechtzeitig einen Tip, denn er sorgte sich um sein Ansehen in Washington. »Er ist ein Bastard, aber er ist unser Bastard«, klärte CIA-Chef Casey einen Kongreßabgeordneten auf. In

Panama City saß das US-Oberkommando Süd, ursprünglich zur Kanalverteidigung, seit Noriega auch als Horchposten und Aufklärungsstützpunkt für Mittelamerika. Noriega versorgte die Amerikaner mit Agentenberichten aus Nicaragua, er belieferte Fidel Castro mit Informationen aus den USA, er ermöglichte die Ausbildung von Contra-Truppen in Panama. Panama wurde zu einer Bastion für alle amerikanischen Aktivitäten in Nicaragua, in Honduras und El Salvador.

Erst ein Mord in Panama rief in Amerika Kräfte gegen Noriega auf den Plan. Hugo Spadafora war Arzt und Revolutionär, einst ein Zögling Omar Torrijos' wie auch der junge Noriega, aber anders als Noriega ein Mann mit Moral. Als Noriega das Land immer tiefer in den Sumpf der Korruption riß, eröffnete Spadafora den offenen Kampf. Noriega schlug zurück. Im September 1985 wurde Spadafora festgenommen, bis an den Rand des Todes gefoltert, dann lebendigen Leibes enthauptet. Einer der Brüder Spadoforas übergab Fotos der Leiche dem republikanischen Senator Helms. Dieser erzkonservative Politiker war so erschüttert, daß er Anhörungen im Senat durchdrückte, sogar gegen den Einspruch Caseys. Am 12. Juni 1986 veröffentlichte die »New York Times« eine umfangreiche Dokumentation der Untaten Noriegas. In Florida wurde 1987 gegen Noriega Anklage wegen Drogenschmuggels erhoben.

Das aber war noch lange nicht sein Ende.

Zunächst versuchte Präsident Reagan, Noriega zum Abgang ins Exil zu bewegen. In Anerkennung seiner antikommunistischen Verdienste stellte er die Streichung der Anklage in Florida in Aussicht. Dem widersprach George Bush, denn er wollte die Präsidentschaftswahlen gewinnen. Washington setzte jetzt auf wirtschaftliche Sanktionen und auf Hoffnungen, Offiziere der Panamaischen Verteidigungskräfte (PDF) würden Noriega durch Putsch beseitigen. Vom neuen US-Präsidenten George Bush sen. kam sogar der Rat, das Volk von Panama möge sich gegen Noriega erheben. Doch als Noriega im Oktober 1989 tatsächlich von einer Handvoll Offiziere festgenommen wurde, ließen die Amerikaner die Putschisten im Stich. Noriega schoß sie kaltblütig nieder. Er erklärte sich zum »Maximum Leader« und sein Land im Krieg mit den USA. Aber da hatte er seine Karten überreizt. Nachdem ein amerikanischer Soldat erschossen worden war, befahl Bush die Invasion in Panama – ohne völkerrechtliche Deckung, ohne Zustimmung der Vereinten Nationen. Am 20. Dezember 1989 begannen die Kämpfe, am Weihnachtstag waren Noriegas Streitkräfte aufgerieben. Alle Geschäfte in Panama City bis aufs letzte Hemd geplündert. Noriega verschwunden. In der Botschaft des Vatikans hatte er Zuflucht genommen. Am 3. Januar 1990 ergab er sich den Amerikanern, 1991 wurde er in Miami zu vierzig Jahren Strafanstalt verurteilt.

Das war nun wirklich sein Ende. Der Mann, den die CIA hofiert, die US-Streitkräfte gepflegt hatten, den Oliver North für Sabotageakte in Nicaragua angeheuert und auf den sich die US-Behörde zur Drogenbekämpfung gestützt hatte, er war plötzlich ein Faschist, ein Krimineller. Wegen dieses einen Mannes mußte Krieg geführt werden, mußten mehrere hundert panamaische Soldaten und Zivilisten sterben.

Als »pragmatisch« hatte die Reagan-Administration ihre Beziehung zu Noriega charakterisiert. In Wahrheit war sie prinzipienlos, nackter Opportunismus. Noriega an der Spitze von Panama war ein Verbrecher, keine Frage. Doch im Ausmaß der Menschenrechtsverletzungen übertrafen ihn andere »Verbündete« der USA allemal, in Chile, Honduras und El Salvador und ganz besonders – im Irak.

Zur nämlichen Zeit, als Reagan in Mittelamerika die Dominos fallen sah, tobte im Nahen Osten der iranisch-irakische Krieg. Reagan und seine Regierung fürchteten das revolutionär-islamische Regime Chomeinis und daß es die Stabilität der proamerikanischen arabischen Regime am Golf erschüttern könnte. Sie fürchteten, Chomeini könne des irakischen Öls habhaft werden. Also mußte man dem Irak Saddam Husseins unter die Arme greifen, materiell und mit militärischer Aufklärung. Die moralischen und politischen Wirkungen waren verheerend. Je länger die strategische Partnerschaft währte, um so mehr wuchs in den USA die Bereitschaft, vor den ungeheueren Grausamkeiten der irakischen Kriegsführung die Augen zu verschließen. Das galt für Saddams Gaskrieg gegen iranische Truppen, das galt erst recht für die Vernichtung Tausender von Kurden, ihrer Dörfer und Städte im türkischen Grenzgebiet. Die Vergasung der Stadt Halabja und ihrer Einwohner im März 1988 ist zum schrecklichen Symbol eines kurdischen Hiroshima geworden, eines Genozids, den in Washington weder die Regierung noch eine Mehrheit des Kongresses wahrhaben wollten. Noch wenige Wochen vor Saddam Husseins Einfall in Kuwait, im Frühsommer 1990, setzten Präsident Bush, maßgebende Nahostdiplomaten und führende Republikaner im Senat auf Handel und Wandel mit dem Irak, auf gute Geschäftsbeziehungen zu Saddam Hussein.

Zurück zu Mittelamerika.

### *Aufbruch ins Illegale*

1984 ein Regiefehler Caseys. Auf eigene Faust verminte die CIA Häfen in Nicaragua. Damit hatte Casey sein ohnehin bescheidenes Konto beim Kongreß überzogen, die Gesetzgeber antworteten mit der Boland-Gesetzesnovelle (nach einem Abgeordneten benannt), die weitere Militärhilfe, »direkt oder indirekt«, für die Contras verbot. Was tun? Reagan und Casey begannen Spenden zu sammeln, mit Erfolg klopften sie in den Ölstaaten und bei reichen Amerikanern an. Sie »privatisierten« den Contra-Krieg gegen die Sandinisten, setzten, wie das damals hieß, die »Privatisierung« amerikanischer Außenpolitik ins Werk. Die neue Finanzierungsgrundlage erlaubte William Casey und seiner koordinierenden Hand im Nationalen Sicherheitsrat, Oliver North, eine vielversprechende Erweiterung ihrer Aktivität. Mit Spezialisten für verdeckte Operationen gründeten sie das »Enterprise«, ein Unternehmen mit eigenen Flugzeugen, mit geheimen Kommunikationssystemen und Bankkonten in der Schweiz. Für Casey eine berauschende Perspektive. Er würde ein Instrument der Außenpolitik mit weltweitem Aktionsradius, außerhalb jeder Kontrolle und Kongreßaufsicht, an die Hand bekommen. 16 Monate lang führte »Enterprise« für die Regierung Reagan in Zentralamerika einen Krieg, den der Kongreß verboten hatte. Einen Krieg, der nach dem Grad seiner Verlogenheit einen Veteranen wie John Kerry, Senator aus Massachusetts, an Vietnam erinnerte.

Hatte Reagan verstanden, was er tat? Daß die Finanzierung eines Kriegs unter Umgehung des Kongresses ein Verfassungsverstoß war? Daß die Väter der amerikanischen Verfassung in weiser Voraussicht beschlossen hatten, die Verfügung über Staatssäckel (Kongreß) und Schwert (Exekutive) nie in einer Hand zu lassen? »Der Weg in die Diktatur«, so beurteilte der Kongreßausschuß zur Untersuchung des Iran/Contra-Skandals den Verstoß gegen dieses Gebot.

Die Verminung der Häfen von Nicaragua hatte ein aufschlußreiches Nachspiel – aufschlußreich für spätere Vorgänge im Verhältnis der USA zum internationalen Recht. Da die Verminung der Häfen in Nicaragua rechtswidrig war, erkannte der Haager Gerichtshof auf Schadensersatzpflicht der USA. Die Regierung Reagan ignorierte den Spruch. Das Gericht sei nicht zuständig, hieß es. »Wir sind als Land ein Kontinent und in Rechtsfragen sehr eigenständig«, erläuterte damals der Völkerrechtler John Barton.

### *Der Iran/Contra-Sturm bricht los*

Am 5. Oktober 1986, wenige Tage vor dem Reykjavik-Gipfel, wurde über Nicaragua eine Transportmaschine vom Typ C-123 mit Waffen für die Contras abgeschossen. Die Sandinisten meldeten es: Drei Besatzungsmitglieder tot, der vierte Mann, Eugene Hasenfus aus Wisconsin, hatte sich mit dem Fallschirm in Gefangenschaft gerettet. Er sagte aus. Die Maschine sei auf dem Militärflugplatz Ilopango in El Salvador, einer Basis für die Contraversorgung, beladen worden; die Borddokumente der Maschine wiesen eine ehemalige CIA-Chartergesellschaft als Eigentümer aus. »Nein«, behauptete Präsident Reagan vor der Presse, zwischen der abgeschossenen Maschine und der amerikanischen Regierung »besteht keinerlei Zusammenhang, absolut keiner«. Ein Wetterleuchten vor dem Gewitter? Auf das, was dann kam, war keiner gefaßt.

Am 3. November 1986 setzten die Hezbollah-Terroristen im Libanon eine amerikanische Geisel auf freien Fuß. Die libanesische Wochenzeitung »Al Shiraa« berichtete darüber. Sie führte schier Unglaubliches dazu aus: Das Weiße Haus habe wiederholt, so auch jetzt, an den Iran Waffen gegen Geiseln verkauft. Der ehemalige Sicherheitsberater Reagans, McFarlane, habe eine mit Waffen beladene Maschine nach Teheran begleitet und dort eine von Reagan unterschriebene Bibel sowie eine Torte mit dem Bild eines Schlüssels darauf überreicht. McFarlanes wundersame Reise ist von iranischer wie von amerikanischer Seite bestätigt worden. Und das hatte keine amerikanische Zeitung, kein Enthüllungsreporter aufgedeckt? Mit Grausen fragte später der republikanische Senator Rudman, was wohl ein ehemaliger Sicherheitsberater unter Folter im Iran ausgesagt hätte …

Waffen gegen Geiseln? Die Öffentlichkeit in Tumult und Irritation. Kaum etwas anderes hatte die Reagan-Administration so laut in die Welt posaunt wie ihre Entschlossenheit, mit Terroristen nicht zu verhandeln, dem Ayatollah Chomeini in Teheran keine Waffen zu liefern. Keine fünf Jahre war es her, daß Reagan die Geiseln aus der Botschaft Teheran in Empfang genommen hatte.

Verlegenheit im Weißen Haus. Am 6. November eine weitere Lüge. Berichte über Waffenverkäufe entbehrten jeder Grundlage, behauptete der Präsident, gab jedoch eine Woche später zu, daß Waffen verkauft worden seien, allerdings sei es eine Unterstellung, man habe Geiseln damit freikaufen wollen. Später, im März, würde Reagan sagen: »Vor einigen Monaten habe ich dem amerikanischen Volk gesagt, ich habe nicht Waffen gegen Geiseln getauscht. Mein Herz und meine Intentionen sagen mir immer noch, daß das die Wahrheit ist. Aber Tatsachen und Beweise zeigen mir, es war nicht die Wahrheit.«

Reagan, wie er leibt und lebt. Nur zu oft war sein Verhältnis zur Wahrheit von seiner jeweiligen Position zwischen Einbildung und Wirklichkeit bestimmt. Was er einmal verinnerlicht hatte, das war die Wahrheit.

Als Justizminister Meese am 21. November 1986 mit der Untersuchung des Iran-Deals beauftragt wurde, feierten im Nationalen Sicherheitsrat des Weißen Hauses der Oberstleutnant Oliver North und seine Sekretärin Fawn Hall eine »shredding party«. Fieberhaft fütterten sie den Reißwolf. Ein wichtiges Papier entging ihnen: das Memorandum aus dem Büro des Oliver North über die Verwendung von Profiten aus den Waffenverkäufen an den Iran für militärische Hilfe an die Contras, das Dokument der »Umleitung«. Am 25. November muß Meese den Höhepunkt des nunmehrigen »Iran/Contra-Skandals« bestätigen.

Schockwellen laufen durchs Land. Es war nicht zu fassen, wieder einmal. Im Kongreß griffen sich Senatoren und Abgeordnete an den Kopf. Nicht nur waren die Erlöse rechtlich öffentliche Mittel, über die nur der Kongreß verfügen durfte; schlimmer, sie wurden einem gesetzlich verbotenen (Boland-Novelle) Zweck zugeführt. Falls Präsident Reagan von der Umleitung der Profite aus den Irangeschäften an die Contras gewußt hatte, müßte er mit einem Absetzungsverfahren rechnen. Klar erkannte das der ranghöchste Republikaner im Untersuchungsausschuß des Kongresses, Senator Rudman. »Ein Watergate für Ronald Reagan?«, so meine Frage in einem Kommentar. Patricia Schroeder, die demokratische Kongreßabgeordnete aus Denver, Colorado, hatte das Wort vom »Teflon-Präsidenten« geprägt. Würde jetzt doch etwas an ihm hängenbleiben?

Als einziges Kabinettsmitglied hatte Außenminister Shultz nach Aufdeckung des Skandals den Mut, sich öffentlich zu distanzieren. Die anderen, angefeuert von First Lady Nancy

Reagan, betrieben daraufhin seinen Sturz. Doch Reagan hielt an Shultz fest. Shultz scheint denn auch als einziger überzeugt gewesen zu sein, daß sich der Deal »Waffen gegen Geiseln« auf die Dauer nicht verheimlichen lasse. Zu viele wußten davon: amerikanische, iranische und israelische Regierungsbeamte, die Geheimdienste der USA, Israels und Großbritanniens, internationale Waffenhändler aller Schattierungen. Aber eine obskure libanesische Zeitung brachte es an den Tag.

In jenen Wochen hatte man den Eindruck, das Staatsschiff schlingere steuerlos auf aufgewühlter See. Der erste, von Reagan selbst initiierte Untersuchungsbericht der Tower-Kommission, nach dem texanischen Senator benannt, verstärkte diesen Eindruck. Der Bericht schonte den Präsidenten nach Kräften, stellte allerdings kritisch fest, nur in einem Vakuum von Autorität und Führung sei das Geschehene möglich gewesen. Demnach war Reagan nur insofern schuld, als er sein Amt zu liederlich geführt hatte? Es war die alte Frage, die schon für Watergate gegolten hatte: Was hat der Präsident gewußt, wann hat er es gewußt? Da sich der Präsident in den folgenden Monaten bald an gar nichts mehr erinnern konnte, ulkte die vox populi mit der Umkehrung: Was hat der Präsident vergessen, und wann hat er es vergessen? »The buck stops here« – die Stelle, an der Verantwortung übernommen werden muß –, so hatte Truman die Letztverantwortlichkeit des Präsidenten beschrieben. Würde sich Reagan daran messen lassen?

### *Der Präsident wußte*

Wenn wir damals gewußt hätten, was außer den wenigen Beteiligten auf Jahre hinaus niemand erfuhr – wie anders hätten sich die Dinge für Reagan, für Bush, für Amerika entwickelt. Caspar Weinberger, der Verteidigungsminister, hat es in seinem Notizbuch verewigt, unter dem 7. Dezember 1985, einem Sonnabend. Präsident Reagan hat sechs Mitarbeiter ins Weiße Haus gebeten; einer davon Weinberger. Er hält fest:

»re NSC Iran proposal – betr. NSC Iran-Vorschlag [NSC = National Security Counsel – U. S.]. Präsident will Geiseln befreien. Glaubt Hawks + TOWs [Luft- und Panzerabwehrraketen – U. S.] würden nur in Hände ›gemäßigter Elemente in der Armee‹ kommen + würden Umsturz iranischer Reg. helfen. Ich wandte entschieden ein, daß wir ein Embargo haben, das Waffenverkäufe an Iran illegal macht + Präsident darf es nicht verletzen + daß ›waschen‹ der Transaktion durch Israel sie nicht legalisiert. Shultz, Don Regan [Stabschef im Weißen Haus – U. S.] gleicher Ansicht. Präsident sagt, er könnte auf Vorwurf der Illegalität antworten, aber er könnte nicht auf Vorwurf antworten, daß ›der große starke (big, strong) Präsident Reagan eine Chance zur Befreiung von Geiseln verpaßt hat‹. Präsident verließ Beratung für Radiokommentar.« Nahezu ein Jahr, bevor die Geschichte platzte.

Der Präsident wußte also Bescheid, und nicht nur das: Er war voll dabei und hat mit seiner Rolle sogar kokettiert. Seine Minister Weinberger und Shultz haben ihn nachdrücklich vor der Iran-Aktion gewarnt. Wußte er auch von der Umleitung der Erlöse an die Contras?

## *Kadavergehorsam?*

7. Juli 1987. Auf diesen Tag hatte ich gewartet. Oliver North im Zeugenstand vor dem Untersuchungsausschuß des Kongresses. Wie würde er seine Rolle im Iran/Contra-Komplex, sein Verhältnis zum Präsidenten beschreiben? Der Oberstleutnant des Marine Corps trug Uniform. Man ahnte die Absicht. Sonst trug er Zivil. »... die ganze Wahrheit und nichts als die Wahrheit.« North schwor. Die Orden blitzten auf der linken Brustseite. Der große Saal im Senatsgebäude war gerammelt voll, Journalisten, Fotografen, Kameras. Das Fernsehen der networks war live dabei. Im Ausschuß Senatoren, Abgeordnete und ihre Advokaten.

Der Ausschuß sollte noch bereuen, daß er North teilweise

Immunität eingeräumt hat. So gestand denn der Oberstleutnant mit kaum verhohlenem Stolz, Dokumente vernichtet und Beweisfälschung vorgenommen zu haben. Hatte er den Kongreß belogen? Ja, aber ... Das »aber« brauchte Zeit: weil die Amerikaner in einer gefährlichen Zeit leben, weil man auf verdeckte Operationen nicht verzichten kann und diese ihrem Wesen nach eine Lüge sind. »Geheimaktionen, die das amerikanische Volk schützen und seinen Gegnern schaden sollen, kann man unmöglich offenbaren!« Auch nicht gegenüber dem Kongreß, den North für »undicht« hielt. Wer ihm die Idee gab, mit den Waffenverkäufen im Iran die Contras zu finanzieren? Antwort: ein israelischer Geheimagent, auf einer Herrentoilette, in Frankfurt oder London. Den Ayatollah für die Contras zahlen zu lassen, fand Oliver North »eine hübsche Idee«.

Der Mann in der olivgrünen Uniform spielte Rollen. Bald war er Märtyrer, bald der Sündenbock; mal der gehorsame Untergebene, mal der tapfere Soldat, den Präsident Reagan einen »Helden« genannt hat. Über allem war er Patriot; und Antikommunist.

Am dritten Tag ein Dialog, der schaudern ließ. North versicherte erneut, er glaube nicht, daß es falsch oder illegal war, Gelder aus den Waffenverkäufen an die Contras umzuleiten. Der Justitiar des Senats: »Haben Sie sich nicht gewundert, daß Sie der Präsident dafür entlassen hat?« Oliver North: »Lassen Sie mich eines ganz klar sagen: Dieser Oberstleutnant ficht die Entscheidung seines Oberkommandierenden nicht an, des Oberkommandierenden, für den ich noch immer mit Stolz arbeite. Und wenn mir der Oberkommandierende sagt, stellen Sie sich in die Ecke, machen Sie einen Kopfstand, dann mache ich das.« ... Er tut, was ihm befohlen wird. Alles? Keiner der amerikanischen Kollegen ging auf den gespenstischen Bezug anderntags ein.

Nur der Vorsitzende des Untersuchungsausschusses, Daniel Inouye, demokratischer Senator aus Hawai, erinnerte daran. Im Zweiten Weltkrieg hatte er einen Arm verloren. Er mahnte: »Die Pflicht zum Ungehorsam, wenn Befehle ungesetzlich sind, sollte in Nürnberg internationalisiert werden.« Nürnberg, der Kriegsverbrecherprozeß, dem amerikanische Richter Tiefe und Profil gegeben hatten. Die bloße Erwähnung ließ den Anwalt des Oliver North brüllend auffahren, man solle seinen Klienten nicht beleidigen, der Senator möge lieber den landesweiten Sympathiebekundungen für North Beachtung schenken. Das war der Gipfel. North' Anwalt muß gewußt haben, welcher Art die meisten Sympathieerklärungen waren, die die Telefonzentrale im Kongreß blockierten: rassistische Beschimpfungen Inoueyes wegen seiner japanischen Abstammung, des Senatsanwalts, weil er Jude war, und feixendes Lob für Oliver North, weil er den Kongreß auf die Hörner nahm. Die Leute liebten den »guy«. Ein trauriges Schauspiel. Die geplante Verfassungslektion via Fernsehen schlug fehl. Im Untersuchungsausschuß saßen North-Sympathisanten. Zu spät merkten die anderen Ausschußmitglieder, daß sie gegen dessen demagogische Künste, die alle Seifenopern aus den Fernsehprogrammen schlugen, nicht die richtigen Leute aufgeboten hatten. »Ollimanie« hatte Amerika ergriffen.

Etwas Tröstliches geschah auch. Louis Stokes, ein Schwarzer, Abgeordneter aus Ohio, trat auf. Nur die Verfassung, sagte er, die North für seine geheimen Operationen verletzt habe, habe ihn, Stokes, von der Unperson zur Persönlichkeit im Schutze des Rechts werden lassen. Auch er habe wie North gedient, aber damals im Zweiten Weltkrieg in Streitkräften, die unter dem Gebot der Rassentrennung standen. Und zum Patriotismus, den North ständig im Munde führte, sagte Stokes noch: »Ich hoffe, Sie werden nie vergessen, daß andere – auch Andersdenkende – Amerika genauso lieben wie Sie und ebenso wie Sie zu sterben bereit waren.«

Hat der Präsident von der »Umleitung« der Iran-Erlöse an die Contras gewußt? Darüber sollte die Aussage von Admiral Poindexter, Reagans damaligem Sicherheitsberater und Oliver North' unmittelbarem Vorgesetzten, letzte Gewißheit verschaffen. Poindexter versicherte, er habe das inkriminierte North-Memorandum nicht an Reagan weitergeleitet. Dem Kongreßausschuß genügte das. Also hat Reagan von der Umleitung nichts gewußt, also kein Absetzungsverfahren, schloß der Ausschuß erleichtert. Er fragte nicht nach Kalender und Telefonkladden des Präsidenten, überließ dem Weißen Haus die Auswahl angeforderter Geheimpapiere und setzte seiner Arbeit selbst die denkbar knappste Frist. Diesen im Wählervolk so überaus beliebten und geliebten Präsidenten absetzen zu wollen? 18 Monate vor Ende seiner Amtszeit? Man würde die eigene Wiederwahl riskieren. Senator Rudman hat bestätigt, wie nahe Reagen einem Impeachment-Verfahren gewesen ist. Innerhalb von 13 Jahren bestand zum zweiten Mal die Möglichkeit eines Absetzungsverfahrens gegen einen Präsidenten.

Poindexter, überführt zwar der Lüge vor dem Kongreß, doch nicht verurteilt, hat jüngst im Auftrage von Pentagon-Chef Rumsfeld ein Computer-Programm entworfen, das sämtliche Informationen über alle Bürger, Kreditkartenkäufe wie Telefonrechnungen, registrieren soll.

Caspar Weinberger, der Verteidigungsminister Reagans, hatte es damals in den Anhörungen verstanden, den Eindruck zu vermitteln, daß er nur gelegentlich, ganz wenig, etwas auf Papier gekritzelt, beileibe kein Tagebuch geführt habe. Dabei registrierte er Beratungen mit dem Präsidenten, Kabinettsdispute, Entscheidungsfindungen, telefonische Absprachen genau, in einem Umfang von über 1700 Blatt. Ein cover-up. Weinberger hat dem Kongreß Beweismaterial vorenthalten und die Rechtsfindung behindert. Er wollte den Präsidenten schützen. Lawrence Walsh, der Sonderstaatsanwalt, sprach von einer »Brandmauer« – so auch der Titel seines Buches –, die um Reagan gezogen worden sei.

Als Walsh im Sommer 1992 zur Prozeßvorbereitung gegen Weinberger auch Reagan einvernehmen wollte, fand er den ehemaligen Präsidenten nur noch in »invalidem« Zustand. Reagan ließ später die Nation wissen, »Alzheimer« sei sein

Schicksal. Wie viele Jahre vor einer Diagnose das Erinnerungsvermögen aussetzt – die Medizin weiß es nicht. Jeder Fall liegt anders. Verschlossen in seiner Welt, zu der niemand Zutritt hat – selbst seine Frau Nancy erkennt er nicht mehr –, lebt Ronald Reagan sein »amerikanisches Leben« (der Titel seiner Autobiographie) zu Ende.

Ich habe keinen Zweifel: Unter den sechs Präsidenten von Nixon bis Clinton, die ich in Amerika erlebt habe, hat er den stärksten Schatten über das Land geworfen. Ihm wurde gutgeschrieben, den Kommunismus zur Strecke gebracht zu haben, womit das auserwählte Amerika erneut als Hebel der Geschichte erschien. Auf ihn beruft sich die »konservative Revolution« der Republikaner bis zum heutigen Tage, obwohl er die staatsbürgerliche Moral verrotten und die Staatsverschuldung ins Astronomische wachsen ließ. Zugleich besetzte er den Apparat der Bundesjustiz, wo immer er konnte, mit konservativen Juristen und sorgte dort für die Dominanz konservativer Überzeugungen weit über die Jahrhundertwende hinaus. Reagan hat den erzkonservativen William Rehnquist zum »chief justice«, zum Vorsitzenden des Obersten Gerichts, berufen. Rehnquist ist es noch immer. Mit seinem verherrlichenden Amerikabild hat er den Boden bereitet, auf dem nach dem Ende der Sowjetunion das Axiom der globalen Hegemonie gedeihen konnte.

### *Rezept für den Staatsstreich*

Das Kernstück im Iran/Contra-Skandal war die Verselbständigung des »National Security Counsel« (NSC). Als Präsident Truman den NSC ins Leben rief, beschrieb der Kongreß dessen Funktion mit Beratung des Präsidenten und Koordination der Ministerien. Der persönliche Zuschnitt wurde dadurch unterstrichen, daß sich der Präsident seine Mitarbeiter im NSC ohne Bestätigung durch den Kongreß suchen konnte. Von einer selbständigen operativen Rolle als Politik umsetzendes Organ war keine Rede. Warum sich Reagan mit Offizieren und Vietnamveteranen wie McFarlane, Poindexter und North umgab, kann nur vermutet werden. Sie kamen wohl zu ihm, denn er verspach eine Neubewertung, moralische Aufwertung des Vietnamkrieges. Seine Anweisung, »Leib und Seele der Contras zusammenzuhalten«, war diesen Männern Befehl, Geheimhaltung und Umgehung der zivilen Institution Kongreß für sie kein Problem. Gleichgesinnte Chargen in der CIA und im Außenministerium ergänzten die Verschwörung der Apparatschiks im Namen des Präsidenten.

Im Unterschied zu Watergate wurden aus dem Iran/Contra-Skandal weder personelle noch juristische, noch gar konstitutionelle Konsequenzen gezogen. Reformen gab es nicht, keiner der Involvierten mußte ins Gefängnis. Dem Sonderstaatsanwalt, dem es oblag, die durch Belügen des Kongresses schuldig Gewordenen strafrechtlich zur Verantwortung zu ziehen, wurden Knüppel zwischen die Beine geworfen, so daß die Untersuchungen immer länger dauerten. Prominente Republikaner beschuldigten Walsh der Hexenjagd, inszenierten politische Kampagnen gegen ihn.

### *Bush wußte auch*

Erst am 30. Oktober 1992, drei Tage vor den Präsidentschaftswahlen Clinton gegen Bush, wird der Text der Anklage gegen Caspar Weinberger veröffentlicht. Ein Aufschrei im Lager Bushs. Walsh sagt, er hatte keine Wahl. Der Sprengstoff: in der Anklage ein weiteres Zitat aus Weinbergers Notizen, dieses vom 7. Januar 1987 – auf einem Höhepunkt der Krise:

»Traf Präsidenten, Shultz, Poindexter, Bill Casey, Ed Meese im Oval Office. Präsident entscheidet israelisch-iranischem Angebot zu folgen mit Entlassung unserer 5 Geiseln gegen Verkauf von 4000 TOWs [Panzerabwehrraketen – U.S.] durch Israel. George Shultz + ich dagegen – Bill Casey, Ed Meese + VP dafür – wie auch Poindexter.«

»VP dafür« ! VP für Vice President, für George Bush. Also

war er dabei gewesen, eingeweiht. Also hat er über all die Jahre gelogen, als er beharrlich behauptete, nicht im »loop«, nicht im Kreis der Informierten und Involvierten, gewesen zu sein. Am 24. Dezember 1992, die letzten Wochen seiner Amtszeit waren angebrochen, reagiert Bush. Er setzt Lawrence Walsh, den »special counsel«, hochkarätigen Juristen und Republikaner alter Schule, matt, indem er Caspar Weinberger und fünf weitere Iran/Contra-Akteure begnadigt. Dem ehemaligen Verteidigungsminister rühmt er nach, einer der Hauptarchitekten des Falls der Berliner Mauer und des Endes der Sowjetunion gewesen zu sein; Rolle und Bedeutung der Iran/Contra-Affäre verweist er zurück auf den nunmehr beendeten Kalten Krieg; das Motiv der Beschuldigten erkennt er in ihrem Patriotismus; ihre Strafverfolgung bewertet er als Kriminalisierung politischer Differenzen. »Time to move on«, ist in Bushs Text noch zu lesen.

Der Iran/Contra-Skandal war »Geschichte«.

# Die Bush-Präsidenten

## *Eine Neue Weltordnung?*

Die Präsidentschaft des George Bush von Januar 1989 bis Januar 1993 deckte sich mit dem zweiten weltgeschichtlichen Bruch im 20. Jahrhundert: mit dem Ende des Kalten Krieges, mit dem Ende des bolschewistischen Experiments, mit dem Ende der Sowjetunion, fünfundvierzig Jahre nach der Zerschlagung des faschistischen Regimes – zu der diese Sowjetunion so wesentlich beigetragen hatte. Eine einmalige Chance und Herausforderung für den Präsidenten der westlichen Führungsmacht. Hatte er eine Vision für die Welt danach, ähnlich Roosevelt, Truman und ihre Berater nach dem Zweiten Weltkrieg? Eine Vision für Amerika und seine Rolle in der Welt, ähnlich der nach 1945 mit Schöpfungen wie den Vereinten Nationen oder dem Marshall-Plan? Aber 1989 war nicht 1945. Am Ende des Kalten Krieges war Amerika arm im Gegensatz zur Zeit nach dem Zweiten Weltkrieg. Da mochte Ronald Reagan noch so triumphierend erklären: »Wir haben den Kalten Krieg gewonnen!«, die Aufrüstung hatte die USA zum größten Schuldnerland gemacht. An Hilfe für die ehemaligen Gegner wollte Washington nicht denken, ebensowenig an eine Stärkung der internationalen Organisationen, die in diesem Augenblick wohl möglich gewesen wäre.

Und wie würde sich das Ende des Kalten Krieges auf Amerika und in Amerika selbst auswirken? Wie würde die amerikanische Gesellschaft reagieren, wenn die Herausforderung eines halben Jahrhunderts und das organisierende, energieerzeugende Prinzip des Ost-West-Konflikts sich plötzlich verflüchtigen? Was macht das hochgerüstete Land ohne Feindbild? Vor allem den Republikanern stellten sich solche Fragen. Sie weit mehr als die Demokraten hatten das Banner des Antikommunismus im Kampf um die Macht vor sich hergetragen. Wo war Ersatz? Ein Politiker vom Zuschnitt Reagans war nicht in Sicht, George Bush galt für die Konservativen als nur matte Alternative. Das empfanden besonders die Rechten. Bush war ihnen ideologisch zu lau.

George Herbert Walker Bush, Bush sen., war ein pragmatischer, konservativer Republikaner. Er war Botschafter in Peking gewesen, dann CIA-Chef, als Vizepräsident Reagans hatte er acht Jahre lang Gelegenheit, der Welt den Puls zu fühlen. Er hätte vorbereitet sein können für einen großen Wurf. Doch große Würfe waren nicht sein Fach. Neben Reagan schien er Unauffälligkeit zu bevorzugen, später hatte er nur Spott für die Lust seines Vorgängers auf Visionen; »the vision-thing« nannte er sie.

Daß er die ersten Wochen seiner Präsidentschaft einer strategischen Bestandsaufnahme widmete, war begreiflich. Mißtrauen gegenüber Reagans vertraulichem Umgang mit Gorbatschow hatte sich unter Konservativen breitgemacht, das Transit-Team der neuen Bush-Administration setzte die meisten Reagan-Leute ohne viel Federlesens an die Luft. »Feindliche Übernahme« nannte das Jack Matlock, Botschafter in Moskau. Gorbatschow wurde ungeduldig, wollte mehr Tempo sehen beim Abbau der Strukturen des Kalten Krieges. Die Europäer desgleichen. Vor einer Nato-Konferenz in Brüssel im Mai 1989 war ihre Ungeduld zum Greifen. Bush indessen argwöhnte, Gorbatschow wolle die Führungsrolle der USA im Nato-Bündnis untergraben. Bestärkt in diesem Argwohn hatte ihn kein anderer als sein Verteidigungsminister Richard Cheney – derselbe Cheney, der dann George W. Bushs Vizepräsident wurde. Cheney hielt Gorbatschows Reformen für rein »kosmetisch«. Vergebens drängten Bundeskanzler Kohl und andere Europäer auf dem Gipfel der »G 7« in Houston/Texas im Sommer 1990 auf gemeinsame Wirtschaftshilfe für Gorbatschow. Bushs Agrarminister Clayton Yeutter wehrte ab. Die zu verhandelnde »Uruguay-Runde« des Allgemeinen Zoll-und Handelsabkommens sei »zehnmal wichtiger, als was sich in unseren Beziehungen zur Sowjetunion abspielt«, argumentierte er. Lakonisch kommentierte in Houston Bonns Wirtschaftsminister Haussmann: »Die direkte Betroffenheit der Deutschen und der Europäer ist von anderer Qualität als die der Amerikaner.«

### *Alte Machteliten – Strategen von heute*

Die Deutschen hatten trotzdem Grund, Bush hohes Lob zu zollen. Für die Zukunft Deutschlands handelte er weitsichtig und entschlossen, als er Gorbatschow, Frau Thatcher und Präsident Mitterrand überzeugte, daß das deutsche Problem nur in der Wiedervereinigung zu lösen sei und das vereinte Deutschland Mitglied der Nato werden müsse. Freilich, auch handfeste amerikanische Interessen waren im Spiel. Ein Strategiepapier des US-Verteidigungsministeriums urteilte alsbald unverblümt, es sei einer »der weniger sichtbaren Siege« im Kalten Krieg gewesen, daß Deutschland und Japan in Sicherheitssysteme integriert werden konnten, die von den USA geführt werden. Über »diesen weniger sichtbaren Sieg« wurde eben auch weniger offen gesprochen. Doch wurde über die Rolle der USA in der Welt nach dem Kalten Krieg intensiv nachgedacht – in der Welt ohne Sowjetunion.

Das Papier, das im März 1992 als »Richtlinien für die Verteidigung der USA« über die »New York Times« bekannt wurde, ist auch im nachhinein atemberaubend: Es ist Urform und Ursprung des Dokuments »Nationale Sicherheitsstrategie der USA«, das die Bush jun.-Administration im September 2002 verabschieden ließ. Darin finden sich alle Punkte, die 2002, zehn Jahre später, das militärpolilitische Denken der Administration des George Bush jun. charakterisierten – auch ohne Terrorangriff auf die USA im Ausmaß des 11. September 2001. Der Hintergrund sagt alles: Die Verfasser des Papiers von 1992 sind identisch mit den Strategen von heute, nur daß die Präsidentschaft inzwischen vom Vater Bush auf den Sohn übergegangen ist – wenngleich auf Umwegen.

Das Erscheinen des Papiers fiel in das letzte Amtsjahr des George Bush sen. Auf einen Sieg Clintons gegen Bush hätte damals, im Frühjahr 1992, niemand gewettet; Bush, der Sieger im Golfkrieg, würde doch wohl gewinnen. Das Papier war in Auftrag gegeben worden von Richard Cheney, damals Verteigungsminister, heute Vizepräsident. Es war verantwortlich verfaßt worden von Paul Wolfowitz, damals Cheneys Staatssekretär für politische Angelegenheiten, heute Stellvertretender Verteidigungsminister. Kaum war der Kalte Krieg zu Ende, postulieren sie die unangefochtene und kontinuierliche Vormacht der USA weltweit. Das amerikanische Militärpotential müsse überall und immer stark genug sein, potentielle Rivalen von regionalen oder globalen Ambitionen abzuschrecken. Rußland und China wurden genannt, warnend aber auch Deutschland und Japan, die sich im Namen ihrer Sicherheit Atomwaffen beschaffen und auf diesem Wege zu Konkurrenten der USA werden könnten. Weiter hieß es dazu: In Europa müsse eine substantielle Präsenz der USA gesichert werden; es müsse versucht werden, zu verhindern, daß Europa eigene Sicherheitsstrukturen entwickelt, die die Nato unterminieren könnten. Die mittel-osteuropäischen Länder des ehemaligen Sowjetimperiums müßten um ihrer Stabilität willen so bald wie möglich der Europäischen Gemeinschaft inkorporiert werden. Internationale Koalitionen sollten die USA nur ad hoc und ohne auf Dauer verpflichtende Wirkung eingehen, internationale Organisationen meiden.

Das also war von der »Neuen Weltordnung« des George Bush sen. mit der Betonung von Kooperation und UN-Mandat ein Jahr nach dem Golfkrieg gegen den Irak übriggeblieben. Ein gewaltiger Anschub zu ungeahnten Entwicklungen, aggressiv im Denkansatz. Zu verwirklichen allein mit einem konservativen Republikaner im Weißen Haus. Hoffnungen auf einen solchen Mann im Weißen Haus schienen allerdings wenig begründet.

## *Die Clinton-Hatz*

Die Präsidentschaftswahlen gegen Bill Clinton 1992 verlor George Bush. Nicht, daß man ihm zum Vorwurf gemacht hätte, Saddam Hussein, den »Hitler« der Neuzeit, nicht bis zur Vernichtung verfolgt zu haben. Nein, es ging um anderes. Bill Clinton hatte, was George Bush vermissen ließ: ein Programm zur Bewältigung angestauter Struktur- und Sozialprobleme. Das war dem Wähler damals wichtig; wichtiger in diesem Augenblick als alle Außenpolitik, zumal in diesem Feld das Bild des George Bush sen. als »leader« eben doch unscharf geblieben war. Um den Vorwurf der konservativen Republikaner zu kontern, er sei ideologisch lau, gar ein Versager, versuchte Bush mit aller Kraft, einen konservativen Juristen in das Oberste Gericht zu bringen. Seine Wahl fiel auf Clarence Thomas, einen Afro-Amerikaner. Von Stund an nahm die amerikanische Innenpolitik sichtbar eine Wendung nach rechts.

Von Anfang an war die demokratische Mehrheit im Senat entschlossen, Clarence Thomas nicht zu bestätigen. Der Mann hatte politische, aber keine juristischen Empfehlungen vorzuweisen. Vollends erledigt schien der Fall, als eine ebenfalls schwarze Juristin mit der Behauptung auftrat, Clarence Thomas habe sie sexuell belästigt. Anita Hill.

Doch da kam die Wende, und sie fiel, purer Zufall, mit dem Richtlinienpapier des Pentagon zusammen. Im März 1992 druckte das Kampfblatt der Konservativen, »The American Spectator«, einen Artikel, der Anita Hill der Lüge und der Falschaussage zieh. Der Artikel wurde zur Sensation. Die seriösen Medien griffen ihn auf, und der bis dahin unbekannte Autor, David Brock, wurde über Nacht berühmt. Er schien in der Art, wie er investigativen Journalismus vorführte, durchaus glaubhaft. Auch ich hatte diesen Eindruck, als ich das Stück las. In Wahrheit war es gezielter Rufmord.

Das wissen wir seit März 2002 aus den Bekenntnissen des David Brock in seinem Buch »Blinded by the Right«. Er, ein zweifellos begabter Schreiber, hatte sich den Rechten und ihren Geldgebern, dies vor allem, aus vielerlei Gründen verdungen. Er setzte den Auftakt für eines der übelsten Kapitel in der politischen und journalistischen Geschichte der USA. Kein Außenstehender konnte zu Beginn der neunziger Jahre auch nur ahnen, mit wieviel List und Tücke, Lüge und Rafinesse, Geld und Korruption fanatisierte Rechte die Liberalen im Lande als die Nachfahren der »counter culture« der sechziger Jahre verunglimpfen und bekämpfen würden. Einen »Kulturkampf« brachen sie los, und sie übernahmen durchaus das deutsche Wort dafür. Sie setzten den Kalten Krieg fort, jetzt gegen den Feind im Innern. Fast wie zu McCarthys Zeiten in den fünfziger Jahren. Damals wurden Menschen gejagt, die im Verdacht standen, Kommunisten zu sein; in den neunziger Jahren die Liberalen, darunter die Parteigänger »des korrupten Wohlfahrtsstaates« genauso wie die Mitschuldigen an »der nationalen Krise der Moral«. Sex hielt Einzug in die Politik, Sex wurde justiziabel, und damit wurde die Hatz auf Clinton erst möglich.

# Der Kalte Krieg geht weiter – im Innern

## *»Instant« Haß*

Am 6. Februar 1993 berichtete ich dem Rias:

»Clinton hat ja noch nicht mal Zeit gehabt, die Klosetts im Weißen Haus zu finden, da nimmt ihn die Presse schon auseinander – entrüstete sich ein Leser der ›Washington Post‹. Der Mann hatte, um im Bilde zu bleiben, den richtigen Riecher. Denn was die amerikanischen Medien, die elektronischen und die Printmedien gleichermaßen, mit ihrem neuen Präsidenten in den ersten zwei Wochen seiner Amtszeit angestellt haben, ist nicht nur unter allem Niveau und Renommee, das die amerikanische Presse zu besitzen beansprucht, es ist auch höchst bedenklich in den Folgen ...«

Pannen waren von Anfang an passiert. Clinton hatte Niederlagen einstecken müssen: bei der Kabinettsbildung, mit dem kühnen Projekt der Entdiskriminierung der Homosexuellen in der Armee, bei dem Versuch einer überfälligen Reform der Krankenversicherung, bei der Beschäftigung von Günstlingen im Weißen Haus. Im Fernsehen hieß es alsbald, der Präsident strauchele, er habe den Verstand einer Mücke. »Whitewater« kam hinzu, der Vorwurf, die Clintons hätten in Arkansas, als er noch Gouverneur war, krumme Grundstücksgeschäfte gemacht. »Watergate« wurde assoziiert. Ein Sonderstaatsanwalt wurde berufen; Jahre später mußte er die Clintons rehabilitieren. Andere »-gates« (gate, das beliebte Suffix für den Skandal) sorgten für Wirbel. Selbst der Selbstmord eines alten Freundes, Vincent Fosters, den die Clintons als Berater nach Washington geholt hatten, wurde gegen sie ausgeschlachtet. Sie kamen unter Mordverdacht. Die Moral Majority, ein Zweig der religiösen Rechten, vertrieb ein Video mit der Behauptung, mehrere Menschen seien zur Zeit des Gouverneurs Clinton auf mysteriöse Weise verschwunden, auch habe Clinton über einen geheimen Flugplatz in Arkansas Drogen in seinen Staat geschmuggelt.

Als schließlich noch Paula Jones, eine Angestellte in der Landesregierung von Arkansas, angestiftet von dem nämlichen David Brock, mit der Behauptung auftrat, der Gouverneur Clinton habe sie sexuell belästigt, brachen alle Dämme: die juristischen, die den Sonderstaatsanwalt Kenneth Starr in den Schranken seines Mandats diszipliniert hätten; die journalistischen, die für klare Trennung zwischen seriöser Berichterstattung und der Sensationsflut der Massenmedien gesorgt hätten; schließlich die Dämme, die einmal zum Schutze des Bürgers und also auch des Präsidenten um deren Privatsphäre errichtet worden waren.

Woher der Haß gegen Bill und Hillary Clinton? Aus welchen Quellen speiste er sich? Selbst als seriös geltende Blätter versagten dem Präsidenten die Schonzeit der ersten hundert Tage. Das hatte ich noch nicht erlebt. So viel Ungewöhnliches, Undurchsichtiges; alles wie in einem Nebel. Was oder wer steckte dahinter?

Gut, die Medien boten ein neues, erschreckendes Bild. Die Reporter in Washington waren in erster Linie hinter Sensationen her, sie brauchten den »hit«, den Skandal hinter den Kulissen. Immer dichter war die Konkurrenz geworden, immer anfälliger die Position derer, die keine »hits« lieferten. Das Kabelfernsehen hatte neue Stationen und Sendungen im Gefolge; Talk-Shows und Entertainment eiferten um die Wette. Der Erfolg schien um so größer, je absurder die Behauptung. Talk-Show-Master bar jeden journalistischen Gewissens machten Meinung. Aber das waren mehr die Ausflüsse des Hasses gegen Clinton, nicht seine Erklärung.

Der Mann hatte Charakterschwächen. So viel war schon im Wahlkampf klargeworden. Mut zur unbequemen Wahrheit und Vertrauen in ihre Wirkung waren nicht seine Sache. Clinton gehörte zur Generation der »babyboomer«. Für die Konservativen war er ein Produkt der »counter culture« der sechziger

Jahre. Damit wurde suggeriert: Vietnamkriegsgegner, Promiskuität, Drogenkonsum – die angeblich typischen Merkmale der Urheber für die »nationale Krise der Moral«. Clinton kam aus der Hefe des Volkes. Er hatte sich hochgearbeitet zu einem in Arkansas erfolgreichen »neuen« Demokraten: auf die Mitte zielend, Entregulierungen der Wirtschaft und Abbau sozialstaatlicher Verwucherungen im Sinn. Für seine Gegner war er trotzdem ein Links-Liberaler. Einer, der mit dem »L-Wort« zu belegen war. George Bush sen. hatte das »L-Wort« für »liberal« als Inbegriff des politischen Schwachsinns eingeführt.

Die Anti-Clinton-Strategie der rechten Republikaner – von Anfang an unter kräftiger Mitwirkung der religiösen Rechten – war im Grunde genommen einfach und sehr direkt, gleichwohl nicht sofort zu durchschauen. Bill Clinton, als Person und als Präsident, mußte als der absolute Tiefpunkt der moralischen Krise dargestellt werden. Er mußte als Person zerstört werden, damit seine Präsidentschaft zerstört werden konnte, damit wieder ein Konservativer ins höchste Amt käme. Dies galt um so mehr, als der »neue Demokrat« Clinton den Konservativen einen Teil ihrer wirtschafts- und sozialpolitischen Agenda stahl und darüber das Erbe Reagans zuzuschütten drohte.

Gab es die »breite rechtsgerichtete Verschwörung«, von der die First Lady Hillary Clinton gesprochen hatte? Es gab laut David Brock eine konservative »Bewegung«, den losen Zusammenhang von religiösen Rechten, von Schußwaffen-Lobby, Leitartiklern des »Wall Street Journal«, Neo-Konservativen – das waren von Reagan umgedrehte Demokraten –, prominenten Publizisten, republikanischen Kongreßabgeordnete und hochmögenden Mäzenen. David Brock hat sie nach seiner Läuterung die »Leninisten« der Rechten genannt.

Als außerordentlich effektiv in diesem Rahmen erwies sich die Christliche Koalition, eine Dachorganisation vorwiegend protestantischer Fundamentalisten, die, angeblich ewig benachteiligt, endlich in der Politik auch etwas zu sagen haben wollten. Für sie war die Trennung von Kirche und Staat eine »Lüge der Linken«, war die gegebene Lage geprägt von »Clintons gottlosem Liberalismus«. Die Christliche Koalition wurde geführt von dem Fernseh-Evangelisten Pat Robertson, dirigiert aber von dem jungen Organisationsgenie Ralph Reed. Vom »Macher, der dem Heiligen Geist den Weg weist«, hörte ich seine Helfer schwärmen.

Reed hatte mit seinen Methoden, Wähler für die »richtigen« Kandidaten zu mobilisieren, großen Anteil am Wahlerfolg der Republikaner bei den Zwischenwahlen im November 1994 – und damit an der »konservativen Revolution«. Das Wort war Schlachtruf und Programm zugleich. Für den Demokraten im Weißen Haus, Bill Clinton, eine mächtige Herausforderung. Mit einem Schlag wurden beide Häuser des Kongresses von Republikanern dominiert, der Führer der Revolution, Newt Gingrich, wurde »speaker«, mithin der dritte Mann im Staate. Zugkräftig propagierte er den »Kontrakt mit Amerika«, durch den er Regierung und Kongreß rundum zu erneuern versprach. Er trimmte eine neue Generation republikanischer Heißsporne auf Aktivismus und Disziplin. Gingrich wollte die amerikanische Zivilisation erneuern und – so formulierte einer seiner engen Freunde – »… indem er das tut, die Welt retten«.

### *Das Umfeld der Rechten*

Mitte der neunziger Jahre war diese Zivilisation in heftiger Gärung. Nur schnelles Vergessen und der Abglanz des Medienrummels legen heute nahe, es habe sich damals alles um Clintons Affären, Monica Lewinsky und Kenneth Starr, den Sonderstaatsanwalt, gedreht. Oklahoma City? Sagt das noch jemandem etwas? Dort flog am 19. April 1995 ein Gebäude in die Luft, vorwiegend mit Bundesbehörden belegt. Auch mit einem Kindergarten. 168 Tote, Hunderte verletzt. Eine Autobombe, nicht, wie sofort spekuliert wurde, von islamistischen Terroristen gezündet, nein – ein Fernsehmoderator schrie es vor offener Kamera heraus: »Ich kann es nicht fassen. Amerikaner töten Amerikaner.«

Timothy McVeigh, 27, war der Attentäter, durch Zufall schnell gefaßt. Er behauptete, sein Terrorakt sei Rache gewesen dafür, daß die Regierung Clinton zwei Jahre zuvor die waffenstarrende Anlage der Davidian-Sekte in Texas habe stürmen lassen. Im Brand der Gebäude waren die meisten Sektenmitglieder zu Tode gekommen. McVeigh war das Produkt der Ideologie rechtsextremistischer Gruppen. Er gehörte zu einem Gewaltpotential, das lange nicht ernst genommen oder geflissentlich übersehen oder sogar bewußt toleriert wurde. Der erste Verfassungszusatz, in der Bill of Rights von 1791 enthalten, garantiert Meinungs-, Presse- und Versammlungsfreiheit, und dafür lassen sich die Amerikaner ans Kreuz schlagen.

In Texas hatte ich gegen Ende der siebziger Jahre Leute des Ku-Klux-Klan, Suprematisten, Gefolgsleute der Aryan Nation und paramilitärische Verbände bei gemeinsamen Kriegsspielen beobachtet. Die Polizei hatte mich bei Einfahrt in ein großes Waldgebiet gewarnt: »Auf eigene Verantwortung!« Männer in schwarzen Kampfanzügen kontrollierten alsbald meinen weiteren Weg. Der Feind hieß: Einwanderer aus Vietnam. Nebenbei vertrieben die Buschkrieger antisemitische Pamphlete. Dem deutschen Korrespondenten, der sie an den Holocaust erinnerte, antworteten sie mit höhnischem Gelächter.

Die logische Fortsetzung solchen Treibens war 1992 die Gründung der »Militias«. In zwanzig Bundesstaaten formierten sich paramilitärische Verbände mit dem erklärten Ziel, den bewaffneten Widerstand gegen die Bundesregierung und ihre Organe aufzubauen. Beseitigung jeder Schußwaffenkontrolle war eines ihrer Hauptziele. Sie verdächtigten die Bundesregierung, mit Hilfe russischer und chinesischer Truppen die Waffen loyaler Bürger konfiszieren zu wollen. Sie wähnten eine Machtübernahme durch die Vereinten Nationen, die Diktatur einer Weltregierung – wenn nicht der bewaffnete Kampf gegen die »Neue Weltordnung« vorbereitet werde. Ideologische Hirngespinste paarten sich mit der uralten amerikanischen Lust an Verschwörungstheorien.

Offenkundig gab es in der Sicht der »Militias« Berührungspunkte mit den Phantasien des Pat Robertson von der Gefahr einer Weltregierung, die er, das Haupt der Christlichen Koalition, in einem Buch gegen die »Neue Weltordnung« niedergelegt hatte. Auch die Antiregierungs- und Antistaatsrhetorik führender Republikaner von Reagan bis Gingrich schien in den Wirrköpfen der Provinzrevolutionäre in den »Militias« eine Rolle zu spielen. Berge von Waffen und Pläne der Erstürmung von Waffendepots sind nach dem Blutbad von Oklahoma City in Virginia gefunden worden, ähnliches in Arizona. Es überraschte mich nicht, wie ich in meinem ZEIT-Bericht aus Oklahoma City April 1995 anmerkte, daß Präsident Clinton einen Zusammenhang zwischen dem Bombenanschlag und den Botschaften des Hasses der Rechten erkannte.

Rush Limbough zum Beispiel. »Rush« war der Chefpropagandist der Rechten, vor Mikrofon und Kamera absolut skrupellos im Umgang mit der Wahrheit. Keine Lüge war ihm zu dreist. Newt Gingrich rühmte seine Bedeutung für die konservative Revolution und für den Kampf gegen den »korrupten liberalen Wohlfahrtsstaat«. Im Radio hatte Limbough Millionen und Abermillionen Hörer, vor allem im »Herzland« in Amerikas Mitte, wo gottesfürchtige Amerikaner längst überzeugt waren, von den »liberalen Medien« nur belogen und bevormundet zu werden.

In jenem Herbst 1995, als sich ein Dutzend Republikaner, beflügelt vom Siegeszug der Gingrich-Revolutionäre, schon für die Präsidentschaftswahlen 1996 rüstete, stand plötzlich ein Außenseiter im Brennpunkt aller Wahlspekulationen. Ein pensionierter General belebte und bewegte die Phantasie Amerikas als mögliche Figur des nächsten Präsidenten: Colin Powell. Im Golfkrieg war er als Chef der Generalstäbe populär geworden, die Medien vergötterten ihn, der Kongreß begegnete ihm mit großem Respekt, eine Buchtournee baute ihn zum profilierten Führer für die Nation auf. Der Sohn schwarzer Einwanderer aus Jamaika hatte sich mit Leistung und mit einer Strähne Glück an die Spitze der amerikanischen

Streitkräfte gearbeitet, galt aber auch auf dem politischen Parkett sehr bald als Begabung. Sollte er für 1996 »laufen«? Wenn ja, als was? Als Unabhängiger mit wenig Chancen oder als Republikaner mit besseren Aussichten, aber vielen Ansichten eines Demokraten? Die Rechten lehnten ihn ab. Er trat für Schußwaffenkontrolle, Entscheidungsfreiheit im Schwangerschaftsabbruch und für die Fortsetzung von Förderungsmaßnahmen für farbige Amerikaner ein. Powell als Präsident, so fürchtete die republikanische Rechte, würde die ideologische Verve der Gingrich-Revolutionäre austrocknen. Viele weiße Amerikaner hegten indessen die Hoffnung, in dem Farbigen Powell eine Integrationsfigur zur Bewältigung des Rassenkonflikts zu finden.

Aus einem Interview mit Powell erfuhr ich, daß er 1986 am Ende seiner Dienstzeit als Kommandeur des V. US-Armeekorps in der Bundesrepublik dem Bürgermeister von Gelnhausen in Hessen eine Botschaft hinterlassen hatte: »Wendet Euch an mich, wenn Ihr Sorgen habt.« Aber das ist nicht mehr aktuell.

## *Perversion der Justiz*

Eine seltsame Verkettung von Umständen, die ursprünglich nichts miteinander zu tun hatten, löste gegen Ende des Jahres 1995 nicht nur für Bill Clinton, sondern für ganz Amerika beschämende Ereignisse aus – zudem eine weitere Staats- und Verfassungskrise mit der Eröffnung eines Absetzungsverfahrens –, alles wegen Sex.

In Kürze: Der Streit um den nächsten Haushalt wurde zum schweren Konflikt zwischen Präsident und Kongreß. »Sprecher« Newt Gingrich wollte per Gesetz ein ausgeglichenes Budget erzwingen, und zwar sofort, Bill Clinton wollte Spielraum für Sozialprogramme behalten, den Budgetausgleich in Etappen erreichen – was ihm dann auch gelungen ist. Ende 1995 wollte keiner einlenken, Gingrich verweigerte ein Überbrückungsbudget. Daraufhin schloß Clinton alle bundesstaatlichen Einrichtungen, schickte ein Heer von Beamten und Angestellten nach Hause. Die Öffentlichkeit war empört über Gingrich, der schließlich nachgab, unter Protest seiner »Revolutionäre«. Während des Regierungsstillstands wurden im Weißen Haus mehr als üblich Hospitanten eingesetzt, darunter die 21jährige Monica Lewinsky. Sie nutzte den Augenblick, brachte ihre Reize in das Blickfeld des Präsidenten, und Clinton biß an.

Vielleicht wäre seine Eskapade nie ans Licht gekommen, hätte nicht die früher erwähnte Paula Jones, die dem ehemaligen Gouverneur sexuelle Belästigung vorgeworfen hatte, auf Schadensersatz geklagt. Nun wollten die politischen und juristischen Drahtzieher der Kampagne gegen Clinton dem Präsidenten ein Verhaltensmuster sexueller Belästigungen nachweisen. Sie suchten Zeuginnen. Monica Lewinsky wurde vorgeladen, mußte aussagen. Im Januar 1998 wurde sie Clinton gegenübergestellt. Er bestritt Sexualverkehr, log, verfing sich in der Meineidfalle des Sonderstaatsanwalts Kenneth Starr und seiner Gehilfen, die unter der Hand die Medien fütterten. Scheinbar auch unter der Hand hatte Kenneth Starr sein urspünglich auf Untersuchung des vermeintlichen Whitewater-Grundstücksskandals begrenztes Mandat ständig erweitert. Am Schluß seiner »Ermittlungen« stand allein das Sexualleben des Präsidenten.

Noch dies zur Erinnerung: Eine »gute ältere Freundin«, Linda Tripp, der sich Monica Lewinsky ratsuchend offenbarte, schnitt heimlich die Bekenntnisse mit, ließ sie Starr zukommen und sich selbst von diesem zu weiteren Gesprächen mit Lewinsky schicken, sorgfältig vernetzt mit Mikrofonen. Illegales Beweismaterial? Nicht doch – wenn es gegen Clinton ging. Daß Clinton 1996 zu aller Überraschung zum zweiten Mal das Weiße Haus erobert hatte, schien nur insofern von Bedeutung, als die rechten Republikaner und die ihnen verbundenen Kolumnisten von Stund an darauf sonnen, wie sie ihn im Absetzungsverfahren aus dem Amt werfen könnten. Fortsetzung des Kalten Krieges. Der Zweck würde auch jetzt die Mittel heiligen.

Was sich ab September 1998 abspielte, war für Amerika beschämend, für die zivilisierte Welt eine Zumutung und eine Beleidigung des Verständnisses von Recht und Anstand. Der Untersuchungsbericht des Sonderermittlers Kenneth Starr zu Clintons Lewinsky-Affäre wurde dem Repräsentantenhaus zugestellt. Es beschloß, den Bericht in voller Länger und mit allen der Pornographie eigenen Details ins Internet einzuspeisen. 445 Seiten. Manche Zeitungen druckten ihn in voller Länge. Er erschien sofort auch als Buch. Eine Woche danach wurde auch das Video mit dem vierstündigen Verhör Clintons vor einer Grand Jury (Geschworenenkammer, die über die Eröffnung eines Hauptverfahrens entscheidet) Nachrichtensendern zur Verbreitung im Fernsehen überlassen. Im Schriftband des Bildes die Warnung: Testimony may contain explicit details. Wer eigentlich sollte jetzt noch gewarnt werden – Eltern, Kinder, Lehrer? Der Mann, der nicht den Mut hatte, sich der Öffentlichkeit mit einem Vergehen zu stellen, das im Weißen Haus kein Erstereignis war, der sich den Strick, den ihm seine Gegner flochten, selbst noch umhängte – er war trotz allem der Präsident der Vereinigten Staaten, nunmehr vor aller Welt bloßgestellt und erniedrigt. Er hätte freilich auch zurücktreten können. Nicht seine Art indessen. »Comeback kid« war er einst genannt worden. Außerdem mußte er wohl etwas über Einkommen und Anwaltskosten nachdenken.

Zielstrebig war der Schutzraum um die Privatsphäre des Bill Clinton zerstört worden. Kenneth Starr hatte die engen Mitarbeiter, Freunde und Sicherheitsbeamte vorgeladen, all jene, die zum Kreis der Vertrauten eines Präsidenten gehören. Das Oberste Gericht überdies hatte geurteilt, auch ein Präsident müsse die Zeit haben, sich einer Zivilklage zu stellen. Der Aufschub für den Paula-Jones-Prozeß wurde abgelehnt. Für die Beseitigung der Präsidentschaft Clintons war die Zerstörung seiner Person kalkulierte Voraussetzung. Der sensible ehemalige Clinton-Freund Vincent Foster hatte unter unvergleichlich geringerem Druck nur noch im Selbstmord den

Ausweg gesehen. Als ich bei CNN Clinton im Verhör beobachtete, die Staatsanwälte blieben im »off«, schoß mir die Frage durch den Kopf: Hat das nicht stalinistische Züge? Im Namen des Rechts wird Recht – the rule of law – zerstört; im Namen der Moral wird Moral in Heuchelei ertränkt; im Namen der Demokratie werden der Demokratie schwere Schläge versetzt. Es ist nie einer dafür zur Rechenschaft gezogen worden.

Mußte man aber nicht auch nach der mitwirkenden Rolle der amerikanischen Öffentlichkeit fragen? Nach dem Selbstverständnis der Medien vor allem, die sich ohne Ausnahme um die geilen Details der Lewinsky-Affäre rissen und nicht zurück konnten, als die Affäre zur Verfassungskrise geriet? Es war nach der Verantwortung der ganzen Nation zu fragen, die in ihrer traditionellen puritanischen Haßliebe zum Sex den Medien Auflagen und Einschaltquoten bescherte und so die Haßkampagnen gegen einen immerhin zweimal gewählten Präsidenten mittrug.

Das Repräsentantenhaus beschloß »impeachment«, ein Absetzungsverfahren gegen Clinton wegen Meineides und Behinderung des Rechts. Der Senat jedoch wies im Februar 1999 das Absetzungsverfahren ab. Die Verfassung will den Absetzungsparagraphen »schwere Verbrechen und Vergehen« politisch begründet sehen, nicht damit, daß ein Präsident unter Eid eine Sexaffäre leugnet. Dafür war eine Zweidrittelmehrheit des Senats nicht zu haben.

# Die Verfassung – nur noch Ikone?

## *Richter auf Lebenszeit*

Amerikaner, soweit sie in Präsidentschaftswahlen ihre Stimme abgeben, unterschätzen im allgemeinen die Möglichkeiten, die sich dem Sieger für die ideologische Orientierung der Judikative eröffnen. Der Präsident kann im Justizapparat des Bundes und also auch im Obersten Gericht Vakanzen füllen und mit Juristen besetzen – auf Lebenszeit! –, von denen er glaubt, daß sie seinen Erwartungen und Überzeugungen am besten entsprechen. Auf diese Weise, ganz grob gesprochen, setzt sich das Oberste Gericht, der Supreme Court, aus konservativen und liberalen Juristen zusammen, neun insgesamt, je nachdem, wer sie berufen hat. Dieser Raster stimmt nicht immer.

Es gehörte zur Standardklage der rechten Republikaner, daß der Supreme Court sich in Zeiten einer Mehrheit der liberalen Richter einer »judikativen (judicial) Tyrannei« schuldig gemacht habe. Sie bezogen sich dabei auf Urteile in den sechziger und siebziger Jahren, die die Rechte des einzelnen gegen staatliche Gewalt ebenso wie die Rechte von Minderheiten stärkten und vor allem auf die Legalisierung der Abtreibung durch das Oberste Gericht im Jahre 1973. Legalisierte Abtreibung ist bis in die Gegenwart ein Schwerpunkt konservativer Agitation und Politik; selbst die Außenpolitik im Umgang mit den Vereinten Nationen ist davon berührt. Wo nun die Konservativen von »judikativer Tyrannei« des Obersten Gerichts sprachen, da priesen die Liberalen zum Beispiel in der Durchsetzung der Gleichberechtigung der Schwarzen, dessen »judikativen Aktivismus«. Damit ist es lange vorbei. Unter dem Vorsitz des noch von Präsident Reagan berufenen Obersten Richters William Rehnquist lief der Trend in umgekehrter Richtung. Zwei der Richter, Rehnquist war einer von ihnen, haben in den neunziger Jahren ihren beabsichtigten Rücktritt verzögert, bis klar sein würde, wer ihre Nachfolger sein könnten. Sie wollten, falls der Demokrat Al Gore die Wahlen im Jahre 2000 gewönne, die konservative Mehrheit im Supreme Court erhalten. Sie wollten vor allem, daß der Republikaner George Bush jun. gewönne.

### *Staatsstreich in Florida*

Die Wahlergebnisse vom 7. November 2000 waren bundesweit so knapp, daß alles vom Wahlausgang in Florida abhing. Der Demokrat Al Gore hatte die Mehrheit der abgegebenen Stimmen, das stand fest. Aber darauf kommt es in Amerika nicht an. Auf die Wahlmänner kommt es an. Wer in einem Bundesstaat der Gewinner ist, dem fällt die Gesamtheit der Wahlmännerstimmen zu. Florida war das Zünglein an der Waage. Dort hatte George Bush jun. einen Vorsprung von weniger als 0,5 Prozent der abgegebenen Stimmen. Eine automatische Nachzählung war fällig, das Gesetz will es so. Der Vorsprung Bushs schrumpfte nun auf 327 Stimmen von insgesamt 5,8 Millionen zusammen. Jetzt verlangte die Demokratische Partei in vier kritischen Wahlkreisen eine Nachzählung per Hand. Das Oberste Gericht Floridas folgte dem Antrag. Viele veraltete Wahlmaschinen, das wußte man inzwischen, hatten eine Menge ungültiger Stimmzettel produziert. Aber das Nachzählen geriet zum logistischen Albtraum. Die Administration des Gouverneurs, eines Bruders des heutigen Präsidenten, hatte eine Frist gesetzt, die nicht einzuhalten war. Die Republikaner erhoben Protest gegen das Nachzählen, George Bush jun. erhob Klage beim Obersten Gericht der USA.

Am 12. Dezember 2000 fiel die Entscheidung. Sie fiel wie ein Hammer. Mit der Mehrheit seiner konservativen Richter stoppte das Oberste Gericht 5:4 jede weitere Nachzählung der Stimmen in Florida. Im Klartext: Das Oberste Gericht der USA unter Vorsitz des Chief Justice William Rehnquist usurpierte die Wahlentscheidung, machte George W. Bush zum

Präsidenten; nicht der Wähler, das Volk. Ein Ereignis ohne Beispiel in der Geschichte der USA. Die konservativen Richter beriefen sich umständlich auf Gesetz und Verfassung, aber Fragen nach der Legimität des Wahlausgangs und des neuen Präsidenten ignorierten sie. Im Kreise der unterlegenen Vier urteilte Richter John Paul Stevens, das »der Verfassung innewohnende Prinzip, wonach jede legal abgegebenene Stimme gezählt werden muß«, sei am 12. Dezember 2000 gröblich verletzt worden. Es gab Proteste, gewiß. 554 Juraprofessoren zum Beispiel inserierten ihn in der »New York Times«. Auf die Barrikaden ist niemand gestiegen.

Vorbei das Bewußtsein, passé die Zeit, da sich 1973 ein Sam Ervin vor dem Kongreßausschuß und aller Öffentlichkeit empören konnte: »Das kostbarste Erbe, das Recht, die Stimme in freien Wahlen abzugeben«, das hätten die Einbrecher im Watergate zu stehlen versucht. »Judikative Tyrannei«? Das war von den Konservativen jetzt nicht zu hören. Einer der Ihren war wieder Präsident geworden. Wie auch immer. Er konnte nun an die Verwirklichung ihrer Tagesordnung gehen.

Nach diesem Richterspruch müssen sich die Amerikaner eine elementare Frage gefallen lassen: Was ist ihre Verfassung noch, auf die sie sich so stolz berufen: wirklich die Richtschnur aller politischen Dinge oder eine Ikone, die sie aus Gewohnheit vor sich hertragen? Die Ergebenheit, mit der eine Mehrheit der Amerikaner in jüngster Geschichte Verstöße gegen die Verfassung einsteckt, legt den Schluß nahe, daß auch die beste Verfassung immer nur so viel wert ist, wie Bürgerbewußtsein ihr abverlangt.

### *Bushs Amerika: die Zukunft?*

Das Zitat stammt nicht aus den Internet-Anekdoten, das Nachrichtenmagazin »U. S. News & World Report« (31. März 2003) hat es aus den Gesprächen des amerikanischen Präsidenten mit dem italienischen Ministerpräsidenten Berlusconi kurz vor Eröffnung des Irak-Krieges aufgegriffen. Damals sagte George W. Bush: »Wenn du von etwas überzeugt bist, dann tritt dafür ein, und das Volk wird dir folgen.« … and the people will follow you. Ist das wirklich so? Auch wenn der amerikanische Präsident nicht gesagt hat, wohin, zu welchem Zweck, mit welchen Mitteln er das Volk führen will? Schwer vorstellbar, daß solche Fragen für die amerikanischen Bürger keine Rolle mehr spielen sollten. Erinnerungen an ein anderes Amerika, Gefühl und Verstand weigern sich, das zu glauben. Aber auch ein Oliver North drängt sich in die Erinnerung: Wie er 1987 in seiner Marinekorps-Uniform vor dem Kongreßausschuß zur Aufklärung des Iran/Contra-Skandals stand und erklärte: »… und wenn mir mein Oberkommandierender sagt, stellen Sie sich in die Ecke, machen Sie einen Kopfstand, dann mache ich das …« Führungsglaube »oben«, ergebene Gefolgschaft »unten« – das probate Rezept für den Weg in die Diktatur.

Im Augenblick, da ich dieses Buch beschließe, nach dem Irak-Krieg, ist es nur noch eine Minderheit, weniger als ein Drittel der Amerikaner, die sich den Führungsqualitäten und Führungsansprüchen Bushs noch nicht in die Arme geworfen haben. 68 % Zustimmung konnte der Präsident Mitte April 2003 verbuchen. Das hat das demoskopische Institut »Public Opinion Strategies« ermittelt. Bedeutet das aber, eine Mehrheit der Amerikaner würde realisieren oder gutheißen, das George W. Bush in den anderthalb Jahren seit den Terroranschlägen vom 11. September außer dem Saddam-Regime vieles zerschlagen hat: die transatlantische Gemeinschaft, die Nato, das Vertrauen der alten Partner in den amerikanischen Verfassungsstaat und seine demokratischen Einrichtungen, vor allem in die Zukunftserwartungen, was die Rolle der USA in der Welt nach dem Kalten Krieg betrifft? Wir wissen es nicht, wissen es nicht mehr.

Die allfällige Trauer um den Verlust der transatlantischen Gemeinschaft hat so manchen Europäer zu der Annahme verführt, es bedürfe nur größerer Anstrengungen, mehr guten Willens und/oder einer anderen Regierung in Berlin und schon sei alles wieder im Lot. Was dabei unterschlagen wird, ist die Tatsache, daß der gegenwärtige Trend in den USA keine kurzatmige Affäre ist, daß er kein Produkt des 11. September ist. Amerika ist seit 20 Jahren unterwegs nach rechts. Amerika ist in einer neuen Welle der »Erweckung« christlich-fundamentalistischer denn je zuvor, und sein Präsident ist einer der Erweckten oder auch Wiedergeborenen. Amerika ist ein anderes Land geworden.

Für den gegenwärtigen Stand der transatlantischen Dinge die »Alt-Europäer« verantwortlich zu machen ist ungerecht und unbegründet. Sie wie alle anderen haben sehr wohl verstanden, was die Terroranschläge vom 11. September für Amerika, für seine Psyche und Bewusstseinshaltung bedeutet haben – und daß sie uns allen galten. Sie haben auch das verbrecherische Regime Saddams nie beschönigt. Nur: der Umschlag von der Gemeinsamkeit der Terrorbekämpfung in den Irakkrieg war so nicht nachzuvollziehen. Das »alte« Europa konnte nicht wegen der in Washington vielzitierten »neuen Realität« (des supranationalen Terrorismus) die einzig stabilen und kalkulierbaren Positionen des Rechts und des Völkerrechts räumen.

Als Richard Nixon im Watergate-Skandal die heiligsten Güter der Nation »rule of law« (Herrschaft des Rechts) und »checks and balances« (Kontrolle und Gegenkontrolle) mit Füßen trat, stellte sich ihm ein Kongreß entgegen, der sich über politische und ideologische Unterschiede hinweg seiner Rolle und Verantwortung bewußt und gewachsen zeigte. Doch schon im Iran/Contra-Skandal um Ronald Reagan hatte sich das Bewußtsein der Kontrollpflicht im Kongreß weithin verflüchtigt. Es war in den Fallstricken eines Personenkults nach amerikanischer Art hängengeblieben. Den populären Reagan absetzen zu wollen? Politischer Selbstmord. Dieser Präsident hatte die amerikanische Seele wieder mit den Lichtern der Auserwähltheit und göttlichen Berufung erhellt, alttestamentarische Kategorien von »gut« und »böse« in die Politik eingeführt und den geschichtlichen »Exzeptionalismus« mit Alleingängen (Unilateralismus), wo immer möglich, aktualisiert. Unter Reagan wurde die Religiöse Rechte zum ersten Mal zu einer formidablen Kraft im Lande. Unter Reagan begann die Schere zwischen arm und reich in unglaublichem Maße auseinanderzuklaffen, und der Glaube, der Markt könne und werde in Wirtschaft und Gesellschaft alles regulieren, gedieh zum Evangelium. Reagan wurde zum Trumpf der konservativen Republikaner. Er war und ist bis heute ihr Regenerator, ihr Bannerträger. George Bush der Ältere war rigoros im Wahlkampf um die Reagan-Nachfolge, aber nicht rigoros und auch nicht klug genug, eine zweite Amtszeit zu erzwingen; trotz der Befreiung Kuweits im ersten Golfkrieg gegen Saddam Hussein.

Daß ein Bill Clinton Präsident wurde, war für die Republikaner eine Panne der Geschichte. Während seiner zwei Amtszeiten baute sich der Ansturm der Religiösen Rechten weiter auf, mit dem Resultat, daß man heute nicht genau weiß, ob sie sich nicht die Republikanische Partei einverleibt hat, anstatt, wie der Anschein suggeriert, von der Partei integriert worden zu sein. Während der Präsidentschaft Clintons – und gegen ihn gezielt – griff die sengende Gewalt ideologisch bestimmter Medien voll in die Gesellschaft ein. Pressefreiheit ist ein hohes Verfassungsgut, auf das sich jeder Amerikaner berufen kann. Doch von politischer Unabhängigkeit der Journalisten und ökonomischer Unabhängigkeit der Medien ist in der Verfassung nicht die Rede. Immer dreister wird der Griff der Medienmogule nach immer größeren Medienkonglomeraten, immer weniger stoßen sie auf gesetzliche Widerstände. Das Verfassungsgut »Pressefreiheit« ist keine Garantie gegen die Gefahr einer nationalen »Gleichschaltung«. (Pardon für dieses Wort!) Das haben Pentagon und Weißes Haus weidlich zu nutzen verstanden. Bilder vom blutigen Greuel des Krieges im Irak, ob als Fotos oder im Fernsehen, haben sie nicht an die Öffentlichkeit kommen lassen. Die Berge verkohlter, verstümmelter Leichen, die die massiven Bombardements aus der Höhe ungestörter Lufthoheit hinterlassen haben müssen, hat kein Unbefugter zu sehen bekommen. Und wo es keine Bilder gab, gab es auch keine Berichte. Der wirkliche Krieg blieb »ungesehen«. Auch bei uns.

Noch gravierender vielleicht als dies: Die patriotischen Appelle der Bush-Administration seit den Terroranschlägen haben die Opposition im Kongreß niedergewalzt. Ohne größere Debatte hat der Kongreß dem Präsidenten das Recht eingeräumt, den Krieg gegen den Irak zu eröffnen, obwohl die Begründungen des casus belli je nach Bedarf wechselten. Erst nachdem die angeführten Massenvernichtungswaffen ebensowenig nachgewiesen wurden wie die Al Kaida-Verbindungen und das Chaos im Irak nicht gebändigt wurde, forderten einige Abgeordnete und Senatoren Aufklärung. Von einem »Kartenhaus der Täuschungen« sprach der greise Senator Byrd aus West Virginia, ein Mann des Urgesteins der Demokratischen Partei. Ihn – und nicht nur ihn – treibt die Sorge um, was aus der amerikanischen Demokratie der »checks and ballances« werden soll, wenn alle drei Säulen – die Exekutive, die Legislative, die Judikative – vom Geist und der Politik der »neocons«, der neokonservativen Republikaner, definiert und beherrscht werden. Macht außer Kontrolle. Schon arbeiten sie mit Elan und sehr viel Geld an der dauerhaften Festigung ihrer Positionen in den Präsidentschafts- und Kongreßwahlen im November 2004. Verbot der Abtreibung, weitere Durchdringung des Justizapparates, das sind für sie noch unerledigte Themen. Irgendwann wird das Pendel der amerikanischen Politik gewiß zurückschlagen. Doch wann? Wohin aber geht bis dahin die Reise mit Bush und seiner Phalanx? Was dürfen wir uns vorstellen unter »demokratischem Imperialismus«, von dem in Washington oft die Rede ist, ein Oxymoron, das die Weltverbesserer in den konservativen Denkfabriken Washingtons den verblüfften Europäern vor die Füße werfen?

Die Wirkung des Kalten Krieges auf die sozialen Systeme der Kontrahenten war meine Ausgangsfrage für dieses Buch. Was das Ende des Kalten Krieges und das Verschwinden der Sowjetunion für die gesellschaftlich-politischen und staatlichen

Strukturen der neuen Hegemonialmacht letztlich bedeuten, das genau zu definieren muß Historikern vorbehalten sein. Hier kann nur festgehalten werden, daß das Ende der Sowjetunion als einer zu Zurückhaltung zwingenden Kraft – allein wegen ihrer Atomwaffen – eine der großen außenpolitischen Zäsuren in der Geschichte der USA im Gefolge hatte. Mit der Monroe-Doktrin, mit der Truman-Doktrin ist die Zäsur verglichen worden. Sie hat das Völkerrecht ausgehebelt und den Versuch sanktioniert, die Welt nach dem Bilde der Neokonservativen zu formen. In den Köpfen der Amerikaner war der Umbruch vorbereitet, im Denken einer neokonservativen Elite war er seit Anfang der neunziger Jahre programmiert: in den Richtlinien des Pentagon für das uneingeschränkte Recht der Hegemonialmacht, gefährliche Gegner Amerikas, »Schurkenstaaten« etwa, durch vorbeugende oder zuvorkommende Erstschläge (preemptive and preventive strikes) zu bekämpfen. Den Landschaften der Lüge, durch die wir in diesem Buch über die Jahre wandern mußten, werden dafür schon neue Farben aufgelegt.

Die besten Köpfe Europas sind herausgefordert, Konzepte für den Umgang mit dem veränderten Amerika zu erdenken. So tief die Differenzen zwischen beiden Seiten sind, ihnen muß mit Vernunft, nicht mit Emotionen begegnet werden. Nicht nur wir brauchen Amerika; Amerika braucht Europa auch; der Blick nach China ist kein Ersatz. Eine Rückkehr in die seligen Gefilde der zwar nicht spannungsfreien, aber intensiven Freundschaftsbeziehungen muß man vorläufig wohl ausschließen. Wir müssen unbedingt und vor allem mit jenen Amerikanern im Gespräch bleiben, die weniger über die nächsten Kriege als über Wege zu neuem Einvernehmen im internationalen Recht, in Umwelt- und Friedensfragen nachdenken. Im Jahre 2000 war das noch die Hälfte der amerikanischen Wähler.

# Literatur

## Für Teil I:


Bleiburg. Knjiga grupe autora, uredio Marko Grčić. Zagreb 1990.

Četvrta Sednica CK SKJ – Brionski Plenum. Archiv Jugoslavije, Printer Komerc, Beograd 1999.

Chruščov, Nikita: Vospominanija. Moskva 1997; deutsche Ausgabe: Chruschtschow erinnert sich. Reinbek bei Hamburg 1971.

Dedijer, Vladimir: Jasenovac. Das jugoslawische Auschwitz und der Vatikan. Freiburg/Br. 1993.

Djilas, Aleksa: The Contested Country. Cambridge 1991.

Djilas, Milovan: Conversations with Stalin. New York 1962; deutsche Ausgabe: Gespräche mit Stalin. Frankfurt/Main 1962.

Djukić, Slavoljub: Slom Srpskih Liberala. Beograd 1990.

Doder, Dusko: The Yugoslavs. New York 1978.

Dragnich, Alex: Serbs and Croats. The Struggle in Yugoslavia. New York 1992.

Gaddis, John Lewis: We Now Know. Rethinking Cold War History. Oxford 1997.

Hrvatska Revija, München und Barcelona, Dezember 1986.

Hrvatski Obzor, 6. November 1999.

Jahrbuch für Historische Kommunismusforschung 1994. Berlin 1994.

Kennan, George: Memoiren 1950–1963. Frankfurt/Main 1973.

Klee, Ernst: Persilscheine und falsche Pässe. Wie die Kirchen den Nazis halfen. Frankfurt/Main 1991.

Krizman, Bogdan: Pavelić u bjekstvu. Zagreb 1986.

Marković, Predrag: Beograd izmedju istoka i zapada 1948–1965. Novinsko-izdavačka ustanova. Beograd 1996.

Mastny, Vojtech: The Cassandra in the Foreign Commissariat. Foreign Affairs, January 1976. [Über Maxim Litwinow.]

Moynihan, Daniel Patrick: Secrecy. The American Experience. New Haven 1998.

Nenadović, Aleksander: Mirko Tepavac, sećanja i komentari. Radio B 92, Beograd 1992.

Phayer, Michael: The Catholic Church and the Holocaust, 1930–1965. Indiana University Press 2000.

Ryan, Allan A.: Quiet Neighbors. Prosecuting Nazi War Criminals in America. New York 1984.

Saunders, Frances Stonor: The Cultural Cold War. New York 2000; deutsche Ausgabe: Wer die Zeche zahlt ... Der CIA und die Kultur im Kalten Krieg. Berlin 2001.
Shirer, William: Aufstieg und Fall des Dritten Reiches. Köln 1963.
Soveščanija Kominforma 1947, 1948, 1949. Moskva 1998.
Stalinskoe Desjatiletie Cholodnoj Wojny. Moskva 1999.
Tanner, Marcus: Croatia. A Nation Forged in War. New Haven 1997.
Walzl, August: Kärnten 1945. Klagenfurt 1985.
Zubok Vladislav/Pleschakov Constantin: Inside the Kremlin's Cold War. From Stalin to Khrushchev. Cambridge, Mass. 1996.

## Für Teil II:

Adomeit, Hannes: Imperial Overstretch. Germany in Soviet Policy from Stalin to Gorbachev. Baden-Baden 1998.
Allilujewa, Swetlana: Das erste Jahr. Wien 1969.
Andrew, Christopher/Gordievsky, Oleg: KGB. The Inside Story. New York 1990.
Andrew, Christopher/Mitrochin, Vasili: The Sword and the Shield. New York 1999; deutsche Ausgabe: Das Schwarzbuch des KGB. Moskaus Kampf gegen den Westen. Berlin 1999.
Bahr, Egon: Zu meiner Zeit. München 1996.
Bamford, James: NSA. Die Anatomie des mächtigsten Geheimdienstes der Welt. München 2001.
Brandt, Willy: Erinnerungen. Berlin 1997.
Brežnev, Leonid: V vospominanijach, razmyšlenijach, suždenijach. Rostov-na-Donu 1998.
Burrows, William E.: By Any Means Necessary. America's Secret Air War in the Cold War. New York 2001.
Eichwede, Wolfgang u. a.: Samizdat. Bremen 2000.
Galenovič, J. M.: Rossija i Kitaj v XX veke. Granica. Moskva 2001.
Heinzig, Dieter: Der sowjetisch-chinesische Grenzkonflikt. Berichte des Bundesinstituts für ostwissenschaftliche und internationale Studien 17. 1979.
Istorija Sovetskoj Političeskoj Censury. Moskva 1997.
Juristische Zeitgeschichte NRW. Bd. 7, Politische Strafjustiz 1951–1968. Justizministerium des Landes NRW 1998.
Kaminskaja, Dina: Final Judgment. My Life As a Soviet Defense Attorney. New York 1982; deutsche Ausgabe: Als Strafverteidigerin in Moskau. Berlin 1985.

Keworkow, Wjatscheslaw: Der geheime Kanal. Moskau, der KGB und die Bonner Ostpolitik. Berlin 1995.
Kopelew, Lew: Aufbewahren für alle Zeit. Hamburg 1976.
Kopelew, Lew: Tröste meine Trauer. Autobiographie 1947–1954. Hamburg 1981.
Kopelew, Lew: Und schuf mir einen Götzen. Göttingen 1996.
Kremlevskij Samosud: Sekretnie dokumenty politbjuro o pisatele A. Solženicyne. Moskva 1994.
Lashmar, Paul: Spy Flights of the Cold War. Phoenix Mill 1998.
Malia, Martin: Russia under Western Eyes. From the Bronze Horseman to the Lenin Mausoleum. Cambridge 1999.
Matlock, Jack F.: Autopsy on an Empire. New York 1995.
Merseburger, Peter: Willy Brandt. 1913–1992. Visionär und Realist. Stuttgart 2002.
Orlowa-Kopelew, Raissa: Die Türen öffnen sich langsam. Eine Moskauerin erlebt den Westen. Hamburg 1984.
Przybylski, Peter: Tatort Politbüro. Die Akte Honecker. Berlin 1991.
Sacharow, Andrej: Mein Leben. München 1991.
Scammell, Michael: Solschenitsyn. A Biography. New York 1984.
Schecter, Jerrold and Leona: Sacred Secrets. Brassey's Inc., Washington D. C. 2002.
Schiller, Ulrich: Zwischen Moskau und Jakutsk. Hamburg 1970.
Schmidt, Helmut: Menschen und Mächte. Berlin 1987.
Simis, Konstantin: USSR. The Corrupt Society. New York 1982.
Sokolov, A. K./Tjašelnikova, V. S.: Kurs Sovetskoj Istorii 1941–1991. Moskva 1999.
Solschenitsyn, Aleksandr I.: The Oak and the Calf. New York 1980.
Solschenizyn, Aleksander: Rußlands Weg aus der Krise. München 2002.
Steinberger, Nathan: Berlin–Moskau–Kolyma und zurück. Ein Gespräch über Stalinismus und Antisemitismus. Berlin und Amsterdam 1996.
Vojnović, Vladimir: Portret na fone mifa – Eksmo. Moskva 2002.
Wajl, Peter/Genis, Aleksandr: Mir Sovetskogo Čeloveka. Novoe Literaturnoe Obozrenie. Moskva 2001.
Wolkogonow, Dimitri: Die Sieben Führer. Aufstieg und Fall des Sowjetreiches. Frankfurt/Main 2001.

## Für Teil III

Berman, Larry: No Peace no Honor. Nixon, Kissinger and Betrayal in Vietnam. New York 2001.

Broad, William I.: Teller's War. The Top-Secret Story behind the Star Wars Deception. New York 1992

Brock, David: Blinded by the Right. The Conscience of an Ex-Conservative. New York 2002.

Bugliosi, Vincent: The Betrayal of America. How the Supreme Court Undermined the Constitution and Chose Our President. New York 2001.

Brzezinski, Zbigniew: Die einzige Weltmacht. Amerikas Strategie der Vorherrschaft. Weinheim und Berlin 1997

Carter, Jimmy: Keeping Faith. Memoirs of a President. New York 1982.

Cox, Archibald: The Court and the Constitution. Boston 1987.

Dinges, John: Our Man in Panama. New York 1990.

Dobrynin, Anatoly: In Confidence. Moscow's Ambassador to America's Six Cold War Presidents (1962–1986). New York 1995.

Doyle, William: Inside the Oval Office. The Whitehouse Tapes from FDR to Clinton. London 1999.

Farrell, Aloysius: Tip O'Neill and the Democratic Century. Boston 2001.

Fitzgerald, Frances: Way Out There in the Blue. Reagan, Star Wars and the End of the Cold War. New York 2000.

Garment, Leonard: In Search of Deep Throat. The Greatest Political Mystery of Our Time. New York 2000.

Gates, Robert: From the Shadows. The Ultimate Insider's Story of Five presidents and How They Won the Cold War. New York 1996.

Haslam, Jonathan: The Soviet Union and the Politics of Nuclear Weapons in Europe, 1967–1987. Ithaca 1990.

Herken, Gregg: Counsels of War. New York 1985.

Hyland, William G.: Mortal Rivals. Superpower Relations from Nixon to Reagan. New York 1987.

Isserman, Maurice/Kazin, Michael: America Devided. The Civil War of the 1960s. New York 2000.

Jaworski, Leon: The Right and the Power. The Prosecution of Watergate. New York 1976.

Johnson, Haynes: Sleepwalking Through History. America in the Reagan Years. New York 1992.

Kissinger, Henry: White House Years. New York 1979.

Kornbluh, Peter/Byrne, Malcolm: The Iran-Contra Scandal. The Declassified History. New York 1993.

Lipset, Seymour Martin: American Exceptionalism. A Double-Edged Sword. New York 1996.
Power, Samantha: A Problem from Hell. America and the Age of Genocide. New York 2002.
Rudman, Warren B.: Combat. Twelve Years in the U.S. Senate. New York 1996.
Schwelien, Michael: Die voyeuristische Gesellschaft oder Bill Clinton und die Selbstzerstörung der amerikanischen Demokratie. Reinbek bei Hamburg 1999.
Shultz, George P.: Turmoil and Triumph. My Years as Secretary of State. New York 1993.
United States Senate, Foreign and Military Intelligence, Final Report of the Select Committee to study Governmental Operations. U.S. Government Printing Office. Washington 1976.
Walsh, Lawrence E.: Firewall. The Iran-Contra Conspiracy and Cover-Up. New York 1997.
Wills, Garry: Reagan's America. Innocents at Home. New York 1987.
Wise, David: The American Police State. New York 1976.

# Personenregister